21世纪法学研究生参考书系列

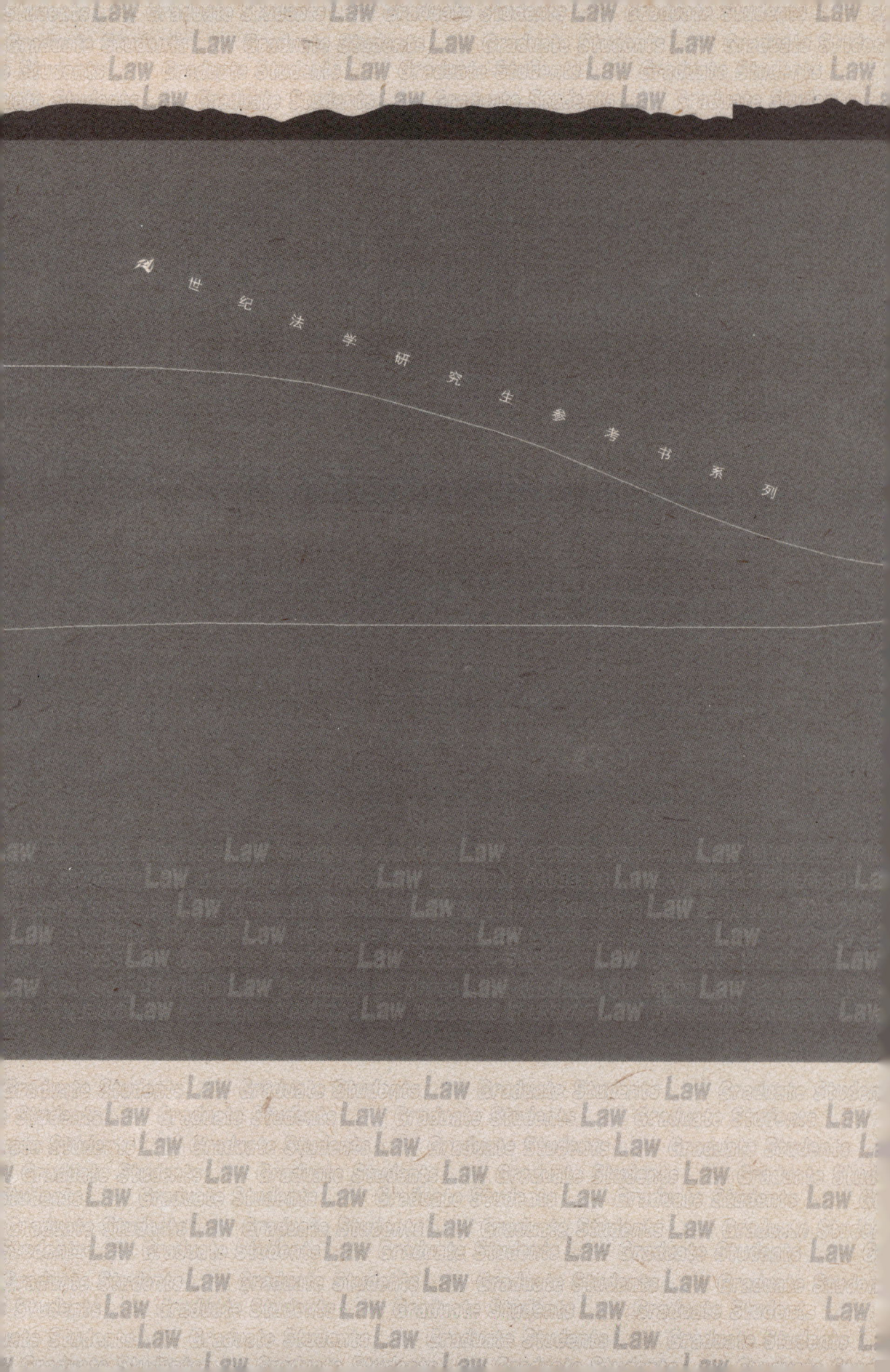

陈瑞华 ◎ 著

刑事诉讼中的问题与主义

（第二版）

中国人民大学出版社
·北京·

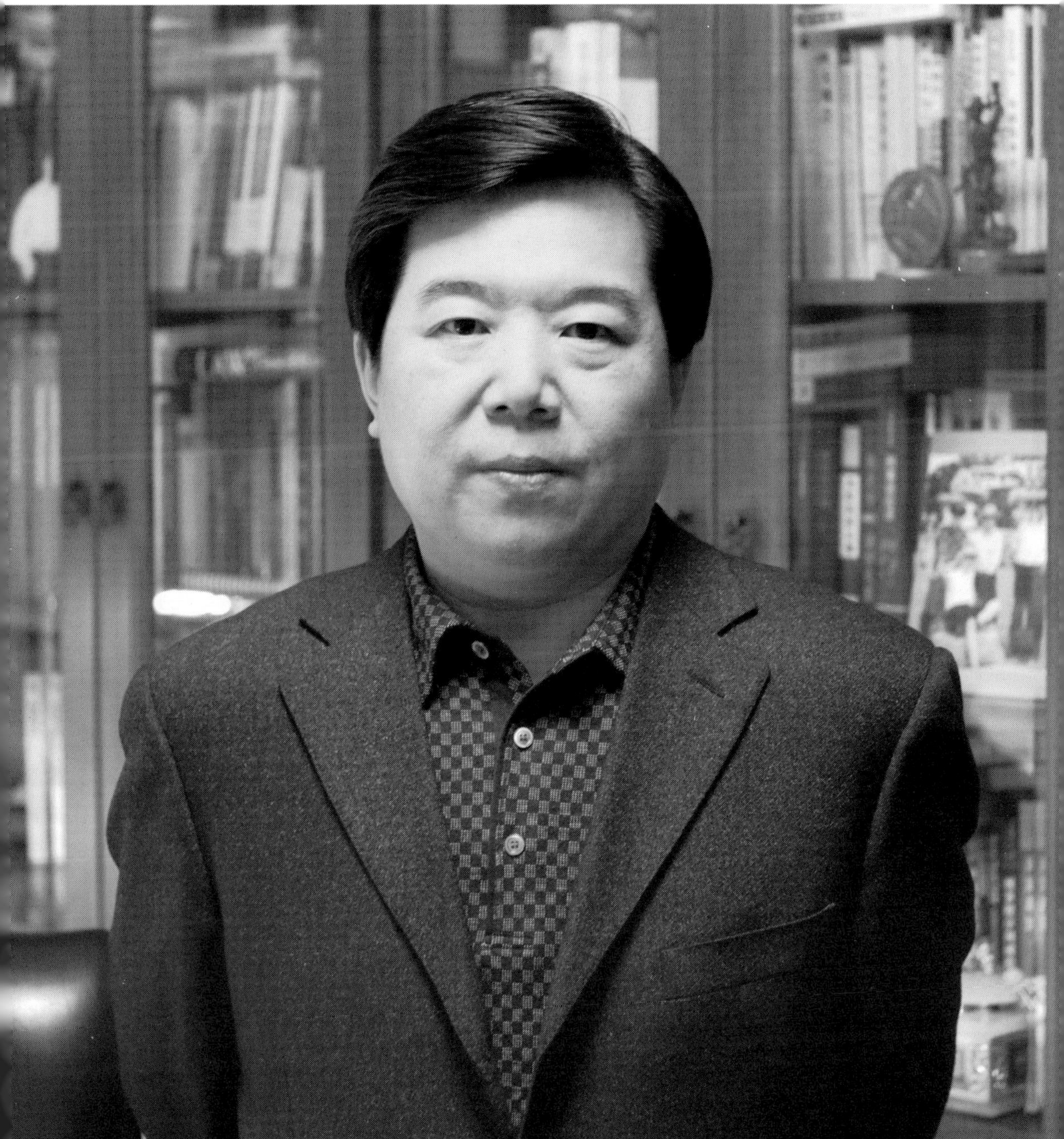

作者简介

陈瑞华，1967年2月生于中国山东。目前系北京大学法学院教授，博士生导师。同时任国家法官学院、国家检察官学院、中国政法大学兼职教授。

2004年获得中国法学会"全国十大杰出青年法学家"称号；2010年获聘教育部"长江学者奖励计划"特聘教授。

主要学术兴趣是刑事诉讼法、刑事证据法、司法制度和程序法理学。独立出版学术专著十余部。其中代表作有：

《刑事审判原理论》（1997，2003）；

《刑事诉讼的前沿问题》（2000，2005，2011，2013）；

《看得见的正义》（2000，2013）；

《刑事诉讼中的问题与主义》（2011）；

《程序性制裁理论》（2005，2010）；

《法律人的思维方式》（2008，2011）；

《刑事诉讼的中国模式》（2008，2010）；

《论法学研究方法》（2009）；

《比较刑事诉讼法》（2010）；

《程序正义理论》（2010）；

《量刑程序中的理论问题》（2011）；

《刑事证据法学》（2012）；

《刑事辩护的中国经验》（2012）。

第二版序言

本书是《刑事诉讼的前沿问题》的姊妹篇。作为一部供法科研究生使用的教材，本书对刑事诉讼中的诸多问题进行了研究，提出了自己的理论观点，展示了对这些观点的论证过程。在这次修订过程中，笔者撤除了部分章节，并将最新发表的几篇论文编入本书。这些新增加的章节体现了笔者对检察监督、刑事附带民事诉讼、案卷笔录移送、彻底的事实审、留有余地的裁判方式等问题的思考，属于最新的研究成果。

从早先的《问题与主义之间——刑事诉讼基本问题研究》第一版，到即将面世的《刑事诉讼中的问题与主义》第二版，本书已经发生了非常大的变化。无论是从内容还是从形式上看，这些不同的版本都不再像是同一本书了。在某种意义上，本书的第二版已经相当于一部崭新的著作。之所以要对本书进行如此大规模的修订，主要是考虑到本书的书名《刑事诉讼中的问题与主义》具有一定的"品牌"效应，已经为读者所广为接受，并充分地体现了笔者的学术志趣。这种志趣用那句著名的论断表达出来，就是"中国的问题，世界的眼光"。同时，作为一部研究生使用的教材，本书试图不断地吸收一些最新的学术成果，真正体现"与时俱进"的理念，使后来的研究生可以获得不同于学长的学术体验。在某种意义上，本书犹如一个生命有机体，需要不断地被修正裁剪和去伪存真，如此才能使其具有蓬勃的生机与活力。

陈瑞华
2013 年 10 月 27 日于北京大学中关园

徘徊在问题与主义之间（初版序言）

本书是笔者近十年来研究刑事诉讼问题的成果总结。早在2003年，笔者出版了一部题为《问题与主义之间——刑事诉讼基本问题研究》的著作，对刑事诉讼中的一些重要问题进行了初步的研究。2008年，经过大规模的修订后，该书的第二版面世。时至今日，随着刑事诉讼理论的发展和笔者研究方法的转型，该书提出的不少观点和所做的论证都显得不合时宜了。本着与时俱进的精神，笔者感到有必要对该书进行全面的修订，以便给读者提供更多有价值的学术信息，并尽量避免读者不必要的重复阅读。本来，笔者打算遵循《刑事诉讼的前沿问题》一书的成例，推出该书的第三版。但是，鉴于原书的书名尽管有些标新立异，却也略显拖沓冗长，在接受策划编辑的建议之后，将书名最终改为《刑事诉讼中的问题与主义》。

鉴于笔者已经有专门的比较法学著作问世，本书撤除了原来涉及美、意两国刑事特别程序和美国刑事诉讼中权利救济问题的两篇文章，也没有再收录《比较法视野下的未决羁押制度》一文。随着最高人民法院等部门颁行的两部刑事证据规则的正式实施，原来的《刑事证据规则之初步考察》一文的不少内容需要作出全面的更新，对于中国的刑事证据问题需要有专门的著作加以研究，因此，本书也不再保留这篇涉及证据问题分析的文章。不仅如此，笔者以前对审判委员会制度曾做过专门研究，将此制度与法院的内部独立问题联系在一起进行了理论上的分析；笔者还曾将回避与变更管辖问题结合起来进行过研究，并将其统一到"裁判者的中立性"这一理论问题之下；笔者也曾从辩护律师在侦查阶段的会见权问题入手，对刑事审判前程序中的权利救济问题作出了理论上的讨论。特别是在最近的研究中，笔者曾以2007年律师法的实施问题为范例，对中国制度变革中的"立法推动主义"模式作出了深刻的反思，对那种自下而上的"司法推动主义"变更道路进行了理论上的评析。这一涉及中国法制发展道路选择问题的研究，具有较大的理论辐射力，对于很多问题的认识都是富有启迪价值的。借着这次修订的机会，笔者将这些新的研究成果一并收入本书，以便为读者提供更多也更具启发性的学术分析。

胡适先生在二十世纪初曾发表题为《多研究些问题，少谈些主义》的论文，强

I

调从具体的问题入手，透过对具体问题解决方案的假设和检验，来提出有价值的思想。胡适所反对的是那种空谈来自外国的某一理论或者"主义"，而忽视具体问题的研究方法，认为空谈"主义"尽管并不困难，但对于解决社会问题既没有用处，也很危险。这篇论文连同"问题"与"主义"的讨论一起，在当时曾引起轩然大波。时至今日，尽管学术研究的政治、经济、社会、文化背景已发生了巨大的变化，但是，"问题"与"主义"的关系问题，也就是所有社会科学所面临的方法问题，仍然没有得到妥善的解决，并有重新讨论的必要。

本书之所以取名为《刑事诉讼中的问题与主义》，一方面是因为笔者对胡适先生所提命题有一些新的认识，另一方面也是因为笔者近年来在法学研究方法上发生了一个相当重要的转型。这一转型大约开始于2000年前后，是笔者基于对"中国问题"逐渐深入的认识，以及对中国法学研究现状的反思而作出的学术选择。笔者的研究思路，用最简练的学术语言表达，就是"中国的问题，世界的眼光"。

具体而言，应当将"中国问题"纳入视野，通过对问题的发现、描述和分析，对问题的现状作出尽可能精确的解释，然后，就问题的解决提出一些带有假设性的思路，并对解决方案的局限性和可行性作出剖析。通过这种层层质疑式的研究，抛弃那种就事论事的对策式研究方法，而使得问题的分析逐渐走向深入。最后，在针对具体问题作出解释和提出解决方案的基础上，尽量使对问题的分析由特殊走向一般，由个别走向普遍，最终使有关理论得到发展。因此，"中国的问题"应当是法学研究的具体对象，而"世界的眼光"则是研究者所持的思路和所要达到的境界。中国法学要想作出自己的独特贡献，就不能只是重复西方学者研究过的问题，重走西方学者走过的老路，而必须从本国正在发生的重大社会转型和法制改革中寻找问题。但与此同时，中国学者要避免司法调研机构所作的那种以改进司法为宗旨的所谓"问题分析"，必须培育自己独特的学术眼光，尤其要借着西方法学的研究成果和研究方法，对"中国问题"作出独立的学术研究。惟其如此，中国法学的独立发展才有可能，而不至于运用西方学者的研究思路，研究那些出现在西方国家的问题，得出西方学者早已得出的结论，或者通过分析中国的具体问题来验证西方法学中的某一理论。

当下的法学研究似乎在"问题"和"主义"两个方面都有爆炸性的发展。一方面，研究者基于对中国法律制度现状的考察，在立法、司法实践等方面发现了大量问题。于是，对各自领域中所存问题的分析，成为各部门法研究中一个蔚为壮观的景象。另一方面，从法理学界到各个部门法学界，对基本理论的研究甚或"法哲学"问题的研究也呈现出"繁荣"的局面。一时间，从古典的自然法学理论、实证主义法学、社会法学运动，一直到流行的经济分析法学、批判法学运动甚至后现代法学，都对中国法学研究产生了程度不同的影响。

以刑事诉讼法的研究为例。法律学者在近来的研究中不可谓没有强烈的"问题意识"。在立法层面上，诸如沉默权、非法证据排除规则、证据展示制度、程序性违法的法律后果、三审终审制等一系列的立法建议，显示出中国刑事诉讼制度在规则构建方面存在着相应的问题。而在司法实践方面，包括证人不出庭作证、辩护律师会见难、辩护律师受到检控方的随意追诉、刑讯逼供屡禁不止、超期羁押久盛不绝等在内的问题，都被纳入法律学者的研究视野之中。甚至就连法学理论中存在的问题，如认识论的理论基础地位问题、"法律真实"与"客观真实"的关系问题等，也都成为刑事诉讼法学研究的对象。

刑事诉讼法律学者也不可谓没有浓厚的"理论情结"。为了结束所谓"注释法学"一枝独秀的局面，也为了创造出中国刑事诉讼法学的"理论体系"，研究者引入了源自美国和日本的诉讼构造和诉讼目的理论，借鉴了源自英美的程序正义和程序价值理论，甚至提出并力图确立诸如诉讼构造、诉讼目的、诉讼主体、诉讼法律关系、诉讼阶段、诉讼职能之类的一系列理论范畴。但是，这些来自西方的法学理论本身就没有一个统一的体系，在不同的法系和不同的国家，甚至还有着彼此相互矛盾的理论体系。例如，大陆法国家所创立的以"诉讼主体"、"诉讼客体"和"诉讼行为"为骨架的刑事诉讼理论，可能更多地受到欧陆民法理论的影响。而以人权保障为主旨、以程序正义为红线的英美刑事诉讼理论，则更多地将刑事诉讼法视为"动态性的宪法"和"实践中的人权法"。中国学者无论是引进哪一种刑事诉讼理论，都会面临诸如"究竟要被纳入哪一法系"之类的问题。

根据笔者的观察，中国的法学——尤其是部门法学——在研究"问题"方面，更多地赋予法学研究以实用性和功利性的考虑，以推进立法和改进司法作为研究的归宿，从而走进了"对策法学"的桎梏之中。而法学界——尤其是法理学界——在研究"主义"方面，则明显地陷入纯粹的理性思辨之中不能自拔，以至于忘记了法学研究的本来目的，使法学在部分学者那里变成一些西方哲学观点的变种。这是两个需要引起足够警惕的学术误区。

本着对制度创新的关怀和变革法制的理想，也由于中国法律制度几乎在所有层面上相对于西方而言都有明显的不足之处，中国法律学者几乎普遍将推进立法进程和推动司法改革作为研究的归宿之一。于是，在大多数法学论文中，有关解决问题的"思路"、"制度设计"、"对策"等都成为研究者所要得出的最终结论。曾几何时，一篇只提出问题而没有解决问题方案的论文，经常被认为"未完成的论文"；一部只分析问题而没有提出立法对策的著作，也可能被认为"没有太多创见"。在这一"对策法学"的影响下，法律学者以成为司法机关的"咨询委员"和立法决策机构的"立法顾问"，作为自己法学研究事业处于巅峰状态的标志。对于著名法学家，人们不去追问"什么是你的学术贡献"，"你提出过哪些学术思想"，以及"你有怎样的理论推进"等学术层面的问题，而往往推崇其对立法和司法的具体影响，甚至将其顶礼膜拜为"某某法之父"。

法律学者对待"中国问题"的这种实用态度，使得这门学科越来越具有"应对之学"的特征，而少有人文社会科学所固有的"问题意识"和"理论属性"。目前，已经有学者对法学的"科学属性"提出一定的质疑，认为这一学科越来越与历史学、经济学、政治学等社会学科格格不入。当那些年纪轻轻、初入法学之门的研究生们学着前辈们的做法,在论文中没有对问题作出多少深入的分析,就"少年老成"地提出一堆"立法建议"时,人们不禁猛然警觉:原来一门社会学科竟然不以"创见"和"思想"作为支撑,而以立法对策作为立论的基础!

然而,法学不同于物理、化学、数学等自然学科,无法以实验方式来检验研究者所提出的假设和推断。法律学者提出的所有改革建议或者立法对策,也无法像当年欧洲的"空想社会主义者"所做的那样,在一定地域中进行社会改良实验。因此,诸如民法、刑法、诉讼法、行政法等法学领域中的"立法建议",只能算作研究者为解决某一法律问题而提出的"假设"和"推断"而已。这些建议和对策在理论上具有怎样的正当性,或许是可以通过理论推理来加以论证的。但是,它们在司法实践中究竟能否有效地解决实际存在的问题,它们在今日的中国法律制度下究竟是否具有现实可行性,这些都是有待证明和检验的。如果过于相信研究者的理性能力,以为法律问题就是"逻辑问题",只要经得起形式逻辑规则的检验,立法对策就是好的、有创见的,那么,我们每一位法律学者就都是最好的立法决策者了。但非常不幸的是,"问题的存在是客观的",而"解决问题的方案从来就是主观的"。过于相信自己的理性能力和预测能力的结果,就是使自己的立法建议和对策变成一种"武断"的预言和"充满激情的说教",而缺乏最起码的学术客观性。

当法学研究者将推动"某某法典"的通过、提出改革司法的建言作为研究的归宿时,他们所做的似乎就不再是纯粹的学术研究工作,而是类似国会议员们为促成法律的制定或修改所从事的社会活动和政治活动,法学家似乎也抛弃了自己本来的知识分子角色,而摇身一变成为社会活动家和政治活动家。学者投笔而从事政治活动,这在中国历史上不乏先例。晚清时期康有为、梁启超就曾领导"举子"们向清朝政府提出变法动议的"公车上书"运动,并曾向清朝皇帝提出过变法的"奏折"。即使在今日的经济学界,在学术研究中也较为广泛地存在着所谓的"环中南海"现象,以为经济改革建言献策作为研究的目标。应当说,这种学者推动制度变革的活动对于社会进步是有利的,而对于从事这种活动的学者也确实无可厚非。但是,一旦研究者将这种"济世为怀"的做法推向极致,以为这就是学术研究的终极目的,那么,学术研究的萎缩、学术思想的贫乏以及学术眼光的短浅,就成为不可避免的结果。而这对于学术研究的前途无疑有着极为负面的影响。

因此,中国法学要想真正作出独立的贡献,中国法律学者要想提出富有创见的理论,就必须走出"对策法学"的误区,真正从学术的视角、世界的眼光来分析"中国问题",并在解释和解决问题的过程中反复设定疑问,引导出富有见地的新思想和新理论。笔者深信,当年意大利学者贝卡利亚若只是提出改进当时意大利刑事立法的建议,或者一味地提出改革司法的对策的话,他是不可能成为法学大师的。真正使贝氏的《论犯罪与刑罚》名垂青史的,恰恰是他基于对当时刑事司法问题的深刻分析,所提出的包括罪刑法定、无罪推定、废除刑讯、废除死刑在内的一系列法学思想。可见，真正的学术大师绝不仅仅是立法建议和改革对策的提出者，而更应是法学思想的提出者和基本理论的创立者。当一位著名法律学者不再仅仅满足于担当"某某法之父"，而是努力成为"某某理论之父"时，我们距离出现法学大师的时代就不再遥远了。

在法学研究中存在偏差的还远不止"对策法学"问题，那种以纯粹的"理性思辨"为旨趣的研究也存在明显的问题。当然，笔者不仅不反对、而且很赞赏那种真正的法哲学研究。事实上，有不少法律学者的哲学功底深厚，并提出了很多富有哲理的法律理论。笔者所要反思的是那种不知"中国问题"为何物、为思辨而思辨的研究方法。笔者深信，所有从事真正法哲学研究的学者一定是有着浓厚的"中国问题"意识的，他们的研究应当是对中国问题所作的更加深刻的分析，对法律理论所作的更加抽象的归纳。

中国宋代有词曰："少年不知愁滋味"，"为赋新词强说愁"。那种不以解释问题或解决问题为前提的"哲学分析"，那些仅仅将西方法哲学甚至哲学理论套到某一法律问题上所作的论述，犹如"隔靴搔痒"，根本不可能提出富有创见的法学思想。胡适先生就认为，"研究问题是极困难的事"，因为"这都是要费工夫，挖心血，收集资料，征求意见，考察情形，还要冒险吃苦，方才可以得一种解决的意见"，况且，"又没有成例可援，又没有黄梨洲、柏拉图的话可引，又没有《大英百科全书》可查，全凭研究考察的工夫，这岂不是难事吗？"相反，"高谈主义是极容易的事"，甚至"是阿狗阿猫都能做的事，是鹦鹉和留声机器都能做的事"，因为只要"买一两本实社《自由录》，看一两本西文无政府主义的小册子，再翻一翻《大英百科全书》，便可以高谈无忌了，这岂不是极容易的事吗？"

胡适这种略带讥讽的话不无夸张之处。但是，类似他所说的这种"引进主义式"的研究，在今日的法学研究中不也时有发生吗？不知从何时开始，研究法哲学和所谓"部门法哲学"的人士，在论述某一问题时，不是首先考虑中国所面临的相关问题，而是"生吞活剥"地大段引述西方学者的观点和理论，并以此作为论证的主要论据。于是，大量晦涩的概念和生硬翻译而来的术语遍布于纸上，论及古代思想则必称苏格拉底、柏拉图、亚里士多德，说到近代启蒙思想家则必引用康德、黑格尔、孟德斯鸠和洛克，而分析到现代理论则必抬出哈耶克、罗尔斯和哈贝马斯不可。甚至就连后现代哲学的代表人物如福柯等的著作，也早已为研究者所引用。

这种所谓的"哲理思辨"，不仅背离了法学研究的本来目的，甚至还会令人对其知识的专业性产生合理的怀疑。毕竟，法律学者研究纯粹的哲学问题是远远比不过专业的哲学研究者的。或许，法律学者将西方哲学的观点"七拼八凑"起来加以论证，这对于哲学研究者们来说很可能属于"常识性"或"小儿科"的问题，而对于那些不了解西方哲学的中国法律学者而言，则未尝不使其"肃然起敬"。这正如一个法律学者向专业哲学研究者讲述某种法律常识一样，也会使其"自愧不如"。

事实上，那种认为只要引进西方的理论和学说就可以提出富有创见的法学思想的观点，几乎过于天真了。毕竟，这种研究所涉及的只不过是西方学者基于对社会问题的解释和分析，所提出的理论观点而已。这种理论当然应当为中国研究者所了解甚至精通，以便在研究中国问题时作为参考。更明确地说，了解了西方相关的理论，至少可以活跃自己的研究思路，提升自己的学术境界，从而使自己的学术视野更加开阔。但这仅仅是研究者所应具备的一点"看家本领"而已，而不能用来代替问题的研究本身。如果我们在研究中始终将这些西方理论作为研究的终点，而不认真思考中国问题的特殊性，也不去反思这些理论对于解释和解决中国问题是否具有局限性，那么，我们注定只能充当西方理论在中国的代言人角色，而根本不可能有理论上的创新和贡献。

法国雕塑大师罗丹曾在其艺术遗嘱中说过："所谓大师就是这样的人：他们用自己的眼睛去看别人见过的东西，在别人司空见惯的东西上能够发现出美来。"罗丹这句话是就从事艺术创作的人而说的。其实，对于法学研究活动而言，所谓学术大师也就是通过研究法律制度中存在的种种问题，并在人们司空见惯的问题上能够提出创造性的思想和理论的人。

因此，所谓"中国的问题，世界的眼光"这一命题，所要表达的其实就是古人早就说过的一个意思："小处着手，大处着眼"。中国法学已经过多年的积累和探索，几乎所有学科的研究者都很难在一些"宏大课题"上有创新的余地。相反，处于巨大社会转型和法制变革的中国，几乎成为世界上最为丰富的"问题来源地"，无论是在法律制度的构建还是司法改革方面，也无论是在观念革新还是理论转型方面，都存在着各种各样的问题。如果说中国法学目前在理论创新方面还远远达不到西方法学的境界的话，那么，中国法制所面对的丰富"问题"却是人类历史上任何一个国家在其现代化过程中所没有完全遇到过的，有着明显的特殊性。中国法学要作出独立的贡献，就需要对自己本土中存在的特殊问题作出解释和回应，并通过这种对特殊问题的分析和研究，逐渐提出解决问题的思路，从而最终提出一些为西方法学所无法提出的法律思想和理论。正是在这一意义上，笔者同意这样一句为人们耳熟能详的断言："越是民族的，就越是世界的"。

对于法学研究的上述看法，笔者早在2000年前后就已经提出过。时至今日，笔者对此仍然有着较为明确的认同。这既是笔者对法学研究现状的一点评论，也是笔者自我反思的一点心得。"学如逆水行舟，不进则退"。笔者深知，对于以学术为使命的学者来说，不出新作品就意味着学术生命的终结。与其他出版物不同的是，中国人民大学出版社"21世纪法学研究生参考书系列"这一出版计划为笔者不断更新自己的作品，提供了一个弥足珍贵的机会。对于珍惜学术声誉的作者来说，这既提供了一个展示新作品的机会，也带来了更大的社会责任——我们有义务创造出更多富有生命力的作品，而不仅仅是那种应景之作。

陈瑞华

2011年2月15日于北大中关园

目　次

第一章　司法权的性质　/1
　　一、引言　/2
　　二、司法权的构成要素　/3
　　三、司法权的功能　/8
　　四、司法权的基本特征　/10
　　五、警察权与检察权的性质　/22
　　六、刑事执行权的性质　/29
　　七、司法裁判权行使的方式　/31
　　八、结语　/37

第二章　司法裁判的行政决策模式
　　　　——对中国法院"司法行政化"现象的重新考察　/39
　　一、问题的提出　/40
　　二、对一个基层法院主审法官制度的观察　/41
　　三、司法裁判的行政审批模式　/45
　　四、司法行政管理与司法裁判的职能混淆　/55
　　五、行政审批还是诉权制约？　/60
　　六、结论　/65

第三章　刑事司法中的审判委员会制度　/67
　　一、引言　/68
　　二、作为审判组织的审判委员会　/68
　　三、审判委员会制度的基本缺陷　/73
　　四、对两个案例的分析　/80
　　五、审判委员会制度的近期改革动向　/83
　　六、中国法院的内部独立问题　/87

第四章　检察监督制度的若干问题　/90
　　一、引言　/91

1

二、刑事抗诉 /91
　　三、量刑监督 /93
　　四、侦查监督 /94
　　五、刑事执行的监督 /96
　　六、对未决羁押的监督 /97
　　七、结论 /99

第五章　义务本位主义的刑事诉讼模式
　　　　——论"坦白从宽、抗拒从严"政策的程序效应 /101
　　一、引言 /102
　　二、"坦白从宽、抗拒从严"的历史考察 /103
　　三、"坦白从宽"的诉讼效果 /108
　　四、嫌疑人的如实回答义务 /113
　　五、被告人的认罪态度 /118
　　六、"坦白从宽、抗拒从严"对辩护效果的影响 /122
　　七、两种法律传统的博弈 /125
　　八、结论 /129

第六章　中立的裁判者
　　　　——回避与管辖变更制度之初步研究 /132
　　一、问题的提出 /133
　　二、法官的回避问题 /134
　　三、"法院的回避"——审判管辖的变更问题 /140
　　四、回避制度的基本缺陷 /150
　　五、变更管辖制度的主要问题 /156
　　六、回避和变更管辖制度的根基 /158
　　七、诉权与裁判权的关系 /163
　　八、违反回避和管辖制度的程序后果 /167
　　九、裁判者走向中立化的难题 /170

第七章　案卷移送制度的演变与反思 /175
　　一、引言 /176
　　二、1979年确立的庭前案卷移送制度 /178
　　三、1996年的"审判方式改革" /180
　　四、"庭后移送案卷"制度的形成 /182
　　五、庭前移送案卷制度的重新恢复 /184

六、制约案卷笔录移送制度的几个深层因素 /186
七、结论 /190

第八章　彻底的事实审
——一个困扰刑事审判制度改革的难题 /192
一、引言 /193
二、事实审的形式化 /194
三、"彻底的事实审"理念的提出 /199
四、在第一审程序中构建"彻底的事实审"的必要性 /201
五、重构事实审的改革努力 /205
六、走向"彻底的事实审" /211

第九章　刑事附带民事诉讼的三个模式 /214
一、引言 /215
二、"先刑后民"模式 /216
三、"刑民分离"模式 /223
四、"先民后刑"模式 /228
五、结论 /235

第十章　法院变更起诉问题之研究 /238
一、问题的提出 /239
二、法院变更起诉的个案分析 /241
三、法院变更起诉的成因 /247
四、变更起诉实践的负面效应 /253
五、改革变更起诉制度的可能性 /256
六、结论 /258

第十一章　留有余地的裁判方式
——对中国冤假错案形成原因的一种解释 /260
一、引言 /261
二、"留有余地"的两个模式 /262
三、法院选择"疑罪从有"的体制原因 /265
四、"疑罪从有"的成本收益分析 /267
五、结论 /270

第十二章　制度变革中的立法推动主义 /272
一、引言 /273

二、立法机关在推动制度变革方面的局限性 /273
三、制度变革中的司法推动主义 /282
四、制度变革的另一条道路 /289

参考书目 /295

索　引 /299

第一章

司法权的性质

一、引言 ·· 2
二、司法权的构成要素 ·· 3
三、司法权的功能 ·· 8
四、司法权的基本特征 ·· 10
　（一）司法权的独立性 ·· 11
　（二）司法权的程序特征 ·· 14
五、警察权与检察权的性质 ·· 22
　（一）警察权的性质 ·· 22
　（二）检察权的性质 ·· 23
　（三）刑事审判前的司法审查 ···································· 27
六、刑事执行权的性质 ·· 29
七、司法裁判权行使的方式 ·· 31
　（一）程序性裁判机制的构建 ···································· 31
　（二）救济程序中的审判方式 ···································· 33
　（三）司法解释的方式 ·· 34
八、结语 ·· 37

一、引言

在当下的法学领域，司法改革已经变成一个炙手可热的课题，甚至已成为横跨诸多法学学科的一门"显学"。应当说，在司法制度的基本框架存在缺陷的社会里，法学者对这种制度的改革保持一定的热情，对司法制度的重建进行充分的讨论，这是值得肯定的，也是十分有益的。

然而，法学界在若干年前就曾讨论并倡导过刑事审判方式的改革。人们不约而同地将引进对抗制作为改造中国"刑事审判方式"的突破口。时至今日，中国确实在刑事诉讼领域实行了所谓"抗辩式"的审判模式。但事实证明，这种改革并没有带来中国审判方式的根本变化：绝大多数证人、鉴定人依旧不出庭作证，法庭审理依旧采用书面、间接的方式；法院内部依旧实行所谓的"承办人"制度，绝大多数案件实际是由一名负责承办的法官进行审判的，合议制是名存实亡的；法院内部仍然存在着院长、庭长审批案件的惯例，审判委员会对一些"重大"、"疑难"、"复杂"的案件，仍然在单方面听取"承办人"汇报的基础上，进行秘密的讨论和决定……这不能不令人感叹：所谓的"刑事审判方式改革"原来是一栋奠基在沙漠之上的大厦，尽管外表漂亮，但其根基有着致命的缺陷，因此注定难以取得预期的成效。

当然，现在谈论的司法改革问题本身就是由"审判方式改革"的推行而引发的。正是由于存在司法制度方面的阻力，导致"审判方式改革"无法深入推进，也难以发挥人们所预期的效果，于是人们才意识到：原来中国司法的症结不在什么"审判方式"，而在整个的司法体制。可以说，现在呼吁的司法改革与当年进行的"审判方式改革"是有着直接内在关联性的。

但笔者所担心的是，目前这种动用大量学术资源研究司法改革的情况，带有较为明显的功利色彩：很多人都希望开展一场深刻而剧烈的制度变革，"毕其功于一役"，从而带来司法的崭新变化。笔者注意到，目前进行的司法改革研究并没有改变传统的制度研究模式：描述问题，分析成因，然后提出对策。但是，由于少有高屋建瓴的理论加以指引，也由于对司法的内在规律缺乏认识，因而这种研究所触及的往往只是中国司法制度中的表层问题，所提出的改革方案也只是基于利害得失之权衡的应对之策。

例如，不少人以为司法制度的改革也就是法院体制和组织的改革。但是法院在国家权力体系中本来就处于较为弱小的地位，而且即使是在由"公检法三机关"组成的刑事司法结构中也并不具有至高无上的权威。显然，仅仅进行法院体制的改革是无法完成整个司法制度的重建的。又如，很多人都认为，司法的行政化、官僚化是中国司法制度中存在的一个重要问题。但很少有人注意到，中国实际还存在着司法权的"泛化"问题，也就是行政权、检察权甚至立法权的司法化问题。可见，对于司法的内涵和范围的确定问题，人们还没有形成一个明晰的认识。再如，人们通常都肯定司法独立的积极意义，认为这是中国司法改革的一项重要目标。但是，在法官素质普遍较低、法律职业尚未形成专门化的情况下，即使司法独立真正变成现实，司法公正也未必能够实现，甚至还可能出现大量法官滥用权力的现象……

以法学界目前提供的思路推进司法改革，究竟能否取得预期的成效，笔者不能不表示怀疑。实际上，如果不了解司法权的性质，不对司法活动的基本规律形成明晰的认识，那么任何司法改革都将成为丧失目标和方向的试验活动。可以说，在司法改革问题上，当前最需要的是对一系列基本理论问题的冷静分析和对一些司法改革举措的理性反思。笔者并不反对进行有关的对策分析。应当说，在时机成熟的时候进行有关司法改革的对策分析确实是不可避免的。毕竟，研究司法改革问题的最终结果是要落实在改革方略的设计上。但是，对策分析包含着较大的风险和变数。如果没有经过缜密的理论分析和实际论证，尤其是如果没有一系列较为成熟的理论作支撑，那么这种对策分析也将很难抓住问题的要害。

有鉴于此，本章拟对司法改革的基础理论问题进行一次尝试性的探索。笔者将围绕"司法权的性质"这一核心问题，回答诸如何谓司法权、司法权的功能、司法权的基本特征、司法权的范围等一系列理论问题。当然，限于篇幅和笔者的学术兴趣，本章基本上是以刑事司法为范例来展开分析的，但这并不意味着笔者的论述会完全局限于刑事司法的范围。笔者期望，所有关心司法改革的人士都能够对这些基础理论问题产生兴趣，并展开讨论，从而为中国司法制度的全面改革提供理论资源。

二、司法权的构成要素

什么是司法权？这一问题在不同的法律制度下可能会有多个不同的答案。从宪政体制的角度来看，司法权是相对于立法权、行政权的第三种国家权力。与立法权和行政权相比，司法权的性质或许是不言自明的。例如，立法机构的使命主要是创制法律，也就是制定带有普遍适用效力的法律规范。而司法机构的使命则在于对具体案件进行裁判，并通过将一般的法律规则适用到个案之中，解决业已发生的利益争端。相对于立法权而言，司法权是一种裁判权，并且是通过将一般的法律规则适用于具体案件上，来发挥其裁判案件这一功能的。

但是，这样的解释总使人感到"三权分立"的宪政体制在限制着分析者的思路。而"三权分立"不仅在英美法和大陆法国家之间本来就没有一个完全相同的模式，而且与中国实行的人民代表大会制度更是迥然有别。在几乎所有法律制度下，纯而又纯的"三权分立"机制都是不存在的，司法权与其他国家权力都会产生一定的交叉甚至混淆。例如，在奉行"议会至上"的英国，上议院既是议会的组成部分，又是该国事实上的最高法院。可以说，司法权在一定程度上是从属于立法权的。正因为如此，英国学者认为，"要准确地界定'司法权'是什么从来都不十分容易"，甚至在职能方面，司法与行政"在本质上是没有区别的"①。又如，在法国和德国，法院的司法行政事务在很大程度上要受到司法行政机构的控制，从法院的财政预算到法官的任免、升迁和薪金，司法行政机构都拥有相当大的决定权。这表明，大陆法国家的司法权在一定程度上要受到行政权的影响。

很显然，从宪政体制的角度分析司法权，固然有助于认识它在国家权力结构中的地位，但也会面临很多具体的困难。由于历史和法律传统的原因，几乎所有国家都没有确立完全整齐划一的司法模式。不过，司法权在很大程度上有其独立的技术性方面。例如，不同制度下的司法权大体上有一系列相同的定位、功能、程序、组织特征。在中国目前的宪政体制下，有关司法权性质问题的研究仍可以从西方各国寻找到一定的资源。另一方面，各国行使司法权的机构尽管并不局限于法院，但某一国家机关只要行使司法权，就应遵循一些与司法权的性质有关的规则。例如，裁判者要在争端各方之间保持中立，要同时听取双方的意见，要从各方的争辩中确定事实，制作裁判结论，等等。显然，司法权的性质并不要求只有法院才能从事司法活动，但不论哪一个国家机关行使了司法权，都必须遵守一系列特有的司法程序，采取与司法性质相符合的组织形式，并发挥其特有的社会功能。有鉴于此，笔者愿意选择一个特殊的技术化角度，对什么是司法权问题作出实证意义上的分析。

在笔者看来，司法是与裁判有着内在联系的活动②，司法权往往被直接称为司法裁判权。③ 当然，这一命题在那些确立了基本的权力分立体制的社会中是不难解释的，而对于中国这样一个处于社会重大转型时期的国家而言，还需要加以缜密的论证。近一段时期以来，中国出现了立法机构加强对所谓"个案"进行监督的趋势，检察机关的"法律监督"地位逐渐受到法学界的质疑，而公安机关实际所享有的强大的行政处罚权，也受到越来越多的学者的批评。在这一背景下，将司法权界定为裁判权，对于中国司法改革目标的确定而言，是有着极为重大的现实意义的。

作为裁判权，司法权与其他国家权力有一些相似的特征，如由国家宪法或其他基本法进行授权，有国家强制力加以保证，有国家提供的人力、物力、财力作为资源保障，等等。但在这里，我们需要关注的是司法权相对于其他国家权力的特殊

---

① [英] W. Ivor 詹宁斯：《法与宪法》，中译本，165、166页，北京，生活·读书·新知 三联书店，1997。
② 对于司法权，托克维尔早在一百多年以前就曾直接视其为"判断权"，也就是裁判权的意思。参见 [法] 托克维尔：《论美国的民主》，上卷，110页，北京，商务印书馆，1988。
③ 当然，这一结论是需要加以论证的。对于这一工作，笔者将在下文中加以完成。一般而言，按照传统的分权学说，"司法"（justice）是与立法、行政等相对应的一个概念；而裁判（adjudication）则属于一个诉讼概念，意指司法机构通过听审（hearing），对争议双方提交的争端作出一项具有法律约束力的裁判结论。不过，相对于"裁判"而言，中国人更习惯用"审判"这一术语。这多多少少反映出中国人习惯将进行诉讼与"受审"相联系的意味。另一方面，"审判"被认为包含审理和判决这两个意思，体现了司法活动的过程性。而"裁判"则被视为一种结论，而难以体现这种过程性。但是在本章中，笔者倾向于将"裁判"与"审判"两词混同使用，而不作实质上的区分。

性，也就是这一权力在行使机构和方式上的特点。从权力行使过程的角度来看，司法裁判无疑就是享有司法权的机构、组织或者个人，针对申请者向其提交的诉讼案件，按照事先颁行的法律规则和原则，作出一项具有法律约束力的裁决结论，从而以权威的方式解决争议各方业已发生的利益争执的活动。① 按照司法裁判活动的普遍特征，我们可以将其分解为以下若干基本要素：

（1）存在着一项特定的利益争端或者纠纷；

（2）特定的两方或多方（当事者）卷入上述争端之中；

（3）争端的一方将争端（案件）提交给享有司法权的机构、组织或者个人（裁判者）；

（4）裁判者作为独立于争议各方（通常为双方）的第三方，参与并主持对争端的解决；

（5）举行听证，届时争议各方同时参与，以言词争辩的方式影响裁判者的结论；

（6）如果争端涉及事实的认定问题，争议各方需要向裁判者提交证据，传唤证人；如果争端仅仅涉及法律问题，争议各方则要提出法律方面的论据；

（7）裁判者制定并宣布一项裁判结论，以解决争议各方的争端；

（8）裁判者须在听取争议各方主张、证据、意见的基础上，对争议的事实作出认定，并将实体法确立的有关原则和规则适用于该事实之上；如仅系法律争端，则须按照法律原则、规则、先例或者有关理论，对有争议的法律问题作出裁决。②

这种就司法权的构成要素所作的分析，旨在提供一个有关"司法权是什么"的动态图景。具体而言，第（1）、（2）项要素指明了司法裁判赖以产生的前提：存在着双方或多方之间的利益争端。这种争端可能发生在两个平等主体之间（民事争端），可能发生在个人与作为管理者的行政机构之间（行政诉讼），可能发生在国家与个人之间（刑事争端）。在有些国家，利益争端还有可能发生在个人与其他国家机构以及国家机构之间（宪法争端）。而一旦两个国家、国际组织甚至个人与国家、国际组织之间发生争端，还有可能产生一种新的争端形式——国际争端。但争端不论以何种形式出现，一般都会直接牵扯到有关争议各方的利益。正因为如此，那些

---

① 对于司法或裁判，英国学者戴维·米勒和韦农·波格丹诺编辑的《布莱克维尔政治学百科全书》下过一个完整的定义："法院或者法庭将法律规则适用于具体案件或争议"。该书尽管也强调定义"司法性行为"的困难，但仍明确地指出，司法裁判是"在诉讼案件中，对有关当事人之间的权利分配问题作出有约束力的裁决；而这些权利被认为在原则上已为现行的法律所确定"。参见［英］戴维·米勒、韦农·波格丹诺主编：《布莱克维尔政治学百科全书》，中译本，6页，北京，中国政法大学出版社，1992。该书就司法裁判所作的定义是迄今为止在中文版本的出版物中所能发现的最为简洁、准确者。

② 关于司法裁判活动的构成要素，笔者在归纳时参考了英国大臣权力委员会1932年为司法职能所下的定义和所作的解释。参见［英］W. Ivor 詹宁斯：《法与宪法》，中译本，204～205页；［英］戴维·米勒、韦农·波格丹诺主编：《布莱克维尔政治学百科全书》，中译本，6页。另外，美国学者戈尔丁（Martin P. Golding）也曾对裁判（adjudication）的构成问题作出过分析。参见 Martin P. Golding, *Philosophy of Law*, Englewood Cliffs, N. J.: Prentice-Hall, 1975, pp. 108—120。

直接卷入争端之中并与争端的解决存在直接利害关系的个人、组织、机构甚至国家，通常被称为当事人。

第（3）和第（4）两项要素涉及的是裁判者介入并主持争端的解决问题。从历史上看，争端的解决可能有各种各样的方式。在远古时代，人类曾采取血亲复仇、部族间战争等方式私自解决利益上的争执。随着国家的产生、发展和强大，社会上逐渐出现了专门负责解决私人争端及处理严重侵害公益行为的机构，由国家控制的司法裁判制度逐渐取代了私人复仇制度。这曾被不少历史学家视为人类文明发展进程中的一次伟大成就。[①] 可以说，与私立救济方式相比，司法裁判是一种典型的公力救济活动。代表国家行使司法权的裁判者对争端解决过程的参与，是这种争端解决走向公力救济化的主要标志。然而在现代社会中，被人们用来解决利益争端的方式并不限于司法裁判一种。例如，某甲与某乙因为一方无理拒不履行事先订立的契约义务而发生争执，某甲可以首先选择与某乙进行私下协商，以寻求私下和解或者中国民间所说的"私了"；如果和解不成，某甲还可以诉诸仲裁，由专门的商业仲裁机构作出仲裁书。即使在争端进入法院之后，某甲仍然有机会与某乙寻求和解。对于某甲提出的诸如撤诉等要求，法院一般都会予以尊重。而且即使在双方未能达成和解的情况下，裁判者也可以依据法律程序，对双方的争端进行调解，若借此促使双方达成协议，争端也就不经过裁判而得到解决。可以说，相对于各种非诉手段而言，司法裁判实为最后一种解决争端的方式。

作为第三方的裁判者参与和主持争端的解决，这是司法裁判活动有别于其他争端解决方式的重要特征。与古代的私力救济相比，司法裁判活动具有和平性和非自助性。美国学者富勒（Lon L. Fuller）曾就此指出："法治的目的之一在于以和平而非暴力的方式来解决争端。但和平解决争端并非仅靠协议、协商和颁布法律等就能实现的。必须有一些能够在争端发生的具体场合下确定各方权利的机构。"[②] 司法裁判所提供的解决争端方式，使人类彻底摆脱动辄诉诸暴力、私刑等野蛮手段的习惯。但反过来，和平性和非自助性是要靠公正、人道的司法裁判方式来维持的。司法裁判这种公力救济方式一旦由于裁判者的不公平而难以令人信服，争议各方还可能会诉诸原始的私力救济方式。可以说，私力救济作为一种制度尽管已经消失，但私力救济的实践却可能在司法裁判制度不良时继续出现，从而成为司法裁判活动所要尽力避免的情况。另一方面，与和解、仲裁、调解相比，代表国家行使司法权的裁判者主持司法裁判活动，这使得争端的解决具有相当程度的"非合意性"和"最终性"。尽管与这些争端解决方式一样，裁判过程通常都包含争议各方自主的协商和交涉活动，这种活动还会对裁判者的结论产生程度不同的影响，但是裁判者在诉

---

① 对此问题的详尽分析，参见［美］彼得·斯坦等：《西方社会的法律价值》，中译本，39页，北京，中国人民公安大学出版社，1990。
② Lon L. Fuller, "The Forms and Limits of Adjudication", in *American Court System*, W. H. Freman & Company, 1978.

讼中对争端的解决方案，却不会受到各方意见的完全的影响和左右，而是相对独立地建立在所认定的事实和有关的实体法规则的基础上。争议各方充其量只能对裁判者的结论尽力施加自己的影响，以促使裁判结论朝有利于自己的方向发展，但他们并不能完全决定裁判结论的内容，因为有权制作裁判的只能是行使司法权的裁判者。与此同时，与和解、调解无法"彻底息讼"这一点不同，司法裁判具有最终的"定分止争"作用。因为对于业已达成的和解协议，争议各方可以翻悔；对于在第三方主持下达成的调解意见，各方也还有不接受的自由。而司法裁判能够提供一个最终的争端解决方案。可以说，争端一旦进入司法裁判程序，经过法定的审级，拥有终审权的司法机构所作的生效裁判结论，就是对争端解决的最后方案。各方无论是否心悦诚服，都必须接受并服从该裁决的解决意见，否则就可能遭受有关国家机构的强制执行，甚至因为抗拒执行裁判而承担新的消极的法律后果。

前面分析的第（5）、（6）、（7）项要素所涉及的是司法裁判的程序问题。其实，司法权与立法权、行政权尽管在所发挥的功能方面有一定的交叉或重合，但这些国家权力在行使的程序上却具有各不相同的特征。例如，立法机构在就一项法律草案进行辩论时，或许也会举行听证程序，但是这种旨在制定一般法律规则的活动却与司法裁判的程序大相径庭。因为在司法裁判活动中，裁判者一般不能主动引进一项新的指控或主张，而只是被动地接受争议各方的申请，这与那些经常主动提出制定法律的建议或草案的立法者相比，简直是不可同日而语的。同时，司法裁判活动必须有争议各方的同时参与，他们向裁判者提出主张、证据、法律根据，并进行言词辩论；而在立法活动中，基本上就没有典型意义上的当事人，更谈不上有当事人之间的言词争辩。最后，司法裁判的结果是作出并宣布一项旨在解决当事人之间利益争端的裁决，该裁决一般只对特定当事人和特定诉讼事件有法律约束力，其效力不及于其他社会公众。司法机构即使有权制作判例，该判例也主要只对下级司法机构在涉及同样或类似法律问题时具有约束力。相反，立法机构一旦经法律程序制定并公布法律，该法律就对全体社会成员具有普遍的法律约束力。

又如，在现代各国的体制中，政府作为国家利益的代表，当然要通过行使行政权，维持社会生活的正常秩序。而法院则作为正义的化身，担当着公正解决社会争端、提供权利救济的使命。因此，行政权与司法权在行使方式上确有一些明显的差异：行政权一般能够主动地干预社会生活，而司法机构则只能被动地等待有人提出"诉"的请求，然后才能产生裁判；行政权可以秘密的方式行使，而司法活动则须具有必要的公开性和透明性；行政权的行使可以由行政机构单方面进行，而司法权的行使则要有发生利益争端的双方同时参与；行政权的行使所产生的结论不一定是最终和权威的，而司法机构则有权对争端提供最终和权威的解决方案，等等。当然，司法权的性质决定了裁判者在制作裁判结论时要受到诸多方面的限制，如争议各方在听审中所提出的证据、意见、法律根据和辩论等，可以说，法庭上"发生的事情"对裁判者的裁决具有极大的制约作用，这是保证裁判者的结论令人信服的关键制度设计。因此，司法裁判者就不会像行政官员那样，在行使权力时拥有太多、太大的自由裁量权。司法权的上述性质，决定了在现代法治社会中，甚至连行政权本身也可以被纳入司法权的审查和控制之中，成为被裁判的一方。

司法权的最后一项要素指明了这一权力在实施法律的途径方面所具有的特殊性。这显示出司法权不仅与旨在制定而不是实施法律的立法权有着明显的不同，而且与同样负有实施法律使命的行政权也迥然有别。这是因为，行政机构对法律的实施主要是通过指令、管理、指导、调查甚至惩戒等方式来进行的。通常情况下，与行政权相伴随的永远是"社会控制"，这使得行政机构得以在不违背法律的前提下，制定大量的行政政策，从而拥有相当大的自由裁量权。实际上，如果我们考虑一下行政机构上下级以及行政机构的首脑与其下属之间的服从和隶属关系，考虑一下行政官员以维持社会秩序为名，对个人权利实施的限制，就不难理解行政机构主要是从国家、社会甚至它本身利益的角度来实施法律的。与此不同的是，司法机构对法律的实施则是通过一个特殊的途径进行的：首先，该机构无权将一个尚未提交来的案件进行裁判，因此它无法以实施法律为名，主动干预社会生活，而只能在争议各方将争端提交过来以后，通过裁判个案、解决争端的方式，使有关实体法规定的原则、规则得以实施。其次，司法裁判者与法律的实施不应有任何直接的利害关系，并且一般也不仅仅代表国家、社会及政府的利益，而要在发生争执的对立利益之间保持居中裁判的地位，并依据法律的规定对利益争端作出终局性裁判。再次，司法机构通过裁判活动，不仅要以公平的方式解决业已发生的争端，而且承担着维护国家法律统一实施的使命。尤其在现代法治国家，终审法院更要对法律的统一实施甚至宪法的解释发挥重大的作用。

三、司法权的功能

从司法权存在的本来目的来看，其功能就是以权威的方式解决那些业已发生的利益争端，并使得各项法律透过具体案件得到实施。这似乎是不言而喻的。但如果对此作进一步的思考，就不能不令人产生这样的困惑：司法权无疑也是一种缺点和优点同样显著的国家权力，它在为那些权益面临威胁者带来救济机会的同时，也有着拖延时日、耗费大量资源的问题。既然如此，为什么在一些场合下还必须引进司法权的控制？另一方面，如果说行政权是一种带有主动性、扩张性甚至侵犯性的权力的话，司法权也同样可能因滥用而使个人权益受到威胁，如果不加限制，司法权甚至会比行政权更加令人畏惧。在司法改革中，如果仅仅着眼于诸如立法、司法和行政等国家权力之间的分配，而不提供这种分配的正当理由，那么人们就会说，这种改革不过是国家权力的重新配置而已，而不具有实质上的意义。为防止司法改革出现这样一种结果，我们应当回答：一种设置合理的司法权究竟具有哪些功能，使得它对社会生活的介入是合理和正当的？

实际上，司法制度的改革固然会涉及国家权力的重新配置问题，但如果仅仅将此作为着眼点的话，那么这种改革注定将误入歧途。只有为司法改革注入人权保障的因素，只有将司法权与普遍意义上的公民权利甚至政治权利联系起来，也只有使司法机构更加有效地为那些受到其他国家权力侵害的个人权益提供救济，司法权的存在和介入才是富有实质意义的。

具体而言，为建立一种基本的法治秩序，必须将公民个人的一系列基本权利确立在宪法之中，并且树立起宪法的最高法律权威。所有国家权力机构，无论是立法机构还是行政机构，都只能根据宪法从事各种公共领域的活动，而不能违背宪法的规定和精神。在这一维护宪政并进而实现法治的过程中，司法权的存在具有特殊的重要意义：它为个人提供了一种表达冤情、诉诸法律的基本途径，它使得那些为宪法所确立的公民权利能够得到现实的维护。如果司法权在程序、组织等各个环节上设置得趋于合理，那么面临各种公共权力侵害或威胁的个人，就可以透过司法这一中介和桥梁，与国家权力机构进行一场平等的理性抗争。可以说，司法权越能保持中立性、参与性和独立自主性，公民个人就越能藉此"为权利而斗争"，各种国家权力也就越能受到有效的宪法或法律上的控制。因此，所有司法改革方略的设计都必须建立在这样一个基础之上：确保个人权利与国家权力取得更加平等的地位，使个人能够与国家权力机构展开平等的交涉、对话和说服活动。①

表面看起来，司法裁判活动都是在司法机构直接主持或参与下进行的，这似乎意味着凡是司法机构不参与的活动也就不属于司法裁判活动。但一项活动是否具有司法裁判属性并不只以司法机构参与为标准。实际上，"无权利则无司法"，"无救济则无权利"。如果说司法权是一种由司法机构所行使的裁断权的话，那么这种司法裁断权的存在则主要是为了给那些受到威胁、限制、剥夺的权利提供一种法律上的救济，同时给国家权力机构所行使的公权力施加一种法律上的限制和约束。如果说行政机构只是特定国家利益或社会利益的代表的话，那么法院则要在各种社会利益（尤其是发生着冲突的利益）之间保持相对的中立，并侧重从为受到非法侵害的权利提供救济方面，对上述利益进行协调。② 人们通常所说的行政权的最高价值在于效率，与司法权永远相伴随的则是权利救济和维护正义，也就是从这一角度而言的。

显然，司法权存在的基础之一就在于为各种各样的权利提供一种最终的救济机制。从技术的角度看来旨在解决争端的民事裁判活动，实质上不过是在为权利受侵

---

① 本段的思想是在一些学者观点的启发下形成的。在一次有关司法改革的学术研讨会上，中国社会科学院法学研究所的夏勇教授就明确提出了"为司法改革注入人权保障因素"的观点。而在另一次研讨会上，该研究所的莫纪宏教授则就司法改革与宪政体制的关系问题发表了精辟的见解。
② 按照德国法学家拉德布鲁赫的思想，"行政是国家利益的代表，司法则是权利的庇护者"。参见［德］拉德布鲁赫：《法学导论》，中译本，100页，北京，中国大百科全书出版社，1997。

害者提供一种获得司法救济的管道；表面看来似乎只是解决作为管理者的行政机构与作为被管理者的个人之间利益纠纷的行政裁判活动，实际是在为个人提供一种获得司法救济的途径；形式上看来是以解决宪法争端、解释宪法为宗旨的宪法裁判活动，其实也是建立在为个人、组织、机构等提供司法保障的基础上的。至于刑事诉讼中的裁判活动，则更是为被告人提供了极为重要的获得听审、向中立司法官进行申辩的机会。可以说，离开了司法机构的参与，刑事追诉活动将很难不"异化"为一种行政性的治罪活动甚至带有军事意味的镇压活动；没有司法权的控制，行政权也将成为带有压制性和专横性的力量；失去司法机构的救济，所有公民权利最后都难以从书面权利变成有生命力的现实权利，甚至会名存实亡。相对于其他权利救济和保障手段而言，司法救济具有终局性和权威性。人们通常所说的"司法最终裁决原则"，其实就指明了司法裁判对于个人权利的最后救济和终局保障作用。

司法权存在的基础之二在于为各种各样的国家权力施加一种特殊的审查和控制机制。鉴于司法权具有的这一性质，人们一般又将其直接称为司法审查权。对于行政裁判而言，法院的介入旨在对行政机构的行政管理权实施直接的审查、制约和控制，以防止行政权出于便利、效率等功利性的考虑而可能出现的滥用，从而将这种权利限制在宪法和法律许可的范围之内。对于宪法裁判而言，各国司法机构对宪法争议问题的介入，也可以对立法权、行政权等国家权力施加一定的限制，从而促使其具有宪法和法律上的合法性和正当性。同样，对于刑事诉讼中的裁判活动而言，法院对被告人刑事责任的审判，一方面为被告人提供了一次获得听审的机会，另一方面也是对警察和检察机构的追诉结论实施的独立审查，从而构成对警察权和检察权的一种司法控制。不仅如此，司法机构在审判前实施的程序性裁判活动，还直接使警察、检察机构限制个人基本权益的行为，受到司法机构的独立审查和程序控制。可以说，这种司法审查机制的存在，是防止其他国家权力出现滥用和专横的特殊保障，也是法治秩序赖以维系的关键制度设计之一。

分析至此，我们可以得出一个结论：司法权范围的确定必须紧紧围绕是否有个人基本权益需要司法救济和司法保障，以及是否有某种国家权力（尤其是行政权力）需要司法审查和控制这两项标准来进行。离开对权利的司法救济和对权力的司法审查这两点，司法权的介入就可能在很大程度上是奢侈和多余的。反过来，在某种基本权利受到限制、剥夺的场合，在某种国家权力（尤其是行政权）可能出现扩张、滥用的关口，如果没有司法权的介入和控制，就可能导致权利受到任意的侵害而无处获得救济，权力出现恣意的行使而不受制衡。在此情况下，自由、权利将被秩序、安全所湮没，正义将不复存在。

四、司法权的基本特征

分析到这里，似乎司法权的性质问题已经得到充分的解释了。但是，鉴于司法的行政化、官僚化和地方化已经成为中国司法改革中亟待解决的问题，人们很可能会提出这样一些问题：究竟司法权与行政权有哪些具体的区别？司法机构在活动程序、独立程度、组织等方面应遵循哪些特殊的原则，才能最大限度地避免司法的行政化？

看来，在解释了司法权的构成要素和功能之后，我们确有必要对司法权的特性作出具体的归纳和总结。当然，笼统地考察一种国家权力的特征，往往会显得不着边际，有关的归纳和总结不可避免地会有所疏漏。不过，我们可以行政权作为分析的参照物，从司法权与行政权所存区别的角度，来解释司法权的基本特征。这种解释或许不够全面，但对于中国的司法制度而言，可能更具有针对性，并能够为司法制度的重建提供一些可操作的指导性原则。以下的分析将从两个方面进行：一是司法权的独立性，二是司法权的程序特征。在程序方面，司法权具有六个基本特征：被动性、公开和透明性、多方参与性、亲历性、集中性和终结性。

（一）司法权的独立性

一般说来，行政权具有较为明显的上令下从或依附的性质。因为行政官员在进行行政管理时都必须服从其行政主管的命令或指挥；下级行政机构也必须接受其上级行政机构的指令；在从事行政管理活动时，行政官员也不具有不可替代性，而是可以随时更换的。显然，无论是单个行政官员还是行政机构整体，在行使权力时都不具有较强的独立性。与此相反，司法权的典型特征之一就是具有独立自主性。无论是司法机构还是个体司法官员，在从事司法裁判活动时都必须在证据采纳、事实认定以及法律适用等方面保持独立自主性，不受来自司法机构外部或内部的任何压力、阻碍或影响。

正是因为司法权相对于其他国家权力而言，不仅十分弱小，而且很容易受到外部的控制，所以，司法独立才得到普遍的重视和强调。[1] 但是，这种独立绝不意味着法官可以不受任何制衡甚至恣意妄为。事实上，无论在哪个社会里，司法独立都不是绝对的，而只是意味着司法权"相对于哪些人、哪些机构保持独立的问题"。换言之，只要社会中存在着使司法权受到不正当控制、干预、影响的力量或权威，司法独立就将是该社会不可回避的司法目标，该司法制度将面临能否以及如何克服这些控制、干预、影响的问题。在这一问题上，笔者不赞成那种以司法独立在任何社会中都难以完全得到实现为由，否定这一原则的价值的观点。因为美国、英国等西方国家法官所受到的来自社会各个方面的干预和控制，虽能说明这些国家在维护司法独立方面所存在的一些问题，也能证明司法独立即使在一个已经建立法治秩序的社会里会面临一系列的挑战，但是，这一事实并不能否定维护司法独立在中国的

---

[1] 汉密尔顿对司法权的易受侵犯性有着清醒的认识："司法部门既无强制，又无意志，而只有判断；而且为实施其判断亦需借助于行政部门的力量"，因此，"司法机关为分立的三权中最弱的一个，与其他二者不可比拟……故应使它能以自保，免受其他两方面的侵犯"。[美]汉密尔顿等：《联邦党人文集》，中译本，390～411页，北京，商务印书馆，1995。

极端重要性。如果说西方社会所面临的是如何解决司法独立在今天所面临的挑战的话,那么中国所面临的则是如何确立最低限度的司法独立标准的问题。另一方面,在司法权出现严重的行政化、官僚化甚至地方化的情况下,如何使司法机构摆脱来自行政机构、地方政府、新闻传媒、立法机构甚至各级党政干部的非法干预和控制,是中国今日的司法制度所面临的一个极为严峻的问题。的确,在此时此地谈论司法独立问题可能有些奢侈和不切实际。但惟其如此,维护司法独立才显得尤其具有紧迫性和必要性。现实中所存在的制度实践尽管具有其各方面的成因,似乎从这一角度看,"存在的就是合理的",但是"存在的"却未必是人道的、文明的、公正的和符合人性基本要求的,甚至可能是极其野蛮的、残酷的、专横的,或者至少是不科学的。进行司法制度的重建,与进行其他方面的法律改革一样,对一些不正当的制度或者实践不仅不能迁就和容忍,而且还应进行必要的制度革新或改造。

当然,作为一个宪政原则,司法独立与国家的政治体制有着密切的联系;而作为一项司法诉讼原则,司法独立又是与国家的法院体制甚至司法组织形式不可分立的。这就使得独立性较之司法权的其他特性而言,具有更加明显的复杂性。人们似乎很难为各个具有不同政治、社会和文化背景的国家,确立一个普遍适用的司法独立标准。不过,鉴于司法独立在不同的社会都会面临一些共同的威胁,司法机构在进行裁判活动时通常也会受到一些大体上相同的干预,因此,我们仍有可能为司法独立确立若干项依稀可辨的要素或标准。

在笔者看来,司法独立的核心是裁判者在进行司法裁判过程中,只能服从法律的要求及其良心的命令,而不受任何来自法院内部或者外部的影响、干预或控制。这里的裁判者是指代表某一司法机构行使司法权的个人或者组织,它可以是个体法官,也可以是由若干名法官或陪审员组成的法庭,还可以是由非法律职业人士组成的陪审团等。裁判者要做到独立行使司法权,就必须严格依据法律的规定履行裁判职能,即依照程序法的规定进行裁判活动,根据实体法的规定对案件制作裁判结论。这一司法独立的核心要求,又可以称为裁判者的"职能独立"或者"实质独立"。

司法独立的核心含义固然是比较明晰的,但是要确保裁判者独立行使司法裁判权,从而实现司法独立的目标,就必须建立起一个必要的制度保障机制。这后一点恰恰是最为困难,也是争议最大的一个问题。在以前的研究中,笔者曾提出并分析过司法独立的四项要素,其中的后三项要素是"法官的身份独立"、"法院的整体独立"和"法院的内部独立"[1]。司法独立的保障机制实际就是围绕着这三项要素而建立起来的。当然,也有学者对司法独立作出过不同的归纳。如有人将司法独立的要素视为对当事人的独立、职能的独立、机构的独立和内部的独立四项[2],有人则

---

[1] 陈瑞华:《刑事审判原理论》,第三章第三节,北京,北京大学出版社,1997。
[2] 参见蒋惠岭:《我国实现独立审判的条件和出路》,载《人民司法》,1998 (3)。

将司法独立视为司法权的独立、司法主体的独立、司法行为的独立和司法责任的独立等要素的混合体①，还有人将司法独立分为外部独立和内部独立两个基本层面。②

尽管存在较大的分歧和争议，但学者们基本可以达成共识的一点是，司法独立不仅仅是指法院的独立，还应当包括法官个人的独立以及法院内部的独立。否则，如果像大量法学教科书所宣称的那样，仅仅将司法独立等同于法院独立的话，那么司法独立是得不到最低限度的保障的。在笔者看来，基于司法权的独立性容易受到来自法院之外、之内两个方面的威胁，也基于法官个人在任职条件方面极容易受到控制的现实，司法独立的保障机制大体上可以包括以下五个层面的内容：一是法院的整体独立或外部独立，二是法院的内部独立，三是法官的身份独立，四是法官的职业特权，五是法官的职业伦理准则。③ 受篇幅所限，本章不可能全面、系统地分析这些问题。以下仅仅对这五个方面作一简要解释。

所谓"法院的整体独立"，是指法院无论在司法裁判还是在司法行政管理方面，都独立于法院之外的机构、组织和个人，不受外部力量或权威的控制和干预。考虑到法院的司法裁判和司法行政管理活动极其容易受到其他国家权力机构的控制和干预，因此法院必须首先独立于行政机构和立法机构；又鉴于法院的司法裁判活动也可能受到新闻传媒、大众舆论等方面的不当影响，因此，法律必须建立可使法院摆脱传媒和舆论影响甚至控制的制度机制。这些在目前的中国显然是存在不少问题的。

"法院的内部独立"是指法官进行司法裁判活动过程中独立于其同事以及上级法院的法官。法院内部在保障法官独立裁判方面如果存在制度上的瑕疵，法官就可能受到其他法官、法院司法行政首脑以及上级法院的法官的控制。这同样会危及司法独立，使得法官在司法裁判方面依附于本法院的院长、庭长、审判委员会，甚至受制于上级法院。这种内部独立在中国显然也是存在问题的。

司法独立的第三项制度保障是"法官的身份独立"。也就是法官的任职期间和任职条件应得到特殊的充分保障。如果法官的任职期间不固定、定期轮换或较为短暂，或者法官在薪俸、晋升、调转、惩戒等方面完全受制于某一机构、组织或者个人，甚至直接受到法院行政官员的控制，那么法官就不可能从容不迫地依法独立进行裁判活动，而会出现职业服从甚至人身依附现象。在中国，这些问题尤为明显。

司法独立的第四项制度保障是确立一系列的"法官的职业特权"，使法官为履行司法裁判职能享有特殊的职业保障。确立这些特权的目的在于，使法官在行使司法权方面免受一系列的指控、追究、评论，从而为法官独立进行裁判活动创造必要的安全氛围。例如，法官在司法裁判过程中所发表的言论不受刑事或者民事指控；

---

① 参见谢晖：《价值重建与规范选择》，490~492页，济南，山东人民出版社，1998。
② 参见王利明：《司法改革研究》，86~88页，北京，法律出版社，2000。
③ 关于各国司法独立的保障机制问题，读者可参见 Shimon Shetreet, *Judicial Independence: The Contemporary Debate*, Martinus Nijhoff Publishers, 1985。

法官正在对案件进行的审理情况不受外部评论；法官对案件进行的审理和所作的裁判结论不得被列入议会的讨论日程，等等。这些特权在中国基本上还没有确立。

最后，还需要建立较为完善的"法官的职业伦理准则"。如果说法官的职业特权可以使其拥有一些特殊保障的话，那么职业伦理准则的建立则使法官的行为受到必要的限制，以促使其免受一些不正当的影响，从而独立从事司法裁判活动。例如在一些法治国家，法官一般被禁止参与政治活动，不能在政府甚至议会担任职务，不能过多或者过于积极地参加社会活动，不能从事商业经营活动，不能担任执业律师，不能从事一些可能有损其职业尊严和法官形象的活动。这种行为准则在中国也没有能完整地建立起来。

（二）司法权的程序特征

1. 被动性

通常情况下，行政机构靠其对社会生活的主动干预、管理、控制，来维护国家和社会的利益。但与此不同的是，司法裁判活动在启动方面要保持被动性。这种被动性也就是所谓的"不告不理"。德国学者将司法裁判的这一特征直接称为"控告原则"[1]。而在美国学者格雷看来，"法官是一种由某一有组织的机构任命，并应那些向其主张权利的人申请而确定权利和义务的人。正是由于必须有一项向他提出的申请他才采取行动这一事实，才将法官与行政官员区别开来"[2]。一百多年以前，托克维尔通过考察美国司法制度的运作情况，就对司法权的被动性作出过形象的描述："从性质上来说，司法权自身不是主动的。要想使它行动，就得推动它。向它告发一个犯罪案件，它就惩罚犯罪的人；请它纠正一个非法行为，它就加以纠正；让它审查一项法案，它就予以解释。但是，它不能自己去追捕罪犯、调查非法行为和纠察事实。"[3] 可以说，被动性是司法活动区别于经常带有主动性的行政活动的重要特征之一。

裁判者的被动性首先体现在司法程序的启动方面，其基本要求是：法院的所有司法活动只能在有人提出申请以后才能进行，没有当事者的起诉、上诉或者申诉，法院不会主动受理任何一起案件。换言之，法院不能主动对任何一项社会争端或事项进行裁判活动，它也不能主动干预或介入社会生活，而只能在有人向其提出诉讼请求以后，才能实施司法裁判行为。同时，法院一旦受理当事者的控告或者起诉，其裁判范围就必须局限于起诉书所明确载明的被告人和被控告的事实，而绝不能超出起诉的范围而主动审理未经指控的人或者事实。换句话说，法庭的裁判所要解决的问题只能是控诉方起诉的事实和法律评价，即被告人被指控的罪名是否成立；如果认为成立，就按照控方主张的罪名作出有罪裁判；如果认为不成立，则应作出无

---

[1] 关于德国诉讼制度中的"控告原则"，读者可详见陈瑞华：《刑事审判原理论》，第四章第一节。
[2] 转引自 Donald L. Horowitz, *The Courts and Social Policy*, The Brookings Institution, 1977, pp. 22—23。
[3] [美] 托克维尔：《论美国的民主》，上卷，110页。

罪判决。法院如果超出这一限制，而主动按照控方未曾指控的罪名给被告人定罪，就与司法程序的被动特征和"不告不理原则"直接发生冲突。

司法裁判权的被动性不仅在第一审程序中有所体现，而且适用于上诉审和再审程序之中。笔者注意到，无论在英美还是大陆法国家，尽管上诉审的审级设置以及上诉审的构造各不相同，但上诉审法院在就未生效裁判进行重新裁判时，几乎无例外地都要受制于上诉申请的事项范围。换言之，上诉审法院对于控辩双方未曾提出异议的裁决内容，一般均视为已被双方接受，而不再进行审查或作出重新裁判。如果对于初审裁决结论，控辩双方不持任何异议，而在法定上诉期放弃上诉权，那么上诉审程序根本也就没有必要发动。与此同时，两大法系国家的再审程序尽管也各具特色，但有一点是共同的：任何法院都不得自行主动撤销某一已经发生法律效力的裁决，从而启动再审程序；再审只能由检察机构和被告人双方申请启动。

司法权的这种被动性还体现在程序性裁判活动中。法院无论是就警察或检察官的逮捕、搜查、扣押、羁押等进行司法授权、初次听审，还是就被羁押者的申请进行司法审查，都只能在控告者（警察或检察官）、"上诉者"（被羁押者）提出有关诉讼请求的前提下进行。换言之，为那些权利受到威胁或侵害的人提供救济的司法审查，本身就是一种被动性的制度设计：没有有关的诉讼请求，法院不会进行这种司法裁判活动；法院对那些程序性事项的合法性审查，也主要局限在申请者提出的诉讼请求范围之内。

那么，法院在启动司法裁判程序方面为什么要保持被动性呢？这可以从以下几点得到解释：（1）只有被动地运用司法权，法院才能真正在争议各方之间保持中立和不偏不倚，而主动地发动裁判程序，或者主动将某一事项纳入司法裁判的范围，只能使法院丧失中立裁判者的立场，实际帮助案件的原告或者被告与对方进行诉讼抗争。（2）法院不主动干预控辩双方之间的讼争，可以为双方平等地参与司法裁判过程、平等地对法院的裁判结论施加积极的影响，创造基本的条件。（3）法院不主动发动新的诉讼程序，有助于裁判的冷静、克制和自律，防止出现裁判者在存有偏见、预断的前提下，进行实质上的自我裁判活动。按照拉德布鲁赫的说法，如果裁判者同时也是控告者，就必须由上帝担任辩护人。①（4）司法权的被动性是确保裁判过程和结论获得争议各方普遍认同、确保裁判者的公正形象得到社会公众信赖的基本保证之一。

2. 公开性和透明性

与行政活动通常呈现的秘密性和封闭性不同，司法裁判活动应当具有公开性和透明性。所谓公开性，是指司法裁判的全过程一般应当向社会公众开放，允许公众在场旁听，允许新闻媒体采访和报道。公开审判包括两大基本内容，即整个法庭裁

---

① 参见［德］拉德布鲁赫：《法学导论》，中译本，121页。

判过程的公开和法院裁判结论的公开。一般认为，获得公开审判既是被告人的一项诉讼权利，也是普通社会公众的一项民主权利。为了保证被告人切实获得这一权利，法院的审理过程一般应采取口头和公开的形式，法院有义务将公开审判的时间和地点预先公布于众，并且为公众旁听法庭审判提供充分的便利。在审判过程中，法庭不得将在场旁听审判的人限制在特定的范围之内，并应允许新闻记者在场报道。

公开审判向来被视为司法公正的基本保障之一，甚至被各国宪法视为维护民主和法治的基本法律准则。但是这种对审理过程和裁判结论的公开，仍然具有较强的形式意味。英国宪法学者詹宁斯就曾指出："公开审判的重要性很容易被夸大。公开审判仅意味着公众中的一些人可以旁听，如果报界认为案件很有趣，可以报道其中的一部分。"[①] 我们可以假定这样一种情况：某法院将法庭审理的过程都予以公开，公众能够旁听到开庭、法庭上的证据调查、法庭辩论等庭审的各个环节；审理结束后，法院也将其所作的裁判结论向公众进行了公开宣布。但是，人们注意到，这一公开宣布的裁判结论并没有建立在法庭审理的基础上，很多在法庭上提出和辩论过的证据都没有被法院采纳，而法院作为裁判依据的则是未曾在法庭上提出和辩论过的证据；法院的审理过程与裁判的宣布之间，间隔较长一段时间，法庭审理完毕后并没有立即进行评议和形成裁判结论；法院公开的只是裁判的结论，而并没有将裁判结论赖以形成的理由和根据进行详细的分析，因此判决书的内容极为简要，等等。

显然，仅仅做到法庭审理过程的公开和裁判结论的公开，是远不足以防止司法不公现象发生的。因为审理过程的公开仅仅使公众了解到控辩双方争议的展开、证据的提出、双方的辩论等具体环节；而裁判结论的公开也仅仅使公众获知法院最后解决争端的方案。而在公开的审理过程与裁判结论的形成之间，还缺少一个中间环节——裁判结论形成的过程、理由和根据的公开。旁听过法庭审理过程的公众、报道过案件审判情况的新闻媒介，可能更想了解这一裁判结论"究竟是怎么形成的"，或者裁判结论"赖以制作的依据是什么"。这种裁判结论的形成过程、根据和理由方面的"公开"，其实是指司法裁判的透明。司法裁判活动的公开有一个不容回避的界限：裁判者的评议过程必须是秘密的。这一方面可以保证裁判者能够从容不迫地整理自己通过庭审所形成的思路，客观而无顾虑地发表自己的裁判意见和理由，另一方面也可以防止控辩双方以及社会公众对其裁判结论的非理性影响，给裁判者以理性讨论的机会和场所。显然，对裁判者的秘密评议必须加以保证。但是，这种不得已而为之的秘密评议，给公众了解评议过程和裁判的形成依据和理由造成了困难，同时也给裁判者滥用裁判权甚至枉法裁断制造了机会和可能。为此，现代法治国家一般设计出一种旨在确保公众事后了解裁

---

① ［英］W. Ivor 詹宁斯：《法与宪法》，中译本，171 页。

判形成过程和理由的制度：裁判结论公开后的理由说明以及判决书详细载明的理由。根据前一制度，法院在宣布裁判结论以后，一般不得急于休庭，而需就裁判的事实和法律根据，以及裁判时所考虑的主要因素作一简要的说明，以便使被裁判者和旁听公众了解裁判形成的依据和理由。而根据后一制度，法院就任一案件所作的判决书都必须详细公布控辩双方的各自证据、论点和主要争议点，说明接受某一证据的理由，拒绝采纳某一证据的根据，以及作出裁判所考虑的各项因素。甚至在一些国家的最高法院，判决书还要明确载明法官就案件的裁判存在的分歧及各自的理由。这种就裁判形成过程和理由的事后公开，实质上是在增强司法裁判的透明度，使得社会公众对裁判结论的形成过程和理由一目了然，从而增强参与意识，加强对法院的信任。与此相关的是，不少法治国家还建立了判决书向社会公众开放的制度，使得普通公众可以随时查阅法院的任一判决书，了解有关案件的裁判结论及其形成过程和依据。

司法裁判活动的这种透明性尽管并不完全等于公开性，但两者的目的是一致的：使社会公众真正全面地了解司法裁判活动的过程、裁决形成的依据，从而真正参与到裁判过程之中，对法院的裁判施加外部的影响和制约；使被裁判者——尤其是刑事被告人——的各项诉讼权利得到切实的行使；使裁判者克服自己人性中固有的弱点，压制住诸如私欲、偏见、先入之见等因素的影响，尽可能依据证据和法律制作裁判结论。正因为如此，审判公开又被称为"形式上的公开"；而裁判的透明性则被视为"实质上的公开"。

3. 多方参与性

一般而言，行政活动是由管理者与被管理者双方构成的，行政机构在作出行政决定时通常采取一种单方面运作的形式。与此不同的是，司法裁判一般有作为第三方的裁判者参与，裁判活动要在争议各方同时参与的情况下进行。

具体而言，司法机构无论是就被告人是否承担法律责任的问题作出实体性裁判，还是就某一诉讼行为是否合法和正当进行程序性裁判，都不能单方面地进行，而必须在作为被裁判者的控辩双方同时参与下，通过听取各方举证、辩论的方式来进行。否则，无论是被裁判者还是普通社会公众，都可能对那种由裁判者单方面进行的司法裁判活动的公正性提出异议。

参与性体现在司法裁判活动的全过程。我们从现代法庭的设置和运作方式上，可以看出裁判活动要在裁判者主持下，通过控辩双方进行面对面的交涉、说服和争辩来进行；从法官在法庭之外的活动方式来看，裁判者在形成其内心确信的过程中，始终要有控辩双方相伴随，并允许他们发表意见。即使在一些国家设立的审判前的司法审查程序中，法官也要在警察与嫌疑人同时在场的情况下，进行司法授权、初次听审以及司法救济活动。

司法裁判活动为什么要采取多方参与的形式呢？裁判者难道就不能自行或单方面地进行裁判活动吗？其实，多方参与只不过是在维护司法裁判过程的基本道德品质，从而使这一活动具备最低限度的公正性。在很多个世纪以前，英国人就奉行"自然正义法则"。根据这一法则，裁判者必须同时听取控辩双方的意见，这被视为法律程序正当性的基础之一。美国学者富勒甚至将被裁判者的参与直接视为现代裁判活动的本质属性："使裁判区别于其他秩序形成原理的内在特征在于，承认那些将要受到裁判所作决定直接影响的人能够通过一种特殊的形式参加裁判，即承认他们为了得到有利于自己的决定而提出证据并进行理性的说服和辩论"，"裁判的本质就在于——受判决直接影响的人能够参加判决的制作过程"，"一种法律制度如果不能保证当事人参加到裁判活动中来，就会使裁判的内在品质受到破坏"[①]。丧失多方参与性的裁判活动之所以会使裁判的内在品质受到破坏，是因为这种裁判不具备最起码的公正性。具体而言，控辩双方作为与案件结局有着直接利害关系的人，对自己获得胜诉的结果都有着合理的预期，并有着为维护自己实体性权益而进行程序性"斗争"的意愿。如果裁判者背着控辩双方或者其中任何一方，单方面地进行所谓的"裁判"活动，无法参与的一方实际上就被排除于裁判过程之外，失去了反驳不利于本方主张、影响裁判结论的机会，而只能被动地承受裁判者对自己权益的处分，消极地等待裁判者对自己权益、前途甚至命运的裁决。由此，被裁判者一般会产生其人格被"看轻"、其利益被忽视甚至无视的感觉，他的不公正感也会油然而生。显然，参与那种涉及个人权益的裁判活动，其实来自人性的基本要求：被人尊重的要求和欲望会促使被裁判者积极地寻求影响裁判结论的机会。

4. 亲历性

一般而言，行政活动具有一定的非正式性。例如，行政官员可以在办公室、现场或其他非正式场所进行行政管理活动；行政官员可以通过听取下级官员的口头或书面汇报，对有关事项作出决定，等等。但与此不同的是，司法裁判活动必须以某种相对正规的方式来进行：裁判者必须主要局限在法庭上、在控辩双方同时参与下进行活动；裁判者必须亲自接触控辩双方提交的证据，而且所接触的还必须是证据的最原始形态；在法庭审理中，裁判者必须始终在场，直接听取控辩双方以口头方式进行的举证、质证和辩论，等等。这种裁判方式一般称为"裁判者的亲历性"，在诉讼法上又可称为"直接和言词原则"。

所谓亲历性，也就是裁判者要亲自经历裁判的全过程。亲历性有两个最基本的要求：一是直接审理，二是以口头的方式进行审理。前者要求裁判者在裁判过程中必须亲自在场，接触那些距离原始事实最近的证据材料。后者则要求裁判者必须以口头方式进行裁判活动，听取控辩双方以口头方式提交的各类证据。直接审理的反面是间接审理，也就是通过听取别人就裁判所提出的意见来对案件作出裁判；口头审理的反面则是书面审理，也就是通过审查书面案卷材料，来对案件作出裁判。间接审理和书面审理走到极端，可以变成裁判者单方面实施的书面审查程序，控辩双

[①] Lon L. Fuller, "The Forms and Limits of Adjudication", in *American Court System*.

方连出庭参与裁判活动的机会也会失去。这样，司法裁判的性质也就丧失殆尽，以至于"异化"为一种行政活动。

在司法裁判过程中，亲历性一般有多项基本要求：裁判者必须始终在场，而不能随意更换，否则后来参与裁判活动的法官就可能无法"亲历"先前已经进行完毕的证据调查和法庭论辩活动；裁判活动也不能随意中断，否则裁判者对业已过去的审理情况就难以有形象、直观的认识，甚至会随着时间的流逝，淡忘那些已经审查和辩论过的证据、意见和主张，以至于不得不依据书面材料进行裁判；裁判者对所有提供言词证据的人，包括证人、鉴定人、被害人、被告人等，都必须当面听取其口头陈述，听取控辩双方就其陈述所进行的质证和辩论，否则这些人提供的书面陈述或意见就会成为裁判者制作裁判结论的依据，裁判的书面化和间接化就会随即出现。尤其是对于那些旨在重新确定案件事实的裁判活动，这种建立在直接审理和口头审理基础上的亲历性，显得尤为重要，也会有较为完备的程序体现。而对于那些仅仅涉及法律适用问题的裁判活动而言，亲历性也会提出一种最起码的要求：通过开庭，裁判者亲自当面听取控辩双方的诉讼主张和意见，然后以此为依据制作裁判结论。即使是对于单纯的程序性裁判活动，裁判者也必须亲自接触控辩双方，了解其证据、主张和意见。

亲历性是由裁判活动的目的所决定的。对于裁判者而言，其裁判结论直接涉及就有关各方的争端作出权威性解决的问题，也涉及对各方权利、义务或责任的重新分配，因此，如何确保裁判结论能够为控辩双方自愿接受、表示信服或减少不满，就成为裁判者所必须考虑的事情。而裁决结论的被接受程度除了与这一结论本身是否反映案件事实原貌以及是否符合实体法的要求有关以外，还与裁判过程是否公正密切关联。因为裁判者的裁判过程如果不能使人受到公正的对待，尤其是剥夺或者限制了被裁判者的参与机会，即使裁判者就案件所作的裁决结论很"正确"，或者很符合实体法的要求，被裁判者也很难愿意接受这种裁决结论。在这里，对裁判过程的不满会进而导致对裁决结论公正性的怀疑。而亲历性恰恰可以保证裁判者亲自接触并听取控辩双方的证据、主张和意见，并将其裁决结论直接建立在当庭听取并审查过的证据和辩论的基础上，使得控辩双方对裁判过程的参与不仅较为充分，而且能够有效地发挥作用——影响裁判者结论的形成。相反，如果裁判者不亲自参与裁判全过程，而是通过听取其他人员汇报、审查书面材料甚至不当面接触控辩双方的方式进行裁判活动，作为被裁判者的控辩双方将很难产生受尊重的感觉，裁决结论也很难得到双方的自愿接受和认同。

5. 集中性

行政机构在进行管理、控制、协调等行政活动，甚至在作出行政决定时，通常具有一定的灵活性和自由裁量权。例如，作出行政决定的程序可以基于方便、效率的原则加以中断；负责某一行政事项的官员可以中途退出该行政活动，新替换上来的官员则可以继续进行行政活动；由于缺乏一种集中进行的行政过程，行政决定完全可以缓缓产生。与此相反，司法裁判活动要采取集中进行的方式。所谓集中进行，也就是裁判活动要在相对集中的时间、集中的场所连续不断地进行，直至形成最后的裁判结论。裁判的集中性是与裁判者的亲历性密切相关的，它首先有两个基本要求：裁判者不更换和裁判过程的不间断。根据前一要求，作为裁判者的法官、陪审员在对一个案件尚未形成裁决结论之前，不得中途更换，否则业已进行完毕的裁判活动无效。为此，不少国家都建立了候补裁判者制度，对于那些预计将持续较长时间的裁判，预先设置若干名法官、陪审员在场旁听，使其在作为裁判者的法官、陪审员因生理、心理等原因不能胜任裁判者的职责时，及时加以替补。而根据裁判过程不间断的要求，裁判过程应当持续不断地进行，应将裁判过程中的休庭次数和休庭时间减少到最低的程度。

司法裁判的集中性还有一项非常重要的要求：裁判者对于控辩双方的利益争端，必须在法庭审理过程结束后，随即形成裁决结论。换言之，裁判者进行完毕证据调查、法庭辩论等活动之后，必须立即进行评议，形成裁决结论，而不能随意地中断裁判形成过程。人们通常所说的"当庭判决"就是指这个意思。不过，"当庭判决"并非要求裁判者在法庭上即时制作裁决结论，而是指对案件裁判的评议过程应当在法庭审理结束后随即进行，不得中断。与"当庭判决"相对的是所谓的"定期判决"，也就是在法庭审理结束若干时间后，裁判者再行评议和制作裁决结论。"定期判决"·由于使得法庭审理过程与裁决结论的形成之间存在一定的时间间隔，使得裁判者亲历的裁判过程难以直接决定裁决结论的形成，因而向来被视为一种例外。当然，裁决结论一旦形成，就应当尽快宣布。

司法权的集中性对于维护裁判程序的自治性是极为重要的。对于争议各方而言，裁判者只有将其结论建立在法庭上确认的证据和事实的基础上，才能确保各方对裁判过程的有效参与，使各方受到公正的对待。而对于裁判者来说，将裁判结论直接形成于法庭审判过程之中，而不是庭审过程之外、之前，这是对其权力的重要约束，也是其裁决获得各方信服的重要保证。但是，如果裁判者经常随意中断听审过程，或者合议庭成员在听审中间发生变更，或者裁判者在听审活动结束后迟迟不作裁判结论，那么，裁判者就会对法庭上"发生的事情"形成模糊认识，甚至根本无从形成清晰的印象，其裁判结论也就无法完全建立在听审过程的基础上。当然，即使裁判集中进行，也并不必然能避免裁判者的恣意妄断。但是在司法裁判活动随意中断、裁判者随意更换、裁判结论不当庭形成的情况下，裁判者肯定会将法庭审理置之不顾，从法庭之外寻求裁判的根据和灵感。这种情况一旦出现，司法不公甚至司法专断的现象也就相伴而生，裁判程序的自治甚至正义也就无从谈起。

6. 终结性

司法裁判活动应当具有一种"终结性"，也就是法院在作出生效裁判之后，非依法律明确规定，不得启动对该案件的再审程序；控辩双方之间的利益争端一旦由裁判者以生效裁判的形式加以解决，一般就不得再将这一争端纳入司法裁判的范围。"终结性"是对司法裁判活动在终结环节上的要求，也就是要求裁判活动必须具有终结性，具有"定分止争"的效力。

在刑事诉讼中，司法裁判的终结性一般又被称为"一事不再理"或者"禁止就同一行为实施双重追诉"。"一事不再理"是大陆法国家实行的一项诉讼原则，要求刑事追诉机构和司法裁判机构，对于任一业已经生效裁判的案件，一般不再启动重新追诉或裁判程序。为此，对生效裁判的再审一般被视为一种例外，要在申请主体、申请理由、申请时效等方面受到极为严格的限制。在大陆法国家的学者看来，"一事不再理"原则的贯彻可以维护法的安定性，防止因为再审的随意开启而破坏法律实施的稳定性和安全性。而"禁止双重追诉"又可称为"免受双重危险"，是英美等国坚持的一项重要诉讼原则。这一原则既对国家刑事追诉权构成一种限制，又对那些处于被追诉地位的个人成为一种特殊保护。具体而言，国家的刑罚权必须被限制在一定范围之内，而不能无限扩张和不受节制；对个人的刑事追诉一旦进行完毕，不论裁决结论如何，都不能使其重新陷入被追诉的境地，否则个人就会因同一行为反复承受国家的追诉或审查，其权益反复处于不确定、待审查、被判定的状态。而这恰恰是对个人权益甚至人格尊严的不尊重，是非正义和不公正的。

大陆法国家的"一事不再理"原则与英美的"禁止双重追诉"原则，尽管在宗旨和指向方面各异其趣，但都强调司法裁判活动一经结束，就不能再逆向运行——重新使业已裁判的案件处于待判定状态。再审的启动必须受到严格限制：司法机构本身绝对不得重新启动再审程序；再审的案件更多地被限制在有利于被告人的再审，不利于被告人的再审要么遭到禁止，要么受到极为严格的控制，等等。

司法权的终结性是与司法裁判的目的直接相关联的。在笔者看来，法院作为解决利益争端、为个人提供权利救济的权威司法机构，在裁判任何案件时，都必须给出一个最终的裁决方案，并使该方案在法律效力上具备稳定性。只有这样，司法机构才能在社会公众中树立基本的威信，其裁判活动和结论也才能得到社会的普遍尊重。相反，如果"朝令夕改"，法院随意可以撤销已经生效的裁决，那么司法裁判程序将永远没有一个最终结束之时，利益争端将长期得不到终局性解决，国家建立司法裁判制度的意义也就丧失殆尽。另一方面，随意逆向运行的司法裁判程序还可能使当事人反复陷入诉讼的拖累之中，其利益和命运长期处于不确定和待裁断的状态。尤其是刑事被告人，还可能因再审的反复启动而受到多次重复的刑事追诉，从而面临多次遭受刑事处罚的危险。而这对于处于弱者地位的当事人而言，是不具备起码的公正性的。

当然，司法权的终结性必须建立在合理的司法制度设计的基础上。这需要司法裁判程序必须具备最低限度的公正标准，作为裁判者的法官必须具有良好的品行并遵守职业道德，法院的审级制度也必须尽可能合理，以确保争议各方有充足的获得普通司法救济的机会。

五、警察权与检察权的性质

在前面的论述中,笔者将司法权直接视为裁判权,并从裁判权的角度分析了司法权的构成要素和基本特征。但按照中国人的一般观念,"司法权"是一个由多个国家机构行使的国家权力,"司法"也被视为一种由公安、检察、审判等机构进行的国家活动的总和。这就引发出一系列的问题:司法权的范围究竟如何?警察权、检察权是司法权吗?如果答案是否定的,那么警察权、检察权究竟属于什么性质的权力?讨论司法权的性质,不能不涉及警察权、检察权的性质问题。换言之,只有将警察权、检察权的性质作出准确的界定,才能解释清楚为什么不能将与个人权益有关的事项的最终决定权赋予警察和检察机构,也才能最终说清楚司法权的性质。

(一) 警察权的性质

一般来说,明确将警察权视为司法权的观点并不多见。但是,中国特有的"公检法三机关"和"公安司法机关"的称谓,中国特有的三机关"分工负责、相互配合、相互制约"的流水作业体制,显示出人们习惯于将公安机关与司法机关相混同的心态。而在国家权力结构中,公安机关与检察机关、法院都被列为"政法机关",被看作实行人民民主专政或者"为改革开放保驾护航"的工具。甚至在党内组织体系中,公安机关的地位也往往要高于检察机关和法院。

而在现代法治社会中,警察无论就其所发挥的功能还是活动的程序、组织方式而言,都显示出其行政权的性质。首先,现代警察制度所赖以建立的基础在于维护社会治安,保障社会秩序,使社会维持一种安宁的状态。正因为如此,几乎所有国家的警察机构都具有准军事部队的特征,以便在社会上发生违法、犯罪行为时能够准确、有效地加以遏止。其次,警察在维护治安、从事刑事侦查过程中,在程序上采取的是典型的行政方式:主动干预社会生活,单方面限制个人基本权益和自由,积极地获取犯罪证据和查获嫌疑人,并对其发动刑事追诉。再次,警察机构在组织上更是采取一体化的方式:警察上下级、警察机构上下级之间都属于一种上令下从、互相隶属的关系;对于正在从事刑事侦查活动的警察,可以随时撤换和调任。显然,与具有高度独立自主性的裁判者不同,警察在执行职务方面不具有独立性和不可变更性。

从中国的法律实践来看,公安机关作为一种武装性质的力量,同时行使着维护社会治安和刑事侦查的职能;公安机关在组织上实行双重领导体制,既受制于上级公安机关,又受同级人民政府的辖制,其行政机关的性质是十分明确的。中国的公安机关拥有一系列的强制处分权。例如,在治安行政领域,对那些"游手好闲、违反法纪、不务正业的有劳动力的人",公安机关有权采取劳动教养措施,从而剥夺其人身自由达1至3年,并可再延长1年;对于卖淫、嫖娼人员,公安机关有权采取"收容教育"措施,从而将其人身自由剥夺6个月至2年;对于那些"吸食、注射毒品成瘾"的人，公安机关有权对其"强制进行药物治疗、心理治疗和法制教育、道德教育"，从而限制其人身自由……当然，对于那些违反治安管理的人，公安机关还拥有较为广泛的治安管理处罚权，可以科处包括警告、罚款和拘留在内的各种行政处罚。由此可见，对于一系列涉及剥夺个人人身自由的事项，公安机关在治安行政领域实际拥有较大的决定权。

同时，公安机关在刑事侦查活动中还拥有一系列强制处分权。根据中国现行刑事诉讼法的规定，对于搜查、扣押、通缉等涉及个人财产、隐私、自由等权益的强制性侦查行为，公安机关有权直接发布决定并直接执行；对于拘传、取保候审、监视居住、刑事拘留等强制措施，公安机关在侦查中有权自行发布许可令状，自行执行。而在中国刑事诉讼实践中，刑事拘留、逮捕后对犯罪嫌疑人羁押期间的延长，公安机关基本上也是自行决定、自行执行的。可以说，在刑事审判前程序中，除逮捕以外的其他所有强制措施和强制性侦查手段，都是由公安机关自行决定、自行执行甚至自行延长和变更的。对于大量涉及个人基本权益和自由的事项，公安机关在刑事侦查领域都拥有权威的和最终的决定权。

不难看出，公安机关实际上在行使着司法权。这至少是因为它无论在治安行政领域还是刑事侦查领域，都对有关限制、剥夺公民基本权益的事项拥有权威的和最终的决定权，而这种权力基本上是无法受到中立司法机构的有效审查的，被限制、剥夺权益者难以获得有效的司法救济。但是，公安机关究竟该不该行使司法权呢？

从应然的角度来看，警察权是一种行政权，公安机关不仅不应当行使司法权，而且应当受到司法机构的有效审查和控制。作出这一判断的根据是：（1）公安机关作为行政处罚、刑事强制措施的决定者，与案件有着直接的利害关系，往往倾向于维护国家、社会的利益，难以对个人权益加以保障，即使是上级公安机关也无法对个人权益提供有效的救济；（2）公安机关进行的各种活动大都是由管理者与被管理者、处罚者与被处罚者双方构造而成的，这里既不存在中立的第三方的介入，也不受公安机关以外的其他国家权力机构的有效审查和制约；（3）公安机关拥有对公民个人基本权益的最终决定权和处置权，这严重违背"控审分离"、"司法最终裁决"等一系列法治原则。

显然，中国司法改革所面临的重大课题之一，就是确立警察权的行政权性质，实现公安机关的非司法化。为此，公安机关所拥有的一系列治安行政处罚权，如劳动教养权、收容教育权、行政拘留权等，都应当被纳入司法权之中，使公安机关变成申请者，而不是决定者。另一方面，对于刑事拘留、监视居住、取保候审、搜查、扣押、窃听等一系列涉及在刑事侦查领域剥夺、限制个人基本权益和自由的措施，也应一律纳入司法权的控制之下。

（二）检察权的性质

检察权是司法权吗？这一问题在不同制度下可能会有不同的答案。在英美，检察权基本上属于行政权。因为从组织上看，英国的皇家检察机构（CPS）与美国联邦和各州的检察机构大体上都属于行政分支的有机组成部分。作为英格兰和威尔士检察机构领导核心的中央法律事务部，属于英国重要的司法行政机构，其首脑由首相直接提名和任命，属于非内阁成员中重要的行政官员。而美国联邦司法部作为美国联邦政府行政分支的组成部分，其首脑司法部长由总统提名和任命。司法部长作为内阁的重要成员，实际为美国联邦一级的总检察长，拥有领导联邦检察官的权力。从所发挥的功能来看，英美检察机构大体上属于单纯的刑事起诉机构，它们站在政府的立场上，负有对犯罪案件提起公诉、支持公诉以及监督有罪裁判得以执行的使命，从而维护社会的基本秩序和安宁。从活动方式上看，英美检察官在警察的协助下，单方面地从事起诉前的准备活动，并在法庭上充当案件的控诉一方，成为法院定罪量刑的实际申请者。这表明，检察官与警察一样，都在代表政府行使着刑事追诉权，这种权力实质上属于行政权力。

大陆法国家的情况有所不同。在法国和德国，检察机构在设置上具有"审检合署"的特征，也就是设于各级法院内部，但与法院采取分离管理的体制。在检察机关内部，实行检察一体的组织原则，强调检察机构上下级、检察官上下级之间构成一个统一的整体，下级检察官须服从其上级检察官的指挥和领导。检察官不仅不具有像法官那样的独立性，而且可以随时加以撤换。在活动方式上，德国、法国的检察官在法律上拥有侦查权，警察尽管直接实施侦查活动，但不过是他们的助手和辅助机构。在很多情况下，检察官决定侦查的启动和终止，对重大侦查行为拥有决定权，并在重大案件的侦查过程中直接指挥、指导警察从事侦查行为。这种检警一体的活动方式，决定了检察官和检察机构对案件的侦查、起诉负有最终的责任。①

德国、法国的检察机构尽管与英美同行一样，都在行使带有行政权性质的刑事追诉权，但仍具有一定的准司法机构的意味。例如，这两个国家的检察机关都负有发现实体真实、维护司法公正的使命，在刑事追诉过程中既要收集不利于被告人的证据，也要收集有利于被告人的证据；对于法院作出的初审或者二审裁判，检察官要站在法律的立场上提出上诉，因此他们有时确实会提出有利于被告人的上诉。又如，检察官与法官在培养上采取了一元化的方式：他们都要通过统一的国家司法考试；都要经受统一的带有学徒性质的司法实习和职业培训；都要按照统一的途径被委任为检察官或者法官。甚至在法国人的观念中，检察官与法官的职业联系如此密切，以至于被分别称为"站着的司法官"和"坐着的司法官"②。

英美与大陆法国家的检察机构在设置以及权力配置上尽管有一定的区别，但它们所行使的权力都属于刑事追诉权，都对惩治犯罪、维护社会治安负有重大的责任，其权力的行政权属性的确是存在的。至于德国、法国检察机构所具有的准司法机构的性质，这两个国家的检察官所具有的准司法官的地位，充其量不过说明检察

---

① 参见［德］Claus Roxin：《德国刑事诉讼法》，中译本，69页以下，台北，三民书局，1998。
② John Hatchard and others, *Comparative Criminal Procedure*, The British Institute of International and Comparative Law, pp. 62—64.

机构在履行刑事追诉职能的同时,要注意尊重事实真相和维护法律尊严,而不应像民事诉讼中的原告那样,为达到胜诉和击败被告人的目的而不择手段或不惜一切代价。这一点,构成了对检察机构刑事追诉权的外在限制,但并没有否定这种刑事追诉权的行政权性质。

中国目前实行的"人大领导下的一府两院"体制,决定了检察机关是一种与法院并列的司法机关;而中国宪法和检察院组织法所确立的检察机关的法律监督地位,则决定了检察机关有权对法院的审判活动实施法律监督,它所行使的司法权不仅十分重要,甚至还略微高于法院所行使的审判权。

这是因为,根据宪法的规定,检察机关拥有法律监督权,有权监督国家宪法和法律的统一实施。目前,检察机关的这种法律监督权主要体现在诉讼领域。首先,在刑事诉讼领域,检察机关有权对公安机关、法院、刑罚执行机关的诉讼活动实施法律监督。例如,对于公安机关应当立案而不予立案的决定,检察机关有权要求其说明理由,发现理由不成立的,应通知其立案;对于公安机关在侦查中有违法行为的,检察机关有权提出纠正意见;对于法院一审作出的未生效裁判,检察机关"发现确有错误"的,有权提出抗诉,从而引起二审程序;对于法院生效裁判"确有错误"的,有权提起抗诉,从而直接引起再审程序;对于法院在审判过程中有违法行为的,检察机关有权提出纠正意见;等等。其次,在公安机关负责侦查的案件中,检察机关拥有逮捕的批准权和延长羁押的决定权。中国刑事诉讼法赋予检察机关对逮捕发布许可令状和进行授权的权力,并授权上一级检察机关和省级检察机关对逮捕后的羁押延长事项,拥有最终的决定权。这表明,在审判前的羁押问题上,检察机关拥有相当大的控制力,从而对个人人身自由的剥夺拥有最终的决定权。再次,在检察机关自行侦查的案件中,它作为与公安机关相似的侦查机关,拥有包括逮捕、拘留、监视居住、取保候审、搜查、扣押等在内的一系列强制处分的决定权,并可以自行决定对公民个人羁押期间的延长,从而对个人的基本权益和自由拥有最终和权威的处置权。最后,在民事和行政审判领域,检察机关有权对法院的审判活动进行监督,发现生效裁判"确有错误"的,有权提出抗诉,从而直接引起再审程序。

检察机关尽管在现行宪政体制下行使着司法权,但这种司法权的行使却是有着根本缺陷的。这是因为,检察机关同时将法律监督与刑事追诉这两种相互对立的权力集中于一身,无法保持公正的法律监督所必需的中立性和超然性。作为法律监督机关,检察机关的确在对公安机关、法院、执行机构的诉讼活动进行着一定的"司法控制"。但是,检察机关对一部分案件所拥有的侦查权,与公安机关所行使的权力具有一定的相似性。可以说,作为侦查权的行使者,检察机关与公安机关都具有行政机构的性质,而难以算得上司法机构。当然,检察机关对公安机关负责侦查的公诉案件,还拥有审查起诉、提起公诉和支持公诉等一系列的权力。这些权力的行使似乎意味着检察机关拥有对公安机关进行监控的资格。但实际上,根据刑事追诉活动的基本规律，侦查活动的成功与否，最终要靠法庭审判过程中能否获得"胜诉"——也就是被告人是否被判有罪来加以判断。从这一意义上说，审查起诉、提起公诉和支持公诉等活动，不过是侦查活动的逻辑延续和法庭审判的必要准备罢了。从侦查一直到审查起诉、提起公诉、支持公诉，甚至提起抗诉，公安机关与检察机关都在动态的意义上追求着"胜诉"的结局，这些活动有着内在一致的目标，也有着相互补充、相互保障的作用，构成宏观意义上的刑事侦控或者刑事追诉活动的具体环节和组成部分。可见，法律监督者的角色要求检察机关尽可能保持中立、超然和公正；而刑事侦控者的诉讼角色，却要求检察机关尽可能地保持积极、主动，尽量争取使被告人被判有罪，从而实现惩治犯罪、维护社会秩序等国家利益。显然，这两个诉讼角色是直接矛盾和对立的。按照马克思的说法，在刑事诉讼中，法官、检察官和辩护人的角色集中到一个人的身上，这是和心理学的全部规律相矛盾的。从逻辑上看，从事着相互矛盾的诉讼职能的检察机关要么会偏重法律监督而忽视追诉犯罪，要么会倾向于侦控犯罪而疏于法律监督，而不可能对两者加以兼顾。但实际上，面对当前社会治安状况不尽如人意，官员腐败案件频频发生的现实，检察机关所承担的打击犯罪，尤其是打击职务犯罪的重大责任得到了更多的重视，一方面法律监督责任必然受到忽略，另一方面也只能倒向刑事侦控一方，甚至完全强调刑事侦控职能，而不再具有最起码的独立性。

从检察活动的实际社会效果来看，检察机关基本上将自身定位于与犯罪作斗争的刑事追诉机构。尽管刑事诉讼法明确要求检察机关既要收集不利于被告人的证据和事实，也要收集有利于被告人的证据和事实，在制作起诉书时要"尊重事实真相"，但是，刑事追诉的基本实践表明，检察机关更加重视不利于被告人甚至可以导致被告人被判重刑的证据和事实，而对于有利于被告人的证据，检察机关不是隐而不提，就是故意阻止其出现在法庭上。典型的例证是，长期以来一直较为严重的超期羁押现象，不仅在公安机关存在，而且更多地出现在检察机关自行侦查的案件之中；屡禁不止的刑讯逼供现象，不仅得不到检察机关的有效制止，而且得到了检察机关的纵容，甚至在其自行侦查的案件中，刑讯逼供也时有发生；检察机关认为案件在认定事实或者适用法律方面"确有错误"的，可以提起二审抗诉或者再审抗诉，而且这些抗诉基本上都是不利于被告人的，那种旨在追求使被告人受到无罪或者罪轻结局的抗诉，目前还只存在于书本上，而不是现实之中。

显然，无论是刑事追诉的基本逻辑还是检察活动的基本实践，都表明所谓的"法律监督"与刑事追诉之间有着不可调和的矛盾和冲突。让一个承担着刑事追诉甚至刑事侦查职能的国家机构，去监督和保证国家法律的统一实施，并在其他国家机构违反法律时作出纠正，这的的确确带有一定的"乌托邦"的意味，构成了一种制度上的"神话"。另一方面，检察机关法律监督地位的存在，还对司法裁判的独立性和控辩双方的对等性造成极为消极的影响。这是因为，检察机关站在法院之上从事所谓的"法律监督"，会使案件的裁判活动不仅永远没有终止之时，而且还会随时重新启动，从而损害司法裁判的终结性。况且，拥有"法律监督者"身份的检察机关永远有高人一等的身份和心态，因而不会"甘心"与作为被指控方的被告人处于平等的地位上。控辩双方的这种地位上的不平等性会对司法裁判的公正性形成负面的影响。

中国的检察制度今后究竟往何处走，笔者对此难以作出全面的估价。不过，一个基本的思路是，检察机关的司法机构色彩应当逐渐弱化，法律监督职能应当逐渐淡化，并在条件成熟时最终退出检察机关的职能范围。诉讼领域中法律的实施应当通过控辩裁三方相互制约和平衡的机制加以解决，而不要轻易从诉讼机制之外，引进所谓的"法律监督"。否则，那种"谁来监督监督者"的永恒难题就不可避免地出现在制度设计和法律实践之中。另一方面，与公安机关的命运一样，检察机关所享有的审查批准逮捕的权力，及其作为刑事侦查机构所行使的涉及限制个人基本权益和自由的强制处分权，也应当逐步被纳入法院的司法裁判权之中。

（三）刑事审判前的司法审查

根据前面的分析，警察权显然属于行政权，检察权尽管在中国目前的宪政体制下被界定为司法权，但就其权力的性质而言，也应属于广义上的行政权。只不过，与警察机构相比，检察机构更强调公正地进行刑事追诉活动，甚至强调维护国家法律的实施。在这一意义上，检察机关确实带有一定的准司法机构的性质。但无论如何，检察机关都不能、也不应成为拥有裁判权的司法机构。否则，诸如"控审分离"、"司法最终裁决"之类的基本法治原则，都将遭到破坏。

一般说来，按照所要裁判的对象不同，司法裁判可分为实体性裁判与程序性裁判两类。其中，实体性裁判是针对案件所涉及的实体性法律问题所进行的裁判活动。具体而言，在刑事诉讼中，实体性裁判是法院就被告人的刑事责任问题作出终局性决定的活动，法院为此将对检警机构对被告人提出的指控进行司法审查，从而从法律上解决国家与个人之间业已发生的刑事争端；在民事诉讼中，实体性裁判是法院就民事当事人双方之间业已发生的民事争端，从法律上加以解决的活动；而行政诉讼中的实体性裁判则意味着，作为相对人的个人因为不服作为管理者的行政机构的行政决定，从而向法院提出进行司法审查的请求，而法院需就行政决定的合法性和合理性进行审查。

与实体性裁判不同，程序性裁判则是司法机构就诉讼中所涉及的事项是否合乎程序法所进行的裁判活动。在刑事审判前阶段，凡是涉及剥夺、限制公民人身自由、财产、隐私等权益的事项，无论其性质如何，都应当被纳入司法裁判权的控制范围，而不应由那些行使侦查、起诉权的机构来实施。这种就警察、检察官剥夺、限制公民基本权利的事项所进行的司法裁判活动，也就是本章所说的程序性裁判。由于在这一阶段，检警机构为收集证据和准备指控，通常要对公民个人的人身自由、财产、隐私等各种基本权益作出一定的限制甚至剥夺，因而，程序性裁判机制的存在，就为司法机构在国家权力与个人权利之间发挥平衡器的作用提供了机会和场合。与实体性裁判不同，程序性裁判中的被告人不限于辩护一方，更可能是那些行使国家追诉权的警察、检察官。不过，从各国刑事诉讼的实际进程来看，在程序性裁判中，被告人往往成为起诉的一方，作为国家刑事追诉者的警察和检察官则通常为这种诉讼活动的"被告人"，其采取的涉及限制、剥夺个人基本权益的强制措施或侦查行为本身的合法性，也就成为程序性裁判的对象。

大体上看，几乎所有现代法治国家都确立了这种旨在对强制性侦查行为进行司法控制的程序性裁判制度。① 这种程序性裁判机制，大体上包括以下三个不可或缺的环节：一是事前的司法授权，也就是警察在实施任何可能导致公民权益受到限制的侦查行为之前，一般都须向法官提出申请并取得后者的许可；二是正式的程序性听审，亦即警察在实施逮捕之后，必须在法定期间内将被逮捕人提至有关的法官面前，后者经过听审，就是否羁押、保释或者羁押的期间、保释所需的条件等事项，作出裁决；三是事后的司法救济，也就是由被采取羁押或其他强制性侦查措施的公民，向有关法院提出申诉，以获得法院就其所受到的羁押等措施的合法性和正当性进行司法审查的机会。由此，司法机构就在一定程度上将检警机构的刑事追诉行为控制在司法裁判机制之下，审判前的侦查活动也被真正纳入诉讼轨道之中。

在中国，公检法三机关之间存在着"分工负责、互相配合、互相制约"的关系。宪法和法律实际将公检法三机关设计成为三个几乎完全独立的司法机构，使它们都拥有一些本应由中立司法机构所拥有的权力。这样，中国刑事诉讼就不能形成那种以司法裁判为中心的格局，而必然成为公检法三机关相互配合实施的流水作业活动。结果，审判前的诉讼活动中既没有法官的参与，也不存在司法授权和司法审查机制，司法机构不能就追诉活动的合法性举行任何形式的程序性裁判活动。公安机关对公民实施的任何专门调查活动都无须取得法官的批准，而且除了在实施逮捕时需要取得检察机关的批准以外，可以完全独立地实施其他任何一种强制措施。而检察机关作为一种兼负侦查和公诉职能的"法律监督机关"，在其自行侦查的案件中甚至还可以自行采取包括搜查、扣押等在内的专门调查措施，实施逮捕、拘留、取保候审、监视居住、拘传等强制措施，而不受其他任何外部司法机构的授权和审查。这种司法授权和审查机制的缺乏，导致审判前阶段缺乏中立司法机构的参与，使得司法权对警察权、检察权的控制机制难以存在。无论是遭受不当羁押的嫌疑人，还是受到不公正搜查、扣押的公民，都无权直接向中立的司法机构提出诉讼请求，法院也几乎从来不会受理这种请求，并就此举行任何形式的司法裁判。

毫无疑问，在中国刑事司法制度中，司法权的适用还主要体现在实体性裁判上面，警察、检察官所实施的涉及限制公民基本权益和自由的诉讼行为，几乎都无法被纳入法院司法审查和司法裁判的范围，也因此不能受到司法权的制约和控制。如

---

① 有关西方各国刑事审判前的司法审查机制的比较，读者可参见陈瑞华：《刑事诉讼的前沿问题》，第六章，286～337页，北京，中国人民大学出版社，2000。

果说由于公安机关与检察机关之间存在着相互分离的关系，使得审判前的刑事追诉活动缺乏有效性和整体性的话，那么，法院对警察权、检察权的司法审查和司法裁判机制的缺乏，则直接导致审判前阶段缺少中立的裁判者，受国家追诉者难以有效地行使诉权，也难以获得法院公平听审或听证的机会。在此情况下，嫌疑人无法在法律范围内"为权利而斗争"，其受到非法侵犯的权利无法获得及时的司法救济，警察权、检察权的滥用也得不到有效的遏制。

可以说，在刑事审判前构建一种针对警察、检察官诉讼行为合法性的司法裁判机制，应成为中国司法改革的重大战略课题。正如前面所分析的那样，这种司法裁判机制的建立，并不仅仅意味着公安机关、检察官与法院之间权力和利益的简单分配，也不等于在这种权力的重新配置上应当无原则地向法院倾斜。相反，这种就司法权的范围所作的适当扩大，其用意在于给予公民个人获得充分和有效的司法救济的机会，以便司法机构在国家行政权（也就是警察权、检察权）与公民个人权利之间发挥平衡器的作用。这种司法审查制度的建立，将使中国在刑事诉讼、民事诉讼和行政诉讼之外，形成第四种司法裁判机制。

六、刑事执行权的性质

与侦查权和起诉权一样，对生效裁判的执行也具有行政权的属性，而不具有司法权的性质。很显然，作为执行对象的生效裁判，一般都是有关对被告人定罪判刑的权威法律文书，也是国家对被认定有罪的公民剥夺财产、自由甚至生命的直接依据。对这种生效裁判的执行，也就意味着将该裁判所要求的公民财产、自由甚至生命加以现实地剥夺，这与解决争端没有关系，也与认定事实、适用法律以及作出权威裁判的活动毫不相干。因此，作为司法裁判者的法院，在作出生效裁判之后，其针对有关个案的司法裁判活动大体已经结束。而将该裁判的内容付诸实施的权力，就应由专门的司法行政机关加以行使。

对生效裁判的执行本身尽管不属于司法裁判权的范围，但是，在执行过程中仍然会涉及有关解决争议和适用法律的问题。例如，被判处死刑缓期两年执行的罪犯，在死刑缓期执行期间，如果没有继续故意犯罪，那么，在死刑缓期执行期满后，就应当予以减刑；如果在死刑缓期执行期间实施了故意犯罪，则经查证属实后，应当被执行死刑。在死刑缓期执行期间，罪犯究竟是否再实施故意犯罪，这直接涉及死刑是否执行以及应否对罪犯予以减刑的问题。其中显然既有采纳证据、认定事实的问题，也有适用刑法和刑事诉讼法的问题。无论是否执行死刑，有关的决定都会对原来的生效裁判作出相应的变更。因此，这种就执行死刑或者减刑作出决定的活动，属于典型的司法裁判活动，而绝不仅仅属于所谓的"刑罚执行方式的变更问题"。

执行过程中所涉及的变更原生效裁判的问题，并不仅仅在死刑缓期执行期限届满时会遇到，在以下情况下也必然会出现：对于申请保外就医的罪犯，决定监外执行的；罪犯在服刑期间提出了减刑或者假释申请，执行机关将该申请转交法院的；在最高人民法院发布死刑执行命令后，下级法院在执行前发现原来的生效判决可能有错误，或者罪犯符合法定不宜立即执行死刑的条件的；等等。在这些情况下，有关保外就医、减刑、假释等问题的决定权，属于典型的刑罚变更问题，因而应被纳入司法权的范围。

因此，对生效裁判的执行本身不是司法裁判活动，但刑事执行过程中却存在着刑罚内容的变更问题，这些问题不是刑事执行机构本身就能解决的，而应作为司法裁判机关的裁判对象。如果刑事裁判不由行政机关而由法院来执行，那么，法院就将成为自行裁判、自行执行的机构，而无法保持程序正义所要求的中立性、超然性和利益无涉性，也无法公正地从事司法裁判活动。如果刑罚的变更问题不由法院通过司法裁判活动解决，而由负责执行的行政机关自行处理，则这种处理过程无法体现被动性、参与性、公开性和透明性等诸多司法权的特征，以至于违背司法裁判的基本原理。可以说，在刑事执行程序的制度设计上，至关重要的问题是确定刑事执行权的行政权属性，以及执行过程中刑罚变更事项的司法裁判权性质。

然而，按照中国现行的刑事执行制度，作为司法裁判机构的法院，至今仍然直接负有对部分有罪裁决的执行权。根据现行刑事诉讼法的规定，中国法院拥有自行执行死刑的权力。死刑无论是在刑场还是在羁押场所执行，也无论是采用枪决还是注射的方法执行，一律要由法院负责进行，并由专门审判人员指挥执行过程和对罪犯验明正身。不仅如此，生效判决所涉及的罚金刑和没收财产刑，也要由法院亲自执行。法院为此还拥有强制罪犯缴纳罚金的权力。

法院这种自行执行死刑、罚金刑和没收财产刑的制度，其实与民事诉讼中的执行制度一样，都属于自行裁判、自行执行的司法方式。而法院对刑事判决的执行还将其本身置于与作为法定执行机关的监狱甚至公安机关同样的境地。然而，监狱属于司法行政机关的职能部门，公安机关则属于政府行政机关的一部分。它们所行使的都是典型的行政权。而法院一旦亲自对生效判决从事执行活动，则司法裁判的公正性以及法院公正裁判者的形象，都将受到消极的影响。

另一方面，执行过程中所出现的刑罚变更问题，尽管目前确实由法院来解决，但这种解决方式却不符合司法权的特征，有违程序正义的基本要求。例如，法院在死刑缓期执行期满之后，对于"故意犯罪的"罪犯，需要执行死刑的，往往采取直接上报上级法院的方式加以解决。上级法院则经常以书面方式直接制作核准死刑的裁定。但是，对于罪犯在死刑缓期执行期间的故意犯罪事实，究竟应以何种程序加以认定呢？即使按照中国现行刑事诉讼法的规定，对此犯罪事实，也应当由侦查机关加以立案侦查，由检察机关向法院提起公诉，被告人还可以针对一审法院的判决提出上诉。只有在经过上述正当法律程序最终判定原被处以死刑缓期执行判决的罪犯确实犯有故意犯罪之后，法院才可以上报上级法院核准死刑。

同样，对于罪犯提出保外就医、减刑、假释等申请的，现行刑法和刑事诉讼法也只是要求执行机关提出有关的建议书，法院组成合议庭，在经过书面审理后直接作出有关的裁定。这种书面的、间接的、秘密的不开庭审理方式，已经成为法院解决执行过程中刑罚变更问题的传统模式。但是，这种模式不仅在理论上违背司法裁判制度设计的基本原理，也极容易为执行机关与审判人员提供暗箱操作和幕后交易的机会，甚至导致赤裸裸的司法腐败行为。

或许，中国民事诉讼中的"执行难"问题，其根本成因之一就在于作为司法裁判机构的法院，自行实施本应由司法行政机关实施的执行活动。而中国法院在刑事司法中作为公正裁判者的形象屡屡受挫，其主要原因也在于它亲自行使了本应由行政机关行使的刑事执行权。而且，作为司法裁判机构，法院在刑罚执行过程中作出决定时，也没有遵守程序正义的全部要求，而是以"行政执法"的方式行事。或许，重新界定刑事执行权乃至执行权的性质，重新确立执行过程中刑罚变更问题的属性，对于中国刑事执行制度的变革，是一个基本的理论前提。

七、司法裁判权行使的方式

通过对司法权性质和功能的讨论，我们重新确定了警察权、检察权、刑事执行权的性质，分析了这些实质上带有行政权性质的国家权力与司法裁判权的关系。而在讨论执行过程中刑罚的变更问题时，我们开始涉及司法裁判权的行使方式问题。不难看出，即使法院确实对那些本应属于司法裁判领域的事项行使了司法权，但如果这种司法裁判活动不符合司法权的性质，或者违背程序正义的基本要求，那么，有关的司法裁判功能也无法得以发挥。因此，我们有必要对司法权的行使方式问题给予足够的关注。毕竟，中国司法改革的主要课题不仅仅是司法审查的构建和司法权的扩张问题，还必然会涉及扩张后的司法裁判活动如何维持最基本的公正标准问题。对于涉及剥夺、限制个人权利和自由的事项，由警察、检察官来拥有决定权固然是不正当的，但是，由法院以警察、检察官的工作方式来实施"司法裁判"活动，也同样是成问题的。在以下的讨论中，笔者将分析程序性裁判机制的构建、救济程序中的"审判方式"以及司法解释的方式等诸多方面的问题。

（一）程序性裁判机制的构建

建立诉讼程序的目的之一，就在于解决那些业已发生的事实争端和法律争议。而有关被告人是否构成犯罪的问题就属于刑事诉讼中最大的事实和法律争议点。为解决这一争议而实施的司法裁判活动，由于包含着确定被告人刑事责任的问题，而且裁判者也需要将刑事实体法的规定适用到具体案件中，因而具有实体性裁判的性质。但与此同时，如果控辩双方就某一程序规则的适用发生了争议，辩护方对某一控方证据的合法性有合理的怀疑，或者对某一行为或裁决的合法性存有异议，那么，法院就不得不对此进行司法审查，并作出有关的裁决。这种为解决程序性争议而建立的司法裁判形态，就属于最典型的程序性裁判。

程序性裁判既然是独立于实体性裁判的司法裁判形态，那么，它就应像实体性裁判那样，按照一种符合司法权性质的方式进行。尤其在第一审程序中，法庭不仅要通过采纳证据、调查事实和适用实体法来解决被告人的刑事责任问题，而且还要就控辩双方所提出的有关程序申请作出裁定。这种申请一般可分为两种：一是控辩双方就某一证据问题或程序适用问题提出的要求，如要求对方向本方展示某一证据的申请，要求法庭否定对方证据可采性的申请等；二是辩护方就警察、检察官实施的某一诉讼行为的合法性所提出的异议，如有关排除某一控方证据的申请等。可以说，第一审程序中的程序性裁判主要是针对控辩双方所存在的程序争议，以及警察、检察官所实施的诉讼行为的合法性而举行的。

程序性裁判不仅存在于一审程序之中，而且在上诉审程序中也有建立的必要。事实上，上诉审法院对于下级法院的司法控制并非通过行政化的"上令下从"的方式来进行，而是通过对下级法院认定事实、适用法律的情况加以审查而实施的。尤其是在适用法律问题上，上诉审法院对下级法院的审判过程和裁判结论进行审查，并纠正其中的错误和不当之处，从而在本辖区的司法体系中维护法律的统一适用。但是，下级法院不仅会在实体法律的适用方面存在不当之处，而且更可能违反法律所规定的诉讼程序，甚至违反公正审判的基本标准。对于这种程序性违法行为，上诉审法院理应通过重新审判程序，作出新的程序性裁决。当然，第一审法院不仅可能本身违反法定诉讼程序，以至于侵犯当事人的诉讼权利，而且还会对警察、检察官的程序性违法行为加以放纵，对于辩护方的程序性申请不予受理或者没有作出公正的裁决。对此，上诉审法院同样要加以纠正和抑制。

因此，程序性裁判不仅应确立于刑事审判前程序中，作为法院审查警察、检察官行为合法性的途径，而且还应贯穿于第一审程序和上诉审程序的始终，作为法院继续控制检控方的追诉活动以及上级法院控制下级法院适用法律问题的法定方式。可以说，在刑事司法制度中构建程序性裁判机制，不仅仅是司法裁判权扩展的需要，而且有助于程序性法律的公正适用和程序性争议的公正解决。

但是，由于长期以来过于重视案件事实的查明和实体法律的适用问题，我国刑事司法制度中并无程序性裁判机制的存在。结果，控辩双方在审判阶段一旦提出程序方面的申请，或者辩护方对于警察、检察官、法官所实施的诉讼行为的合法性提出异议，法院要么只是简单地加以处理，要么不予理会，而很少像对待检察机关提起的公诉那样，举行专门的司法裁判活动。于是，在适用诉讼程序和解决控辩双方的程序性争议方面，法院享有几乎不受限制的自由裁量权。这不仅使当事人的诉讼权利无法得到及时有效的救济，而且也使警察、检察官、法官的程序性违法行为得不到有效的制裁，从而最终导致刑事诉讼程序无法得到遵守的局面。

在笔者看来，程序性裁判机制的建立实为中国司法改革的又一战略课题。唯有如此，司法裁判权的功能才能得到现实的发挥，司法裁判活动也才能符合司法权设计的初衷。而从技术层面来看，程序性裁判机制的构建必须以当事人程序性申请制度的建立为前提。具体而言，控辩双方一旦提出程序性申请，法院就应当受理，并作出程序性裁决。作为诉权的一种表现形式，控辩双方的程序性申请一旦提出，就应在程序层面上产生法律效果：该申请被受理，程序性裁判程序启动，法院作出专门的程序性裁决。为此，法院就需要举行专门的程序性听证程序，从而以控辩双方同时参与、对席辩论的方式，确定有关的事实，并适用有关的程序规则和证据规则。不仅如此，在法院就程序性事项作出裁定之后，控辩双方还应获得程序性救济的机会，从而使该程序性裁定有机会受到上级法院的继续审查。

（二）救济程序中的审判方式

中国实行两审终审的审级制度，对于第一审法院的裁判，当事人可提起上诉，检察机关也可提起抗诉，从而引发第二审法院的上诉审程序。同时，死刑案件即使在经过了两审终审之后，还必须按照死刑复核程序加以核准。于是，第二审程序和死刑复核程序就成为中国刑事诉讼中的两种普通救济程序。

然而，作为重要的司法裁判程序，救济程序的"审判方式"问题一直为人们所忽略。所谓的"审判方式改革"主要是指第一审程序通过引入对抗制而进行的改革，但几乎对第二审程序和死刑复核程序没有产生任何实质性的影响。结果，这些救济程序就以与司法权的性质格格不入的方式加以实施，并违背了程序正义的几乎所有基本要求。例如，第二审程序奉行所谓的"全面审查原则"，第二审法院要对案件的事实认定和法律适用问题进行全面的审查，而不受上诉或者抗诉范围的限制。死刑复核程序则由下级法院主动上报上级法院加以审查和核准。这种带有行政色彩的启动方式，完全背离了司法裁判权所固有的被动性原理。不过，这些救济程序所存在的最大问题还是不开庭问题。

一般说来，司法裁判者所要解决的不论是事实纠纷还是法律争议，都要作出对当事人的利益有重大影响的裁断。根据古老的"自然正义"原则，裁判者不仅要在控辩双方之间保持中立无偏的地位，而且应同时听取控辩双方的陈述，给予他们同时参与裁判过程的机会。因此，裁判者在解决任何形式的争议时，都应当举行听证活动，同时听取控辩双方的意见和辩论。可以说，举行开庭审判是法院行使司法裁判权的最低限度要求，也是审判活动实现程序正义的唯一途径。正因为如此，无论是初审法院就案件事实问题所作的裁判，还是上诉法院就法律适用问题所进行的审判活动，都要以开庭的方式进行审判。甚至就连一些法治国家的最高法院，如英国的上议院、美国联邦最高法院，在解决那些涉及全国性法律问题甚至宪法问题的案件时，都要举行开庭审判的形式。

相反，在中国刑事司法制度中，第二审法院就当事人提出上诉的案件所进行的审判，大都以不开庭的形式来进行。二审合议庭的法官甚至可通过阅卷、单独了解各方意见等间接方式，就对案件作出终审裁决。至于最高法院就死刑案件所进行的死刑复核活动，则属于一种带有行政报核性质的审判活动。合议庭的法官只是通过阅卷或者提讯被告人的方式，来审查对被告人判处死刑是否具有事实和法律上的基础。于是，大量的终审裁决就通过这种不开庭的审判得以形成。其中当然包括一系列的有罪裁决甚至死刑裁决。

以不开庭方式来制作终审裁决，这显然违背了参与性、公开性、透明性、亲历性等司法权的多项特征，也背离了程序正义的最低要求。司法裁判权以如此简易的方式来行使，以至于与行政权的行使方式并无明显的区别。这不禁引起我们的怀疑：如果司法裁判权的行使方式不发生较大的调整，那么，司法权的适用范围即使得到扩大，中国司法制度的面目也不会有任何实质性的变化。

时至今日，越来越多的研究者认为中国司法制度应当从两审终审制逐步变更为三审终审制。或许，对于程序性裁判机制的建立，上级法院对下级法院适用法律问题的有效审查和控制而言，三审终审制或许可以为中国的司法体系增加一道专门的法律审程序。这对于高级法院甚至最高人民法院通过审理上诉案件来维护法律在本辖区范围内的统一适用，可能是有积极意义的。但是，如果未来的第三审程序和第二审程序仍然像今日的第二审程序、死刑复核程序一样，以不开庭的方式进行审判，那么，改革者所推动建立的三审终审制就不会达到预期的目标。更进一步地说，中国司法裁判权的行使方式将直接影响到司法公正目标的实现。

（三）司法解释的方式

对法律规定作出具体的司法解释，以便使法律规定的精神得到准确的阐释，同时也使法律在具体案件中得到适当的实施，这在任何法律制度中都是司法权的内在应有之义。尤其是普通法国家，长期秉持"遵循先例"和"司法造法"之理念，通过司法判例制度使宪法和法律得到解释，并在解释宪法和法律过程中创制一系列的新规则，从而使宪法和法律制度得到发展。而在不实行判例法的大陆法国家，尽管法院的首要使命是将成文法适用于具体个案之中，但法院在对具体案件进行裁决时，也不可避免地要对成文法未能作出明确规定的部分作出解释。

考虑到法院作为司法裁判机构并不行使立法权，而主要担负适用立法机关所颁行的成文法的使命，因此，法院在制作司法解释时就势必受到一系列的限制。首先，法院的司法解释只能通过受理个案上诉的方式，在具体裁判过程中加以实施。即使是在强调"司法造法"原则的普通法国家，法院也不能像国会那样，制定一系列抽象的成文法律。法院只能在受理上诉案件过程中，透过对具体个案的审判和裁决，并结合宪法或法律的某一条文，来发展出新的法律规则。因此，相对于立法机关的立法活动而言，法院的司法解释只能针对具体案件并透过司法裁判活动来进行。其次，司法解释只能通过对具体案件的开庭审理，并在法院裁判文书中以裁判理由的方式形成。法院对某一案件的裁决结论，只是解决争议的最终方案，其本身不具有司法解释的属性。真正意义上的司法解释，作为对宪法和法律精神的具体阐释，应当体现在裁判理由之中。在几乎所有法治国家，最高司法机构的判决一般都包含判决理由部分，正是这一部分内容具有司法解释的效力。最后，司法解释只能由负责受理上诉案件的法院作出。尤其是本国的最高法院，更是拥有对全国各级法院发布司法解释的权力。

然而，中国最高人民法院并不是唯一享有发布司法解释权力的司法机构，最高人民检察院就有关检察机关参与刑事诉讼、民事诉讼、行政诉讼等方面的事项，也可以发布司法解释。甚至就连公安部、司法部等行政机构，也可以就一些与刑事司法有关的事项发布所谓的"法律解释"。这种"法律解释"尽管在性质上不同于司法解释，但仍对公安机关的侦查活动、律师的辩护活动具有直接的规范作用，也是对刑事诉讼法就这两个领域所作规定的具体化和细则化。

如此众多的机构发布司法解释和"法律解释"，而它们所规范的又大多是本部门在刑事诉讼中的权力、义务和法律责任，这势必导致司法解释和"法律解释"的内容受到本部门利益的直接影响。假如某一司法解释或"法律解释"所包含的规则违背刑事诉讼法的规定，甚至有违宪法有关公民权利保障的精神，那么，几乎没有任何司法机构可以对此加以有效的纠正。中国的最高人民法院对于解释宪法和法律并不具有至高无上的权威，对于最高人民检察院所作的司法解释以及公安部、司法部甚至国家安全部所作的"法律解释"，既无权宣告其违反刑事诉讼法，也无权从是否违反宪法的角度加以审查。而这一问题又与行政诉讼中的所谓"受案范围"问题有着紧密的联系。毕竟，法院目前只能对行政机关的"具体行政行为"加以司法审查，而不能对所谓"抽象行政行为"的合法性甚至合宪性作出审查。结果，对于最高人民检察院的"司法解释"、公安部等行政机构的"法律解释"等"抽象行政行为"，最高人民法院照样无法实施合法性审查，更不用说违宪审查了。

即使最高人民法院将来成为唯一有权发布司法解释的司法机构，这种发布司法解释的方式也值得深刻反思。与现代法治国家的最高司法机构制作判例法和发布司法解释的方式不同，中国最高人民法院制作司法解释的方式与立法机关制定法律的方式几乎没有本质的区别。尤其是在制定所谓的"若干规定"、"解释"、"通知"等方面，最高人民法院要么对法律未能作出明确规定的事项重新制定法律规则，要么对法律已经作出的规定制作细则。甚至在很多情况下，最高人民法院的司法解释已经详细到足以取代立法机关所颁布的基本法律的地步。一个法官甚至可以无须翻阅法律，而只要对最高人民法院颁布的司法解释进行透彻的研究，就可以胜任现时的司法裁判工作了。

当然，最高人民法院的司法解释有时还可以"批复"的方式发布。例如，1999年1月15日最高人民法院发布了《关于人民法院决定暂予监外执行有关问题的批复》，对刑事诉讼法和最高人民法院的司法解释就监外执行的适用情形不明确之处，作出了具体的列举性规定。同年1月29日，最高人民法院还针对甘肃省高级人民法院请示的问题，作出了《关于对在执行死刑前发现重大情况需要改判的案件如何适用程序问题的批复》，要求这种情况下，"应当由有死刑核准权的人民法院适用审判监督程序依法改判或者指令下级人民法院再审"。同年12月23日，最高人民法院还针对内蒙古高级人民法院请示的问题，发布了《关于如何理解刑事诉讼法第213条中"交付执行的人民法院"问题的批复》，认为该条所说的"交付执行的人民法院"是指第一审人民法院。

与一般的"规定"、"解释"和"通知"不同，"批复"所针对的不是一般意义上的法律问题，而往往是各高级人民法院向最高人民法院提出"请示"的问题。而这种"请示"有时是由某一下级法院提出的，有时则可能由多个下级法院提出。"批复"的内容既有一些涉及刑事诉讼法和抽象性的司法解释规定不明确的事项，也会涉及各高级法院在司法实践中遇到的具体问题。无论是针对某一高级法院的"请示"而作出的，还是向各高级法院所作出的解释，"批复"都具有普遍的适用效力。

很显然，在制作所谓的"规定"、"解释"或"通知"方面，最高人民法院的司法解释采取了立法机构的工作方式；而在针对下级法院的"请示"发布"批复"方面，最高人民法院则采取了一种行政化的司法解释方式。姑且不论这些司法解释的内容是否妥当，仅就这种制作司法解释的程序而言，最高人民法院在行使司法权方面就存在以下问题：(1) 司法解释不针对具体案件而制作，如何使法律规则能针对具体的问题而得到发展？(2) 司法解释不通过正式的司法裁判程序而制作，如何体现司法裁判权的性质？(3) 司法解释不是在最高人民法院的裁判文书中以裁判理由的形式表述出来，如何使司法解释具有合理性，并体现主流的法学理论？(4) 司法解释不由最高人民法院的大法官通过理念表达的方式亲自制作，而是由一些未必有丰富司法经验的调研人员所起草，这怎能保证司法解释的权威性？(5) 在宪法尚未成为司法解释之渊源的情况下，最高人民法院对刑事诉讼法所作的司法解释又如何具有坚实的宪政基础？……

可以肯定地说，最高人民法院制作司法解释的方式将不可避免地涉及该法院如何行使司法裁判权的问题。作为国家的最高司法机构，最高人民法院在从事任何与司法裁判有关的活动时，都应当遵从司法权设计的基本原理，而不应自甘演变成为一个最高等级的"行政衙门"。在受理上诉案件、核准死刑案件和启动再审程序方面，最高人民法院应当以开庭的方式从事司法裁判活动，从而维持最低限度的程序正义标准；而在制作司法解释方面，最高人民法院也应当针对上诉的个案，以开庭的方式制作司法裁判文书，并在裁判理由中发布司法解释，发展法律制度。因此，最高人民法院要改革其行使司法权的方式，就必须启动一系列的司法改革举措。例如，只有突破两审终审制的审级制度，最高人民法院才有机会对一些重大案件的法律问题举行上诉审程序；只有依据案件所涉及的法律问题的重要程度来确定最高人民法院受理上诉案件的范围，才可以使一个案情虽不重大，但法律适用问题具有普遍性的案件，最终进入最高人民法院上诉审理的范围；只有使宪法成为最高人民法院发布司法解释的终极渊源，中国的各种法律制度才可以得到良性的发展。

八、结语

分析至此，有关司法权性质问题的讨论大体上可以告一段落了。不过，读者通常可能会有这样一个疑问：这一研究对于司法改革究竟有哪些现实的意义？有人甚至会提出质疑：是不是说只要按照你所总结的司法权特征重新设计司法制度，中国的司法改革也就可以顺利完成了？

事实上，笔者一开始就说过，本章提出的问题要远重要于具体的结论本身。就像人们常说的那样，本书只不过为一抛出之"石"，意在引来真正上等之"玉"。笔者不过是基于对中国司法实践种种问题的认识，也基于对有关理论研究的不甚满意，试图将有关司法改革的研究向前推进一步而已。如能引起人们对司法改革的基础理论的重视，则目的就已经达到。为了说明这一点，笔者最后对本章中提出过的论点作一总结。

本章将司法权基本上定位于裁判权。只有作此定位，才能对一系列困扰中国司法制度的问题作出至少在理论上完满的解释。同时，鉴于以往学者们对司法权本身的构成要素缺少有针对性的分析，因此，也只有从裁判权这一角度入手，才能揭示出司法权的具体特征。

接下来就司法权的功能问题所作的讨论，开始将问题引向深入。既然司法权的存在能够为个人权利提供一个救济的机会，也能够提供一个使其有效、平等对抗国家权力的场合，那么，司法改革的一个重要目标应当是扩大司法控制和司法审查的范围，使越来越多的国家权力都能被纳入司法审查的领域。在这一问题上，中国学者实在应当投入更多的热情，立法决策者应当有更多的远见卓识，以防止司法改革沦为低俗的部门利益和权力之争，而将司法改革逐步引到如何扩大、维护个人的诉权——诉诸司法的权利——上面来。

有关司法权基本特征的考察是以行政权为参照物而进行的。在笔者看来，进行法院体制的改革，首先应在程序上贯彻被动性、公开性和透明性、多方参与性、亲历性、集中性、终结性等方面的要求，推动法院司法裁判方式的彻底革新。事实上，贯彻司法权的这些程序特征，本来属于"审判方式改革"中应当得到解决而没有解决甚至受到忽略的问题。可以说，中国在法院裁判方式上引进一些对抗制的因素是明智的，职权主义的确存在着一些无法解决的难题和明显的缺陷。但是，法院裁判方式的改革不应该、也不可能仅仅局限于法庭审判顺序和方式的变化。以往在这方面所作的探索似乎存在着一个根深蒂固的缺陷：未能找到中国司法裁判方式的真正缺陷和问题之所在。像证人、鉴定人出庭作证、裁判者当庭形成裁决结论、裁判者在控辩双方之间严守中立、判决书详细阐明理由、严格限制再审等之类的制度和实践，不仅存在于英美对抗制之中，而且实行于法、德等大陆法国家。这不应仅仅属于司法裁判模式的选择问题，而更应当是一系列最低限度的司法诉讼原则的贯彻问题。

法院体制的改革不可避免地要涉及如何走向独立自主的问题。司法独立尽管是十分沉重的话题，但我们不能离开这一点来谈论司法制度的重建。事实上，不维护司法权的独立性，进行任何形式的司法改革都将毫无意义。或许，司法独立会触及中国司法体制甚至政治体制的一些根本问题，实现这一原则会面临方方面面的困难和障碍。但是，司法改革的推进必须考虑到司法权的独立这一基本课题。

法院体制的改革还涉及司法组织的完善问题。目前，急需解决的问题是实现法官的职业化，克服法官的行政化问题；贯彻合议制，克服法院内部普遍实行的"承办人"制问题；改革审级制，将事实问题和法律问题的复审分离开来，从而建立三审终审制；确保最高人民法院在维护国家法律实施中发挥更重要的作用；等等。

笔者还通过分析警察权、检察权、刑事执行权的属性，探讨了司法权的范围问题。这一讨论的意义不只是从理论上明确这些权力的性质，而且在于如何对这些权力加以合理的限制，从而防止其滥用的问题。在笔者看来，警察权的行政权性质以及中国公安机关目前实际所具有的司法机构地位，决定了加强对警察权的控制，尤其是建立起针对警察权的司法审查机制，将是中国司法改革不可回避的制度选择。中国检察机关目前实际所具有的司法机构地位，以及这种地位与其作为侦查和检控机关的性质所发生的严重不协调性，决定了中国司法改革必须将削弱检察机关的司法权作为重要的战略课题。因此，今后司法制度的重建除了涉及法院自身的深刻改革以外，还应涉及对警察体制、检察体制、检警关系以及检察权、检察权与司法权的关系等一系列问题的深刻变革。① 而中国目前由法院亲自执行部分刑事裁判的体制，则意味着法院在行使司法裁判权的同时，还要自行将自己所作裁判加以实现，这直接背离了司法制度设计的基本原理。

在本章的最后，笔者讨论了司法裁判权行使的基本方式问题。诸如审判程序中程序性裁判机制的构建、救济程序中"审判方式"如何体现司法权的性质、司法解释如何符合司法制度设计原理等方面的问题，显示出这个国家的司法裁判机构行使司法权的方式还需要进行深入的改革。尤其在未来司法裁判权的适用范围将逐步得到扩展的大趋势下，法院审判案件和发布司法解释的方式如果不发生实质性的变化，则中国司法制度的面目就不会有任何明显的改观。

"作为公正的司法裁判者，法院是社会正义的最后一道堡垒。"这句为法院人士广泛接受的命题，在目前的情况下还只是一个应然命题。中国的法院要真正成为社会正义的最后堡垒，就必须按照司法权的性质来重新塑造自己的诉讼程序、工作方式和外在形象。只有以宪法尊严的维护和公民权利的保障为最终目标，而不是仅仅将权力的扩大作为改革的归宿，中国的司法改革才会走上健康的轨道，而不至于在复杂的社会政治环境中迷失方向。

---

① 对于检警关系的改革，笔者的基本设想是走向侦查与追诉的一体化，防止侦查游离于公诉和司法裁判之外；对于警察权、检察权与司法权的关系，笔者的基本设想是，从目前的"流水作业"走向"以司法裁判为中心"。参见陈瑞华：《刑事诉讼的前沿问题》，第四、五、六章。

第 二 章

司法裁判的行政决策模式
——对中国法院"司法行政化"现象的重新考察

一、问题的提出 …………………………………………………… 40
二、对一个基层法院主审法官制度的观察 ……………………… 41
三、司法裁判的行政审批模式 …………………………………… 45
　　（一）承办人制度 …………………………………………… 46
　　（二）院、庭长审批案件制度 ……………………………… 48
　　（三）审判委员会讨论案件制度 …………………………… 52
　　（四）审判长或主审法官的庭长化 ………………………… 54
　　（五）小结 …………………………………………………… 55
四、司法行政管理与司法裁判的职能混淆 ……………………… 55
五、行政审批还是诉权制约？ …………………………………… 60
六、结论 …………………………………………………………… 65

一、问题的提出

自 20 世纪 90 年代以来,最高人民法院先后发布过多个"五年改革纲要",以图推进法院内部的体制改革。该法院在几乎每个"五年改革纲要"中都强调"发挥合议庭和独任法官的作用","改革和完善审判组织和审判机构,实现审与判的有机统一",并为此在全国法院实行了审判长和独任法官选任制度,以便"强化合议庭和法官职责,充分发挥审判长和独任审判员在庭审过程中的指挥、协调作用"[①]。但迄今为止,法院在司法裁判的决策问题上仍然没有改变行政审批占据主导地位的基本格局。法院院长、副院长、庭长、副庭长甚至审判长或主审法官依然采取签字审批的司法决策方式,对那些未经亲自审理的个案,在听取承办法官口头汇报的基础上,就作出维持或者改变合议庭裁判意见的权威结论。对于重大复杂或影响深远的案件,各级法院的审判委员会仍然拥有"讨论决定权",可以在听取承办法官汇报的基础上,作出维持或者改变合议庭意见的最终结论。

这种司空见惯的现象向我们展示了一幅幅难以令人满意的图景。这充分说明,在经历了十几年的司法改革之后,中国法院仍然没有形成法官统一行使审理权和裁判权的制度,法院内部仍然存在着从院长、副院长、庭长、副庭长直至审判长的行政审批机构,那种带有行政会议色彩的审判委员会也在继续发挥着司法裁判的决策作用。这些与法官个人行政级别、政治待遇具有密切联系的职位和机构,在决定诸如法官遴选、人事任免、法官晋升、惩戒处分、创优评先等事项方面,采取上令下从、垂直领导的行政审批方式,或许是无可厚非的。而对于那些业经合议庭或独任法官开庭审理并提出裁判意见的案件的处理来说,这些机构和个人动辄采取书面审批的决策方式,甚至可以直接否决合议庭、独任法官的裁判意见,这岂不就等于将司法行政管理权强加到司法裁判领域了吗?

多年来,中国法学界对于维护司法独立、扩大司法审查范围问题并不存在实质性的争议。几乎所有研究司法改革的学者都认为,只有推进司法独立,使法院在司法裁判的决策方面不受外部的干预、控制和影响,才能确保法院成为维护社会正义的"最后一道屏障";只有扩大司法审查的范围,才能真正贯彻"司法终局裁决原则",使法院作为相对中立、超然的裁判者,在国家公共权力机构与个人发生争端的时候,成为维护法律实施和正义实现的机构;对于那些涉及限制、剥夺个人权利和自由的强制性侦查措施,只有法院能够实施事先的司法授权、事后的司法审查以及有效的司法救济,嫌疑人、被告人的权利才有可能不被任意侵犯,公安机关、检察机关的侦查权也才能受到有效的约束。这显示出,确保法院独立行使司法权,扩

[①] 陈永辉:《最高法院发布二五改革纲要》,载《人民法院报》,2005-10-26。另参见陈永辉:《最高法院有关负责人就二五改革纲要答本报记者问》,载《人民法院报》,2005-10-26。

大司法裁判权的适用范围，被普遍视为中国司法改革的基本发展方向。

然而，假如法院在司法裁判方面继续维持现行的行政审批方式，假如法院在对个案的处理上仍然采取法庭审理权与司法裁判权相分离的做法，又假如法院继续混淆司法行政管理权与司法裁判权的界限，那么，纵然法院能够做到独立审判，纵然法院能够对更多事项行使司法审查权，中国司法制度又能发生多少实质性的改观和进步呢？司法改革的研究者们是否意识到，在法院内部叠床架屋地设置层层行政审批环节的同时，法庭审理过程已经流于形式，各项旨在规范法庭审理活动的诉讼制度和原则已经名存实亡，控辩双方无法通过行使诉权来有效地制约司法裁判权的行使，甚至就连诉讼程序和证据规则本身都已不存在发挥作用的空间。

有鉴于此，本章拟对中国法院的司法裁判决策机制问题作一初步的考察。笔者将以一个基层法院的主审法官制度改革为切入，分析这种行政审批机制是如何对那种旨在加强合议庭作用的改革发生侵蚀作用的，然后将依次分析承办人制度、院、庭长审批案件制度、审判委员会制度是如何影响司法裁决过程的，并对审判长或主审法官的"庭长化"现象作出简要讨论。在此基础上，笔者将指出司法裁判行政审批模式的消极后果，并对造成这种行政审批模式"久盛不衰"的原因加以剖析。

二、对一个基层法院主审法官制度的观察

2006年8月1日，深圳市盐田区法院全面启动了"主审法官负责制"改革。该院经过法律文书考试、庭审能力测试、综合能力考试、民主测评、党组考核等程序，从当时21名法官中遴选出9名"业务精通"、"经验丰富"、"作风优良"的主审法官。其中，负责审判的主审法官6名，主执行法官2名，主立案法官1名。在主审法官中，设置刑事主审法官1名，民商事主审法官4名，行政主审法官1名。行政主审法官除办理行政案件外，还协助办理刑事案件。该院为每名主审法官各自组建了一个主审法官办公室，配置1至3名"跟案法官"、1至2名"法官助理"以及1至2名书记员。从实际设置情况来看，大部分主审法官办公室都按照"1：2：1：1"的比例来配备主审法官、跟案法官、法官助理和书记员。主审法官对所属办公室所办理的全部案件承担责任，并有权对办公室内的司法辅助人员进行直接的管理和考核。主审法官之外的"跟案法官"主要从事调查取证、参与合议庭审理案件、草拟法律文书等工作，经主审法官授权并经主管院长审批后办理那些适用简易程序的案件。法官助理主要负责文书送达、排期开庭、装订案卷等辅助性工作，书记员在法官助理指导下进行庭审记录工作。[①]

---

① 李迩等：《盐田首推主审法官负责制》，载《深圳商报》，2006-08-01。

主审法官直接对法院院长负责，享有独立审判权。除了那些重大、敏感案件以及必须经过审判委员会讨论决定的案件外，主审法官对本办公室负责审理的普通案件，一律独立审判，无须报主管副院长、院长审批。当然，对于重大案件，院长、副院长可以直接参加合议庭进行审判，但此时院长、副院长是当然的审判长，而不再对案件进行审批。对于本办公室审理的所有案件，主审法官均全权负责，不仅可以审判长的身份主持法庭审理，而且统一负责签发裁判文书。盐田法院对主审法官采取"隆其地位，厚其待遇"的从优政策，每年向各个主审法官办公室拨付专门办公经费，在符合财务政策的范围内授予主审法官全权支配权。该院还从优秀的主审法官中选拔法院领导。2007年，两名主审法官被破格提拔为该院的副院长。

主审法官办公室中的"跟案法官"，一般从那些未被选任为主审法官的审判员、助理审判员中产生。这些法官不具有案件主审权，除对那些适用简易程序的案件充任独任法官外，主要参与由主审法官主持的合议庭的审理工作。作为主审法官的辅助人员，跟案法官可依法调查收集证据、审查案件材料、归纳争议焦点、起草阅卷笔录、主持庭前证据交换、审查管辖权异议、制作裁定书、草拟各类诉讼文书。当然，主审法官根据本办公室受理案件的情况，可以授权跟案法官审理那些适用简易程序的案件。但是，无论是对自行主持审理的案件，还是对授权审理的案件，主审法官都有权重新阅卷、审核裁判文书并签发这些裁判文书。按照盐田法院的改革设想，跟案法官的主要工作职责是"协助主审法官完成部分司法辅助性工作"，享受原有的法官级别和法官待遇，从长远来看，这种法官将逐渐变成法官助理。①

盐田法院保留了现行的庭长、副庭长的职务设置。但是，除了那些被任命为主审法官的庭长以外，其他庭长、副庭长一般只能在各个主审法官办公室充任跟案法官。那些兼任主审法官的庭长只限于对本办公室受理的案件行使审判权，对其他主审法官办公室受理的案件无权审批和干涉。所有庭长、副庭长只负责管理本庭内的行政事务，而不再对任何主审法官的审判工作加以控制和管理。为保证主审法官集中精力从事审判工作，盐田法院设立了"案件管理办公室"，集中办理诉讼事务性工作。

截止到2007年8月，盐田法院在编人员共82人，每年受理的全部案件不到2 000件。该法院对每个主审法官办公室办理的案件数核定为250件。从2006年8月至2007年8月，全法院共受理诉讼案件1 509件，审结1 346件，9个主审法官办公室实际平均办结案件约150件，没有超出

---

① 冯霖等：《盐田法院推行主审法官负责制》，载《羊城晚报》，2006-08-15。

预想的办案标准。根据该法院的统计，一年来该院在上诉率、改判率、服判息诉率等各项考核指标上，都显示案件审判质量有了明显提高。

以上是对盐田法院主审法官负责制改革的大体介绍。对于该法院的改革效果，我们目前还很难作出全面的评估。不过，从该院所采取的各项改革举措来看，我们可以对这种改革所针对的问题作出大体的分析。总体上，盐田法院推行的主审法官制度与最高人民法院两个"五年改革纲要"所倡导的审判长负责制具有很大的相似性。无论是"主审法官制"还是"审判长负责制"，都属于一种授权优秀的资深法官享有相对独立的审判权的制度设计。这种改革所针对的都是那种司法裁判的行政审批制度。在各级法院内部，普遍存在着上令下从、依据行政级别审批案件的惯例：法官服从庭长、庭长服从院长、合议庭服从审判委员会，而庭长、院长、审判委员会则以其行政级别对合议庭审理的案件作出审批，签发诉讼文书，甚至可以直接改变合议庭的裁判结论。这种依据庭长、院长、审判委员会委员的行政级别来裁决案件的做法，不仅造成了"审者不判，判者不审"，而且剥夺了法官的独立审判权。而主审法官或审判长制度的推行，则至少使庭长的案件审批权受到削弱甚至剥夺，使其主要专注于本庭内的司法行政事务管理。盐田法院甚至将院长、副院长对普通案件的审批权也加以剥夺，使得主审法官拥有对大多数案件的独立审判权。这种对主审法官或审判长独立审判权的保证，无疑是这一改革的最大亮点之一。

将司法裁判职能与司法行政管理职能分离，是盐田法院所作的另一方面的探索。迄今为止，中国各级法院赋予院长、副院长、庭长、副庭长一系列的司法行政管理权，从法官的遴选、晋升、奖励、惩戒，到法官的案件分配、业务学习、工资福利等，都由这些具有行政级别的院、庭长们加以管理并作出决定。但与此同时，这些院、庭长们又都是享有审判权的法官，甚至有的还属于本法院的"资深法官"。结果，在一个合议庭审理的案件产生裁判结果之后，该裁判结果并不能立即成为法院的裁判结论，而必须经过作为行政负责人的院、庭长进行审批和签署意见，甚至还要经过审判委员会的讨论。院、庭长、审判委员会委员无论是维持还是推翻了法官的裁判意见，法官、合议庭都只能像服从行政命令那样无条件地予以接受。很显然，这是一种按照行政审批方式加以决策的司法裁判制度，司法裁判职能并没有与司法行政管理职能分离。盐田法院主审法官负责制的改革，恰恰在这一方面作出了力度很大的探索。按照这种改革，庭长除非被遴选为主审法官，否则不再享有案件的裁判权；即便是兼任主审法官的庭长，也只是对本办公室受理的案件拥有独立审判权，而无权过问其他主审法官审理的案件。甚至就连院长、副院长，也不再对普通案件行使审批权，而主要从事本院内的司法行政管理事务。对于少数需要由院长、副院长亲自审理的重大案件，他们也不再行使审批权，而是亲自担任审判长，参加合议庭的审理活动，并通过这种方式来行使司法裁判权。尽管该法院仍然保留了审判委员会讨论案件的做法，但对于那些不属于审判委员会讨论之列的案件，司法裁判职能不再由那些掌握着司法行政管理权的院、庭长通过行政审批的方式加以行使。

　　当然，盐田法院的改革还有推动法官职业专门化的意味。多年以来，特别是在《法官法》实施以前，由于对法官的选任资格没有特殊的要求，大量未受过法律训练、不适合担任法官职务的人进入法院工作，并在审判的第一线从事司法裁判工作。同时，作为法官的"审判员"、"助理审判员"，并不是为专门从事司法裁判的人员所设定的职务，而成为几乎所有在法院工作的人员的一种职称。于是，凡是在法院工作的人，不论是否从事司法裁判工作，都同时具有类似于公务员那样的行政级别以及专门适用于法官的审判职称。这就导致从事司法裁判的法官并不具备明显的职业素质优势，出现了法官职业"大众化"的现象。而通过实行"主审法官负责制"的改革，盐田法院将司法裁判权授予"主审法官"专门行使，其他具有"审判员"、"助理审判员"甚至"庭长"、"副庭长"职衔的人员，要么只能充当主审法官办公室的"跟案法官"，辅助主审法官从事一些审判活动，要么远离司法裁判的活动，而从事某种司法行政管理工作。这种为主审法官确立较高准入资格的改革举措，将确保司法裁判权集中由少数优秀法官行使，从而逐步实现法官职业的专门化。

　　尽管如此，我们通过观察盐田法院的改革举措及其实施效果，也发现了一些值得关注的新问题。通过这种改革，主审法官固然获得相当大的独立审判权，但那些作为"跟案法官"的审判员、助理审判员们则在相当程度上被剥夺了独立审判权。由于这一改革将"跟案法官"定位于"审判辅助者"的角色，他们所从事的工作本质上与法官助理没有太大区别，因而我们不能不怀疑这些法官在参加合议庭审理活动、评议案件、提出裁判意见方面，究竟能否与主审法官享有平等的权利。按照合议制的基本精神，参加合议庭审理的裁判者无论是法官还是陪审员，都应有平等的参与法庭审理的权利。作为审判长的法官，最多拥有更多的庭审主持权和诉讼指挥权，而并不应凌驾于其他合议庭成员之上。在评议阶段，合议庭全体成员应平等地发表意见，平等地对案件的裁判进行表决，最终的裁判结论应按照"多数裁决原则"产生，多数合议庭成员的意见应最终成为合议庭的整体裁判结论。然而，盐田法院的主审法官负责制改革却将案件审判权赋予主审法官，主审法官不仅充当合议庭的审判长，而且有权对本主审法官办公室受理的案件签署裁判意见。这不能不令人担心：这种强调主审法官享有独立审判权的改革，难道不与现行的合议制度存在明显的矛盾吗？

　　这种赋予主审法官独立审判权的制度设计，不符合大陆法国家的合议原则，却可能受到了英美诉讼制度的影响。改革的决策者可能以为英美法官都是在单独地行使审判权。其实，这是一种误解。在第一审程序中，除那些适用简易程序的案件以外，英美法官一般要与陪审团分享司法裁判权，也就是陪审团拥有对案件事实的裁决权，法官则负责对诉讼过程中的程序争议问题进行裁判，并在陪审团作出事实裁断之后，就案件的法律适用问题作出裁决。而在上诉审程序中，英美几乎不存在单个法官独任审判的做法，而主要由三名以上法官按照合议原则进行审理和作出裁决。由此看来，合议制并不是大陆法的专利，而是通行于各国的基本裁判组织原则。

主审法官负责制改革不仅有违背合议制之嫌，而且还使主审法官客观上拥有以往院、庭长所行使的行政审批权，造成在部分案件的审判中裁判权与审理权的分离。按照这种改革实践，主审法官办公室内的"跟案法官"可以被授权独任审理适用简易程序的轻微案件，但是，这些案件的裁判结论一律要经过主审法官签发，才能成为法院的正式裁判文书。而这一制度实施一年多来的情况表明，几乎所有主审法官都承受越来越大的办案压力，改革决策者也鼓励主审法官逐渐将更多的案件授权"跟案法官"审理。这就意味着主审法官对于"跟案法官"审理的案件事实上拥有一种行政审批权，也就是在未经亲自审理的情况下审查、批准和签署意见的权力。考虑到这一改革使主审法官对所有进入其办公室的案件承担最终的责任，主审法官甚至可以考核、指导"跟案法官"进行办案活动，而每隔三年即对主审法官进行重新评聘的制度，又使每个主审法官面临着很大的办案风险，因此一旦出现"跟案法官"与主审法官在个案裁判上出现意见分歧的情况，"跟案法官"是没有任何理由"坚持自己意见"的，主审法官的意见无疑具有绝对的权威性。于是，享有独立审判权并承担很大办案压力的主审法官，就可能享有过去院、庭长所拥有的行政审批权，主审法官的"庭长化"无疑会成为一个有待解决的问题。

三、司法裁判的行政审批模式

其实，最高人民法院向全国推行的审判长负责制也存在同样的问题。这一改革的初衷固然有确保优秀法官享有独立审判权、加强合议庭的审判职能、减少院、庭长审批案件的数量等方面的考虑，但是，各地法院实行审判长负责制的实践表明，审判长在享有更多晋升机会和更好经济待遇的同时，也多多少少都在行使对其他法官审理的案件进行审批的权力。而且，大多数地方法院在推行审判长负责制的过程中，都没有从根本上触动那种由来已久的"承办人"制度，无论是审判长还是普通法官都是作为案件的"承办人"来具体负责案件审理活动的。对于其他法官作为承办人负责审理的案件，审判长不仅有权随时介入，而且要负责审批案件。这就使得审判长或主审法官，在院长、副院长、庭长、副庭长之外，成为又一个享有行政审批大权的"准庭长"似的人物。盐田法院的改革可能解决了其他法院没有解决的所有法官充任"承办人"的问题，使得案件审判权集中到9个主审法官手里，但是，这一改革并没有从根本上触及"承办人"制度，因为主审法官事实上已经成为本办公室受理的全部案件的唯一"承办人"。

由此看来，在中国法院司法裁判制度的背后，其实存在着一个相对稳定的深层结构。而在最高人民法院通过两个"五年改革纲要"推行审判长负责制改革，各地法院都在强力推行审判长或主审法官制度的情况下,这一深层结构都没有从根本上发生变化。简单说来,这一深层结构就是司法裁判的行政审批模式,也就是那些不负责案件法庭审理的法官、庭长、院长、审判委员会委员通过书面审查和听取汇报的方式,行使案件最终裁判权,而那些负责审理案件的法官、合议庭要无条件地服从行政审批结果的制度模式。在以下的讨论中,笔者将从承办人制度、院、庭长审批案件、审判委员会讨论案件以及审判长或主审法官签发诉讼文书的角度,分析这一行政审批模式的基本形态和诉讼后果。

(一) 承办人制度

要分析法院司法裁判的行政化问题,首先要关注法院内部实行的承办人制度。所谓"承办人",又可称为"承办法官",是一种以单个法官为单位进行法庭审理和制作司法裁判的组织制度。根据现行的法院组织法,法院设独任庭和合议庭两种审判组织,重大疑难案件要经过审判委员会讨论决定,法官个人要么作为独任法官审理简单轻微的案件,要么作为合议庭成员参与普通案件的法庭审理。尽管法院组织法并没有确立承办人制度,但在中国司法实践中,法院大体上是以单个法官为单位来办理诉讼案件的。换言之,几乎每个诉讼案件都有一位具体负责的法官。在法官独任审判的情况下,独任法官也就是案件的"承办人";而在合议审理的情形下,只有合议庭的一名成员才是承办人。该承办法官不仅要负责庭前准备程序、主持调解程序、查阅研读案卷材料、进行庭外调查核实证据,而且还负责起草审理报告、草拟裁判文书,在多数情况下,案件的承办人也就是合议庭的审判长。当然,在院长、副院长、庭长、副庭长甚至一些资深法官参与合议庭审理时,承办法官只能作为普通合议庭成员参与案件审理。不过,作为最熟悉案情、也最关心案件审理和裁判情况的法官,承办法官在法庭调查时会更为主动地发问,在法庭辩论中也更注意倾听各方的辩论意见。①

很多研究中国法院组织的人士都将承办人制度与合议制联系起来,认为这一制度是造成合议制名存实亡、"形合实独"的主要原因。② 有些研究者甚至明确主张,废除承办人制度,确立合议庭整体成为"承办人"的观念,使合议庭全体成员真正按照多数裁决的原则进行法庭审理,并平等地参与评议和制作裁判意见。③ 在有的法官看来:

> ……目前在以承办人为主的情况下,往往导致承办人裁判权的不合理扩张,形成事实上的一人办案,多人签名,使承办人之外的其他合议庭成员参与案件审理形同虚设。长此以往在审判人员思想意识中形成了案件分

---

① 参见尹洪茂、丁孝君:《试论合议机制与承办人制度的冲突与协调》,载《山东审判》,2001 (4)。
② 参见左卫民、吴卫军:《"形合实独":中国合议制度的困境与出路》,载《法制与社会发展》,2002 (3)。
③ 参见周晓笛:《还审判权于合议庭——废除案件审批制度的思考》,载《法律适用》,1999 (9)。

到谁的手，就由谁来主审的错误思想，案件分到承办人手中，承办人不向其他合议庭成员介绍案情，其他合议庭成员也不主动了解，开庭时一无所知，只是应付合议庭形式，庭审后承办人拿出主导意见，交由其他合议庭成员通过，省略了评议过程。①

这种现象在任何一个地方法院都存在着。在承办人拥有实质司法裁判权的情况下，合议庭的其他成员对于庭前准备、庭外调查、查阅案卷材料、制作裁判意见等都放弃了决定权，对于法庭审理也不真正参与其中，对于庭审后的评议要么采取应付态度，要么干脆不再经过这一可有可无的形式，而直接由承办人提出裁判意见，其他成员予以签字认可。这样，承办人制度的实行就使合议庭的审判彻底变成承办人的审判，合议制以及评议制全部名存实亡。不仅如此，在人民陪审员参与法庭审理的案件中，承办人制度的存在更会造成陪审员参与的形式化，使得陪审员在维持合议庭的组织形式的同时，几乎完全丧失了实质上的司法裁判权。其实，在承办人制度的实行造成合议制和法庭审理全部流于形式的情况下，人民陪审员参与法庭审理的形式化也几乎是必然的结果。

当然，承办人制度不仅属于一审法院的审判组织形式，而且在二审法院乃至死刑复核法院也得到普遍的实行。以下是某省高级法院审理死刑二审案件时的审判组织情况：

> （某省）高院规定，需要开庭审理的案件，承办人在二审立案后3日内完成案卷初阅、通知检察院阅卷、指定辩护人等工作。在收到检察院退回的案卷当日，综合组应当对案件开庭时间进行排期，该期限为承办人收到检察院退回案卷之日起第20日。承办人应当在收到检察院退回的案卷后15日内完成阅卷、提审、通知辩护人阅卷和合议庭其他成员交叉阅卷及开庭前的全部准备工作；此后5日内完成开庭审理工作。②

既然法院组织法并没有确立承办人制度，那么，究竟是什么原因造成这一制度在中国法院体系内的普遍盛行呢？迄今为止，研究者们已经关注了法院的绩效考核和错案追究制度，认为法院在统计办案数量和考核法官业绩时，基本上是以承办人为单位进行的，对合议庭出现的错案也主要追究承办人的责任；有的研究者也注意到传统文化影响的因素，认为法官对于别人担任承办人的案件，采取"多一事不如少一事"的态度，担心过于积极地参与法庭审理和发表裁判意见会影响同事之间的关系；有的研究者还注意到法院审理的案件出现了持续不断地增加，法院面临着日趋严重的案件积压、结案周期延长的问题，而由一名法官作为承办人来审判案件，显然要比三名法官共同对案件进行实质的审判，更有助于诉讼效率的提高和诉讼成

---

① 杨运华、魏明珠：《密山市人民法院合议庭建设调查报告》，见人民法院网"法治论坛"，2007-07-10。
② 李云超等：《贵州高院排期开庭死刑二审案件》，载《人民法院报》，2007-01-26。

本的节约。①

这些解读对于认识承办人制度盛行的原因固然是有益的，但是，为什么中国法院多年来一直强调"加强合议庭的作用"、推行"审判长负责制"②，而承办人制度却始终没有受到根本的触动呢？本章前面所分析的深圳盐田法院的改革经验显示，本来为了弱化法院内部的行政审批而推行的主审法官负责制，在实践中却带来主审法官"承办人化"的现象？究竟在中国司法体制中存在着怎样的深层结构，以致造成承办人制度的"尾大不掉"呢？

在笔者看来，承办人制度其实是中国法院司法裁判行政审批制度的有机组成部分。所谓司法裁判的"行政审批制度"，是指法院按照上令下从、垂直领导的原则，由具有较高行政级别的法官对下级法官的司法裁判进行审查并决定是否批准的制度。法院司法裁判的行政审批最典型地体现在庭长审批法官的裁决结论、院长审批某一合议庭的裁决意见、审判委员会讨论决定合议庭对某一重大疑难案件的裁判意见。而这一切行政审批活动的基础，则是以承办法官个人为办案单位的审判组织制度。为便于进行行政管理，法院一般都是将案件分配给某一法官，该法官不仅要负责案件的全部审理和裁判活动，而且要对该案件接受本院和上级法院的业绩考核，甚至一旦被认定在办理案件上出现了错误，还要承担主要的"错案追究后果"。即便在合议庭负责审判的案件中，真正对案件承担最终责任的主要是承办人，而不是其他合议庭成员。近年来，随着涉法上访、申诉的大量出现，很多法院都推广了承办法官对所办理的案件承担终身责任的做法。也就是说，承办法官对于所审理的全部案件，一旦出现当事人申诉、上访的情况，都要承担必要的责任。很显然，这种由承办法官个人负责个案审判的制度，不仅便于法院对法官实施有效的管理，而且有利于确定法官在案件审理上所享有的权利及所承担的责任。与此同时，无论是在庭长、院长行政审批还是审判委员会讨论决定案件过程中，承办人的口头汇报都是这些高级别法官获取案件信息来源的主要渠道。承办人被视为了解案件全部情况的法官，可以将案件的证据采纳、事实认定和法律适用问题向高级别法官作出"令人信服"的报告，而合议庭的其他成员，包括法官和人民陪审员，则一般被排斥在这种行政决策过程之外。不仅如此，在案件引起上级法院或者地方党委、政府和人大常委会高度关注的情况下，承办人还要承担向这些机构继续汇报的责任。而这种汇报也往往成为这些机构对案件作出批示或者裁判指令的直接根据。

（二）院、庭长审批案件制度

在中国各级法院，院、庭长审批案件的做法虽然没有任何成文法上的依据，却

---

① 参见周永恒：《基层法院法官合议庭存在的问题、原因及对策》，见山东省高级人民法院网站，2006-08-31。另参见左卫民、吴卫军：《"形合实独"：中国合议制度的困境与出路》，载《法制与社会发展》，2002 (3)。

② 刘晓燕等：《一个基层法院的法官职业化探索：浏阳市法官遴选与法官助理制度调查》，载《人民法院报》，2003-04-03。

第二章 司法裁判的行政决策模式

已经成为长期得到奉行的司法决策方式。所谓"院、庭长审批案件",是指法院的院长、副院长、庭长、副庭长在不参与合议庭审理的前提下,对其他法官负责审理的案件裁判结论进行审查批准,或者对其他法官的裁判文书进行审核签发的活动。按照现任最高人民法院副院长江必新的观点:

> 现实中,庭长、院长对审判工作的组织、协调、指导、监督的职责往往被浓缩或异化为对案件的把关权和对裁判文书的审核签发权。这种做法,事实上将庭长、院长的管理、监督权变成了不具有正当程序的审批权,变成了个人凌驾于审判组织之上的法外特权。①

按照现行的法院管理体制,院长是法院行政级别最高的官员,负责法院的日常行政管理工作,是法院最高的党务负责人,同时也是对案件的司法裁判拥有最终审批权的法官。法院院长不仅可以通过召集和主持审判委员会,对重大疑难案件行使讨论权和决定权,而且还可以通过各种方式直接决定个案的裁判结局。在院长之下,法院还设有人数不等的副院长。这些通常被称为"分管院长"的副院长,分别被赋予对刑事审判、民事审判、行政审判、执行等工作的行政审批权。对于影响较大或存在分歧争议而又不需要经过审判委员会讨论的案件,主管院长往往会直接提出自己的裁判意见。对此意见,无论是庭长还是合议庭成员,一般都会接受和服从。当然,一些法院近年来对分管院长的审批权作出了一定的限制。分管院长一般不得直接改变合议庭或庭长报送审批的案件,遇有分管院长与合议庭意见不一致的情形,分管院长有权要求合议庭对案件"重新评议";经过重新评议,分管院长与合议庭的裁判意见仍然相左的,案件就可以被提交审判委员会讨论。

在院长、副院长之外,庭长属于主持某一审判庭行政管理工作的"中层干部",其行政级别在院长、副院长之下,但肯定会在一般法官之上。作为审判庭日常行政事务的决定者,庭长有权召集"庭务会议",也有权将案件分配给承办法官,决定案件合议庭的组成人员。对于本庭法官审理的案件,庭长拥有审核签发裁判文书的权力,可以通过召集庭务会议来讨论某一由其他法官承办的案件,遇有意见分歧的案件,还可以决定提交审判委员会讨论。庭长不仅负责本庭审判的日常行政事务,对其他法官承办的案件进行行政审批,而且还要亲自作为承办人审判一定数量的案件。不过,相对于普通法官而言,庭长负责承办的案件数量明显偏低,这被视为保证庭长主持"全面工作"的需要。

对于院、庭长审批案件制度,无论是法学界还是大多数法官,都持批评和否定的态度。江必新就曾尖锐地指出:"(院、庭长审批案件)这种做法,不仅容易造成审判职责不清,影响司法效率,而且成为司法腐败、司法不公的一个源头。"② 也有研究者认为,院、庭长审批案件,造成承办人和合议庭其他成员的一些裁决需要

---

① 江必新:《论合议庭职能的强化》,载《人民法院报》,2002-09-18。
② 江必新:《论合议庭职能的强化》,载《人民法院报》,2002-09-18。

通过行政渠道报批后才能作出，造成审理权与裁判权的分离，"审者不判、判者不审"的旧病仍未根除，从根本上违反司法规律。① 不仅如此，院、庭长通过行政审批的方式进行司法决策，使得公开、透明的审判程序受到规避，无论是回避制度、合议制度、陪审制度，还是辩护制度、证据规则、判决说理规则等，几乎都变为形同虚设的形式，变成难以得到实施的法律规范。

最高人民法院的改革决策者们也早就意识到院、庭长审批案件制度的缺陷和问题，并对这一制度作出了一系列的改革努力。例如，最高人民法院第一个"五年改革纲要"就指出，"审判工作的行政管理模式，不适应审判工作的特点和规律，严重影响人民法院职能作用的充分发挥"，并强调在建立审判长负责制的前提下，"做到除合议庭依法提请院长提交审判委员会讨论决定的重大、疑难案件外，其他案件一律由合议庭审理并作出裁判，院、庭长不得个人改变合议庭的决定"，同时推行"院长、副院长和庭长、副庭长参加合议庭担任审判长审理案件的做法"②。又如，根据最高人民法院第二个"五年改革纲要"，院长、副院长、庭长、副庭长的审判管理职责和政务管理职责要得到强化，"建立法官依法独立判案责任制，强化合议庭和独任法官的审判职责。院长、副院长、庭长、副庭长应当参加合议庭审理案件。逐步实现合议庭、独任法官负责制"③。

不仅如此，最高人民法院在近两年来又相继发布了几个旨在推进审判组织制度改革的文件，以便有效地削弱院、庭长审批案件的制度。例如，最高人民法院《关于人民法院合议庭工作的若干规定》就规定："院长、庭长可以对合议庭的评议意见和制作的裁判文书进行审核，但是不得改变合议庭的评议结论"。又如，最高人民法院《关于完善院长、副院长、庭长、副庭长参加合议庭审理案件制度的若干意见》则强调，院长、副院长、庭长、副庭长参加合议庭审理案件，应当作为履行审判职责的一项重要工作，纳入对其工作的考评和监督范围。该文件还明确了院长、庭长参加合议庭审理的案件范围。④ 再如，最高人民法院《关于增强司法能力提高司法水平的若干意见》明确要求，"建立和落实好院、庭长办案制度，积极探索保障院、庭长办案的审判组织和运行机制保障办法，确定院、庭长每年直接参加合议庭办案数量的硬指标，并列入岗位目标考核的重要内容"……

为贯彻最高人民法院有关院长、庭长参加合议庭办理案件的要求，一些地方法院进行了相关的探索。例如，2006年，湖北省高级人民法院的院长、副院长、庭长、副庭长参加合议庭审理的案件数量已经达到504件，湖北省各中级法院共审结

---

① 参见蒋惠岭：《审判活动行政化之弊端分析》，载《人民司法》，1995（9）。另参见蒋惠岭：《管理层面上的合议庭负责制》，载《人民法院报》，2008-02-26。
② 最高人民法院：《人民法院五年改革的纲要》，载《人民法院报》，1999-10-20。
③ 最高人民法院：《人民法院第二个五年改革纲要（2004—2008）》，载《人民法院报》，2005-10-26。
④ 参见《最高法院规范合议庭审理案件制度 院庭长重点审理四类案件》，载《人民法院报》，2007-04-11。

各类案件 3 296 件，其中院、庭长审结案件 407 件，占同期案件总数的 12.35%，湖北省各基层法院共审结各类案件39 501件，其中院、庭长审结案件 10 755 件，占同期案件总数的 27.23%。① 根据报道，该省襄樊市中级人民法院积极探索建立院、庭长办案机制。2007 年以来，该院院、庭长担任审判长或参加合议庭审结的各类诉讼案件共 2 209 件，占全院案件总数的 78.7%。2007 年召开的全国法院司法改革工作会议推广了襄樊中院的这一经验。凡是在当地有重大影响的案件、疑难复杂案件、重大集团性案件、矛盾易激化案件、党委人大关注的案件等，一般由、庭长亲自承办或担任审判长审理。②

经过最高人民法院多年大力的改革推动，院、庭长审批案件制度最终真的能消失吗？那种强调合议庭和独任法官独立审判的改革目标是否可以实现呢？

在笔者看来，最高人民法院虽然对法院组织制度作出了很多的改革努力，却没有从根本上触动那种上令下从、垂直领导的司法决策机制，也没有从根本上改变法院院长、副院长、庭长、副庭长与普通法官之间的职务关系。按照现行的法院管理体制，法院院长、副院长、庭长、副庭长是按照行政级别的高低而设置的行政职务，这种行政职务的高低直接与他们的行政待遇、住房待遇、福利津贴密切相关。在法院内部，"审判员"、"助理审判员"甚至"法官"的称号逐渐变成一种"审判职称"。而一个仅有审判职称而无行政级别和行政职务的法官，无疑会被视为审判职业的失败者，而难以产生职业上的成就感和自豪感。与此同时，具有较高行政级别和行政职务的法官，对于作为其"下属"的法官的职务晋升还具有直接的影响力甚至决定权，这就使得行政级别较低的法官不得不听从这些职务带"长"的法官的指示和命令。例如，法院院长对本院法官的审判员、助理审判员职务，就拥有向当地人大常委会进行提名和建议的权力，而这种提名和建议则属于各级人大常委会任命法官的必经程序。又如，对于任何一个法官所办理的案件，以及在一年时间里的审判业绩，法院院长、副院长都可以通过本院审判委员会或者审判质量考评委员会等机构，进行审查、考核和评比。对于绩效考核不合格的法官，法院可以采取减免奖金、取消创优评先机会等惩罚手段。再如，在行政衙门色彩丝毫不弱于行政机关的法院内部，法官不服从庭长或者院长的审批，或者敢于以其他方式坚持自己的裁判意见，而拒不接受院长、庭长的裁判"建议"，就几乎必然会在其职业晋升方面遭遇挫折。这已经是一个公开的秘密，也是一个得到普遍实行的潜规则。可以想见，在法官的奖金、福利、晋升乃至职业生存都直接操纵在院长、副院长、庭长、副庭长手中的情况下，纵然最高人民法院明确赋予其"独立审判权"，也纵然法律明文要求法官在司法裁判方面不受院长、庭长的审批和干预，他们也是万万不敢照

---

① 参见李飞等：《院长庭长穿法袍——湖北三级法院院长庭长办案调查》，载《人民法院报》，2007-10-23。
② 参见王洪等：《院庭长与普通法官同办案同考核同管理——襄樊中院探索办案新机制》，载《人民法院报》，2007-12-19。

此办理的。当年美国联邦党人汉密尔顿早就作出了这样的告诫：谁掌握了法官的生存，谁往往会控制法官的意志。①

改革院、庭长审批案件制度的困难还在于，中国宪法和法律一直强调中国的司法独立属于法院的"整体独立"，而既不是法官个人的独立，也不是合议庭的组织独立。按照现行宪法、法院组织法和诉讼法的规定，人民法院独立审判，不受行政机关、社会团体和个人的干涉。而作为这一原则的具体表现，各级法院的裁判文书要产生法律效力，就必须经过法院院长的签发，并且要盖上法院的院章。没有院长的签发和法院加盖的公章，任何裁判文书都无法对社会产生法律约束力。这与西方国家实行的那种单个法官或者合议庭签字即有效的裁判方式，形成了鲜明的对比。这必然意味着，只要这种强调法院整体独立行使审判权的制度不发生变化，那么，无论最高人民法院怎样强调合议庭的作用，都难以改变院长签发裁判文书的做法。而法院院长、副院长只要继续掌握着裁判文书的签发权，他们就不会仅仅保留形式上的"签字权"，而必然会程度不同地行使实质上的行政审批权。

（三）审判委员会讨论案件制度

对于法院审判委员会制度所存在的问题，法学界已经有一些达成共识的观点。一般认为，审判委员会作为法院内部对重大疑难案件拥有决定权的权威审判组织，单靠听取承办法官口头汇报的方式，就对案件事实认定和法律适用问题作出最终的决定，且可以强行改变合议庭的裁决意见，这种讨论决定案件的程序是不公开和不透明的，架空了整个法庭审理过程，使得几乎所有旨在规范法庭审判的诉讼原则和制度，包括回避制度、法庭质证制度、辩护制度、直接和言词原则、评议制度等，全部形同虚设，而无法发挥规范法庭审理程序的作用。不仅如此，审判委员会委员获取案件事实信息的来源是不完整的，既无法了解合议庭其他成员的意见，也难以获悉控辩双方的诉讼主张和争议焦点。审判委员会委员作为负有行政管理职责的官员，尽管有较高的行政级别，却无法对所讨论的案件拥有法律专业上的优势，经常出现大多数"外行委员"讨论一个专门法律问题的局面。这些显然也影响了审判委员会所作司法决策的科学性和可靠性。②

鉴于审判委员会制度确实存在诸多固有的缺陷和不足，一些地方法院近年来对这一制度作出了一些改革尝试。例如，有的法院试行审判委员会委员旁听法庭审理过程的做法，使这些委员有机会亲自聆听控辩双方的意见和争议点；有的法院在组织审判委员会讨论案件过程中，要求合议庭成员悉数到场发表意见，改变那种仅仅听取承办人汇报的惯常做法；有的法院建立若干审判委员会分会，使得大量不具有院长、副院长、庭长职务的资深法官，有机会参与刑事审判委员会和民事审判委员会分会的讨论过程，以克服审判委员会所固有的行政色彩浓烈、专业性不强的问

---

① 参见［美］汉密尔顿等：《联邦党人文集》，中译本，396 页。
② 参见陈瑞华：《刑事诉讼的前沿问题》，2 版，389 页以下，北京，中国人民大学出版社，2005。

题……

最高人民法院在第二个"五年改革纲要"中将审判委员会制度的改革作为法院改革的重要课题。按照最高人民法院的改革设想，最高人民法院、高级法院和中级法院的审判委员会将设置刑事专业委员会和民事行政专业委员会，确保资深法官进入审判委员会；逐步将审判委员会的讨论程序由会议制改为审理制，使得审判委员会委员通过组成合议庭来行使对那些重大、疑难、复杂或具有普遍法律意义的案件的审判权。①

可以看出，无论是地方法院还是最高人民法院，都是将加强专业化、减弱行政层级化、确保委员组成合议庭等作为改革审判委员会制度的方向。但是，审判委员会是由院长、副院长、庭长以及少数资深法官组成的决策机构，它不仅要对部分案件行使讨论决定权，而且还有权总结审判经验、制定规范性文件以及决定法院内部的重要管理事项。而且，"审判委员会委员"也绝不仅仅属于一种单纯的专业称号，而是一种具有较高行政职务的象征。即使是少数不具有院长、副院长、庭长职务的"专职审判委员会委员"，要么因为他们曾经担任过院长、副院长职务而尚未完全退休，要么因为他们曾经担任过庭长职务而得到晋升，从而担任了目前这种介于院长、副院长与庭长之间的专职委员职务，并享受"副院长级别"的政治待遇和福利待遇。很显然，无论审判委员会制度发生怎样的变革，只要这一机构的组成方式不发生根本的变更，只要法院内部继续保留院长、副院长、庭长、副庭长等行政职务系列，那么，审判委员会就不可能变成一种具有"合议庭"属性的裁判机构，而注定保持其法院内部"行政会议"的基本特征。

在审判委员会保持其行政决策机构属性的前提下，这一机构讨论决定案件的程序能改变其"行政审批"的基本特征吗？答案是否定的。这是因为，作为承办人的办案法官，在行政级别上往往都是低于审判委员会的任何一名委员的。面对审判委员会这一由法院高层领导（院长、副院长、专职委员）以及中层领导（主要业务庭的庭长）组成的机构，承办法官所作的口头汇报，与他们向院长、副院长、庭长所作的口头汇报，又有什么实质性的区别呢？作为案件审批机构，审判委员会委员所获取的案件信息量与院、庭长所能了解到的信息量，也不会有明显的差别。审判委员会讨论案件与院、庭长审批案件一样，都按照上令下从的方式进行行政决策，都可以对承办法官的裁判结论作出变更，而对于审判委员会的决定和院、庭长的审核意见，承办法官一般都要像公务员服从上级命令那样予以服从和接受。

当然，随着法院内部绩效考评制度的推行，法院内部逐步建立和完善了法官责任制度，院长、副院长都不愿意将大量的案件纳入审判委员会讨论决定的范围。而承办法官为降低自己的职业风险，有时甚至更愿意将案件推给审判委员会讨论，以

---

① 参见陈永辉：《最高法院有关负责人就二五改革纲要答本报记者问》，载《人民法院报》，2005-10-27。

免在将来案件被上级法院发回重审或者改判后,而承受消极的业绩评价。这就意味着承办法官与法院院长、副院长之间存在着某种意义上的利益博弈,博弈的主题是案件是否进入审判委员会讨论程序。尽管如此,案件只要进入审判委员会讨论程序,这种讨论决定程序就不可能是司法裁判性的,其"行政审批"属性往往会得到充分的显露。

(四) 审判长或主审法官的庭长化

前面所讨论的深圳盐田法院改革的经验显示,在法院内部司法行政化问题没有发生实质性改观的情况下,被赋予"独立审判权"的主审法官,难以与其他"跟案法官"形成一种平等行使司法裁判权的格局,甚至还会代行原来由分管院长、庭长所行使的审批权,从而出现主审法官的"庭长化"现象。其实,在几乎所有各级地方法院,审判长或主审法官负责制的推行,都出现了这种行政审批回流的动向。改革者所持有的那种"发挥合议庭作用"、"改变承办人制度"的改革初衷,基本上没有得到实现。

按照最高人民法院第一个"五年改革纲要"的设想,推行审判长和独任审判员选任制度,目的在于发挥他们在庭审过程中的指挥、协调作用,使他们依据审判职责签发裁判文书,这一方面可以确保优秀的资深法官独立行使审判权,改变以往那种大量水平不高的"审判员"、"助理审判员"充斥审判第一线的局面,另一方面也可以借此扩大合议庭的独立审判权,减少院、庭长审批案件的范围,也促使审判委员会只讨论决定少数重大复杂的案件。可以说,放审判权于合议庭,使审判长通过合议庭来行使审判权,这是推行审判长制度的基本目标。从各地法院的改革试点情况来看,审判长制度的推行确实改变了法院司法决策的格局,院、庭长审批案件的情况不同程度地减少,审判委员会讨论案件的范围也受到了越来越严格的限制。毫无疑问,各级法院的大部分审判权越来越转向由少数经过层层严格选拔而被委任为审判长或主审法官的资深法官行使。

然而,即使按照最高人民法院的改革设想,这种被赋予较大权力的"审判长",不仅从院长、庭长、审判委员会那里获取了相对独立的审判权,而且攫取了其他普通法官的独立审判权,从而成为一种架空了合议庭的超级法官。这是因为,在审判长负责制的框架下,案件被统一分配给审判长负责的审判组,审判长代表本审判组受理案件,组织合议庭进行法庭审理。对于自己亲自参与审理的案件,审判长一般就是法庭上的"审判长",其他法官或者人民陪审员充当普通合议庭成员;而对于自己不亲自参与审理的案件,审判长有权组织合议庭,或者委任某一法官独任审理案件,并对最终的裁决签署意见,遇有与合议庭、独任法官意见不一致的情况,审判长可以直接按照自己的意见作出裁决,本审判组的普通法官一般也要服从。

毫无疑问,审判长逐渐具有类似于审判庭庭长的行政职务属性。有些地方法院为确保审判长充分行使审判权,甚至还赋予他们相当于庭长的行政级别和福利待遇。深圳盐田的改革试验就充分证明了这一点。这显然表明,各级地方法院在弱化了院、庭长行政审批制度之后，审判长或主审法官事实上在代替院、庭长进行这种类似于行政审批的司法决策活动。之所以会造成这种局面，主要是因为很多法院都面临着大多数法官素质不高、审判能力不强、容易滥用自由裁量权的问题，为解决这些问题，法院院长更愿意将审判权放于少数业务素质较高的法官手中，这一方面可以保证案件的审判质量，另一方面也便于对这些审判长实施控制，从而减少行政管理的成本。正因为如此，法院通常会给审判长配备更多的审判资源，包括拨付办案经费、给予出外考察学习机会等，同时也赋予审判长对本审判组的普通法官、法官助理、书记员拥有考评权、选择权甚至奖惩权。而对于某一审判组负责承办的案件，审判长要承担较其他法官更为重大的责任。各地在推行审判长或主审法官制度的过程中，都程度不同地将审判长视为本审判组所承办的案件的主要负责人，在案件出现错案或者考评不合格的时候，普通法官通常只会承担部分责任，而审判长则会承担最大的责任，甚至会因为本审判组审判方面的问题而失去审判长或主审法官的职务。很明显，审判长在不同程度上充当着本审判组所负责审理的全部案件的"超级承办法官"的角色。换言之，真正对案件的审判承担责任和风险的，既不是合议庭，也不是普通的法官、人民陪审员，而是本审判组的审判长，或者本办公室的主审法官。

（五）小结

中国法院历经十几年的审判组织改革，对于法院司法裁判的行政化问题提出了一系列的解决方案，但迄今为止，这种以行政审批为基础的司法决策方式并没有发生根本的变化。具体说来，这种行政化的司法决策方式以单个法官负责承办一个具体案件为基础，赋予院长、庭长通过听取承办人汇报来审批案件的权力，使得审判委员会作为法院内部的行政会议机构，拥有对重大、疑难、复杂案件进行讨论和作出权威决定的权力。而在近年来的改革中，那种本来旨在使院、庭长审批案件制度得到弱化，使审判委员会讨论案件的范围有所缩小的审判长（主审法官）制度，使得审判长或主审法官逐渐取代院长、庭长，拥有对本审判组所审理的案件进行审核批准的权力。

在这种由院长、副院长、审判委员会委员、庭长、副庭长、审判长（主审法官）所构成的行政审批网络中，普通法官（也就是不具有上述行政职务的普通审判员、助理审判员）始终无法享有独立审判权，他们即使参与合议庭的审理活动，也无法与审判长享有平等的审理权和评议权，更不用说平等地行使表决权了。于是，合议制在中国法院始终无法得到真正的贯彻，合议庭作为法院的基本审判组织，在大多数案件的审理中都是形同虚设的。

四、司法行政管理与司法裁判的职能混淆

法院司法裁判的行政审批制度，显示出法院司法行政管理职能与司法裁判职能

没有分离，而存在着严重混淆的问题。对于这一问题，已经有学者专门作出过分析，这里似乎没有重复讨论的必要。不过，过去的讨论似乎更多地在论证司法行政管理职能与司法裁判进行分离的必要性，说明司法行政管理职能的重要性，认为中国法学界仅仅关注所谓的"审判方式改革"还是远远不够的。① 然而，对于司法行政职能是如何与司法裁判职能发生混淆的，以及这种混淆又是如何导致司法裁判的行政决策模式形成的，应当说还是有进一步研究的空间。

按照前面的分析，法院的院长、副院长、审判委员会委员、庭长、副庭长、审判长、审判员等职务系列，是按照严格的行政层级而设立的。就这种职务的行政级别特征而言，法院似乎与任何一个行政机构并没有任何实质性的区别。例如，中国最高人民法院的院长是副总理级别，常务副院长具有正部级，其他副院长一般具有副部级，审判委员会的专职委员一般享受"副部级待遇"，而各个审判业务庭庭长通常是正局级，副庭长则为副局级，具有审判长资格的法官也可能具有副局级，至少是正处级，审判员至少是正处级。依此类推，基层法院院长一般为副处级官员，副院长通常为正科级官员，庭长则为副科级官员……不仅如此，为使法官职业与公务员有所区别，中国现行的《法官法》还建立了专门的法官职务系列，对于全国法官设置四个类别和十二个等级，从最高级到最低级依次为"首席大法官"、"大法官"、"高级法官"和"法官"。当然，由于目前法院的人事管理仍然要遵循公务员的组织人事管理制度，这种十二级法官的建制只具有形式上的"职称"意义，而对法官的政治待遇和福利待遇并未产生实质的影响。不过，假如有朝一日法官真的按照《法官法》所设计的十二个等级进行分类管理，而不再继续沿用公务员的行政职务系列的话，那么，法官的行政层级制度似乎仍然继续存在，并与军队的军衔、警察的警衔具有一定的相似性。②

这种要么按照公务员职务层级、要么按照法官等级所建立的法官职务系列，对于处理法院内部的司法行政管理事务，显然是无可厚非的。毕竟，按照行政管理的一般规律，行政事务的处理需要讲究统一，提高效率，尽量减少不必要的内耗和争执。而要做到这一点，严格的行政层级制度、上令下从的决策原则以及垂直领导的管理体制，都属于必须加以遵守的基本行政管理规范。

在中国现行司法体制下，法院内部的确存在十分复杂的司法行政事务。例如，与案件审判有关的行政事务有立案登记、诉讼费用收取、判决的执行等；与法院的人事管理有关的事务则有法官的选任、考评、晋升、福利待遇、培训、奖惩，以及人民陪审员的选任、培训、案件分配和监督管理等；与法院物资装备和后勤保障有关的事务有经费的预算和执行、经费的筹措、法院基本建设、法庭设置、办公、安

---

① 参见苏力：《法院的审判职能与行政管理》，载信春鹰、李林主编：《依法治国与司法改革》，北京，中国法制出版社，1999。
② 事实上，在《法官法》颁布前后，有人就将该法所确立的十二级法官制度戏称为法官的"法衔"。

全保卫、案卷管理等。此外，法院还有大量需要与外部进行联系和协调的行政事务。① 对于这些司法行政事务，法院只能按照行政权行使的原则进行管理，而根本不可能遵循所谓"司法裁判的规律"。比如说，在法官的选任上，法院不可能遵循司法被动性的原则，而只能主动采取行动，以便遴选出最优秀的法官；在法院的经费筹措问题上，法院不可能按照司法亲历性的原则，动辄采取司法听证的工作方式，而只能按照灵活有效的理念，最大限度地提高筹措经费的效率；在作出行政决策方面，法院不可能按照两造对抗、裁判中立的原则采取行动，也很难完全兼顾到多数裁决的原则，而只能采取某种集权式的行动；在对生效裁判的执行方面，法院不可能像进行司法裁决那样遵循公开、透明的原则，而只能优先保证裁判执行工作的顺利有效进行……可以说，在司法裁判领域适用的几乎所有原则和理念，根本无法直接被运用到法院的司法行政管理事务上面，这种司法行政管理注定只能按照与普通行政机构没有差异的管理原则和管理模式进行。在某种程度上，法院院长既是本院的法官，也是本院最高司法行政长官。在管理法院内部的司法行政事务方面，法院院长可以拥有最高的权威和最终的决断权。法院的副院长作为院长的助手，在管理某一领域的司法行政事务方面也应拥有管理上的决定权，并可以对作为其下属的司法公务员发号施令。法院的业务庭庭长对于本庭的司法行政事务也可以拥有类似的最后决定权，可以改变下属的决定。

但是，这些院长、副院长、庭长、副庭长在行使司法行政管理权的同时，也恰恰具有法官的身份，并可以对各种案件行使审判权。他们行使审判权的方式并不仅仅是参加合议庭进行法庭审理，还可以像行使司法行政管理权那样，通过听取法官的汇报、审查裁判文书、考虑案件影响和裁决效果，来行使针对司法裁判事项的行政审批权。我们可以假设这样一个完全有可能出现的场面：一个法院院长刚刚对一项法院办公大楼的设计和预算方案签署了意见，处理完这件典型的"司法行政事务"，接着又听取某承办法官对一件敏感案件所作的专门汇报，对这件案件的裁决方案给出指示，并在裁判文书上签署了自己的意见。在前后不超过一个小时的时间里，这位法院院长对两个领域的事项作出了权威的决策：在前一领域的决策中，他行使的是司法行政管理权，而在后一领域的决策方面，他所行使的则是对具体案件的裁决权。只不过，针对这两种完全不同领域的事务，他都是以行政审批的方式完成了决策过程。如果说法院院长按照"首长负责制"的原则，对于行政领域的事务进行行政审批无可厚非的话，那么，他对司法裁判领域中的事务进行行政审批究竟有没有问题呢？

答案是肯定的。司法裁判是一种针对控辩双方的利益争端认定事实、适用法律的国家活动。为有效地解决争端，避免争端双方对裁判者和裁判过程产生不满，确保最终裁决结果的公信力，法官一般需要保持最低限度的中立性和被动性，这就意

---

① 参见孙业群：《法院司法行政事务管理权研究》，载《中国司法》，2004 (7)。

味着案件只能由利害关系人提起,法院不能主动审理任何未经起诉的案件或未经提出诉讼请求的事项;法官在裁判过程中要同时听取双方的陈述,不能"单方面接触"任何争端一方,而且要给予双方就事实认定和法律适用问题进行充分陈述的机会,从而当庭获取作出司法裁判所需要的事实信息;法官要保证控辩双方平等对抗,确保在双方难以势均力敌的时候做到"天平倒向弱者";法官还要维持司法的公开性和透明度,不仅确保法庭审理过程和裁判结论向社会公开,而且要最大限度地说明裁判的理由;对于已经生效裁判解决的案件,非有法定事由并经法定程序,不得重新启动审判程序……一言以蔽之,司法裁判在程序上只有具备最低限度的被动性、亲历性、公开性、透明性、对等性和不可逆性,才能维持最起码的公正性,也才可以有效地解决争端,确保因为利益争端而遭受破坏的社会关系得到修正和恢复,至少不再制造新的矛盾和争端。①

即使按照中国现行宪法、法院组织法、法官法和诉讼法的规定,法院司法裁判职能的实现也要遵循正当的法律程序。在审判组织上,除了轻微案件由法官独任审理以外,一般案件都要按照集体决策的合议制原则,由3名以上的法官或者人民陪审员组成合议庭,进行审理并作出裁决;在审判程序上,合议庭开庭审理案件要遵循回避制度,所有证据都要当庭出示、宣读,证人要亲自出庭作证,接受各方的询问,未经当庭质证,任何证据都不得被法院采纳为"定案的根据",无论在法庭调查阶段还是法庭辩论环节上,控辩双方都拥有大体平等的陈述权、质证权和辩论权;在裁判方式上,合议庭成员经过法庭审理,要进行集体秘密评议,并对案件的裁决结果进行平等表决,最后的裁决按照"少数服从多数"的裁决原则最终形成……

然而,无论是法院院长、副院长、审判委员会委员,还是庭长、副庭长,由于其同时在行使司法行政管理权和司法裁判权,而且行使司法裁判权的方式并不是参与合议庭审理,而是程度不同地按照行政审批的方式进行司法决策,并可以改变甚至推翻合议庭的裁决意见,这就使得上述为规范司法裁判过程所确立的原则和制度变得没有任何实质性的意义。近年来,法学界一直在讨论法庭审判"流于形式"、合议制"形同虚设"、人民陪审员"陪而不审"的问题,甚至不断地在批评法院"审者不判、判者不审"的问题。② 可以说,法院内部在司法裁判方面始终挥之不去的行政决策方式,院长、副院长、审判委员会委员、庭长、副庭长对合议庭或独任法官的裁决所拥有的审核权、签署权和改变裁判权,可能是导致法庭审理程序和合议庭裁决被架空的主要原因。

迄今为止,最高人民法院的两个"五年改革纲要"都指出要"发挥合议庭的作用","减少院、庭长审批案件的做法",甚至在近两年来颁布的一些规范性文件中

---

① 有关司法权的性质,参见陈瑞华:《问题与主义之间——刑事诉讼基本问题研究》,1页以下,北京,中国人民大学出版社,2003。
② 参见陈瑞华:《刑事诉讼的中国模式》,107页以下,北京,法律出版社,2008。

还在大力推行院长、庭长"上法庭"的做法。但是，由于法院内部仍然存在着司法行政管理权与司法裁判权相混淆的问题，法院院长、副院长作为法院的司法行政管理者，在程度不同地行使着行政审批权，审判委员会还在对重大、疑难案件通过会议讨论方式行使着决定权，庭长、副庭长也仍然拥有程度不等的司法裁判签署权和审核权，这些使得那种旨在推动院、庭长参加合议庭审理、发挥合议庭独立审判权的改革举措，始终难以产生积极的效果。在很多情况下，面对最高人民法院提出的某一改革政策，地方法院都是暂时性地呼应一下，运动式地进行一些改革试验，然后就基本上恢复原状，维持原有的司法裁判的行政决策模式。可以说，这是迄今为止法院审判组织制度改革难以取得实质性突破的关键原因。

那么，究竟如何将司法裁判职能与司法行政管理职能加以分离呢？按照有人提出的一种改革思路，法院内部的大量司法行政管理职能应当从法院剥离出来，移交给一个中立的机构（例如司法行政机关）来承担。事实上，近年来的司法改革也的确在朝着这一方向展开。例如，国家统一司法考试制度的建立，就使得司法考试的组织权统一由司法行政机关来行使，这在一定程度上使法院的法官遴选权和考试权被剥离出来。又如，按照司法鉴定制度改革的方案，法院不再设立专门的司法鉴定机构，这些原来从属于法院的司法鉴定机构要么社会化，要么被合并进入其他鉴定机构之中，这无疑说明法院的司法鉴定管理职能不复存在。不仅如此，那些生效裁判的执行机构要不要继续保留在法院内部，这已经越来越成为一个存在激烈争议的问题。毕竟，法院上下级之间具有监督关系，这是宪法和法院组织法所确立的基本原则，而这一点恰恰考虑的是法院的司法裁判职能。而生效判决的执行恰恰属于司法行政事务，不具有司法裁判的属性。要有效地解决"执行难"问题，就需要上下级法院采取一种资源合理配置、上令下从的管理模式，像检察机关的反贪污贿赂部门那样，使上级执行机构具有统一调令下级执行机构的权威，这样才能组织好所谓的"执行会战"，避免执行工作过分迁就日趋严重的司法地方化现象。但是，只要执行部门继续保留在法院内部，这种上级指挥下级、下级服从上级调令的做法就不可能成为现实。这显然说明，只有将执行部门从法院内部剥离出来，将生效裁判执行权转移给相对中立的司法行政机关行使，法院的司法裁判职能才能得到正常的实现，执行权也才能真正回归到司法行政权的轨道。

这种将法院内部的司法行政管理权逐渐转移给另外的机构行使的改革思路，确实具有很大的启发性。但是，这种改革毕竟是有局限性的。这是因为，法院内部的司法行政事务不可能被全部转移出去，有些司法行政事务注定只能由法院来自行管理。诸如法官的遴选、考评、晋升、奖惩、进修，法院的经费预算和物资保障、办公事项等，是法院不得不承担的司法行政事务。那种指望法院成为"纯而又纯的司法裁判机关"的设想，肯定难以变成现实。这就意味着法院院长、副院长不可避免地会保留一定的司法行政管理权。而按照目前最高人民法院的改革思路，实施审判长或主审法官负责制，使院长、副院长、庭长、副庭长不再针对具体案件行使行政审批权，促使这些人士要么参加合议庭，要么亲自担任审判长或主审法官，通过法庭审理来进行司法决策。这在理论上是合理的，也是必要的，但经验证明这仍然没有解决行政审批的问题。

那么，大量裁撤法院副院长、庭长、副庭长又如何呢？按照一些人士的想法，法院审判组织改革的出路在于撤除各个审判业务庭，实行审判长或主审法官直接接受法院院长监督的组织制度，同时减少法院副院长职数，在法院设置专门的司法行政管理机构，实现司法行政管理的专门化和集中化，将原来分散于副院长、庭长、副庭长手中的司法行政管理权统一收归这个司法行政管理机构行使。最理想的状态莫过于法院院长像美国法院的"首席法官"那样，在从事司法裁判活动时，与其他法官拥有平等的审理权和裁判权，而一旦从事司法行政管理活动，其可以作为本法院的最高行政首长，对司法公务人员行使权威的审批权。然而，在中国今天的司法体制不变的情况下，在法官管理"公务员化"问题没有真正得到解决的情况下，这样的改革设想真的有实现的可能吗？

五、行政审批还是诉权制约？

长期以来，中国司法制度一直存在着一个改革悖论：一方面，法院的审判独立得不到实质上的制度保障，司法的地方化、部门化问题并没有得到根本的解决，无论是地方党委、政府、人大，还是新闻媒体、舆论，都可以直接对法院正在审判的案件施加法律以外的干预和影响，这显示出维护司法独立将是中国未来司法改革的重要课题；但另一方面，法官在司法裁判活动中仍然享有几乎难以被限制的自由裁量权，无论是在庭审前的准备程序、法庭审理、合议庭评议中，还是进行司法裁判决策方面，法官都可以不受控辩双方的诉权制约，在此情况下，加强所谓的"司法独立"无异于赋予法官更大的自由裁量权，这势必造成更多的司法不公甚至司法腐败现象。于是，在法学界普遍呼吁维护"司法独立"的同时，社会各界也发出了"约束法官自由裁量权"、"防止法官腐败"以及"加强对法院审判的监督"等方面的呼声。

法院司法决策行政化问题的存在，在很大程度上属于一种"泛监督哲学"的现实反应。在中国法院的审判组织制度中，几乎所有针对司法裁判的行政审批机制都有"约束法官自由裁量权"、"减少司法腐败"的考虑。例如，之所以要确立"承办法官"制度，主要原因就在于将每个案件交由单个法官负责审判，可以促使法官小心谨慎地从事审判活动，这有助于明确法官的职业风险，便于在案件发生"错误"时追究法官的个人责任。又如，最高人民法院尽管通过两个"五年改革纲要"，强力推行院、庭长通过参加合议庭的方式来行使审判权，却仍然没有从根本上改变院、庭长审批案件的做法，这主要是因为很多人士依然对法院内部的长官审批持有一定的良好期待，以为这是减少法官个人腐败的必由之路。再如，审判委员会制度尽管在正当性上面临法学界和司法界的普遍批评，在实施效果上也已经出现了越来越多的弊端，却仍然没有被撤除的迹象，最高人民法院甚至还在通过一定的改革尝试来继续延缓这一制度的生命力。其中不言自明的原因就在于很多司法界人士都担心，没有审判委员会委员的"把关"和"审核"，法官的公正性和廉洁性难以得到保证，而由法院院长、副院长、庭长和"资深法官"组成的审判委员会进行讨论和决定，显然要比由法官个人独立作出司法裁判更容易遏制司法腐败的发生。甚至就连近年来推行的审判长（主审法官）负责制，都有着减少腐败、控制法官自由裁量权的考虑。毕竟，由法院院长直接监督少量的审判长或主审法官，较之于监督和控制所有"审判员"、"助理审判员"的办案活动，要容易得多，也更富有效率。

但是，且不说维护程序正义、保障控辩双方的诉讼权利，即便从遏制法官自由裁量权、减少司法腐败的角度考虑问题的话，这种行政审批机制的正当性和实际效果也是需要进行认真反思的。在政治哲学上，"监督"具有自上而下地、单方面地进行监视和督促的意思，意味着一个政治权威较大的机构或个人，对于一个处于从属地位的机构、个人所实施的行为和所作的决定，可以进行各种形式的检查、审核，对于不适当的行为和决定有权责令其撤销和改变。与"监督"相对应的概念是"制约"。在政治哲学上，"制约"具有平等地、交互地进行权力审查的意味，通常是指两个以上的机构或个人在互不隶属、地位平等的前提下，相互进行检查、督促，发现别的机构或个人实施了违反法律的行为或决定时，可以促使后者加以变更或作出撤销决定。如果说"监督"意味着始终存在一个最高的权力机构的话，而"制约"则使得所有权力机构都要受到一定程度的约束，从而最终达到"权力平衡"的效果。

作为上述"监督哲学"的制度表现，法院内部的行政审批机制具有一系列难以克服的缺陷。首先，负责行政审批的机构和个人难以获得与法官相同数量的案件信息，而主要依靠书面的或口头的案情汇报，这种行政决策机制在信息的完整性和全面性上存在着固有的缺陷。听取承办法官汇报的院长、庭长、审判委员会委员甚至上级法院法官，既无法全面了解合议庭其他成员的观点，也无法知晓控辩双方的意见和争议的焦点，而往往片面地听取承办法官一个人的案情介绍，并不可避免地受到承办法官个人意见的影响。近年来，越来越多的法院院长开始担心，承办法官动辄将案件推给审判委员会进行讨论，这很容易造成"个别法官上下其手"、"审判委员会背黑锅"的局面，因此对审判委员会讨论案件的范围作出严格的限制。[①] 其次，负责审批的院长、庭长、审判委员会委员往往会面临一般法官所难以想象的外部干预和压力，他们的行政审批活动更难以做到"只服从法律"。这就意味着，行政审批者并不一定站在事实和法律的立场上考虑问题，而作为一种"暗箱操作机

[①] 笔者在福建、浙江一些地方的中级法院进行调研时就发现，一些法院院长明确要求承办法官提交书面材料，说明需要审判委员会讨论的问题，并紧紧围绕这些问题来讨论。对于不属于这些问题的其他问题，审判委员会要求"一律由承办法官独立作出裁决"，当然也要"由承办法官承担最终的责任"。

制"，行政审批者会将承办法官公正的裁决意见，特别是体现了控辩双方争议焦点的争端解决方案弃之不顾，而找出一条尽管有违法律原则却具有现实可行性的裁决方案。一些法院动辄强调所谓的"法律效果与社会效果的统一"，其实就有说服一般法官服从"政治大局"的意味。而没有这种行政审批机制，普通法官显然是不会顾及什么"社会效果"和"政治大局"问题的。再次，行政审批机制永远难以解决"谁来监督监督者"的问题。换言之，本来是为了减少司法腐败、约束法官自由裁量权而设置的审批案件制度，却始终存在着如何遏制行政审批者腐败的问题。由于所有的行政审批都发生在法庭审理之外，无法维持最基本的公开度和透明度，也难以受到控辩双方的在场制约，这就导致一旦个别院长、副院长、庭长、副庭长、审判委员会委员存在利益冲突问题，行政审批过程就更无法减少可能的腐败问题。如果说法官个人有可能滥用自由裁量权的话，那么，院长、副院长、庭长、副庭长以及审判委员会委员滥用自由裁量权的机会更多，而且这种滥用权力的行为还要更为隐蔽。

由此可见，中国司法改革难以取得突破的根本原因是，从"监督"哲学出发，强调更高行政权威对下级官员的审查、批准、督促和纠正，行政决策偏重于上令下从和垂直领导，其目标在于防止下级官员滥用自由裁量权，避免下级法官员的"腐败"现象。其实，在政治哲学上，克服政治腐败的最有效手段不是叠床架屋地建立"监督机构"，而是建立真正的政治民主制度，使得普通公民拥有选任、罢免各级政务官员、民意代表的权力。同样，在司法哲学上，防止法官滥用自由裁量权的最有效途径也不是建立层层审批的行政化决策机制，而是在确保合议庭拥有实质上的独立审判权的前提下，确立通过诉权来约束裁判权的决策机制。

所谓"诉权制约"，是指由那些与案件结局存在利害关系的当事人，对法官的庭前准备、法庭审理以及司法裁判进行全程参与，并对各项诉讼决定的制作施加积极有效的影响。与行政审批机制相比，诉权制约机制具有以下几个方面的特点：一是促使法官将其司法裁判的整个决策过程集中在法庭这一特定的时空范围内进行，强调通过听取控辩双方的举证、质证、辩论来形成最终的裁决方案；二是确保控辩双方全程参与裁判的制作过程，对于证据的采纳、事实的认定和法律的适用施加有效的影响；三是对于法官的审判活动、裁定、判决不服的，控辩双方可以促使法院予以重新考虑，也可以通过上诉机制，敦促上级法院通过重新审理，对下级法院的审理和裁决的合法性进行重新审查，以便获得有效的司法救济；四是确保"审理权"与"裁判权"的统一行使，使得负责法庭审理的法官或者合议庭拥有最终的裁判权。

与行政审批机制相比，诉权制约机制在减少司法腐败方面具有更为明显的优势。负责司法裁判的法官不仅可以获得控辩双方相互冲突的诉讼观点和可能完全相反的事实信息，还可以听取他们就证据采纳、事实认定和法律适用所作的直接争辩。对于法官的司法裁判结论，控辩双方尽管无法参与到合议庭的评议过程和法官内心确信的形成过程之中，却可以通过对法官裁判理由的事后审查，发现这种裁判结论的不合情理和法理之处，并通过上诉来促使二审法院对下级法院的裁判进行重新审查，避免下级法院裁判的错误和不公正之处。

诉权制约机制在维护程序正义方面更是具有行政审批机制所不可比拟的优势。相对于行政审批而言，诉权制约机制可以促使法官在公开的法庭上审理案件，这为回避制度的实施提供了基本的制度保障，可以确保裁判者在控辩双方之间保持不偏不倚的地位，避免充当"自己案件的法官"；在控辩双方同时参与的程序中，双方可以向法官提出本方的证据和诉讼主张，并对对方的观点加以当庭反驳，从而对法官的裁判施加积极有效的影响，这显然有利于贯彻诉讼的参与性，确保法官以最接近案件事实的方式接触最原始的证据，从而获得最丰富、最形象的事实信息；在诉权制约模式下，裁判结论的形成过程可以保持最大限度的公开度和透明度，法官可以通过对裁判结论的说理来说明自己的法律推理过程，促使控辩双方（尤其是败诉方或受到刑事处罚的被告方）理解其裁判的事实基础和法律逻辑，真正将被裁判者视为对话的一方和被说服的一方，而不只是被压服的一方。① 相反，正如前面所分析的那样，行政审批机制无法确保裁判过程在公开的法庭审理中完成，无法确保控辩双方对司法决策过程的参与，这既无法维护裁判者的中立性、诉讼各方的参与性、诉讼的公开性和透明性，也难以保证裁判结论具有令人信服的事实基础和法律依据，无法维持最起码的司法理性。

迄今为止，这种通过诉权制约裁判权的方式重建司法制度的思路，在中国司法界还没有引起足够的重视。无论是多年前启动的"审判方式改革"，还是近年来倡导的"证据立法运动"，都没有从根本上建立"诉权有效制约裁判权"的格局。面对控辩双方的诉讼请求和诉讼参与，法官仍然拥有近乎恣意的自由裁量权。无论是庭前准备、庭外调查，还是法庭上就程序合法性和证据能力之异议问题所进行的裁判，法官几乎都将控辩双方排除于司法裁判过程之外，而以秘密的、单方面的甚至恣意化的方式安排这些诉讼进程，这无疑剥夺了控辩双方参与诉讼进程、影响裁判结局的机会。对于控辩双方所提出的证据和诉讼主张，法官即使不予采纳或者拒绝采纳，也很少在裁判文书中给出具体的理由和必要的回应。尤其是在刑事审判中，对于被告人及其辩护人的辩护意见，法院在大多数情况下都不予采纳，并不提供任何详细、具体的理由。在采纳证据问题上，法官对于证据证明力的大小采取了任意取舍的态度，而不考虑最基本的经验法则和逻辑法则，尤其是对于前后矛盾的证人证言和当庭翻供的被告人供述，在选择适用上更是采取了没有任何标准的裁判方式。而对于证据的证据能力和合法性问题，法官要么不进行任何理性的审查活动，要么在经过形式上的审查之后，以近乎武断的方式作出采纳与否的决定。特别是在刑事审判过程中，对于公诉方证据的证据能力问题，法官很少进行实质性的审查，

---

① 有关程序正义的基本内涵和意义，参见陈瑞华：《刑事诉讼的前沿问题》，2版，203页以下。

在绝大多数场合下都作出了肯定性的裁决结论,而否决了被告方对此问题所提出的异议。这不禁令人担心:很多法学者所倡导的"证据立法运动",在法庭审理难以容纳"证据能力"的情况下,究竟有多大的实质意义?

在近十年来的法院改革运动中,改革决策者们也主要是关注所谓"合议庭作用的扩大",推行"院、庭长亲自出庭审判案件"的做法,对审判委员会讨论案件的范围和决定程序作出一些技术性的调整。最高人民法院在第一个"五年改革纲要"中所倡导的审判长负责制,推行不久即陷入"审判长职务行政化"的泥潭,使得那种将独立审判权集中由少部分法官行使的改革初衷没有实现。改革者们似乎忘记了一条基本的准则:要对司法裁判的行政审批机制作出实质性的改变,除了要解决司法行政管理职能与司法裁判职能相互混淆的问题以外,还要逐步建立诉权有效制约裁判权的程序机制。因为在高度行政层级化的法院内部,单靠院长、副院长、庭长、副庭长甚至审判长的自律,根本不足以遏制司法审批现象的盛行。即便对这些司法行政官员审批案件的权力作出某种程度的区分和约束,最终也只是流于运动式的治理,而难收制度建设之功效。要真正解决行政审批问题,改革者就要在重新调整审判组织制度的基础上,推动诉讼程序正当化的运动,使得控辩双方不仅可以全程参与法官司法裁判的制作过程,而且可以对这种裁判结论施加充分和有效的影响。

比如说,通过建立庭前准备程序,使控辩双方参与到法官的庭前准备程序中来,不仅可以同时参与证据交换和证据展示活动,而且可以对法院的管辖权、合议庭的组成、对方证据的证据能力、开庭时间的设定提出充分的程序异议,从而最大限度地减少法官在庭前准备环节上的自由裁量权。这种吸收控辩双方同时参与的庭前听证制度,要比现行的承办法官以"办公室作业"方式进行庭前准备的做法,更有利于减少法官的自由裁量权。

又如,鉴于法官的庭外调查核实证据活动存在过于随意的问题,可以重新规范法官庭外调查制度,准许控辩双方参与庭外调查的全过程。法官可以通知控辩双方同时参与证据的收集以及对证人的调查核实工作,允许双方对证人提出问题和进行必要的质证。这就等于将法庭审理"开到庭外"。假如法官认为某一证据由控辩双方自行调取更为合适的,也可指令某一方调取证据或者通知证人出庭作证,然后择期恢复法庭调查程序,使双方可以在法庭上进行必要的询问和质证活动。

再如,为防止法官任意休庭以及无限期地"定期宣判",可以建立连续开庭、连续评议和连续宣布裁判结论的制度,对合议庭的休庭时间和次数作出明确的限制,对于法庭审理结束后的评议时间和程序作出明确规范,对于法庭审理与宣布裁判之间的时间间隔作出合理的限定。比如说,可以将每个案件的休庭时间总数限制为1个月,每次休庭的持续时间限制为7天,法庭审理结束后距离宣告判决的时间限制为7天。超出这些时间限制的,应当确立法庭审理程序无效的法律后果。

再比如说,法院在继续加强判决书的说理性的同时,可以考虑建立宣判后的当庭说理制度，要求法官当庭总结庭审中双方的争议焦点，运用法律理论和经验法则、逻辑法则解释裁判结论的推理过程，尤其详细陈述为什么对某一方的诉讼请求和证据不予支持。这无疑可以在不同程度上减少败诉方对不利于自己的裁判结论的抵触情绪，弱化那些被定罪判刑者对有罪裁决的不满，发挥司法程序之吸纳不满、减少对抗的社会功能，大大提高司法裁判的公信力。与此同时，这种宣判后当庭说理的制度，也可以在相当程度上约束法官的自由裁量权。应当看到，公开透明的司法程序可以使法官的裁判理由和推理过程暴露在阳光之下，避免那种"在阴暗角落里进行暗箱操作"容易出现的问题，使司法程序发挥"阳光防腐剂"的作用。

六、结论

中国法院司法裁判的行政审批机制以承办法官独自负责案件审理为基础，包含了院、庭长审批、审判委员会讨论和审判长签署裁判意见等各个具体要素。这种行政审批的实质是负责审批的机构和个人通过听取承办法官的口头汇报，来对其裁判意见进行审核，并可以推翻合议庭的裁判意见，责令合议庭按照其所授意的裁判方案作出最终的裁决。对于这种司法裁判的行政决策方式的弊端，最高人民法院在两个"五年改革纲要"中都作出了清楚的分析，并提出了一些改革方案。但迄今为止，诸如"建立审判长负责制"、"减少院、庭长审批案件"以及"倡导院、庭长参加合议庭审理"等改革举措，要么在实施中陷入困境，要么随着运动式治理效果的减弱，而变成难以为继的制度设计。

在笔者看来，法院司法裁判的行政审批机制之所以"长盛不衰"，主要是由两个原因所造成的。

首先，司法行政管理与司法裁判在职能上存在着混淆的问题，院长、副院长、庭长、副庭长作为法院内部负责司法行政管理事务的官员，同时在行使司法裁判权，这就容易造成这些官员依据其行政级别来行使其行政审批权。迄今为止，院、庭长"亲自主持法庭审理"之所以难以形成一种普遍的制度，原因就在于他们作为行政级别较高的司法官员，与普通法官难以平等地进行司法裁判活动。可以说，院、庭长所具有的较高行政级别，既造成他们在司法行政管理上的职务优势，又导致合议制所要求的合议庭成员共同审理、理性评议和平等表决的司法准则难以得到切实贯彻。

其次，中国的司法哲学一直强调通过加强上级对下级的权力监督来减少法官的自由裁量权，避免可能的司法腐败现象。这种"泛监督哲学"的盛行，也造成院、庭长审批案件、审判委员会讨论决定案件制度的盛行。而与此形成鲜明对比的是，那种强调控辩双方通过行使诉权来制约裁判权的"诉权制约机制"，则始终没有在法院司法程序中得以完整建立。这势必导致法官在法庭审理过程中所受到的诉权约束是微乎其微的，甚至就连很多影响诉讼结局的程序过程都难以有控辩双方的直接参与，法院其实是在以一种近乎恣意的方式行使着司法裁判权。在未来的司法改革中，假如不建立一种确保控辩双方充分参与司法裁判过程、有效影响司法裁判结局的机制，那么，法官的自由裁量权就不可能在法庭审理层面受到有效的约束。既然如此，那种来自法院院长、副院长、审判委员会委员、庭长、副庭长的行政审批机制就有继续存在的空间。

第 三 章

刑事司法中的审判委员会制度

一、引言 …………………………………………………… 68
二、作为审判组织的审判委员会 ………………………… 68
三、审判委员会制度的基本缺陷 ………………………… 73
四、对两个案例的分析 …………………………………… 80
五、审判委员会制度的近期改革动向 …………………… 83
六、中国法院的内部独立问题 …………………………… 87

一、引言

一般说来，法院是享有审判权的国家司法机构，但是对具体案件的审判必须由法官或其他裁判者依法组成审判庭负责进行。一般认为，中国法院的审判组织有三类：独任庭、合议庭和审判委员会。独任庭作为由职业法官一人组成的审判组织，有权对简单案件进行审判。合议庭则是根据合议原则建立的审判组织，负责对绝大多数案件的审判工作。无论是独任庭还是合议庭，在行使其审判职能时，都必须在法庭这一特定的时空范围内进行，也就是要保持开庭审判的形式。正是由于这一点，那些旨在规范法庭审判活动的诉讼原则，如审判公开、直接听审、审判集中、言词辩论以及控辩双方的平等对抗等，都要在独任庭和合议庭的活动中加以贯彻。与独任庭和合议庭不同的是，审判委员会是按照所谓"民主集中制"原则在各级法院内部设立的机构，它的职责是"总结审判经验，讨论重大的或者疑难的案件和其他有关审判工作的问题"。由于审判委员会拥有对案件进行"讨论"和作出"决定"的权力，因而它尽管并不直接主持或参加法庭审判，却实际承担着审判职能，成为一种审判组织。

审判委员会是我国司法制度的重要组成部分。从20世纪80年代开始，法学界在研究刑事诉讼法修改问题的同时，对审判委员会的改革甚至存废问题也曾展开过讨论。法律学者几乎普遍地认为，审判委员会制度的存在是导致我国法院在审判案件过程中出现"判、审分离"、"先定后审"直至法庭审判"流于形式"的关键原因之一。[①] 但是基于对我国国情的认识，直接正面提出废除这一制度的人并不多。大多数学者主张改革这一制度，对审判委员会"讨论"案件的范围加以限制，明确和扩大合议庭在审判中的权限范围，保证合议庭对除重大、疑难或复杂案件以外的"一般案件"，既拥有审理权，也拥有最终判决权。

审判委员会制度是中国司法制度的有机组成部分。本章拟在中国整体司法改革的大背景下，考察审判委员会制度的性质，对其内在的制度缺陷作出评论，并通过分析这一制度变迁的趋势，来从深层次讨论法院的内部独立问题。

二、作为审判组织的审判委员会

按照前面的分析，审判委员会之所以是审判组织而不是单纯的司法行政机构，是因为它有权对所谓"重大"、"疑难"案件进行"讨论"和作出"决定"。除此以外，审判委员会还有权决定法院内部其他方面的重大事项，如总结审判工作的经

[①] 参见陈光中、严端主编：《中华人民共和国刑事诉讼法修改建议稿与论证》，283～288页，北京，中国方正出版社，1995。

验，讨论并决定当事人及其法定代理人请求对本院院长担任审判长时的回避问题，讨论并通过助理审判员临时代行审判员职务的问题等。与地方各级法院不同的是，最高人民法院的审判委员会还有权讨论并通过院长或副院长提请审议的司法解释草案，讨论并决定《最高人民法院公报》刊登的司法解释和案例等。但是在上述各项权力之中，"讨论"和"决定"具体案件目前已成为审判委员会最主要的一项职权活动。这一点在几乎各级法院工作中都得到了充分的体现。

无论是讨论案件还是决定其他事项，审判委员会行使权力的方式都是一致的，即召开由专职的审判委员会委员参加的审判委员会会议。究竟哪些人可以担任审判委员会的委员呢？笔者在几次司法改革问题研讨会上都发现有人持这样一种观点：审判委员会委员大多为法院的资深法官。但根据笔者的调查，各级法院的院长和副院长是当然的审判委员会委员，各主要业务庭（如刑事审判庭、民事审判庭、行政审判庭等）的庭长和研究室主任一般也都是审判委员会的委员。真正不担任领导职务而具有审判委员会委员身份的为数极少。也就是说，法院审判委员会的委员基本上是由正、副院长和各庭、室的行政领导组成的。一个审判人员一旦不再担任院长、副院长、庭长或主任的职务，其审判委员会委员的身份一般也就不复存在。加上审判委员会不仅讨论决定案件的处理问题，而且讨论通过法院内部的其他重大事项，这就使审判委员会这一组织天然地具有"行政会议"的特征。另外需要特别注意的是，审判委员会会议除有法院专职的审判委员会委员参加以外，同级人民检察院的检察长或者由检察长委托的检察委员会委员也可以列席会议。他们可以在会议上发表意见，但无权表决。对这一问题的一般解释是，人民检察院作为国家法律监督机关，有权对人民法院审判活动的合法性进行监督。审判委员会讨论决定案件的活动既然是法院审判活动的重要组成部分，人民检察院当然有权通过列席会议的方式进行法律监督。

对案件的讨论和决定是在专门召开的审判委员会会议上进行的。根据《人民法院组织法》的规定，院长享有审判委员会会议的主持权，并有权决定是否召开审判委员会会议。在司法实践中，法院院长或院长委托的副院长有权决定是否将某一案件提交审判委员会讨论决定。也就是说，院长或受委托的副院长拥有审判委员会会议的启动权。在讨论和决定具体案件方面，院长或受委托的副院长可以自行决定将某一案件提交审判委员会讨论，也可以根据合议庭或独任审判员的请求决定提交审判委员会讨论。当然，法院各业务庭的庭长、副庭长如果与合议庭在对某一案件的处理上存有不同意见，有时也可以要求院长将该案件提交审判委员会会议。

作为审判组织，审判委员会会议的核心环节是对案件的"讨论"和"决定"程序。这里的"讨论"类似于法官在法庭上进行的审理活动，而"决定"则类似于法庭对案件所作的判决或裁定。前者是必经的过程，后者是前者所产生的结果。我们首先来看哪些案件可以纳入审判委员会讨论的范围。

《人民法院组织法》对此所作的规定极其简单："重大"和"疑难"的案件。但是何谓"重大"、"疑难"的案件？法律本身并没有给出明确的答案。笔者曾遍翻最高人民法院所作的司法解释，发现该院除对审判委员会讨论的刑事案件范围有所界定外，对审判委员会讨论民事和行政案件的范围并没有明确的规定。司法实践中，合议庭对于以下"疑难"、"复杂"、"重大"的案件，可以提请院长决定提交审判委员会讨论决定：一是拟判处死刑的；二是合议庭成员意见有重大分歧的；三是人民检察院抗诉的；四是在社会上有重大影响的；五是其他需要由审判委员会讨论决定的。由于在审判委员会讨论的案件范围问题上仍然留有一个弹性十足的条款，司法实践中真正由审判委员会讨论的刑事案件远不止该司法解释所划定的上述范围。根据笔者的调查，审判委员会讨论决定的刑事案件还包括拟判处被告人无罪的案件，被告人或被害人身份特殊（如为人大代表、社会知名人士、外国人、港澳台人等）的案件等。根据一些法官的介绍，由于行政诉讼案件直接涉及法院与行政机关的关系，各级法院在对行政诉讼案件进行裁决甚至受理时，就经常要将案件提交审判委员会讨论。

需要注意的是，尽管法学界近年来不断对审判委员会制度提出批评，部分法院也已经开始尝试对审判委员会讨论案件的程序作出改革，但总体而言，审判委员会作为法院内部实质上的最终裁判组织的角色，却始终没有受到削弱。就刑事审判而言，由于拟判处无期徒刑和死刑的案件属于中级人民法院法定的管辖范围，高级人民法院和最高人民法院分别管辖在全省和全国具有较大影响的案件，因而至少从理论上说，中级人民法院审判的多数刑事案件和高级人民法院、最高人民法院审判的所有刑事案件都应纳入该院审判委员会讨论的范围。那么是不是基层人民法院审判委员会讨论的案件就最少呢？答案是否定的。笔者在调查中发现，一些地方的基层人民法院审判委员会几乎达到"案必躬亲"的地步。不少可能对被告人判处两三年有期徒刑的刑事案件，涉及标的额仅几千元的经济纠纷案件，案情十分清楚的行政案件，都被提交审判委员会讨论。一些地方甚至还出现办案人员争相将自己负责的案件提交审判委员会讨论的现象。据一些研究者的形容：

> 遇到"严打"和年终结案时，审判委员会须连续开会，等待汇报案情的办案人员在会议室门前排成长队，每个办案人员汇报案情的时间还须受到限制，这不仅使人想到医生诊断病人的情景……[1]

审判委员会对大量案件进行讨论，必然使得作为审判委员会委员的院长、副院长和庭长的工作负担大大加重。这恐怕不是这些审判委员会委员所希望的。对这一问题的合理解释是：首先，法律和司法解释都没有对审判委员会讨论的案件范围作出明确的限制，一些司法解释甚至有意留下较为弹性的条款，使得审判委员会从理论上可以对任何一个案件进行讨论。其次，审判委员会会议只有院长或副院长有权

---

[1] 尹春丽：《审判委员会改革的设想》，载《中国律师》，1998（8）。该文根据实际调查的结果，对我国审判委员会存在的问题作出了分析，提出了几个过去人们认识不清的问题。

启动，而目前我国法院在司法行政管理方面与行政机关几乎没有任何区别，这种高度行政化和官僚化的法院组织制度，也为院长、副院长随意决定将案件提交审判委员会讨论创造了条件和环境。最后，但绝非不重要的是，近年建立的国家赔偿制度和"错案追究制度"使负责办案的法官个人承担着越来越大的职业风险，而法官个人的经济收入、升迁前途甚至命运，与案件的处理情况有着越来越多的联系，这就使得作为承办人的法官从主观上愿意将这种职业风险加以转移。因为案件一旦提交审判委员会讨论，就具有"集体下判"的色彩，将来案件万一被认定为"错案"，就不能单单追究承办人的责任了。事实上，实施所谓"错案追究制度"所面临的一个最困难的问题，恰恰就是如何在审判委员会讨论过的案件中分清审判委员会和办案人的责任问题。而司法实践中经常出现的问题是，案件一旦经过审判委员会讨论决定，而该案后来又被证明是一桩"错案"，那么无论是合议庭还是审判委员会都很难单独承担法律责任。所谓"错案追究"，就会在一种"法不责众"的惯性逻辑中被成功地规避了。很显然，貌似权力巨大的审判委员会，其实也可以经常被几乎所有负责承办具体案件的法官作为转移职业风险的"避风港"。

接下来分析审判委员会讨论案件的程序。这是审判委员会制度最具特色的地方。实际上，无论是《人民法院组织法》还是三大诉讼法，都没有任何有关审判委员会讨论案件程序的规定。《最高人民法院审判委员会工作规则》作为目前唯一对审判委员会的活动进行规范的司法解释，对这一审判组织讨论案件的程序作出了一些简要的规定。根据这一司法解释，最高人民法院审判委员会讨论案件的程序具有这样几个特点：(1) 本院承办审判委员会讨论事项的有关庭室负责人和承办人应当参加审判委员会会议。承办人对讨论的事项应当预先做好准备，尤其要在会前写出审查报告，参加会议时根据会议主持人的要求汇报案情。(2) 合议庭和承办人在审查报告中要对案件事实负责，提出的处理意见应当写明有关的法律根据。(3) 承办人汇报案情后，审判委员会委员应当对案件进行充分讨论，必要时可以向承办人提出问题，要求其解答。(4) 审判委员会不论参加会议的委员有多少，其作出的决定必须获得半数以上委员的同意才能通过。少数人的意见可以保留并记录在卷。(5) 对于审判委员会的决定，合议庭或法院其他有关单位应当执行，如有异议，须报经院长或副院长决定是否提交审判委员会重新讨论决定。

笔者之所以要详细介绍最高人民法院审判委员会的"工作规则"，是因为它是目前唯一对审判委员会讨论案件程序加以规范的司法解释。地方各级法院尤其是基层法院审判委员会讨论案件的程序，一般很难达到这样的规范程度。当然，要真正理解法院审判委员会讨论案件的程序，还必须了解中国特有的案件"承办人"制度。所谓案件"承办人"，是指专门负责对某一案件进行审查和处理的审判人员。不了解法院内部情况的读者可能有些奇怪：法院对案件进行法庭审判的组织有独任庭和合议庭两种，它们难道不对案件的处理负责吗？笔者的回答是：这两种审判组织当然对案件的处理负责，但是案件的具体承办人承担着更大、更关键的责任。从案件被法院受理开始，承办人要对案件是否具有开庭的条件进行审查；决定开庭后要进行各种审判前的准备活动；开庭前后要向合议庭其他成员报告案件的事实和适用法律情况；判决后要对该案件制作案卷存档。案件如果以独任庭的形式进行审判，承办人也就是独任审判员；案件如果以合议庭的形式进行审判，承办人可以是审判长，也可以是参加合议庭的普通审判员。总之，不论法院对某一案件的审判采取何种组织形式，院长或庭长指定的承办人始终要对该案的处理负有责任。下面可以举一个司法实践中经常出现的例子：

  法官A、B、C三人分别被指定为甲、乙、丙三案件的"承办人"。现在三人共同组成合议庭，审理由A承办的甲案。在法庭审判过程中，A作为审判长，负责收集证据材料，准备庭审提纲，整理案件的卷宗，主持法庭调查和法庭辩论，对被告人进行讯问，对书证和物证分别进行宣读和出示。由于事先对案情已有所了解，加上法庭上也没有发现新的证据和事实，法官B和法官C觉得无事可做，就分别拿出自己将要承办的乙案、丙案的卷宗材料，在法庭上阅读和研究起来。

  这种"承办人"制度对于审判委员会制度产生了巨大的影响。不论合议庭由几位法官组成，只要院长或副院长决定召开审判委员会对该案进行讨论，只有承办人一人负有向审判委员会汇报案情、回答提问的责任，该案合议庭的其他成员一般不必参加审判委员会会议。迄今为止，审判委员会讨论案件的程序依然没有发生变化：由承办人在法庭审判的基础上向审判委员会进行口头方式的汇报，审判委员会委员在听取承办人汇报的基础上进行讨论，决定案件的事实和法律问题。由于审判委员会一般既不对合议庭法庭审判的过程进行旁听，也无暇阅览检察机关移送的卷宗和合议庭的庭审记录，加上审判委员会讨论案件的活动是秘密进行的，不仅被告人及其辩护人无权参与，社会公众更无权旁听，因而审判委员会几乎完全通过听取承办人的汇报来对案件作出处理决定。

  那么，审判委员会所作的决定具有怎样的效力呢？一般说来，法院在诉讼过程中可以作出三种结论："判决"、"裁定"和"决定"。判决由于是对案件实体问题所作的结论，直接涉及纠纷的解决方案和被告人的法律责任问题，因而往往被视为最重要的法律结论。但是，审判委员会对案件所作的决定却是一种极为特殊的结论，它甚至可以被视为"判决之上的决定"，其效力明显高于判决、裁定和一般的决定。这是因为，无论案件由独任审判的审判员还是合议庭进行法庭审判，一旦被院长提交审判委员会讨论并作出了决定，独任审判员和合议庭就必须执行审判委员会的决定。换言之，审判委员会经过讨论所作的决定具有终局性的效力，不论参加法庭审判的法官是否同意以及有多少人同意审判委员会的决定，他们都必须按照这种决定的要求制作其判决或裁定。例如，如果合议庭中有两位法官认为被告人无罪或者不应被判处死刑，但是审判委员会的多数意见认为应当判决被告人有罪或者应当判处死刑，那么合议庭的判决就应以审判委员会的决定为准。在司法实践中，即使案件经过审判委员会的讨论，即使合议庭的多数意见与审判委员会的决定不一致，以审判委员会决定为根据的判决书也必须由合议庭全体成员署名，但要注明"本案经过审判委员会讨论"。

经过上述分析和讨论，我们可以发现中国法院的审判委员会制度具有一系列极为鲜明的特点。这些特点使得它既不同于英美等国的陪审团[①]，也不同于法、德等大陆法国家的"参审法庭"[②]，而属于一种带有明显行政会议性质的审判组织。

三、审判委员会制度的基本缺陷

审判委员会制度在中国已经实施多年，目前真正对这一制度完全满意的人士恐怕为数极少。多数人发现了这一制度在运作过程中产生的一些问题，并从完善我国司法制度的角度，提出了一些改进这一制度的建议。当然，也有不少人在肯定这一制度存在问题的同时，认为不应对这一制度的正当性予以完全否定。有的法官就认为，由于审判委员会这一组织及其讨论案件制度的存在，法院可以充分发挥集体的智慧，避免单个法官或合议庭在认识事实和适用法律问题上的局限性，保证案件得到正确处理。尤其是考虑到审判委员会委员尽管为法院内部的行政领导，但他们一般年龄较大，社会阅历较深，审判经验也较为丰富；而由于司法体制的原因，我国法院一般审判人员的年龄偏小，社会阅历不深，经验也不丰富，因而审判委员会这一道关的存在可以在一定程度上防止错案的发生。另外，考虑到我国法院目前存在着日益引起社会各界重视的司法腐败问题，由审判委员会这一集体组织对案件的处理进行"把关"，对于防止个别审判人员徇私枉法、任意裁断也是有利的。一些学

---

① 审判委员会与英美陪审团的不同之处有：首先，陪审团与法官行使裁判权方面有极为明确的分工，即陪审团只对案件事实问题（如被告人是否有罪）进行裁断（verdict），法官则负责对证据的可采性及其他程序问题作出裁定，并在陪审团对事实问题作出裁断后决定对法律的适用问题（如量刑）。而审判委员会与合议庭或独任法官在这方面则几乎没有任何明确的分工。其次，陪审员一般全部为非法律职业者，他们作为陪审员的资格要经过专门的遴选和审查程序后才能确定。陪审团一旦确定，就临时充任某一特定案件的裁判者。案件裁断产生以后，陪审团即行解散。而审判委员会则由法院的职业法官组成，委员大都具有司法行政主管的身份，且人员组成相对固定，会连续地讨论决定不同的案件。最后，陪审团在裁断案件之前，必须始终参加由法官主持的法庭审判活动，直接听取控辩双方的陈述、举证和辩论，而审判委员会则是听取承办人的汇报，既不参加法庭审判，也不允许控辩双方到场提供证据。当然，细究起来，两者的理论基础也迥然不同：陪审团制度建立在所谓"平民治理"原则的基础上，确保被告人由与其处于同等身份的人士进行审判，防止官方对个人的任意迫害；而审判委员会制度则是法院内部实行"集体领导"的表现，建立在所谓的"民主集中制"原则的基础之上。

② 欧洲大陆法系国家的"参审法庭"作为英国陪审团制度的变种，其特点是：职业法官与非职业的陪审员共同组成审判法庭，他们共同参加法庭审判，听取控辩双方的陈述、举证和辩论，并对案件的事实问题和法律适用问题同时进行裁判。而且，非职业的陪审员也并非在审判每一案件时临时选出，而是一旦选出，就具有一定时间的任期。另外，职业法官与非职业的陪审员在人数上也因国家不同而有所差异，如法国的重罪法庭由 3 名职业法官和 9 名非职业陪审员组成；德国的陪审法庭（又称为"舍芬庭"）则一般由 1 名或 3 名职业法官与 2 名陪审员组成。

者甚至还从理论上论证说：审判委员会在中国目前的情况下有助于维护法院在实施法律方面的统一性，有助于保证审判人员的廉洁性，也可以成为法院系统生存和发展的重要保障。

上述这种为审判委员会制度进行辩解的观点不能说没有道理。在法院组织制度中，相对于单个的法官而言，由多个法官组成的组织更容易抵御外界对法院审判活动的不正当压力和干涉，也更容易防止徇私舞弊现象的发生。这也是为什么大多数案件的审判要采取合议制度的原因。毕竟由3名或5名法官组成的合议庭要比独任审判员更有助于实现公正的审判。而在大多数场合下，由法院院长、副院长和各业务庭庭长组成的审判委员会对案件的公正处理要负有更大的责任，作出的决定会更加慎重。因此，从发挥集体智慧和增强法院抵御外界干预的角度来说，审判委员会讨论案件的制度确实具有其存在的必要。但是，任何问题恰恰都有其正反两个方面。审判委员会的优势在于其集体智慧和力量可以得到发挥，但集体有时未必比个体更加高明。在其他一些场合下，审判委员会不仅不能成为有效抵御外界对法院审判不当干预的集体，反而可能成为外界干预法院公正审判的畅通无阻的途径。尤其是当拥有更高政治权威的机构对法院的正常审判提出与法律不符的要求，甚至因为法律以外的原因直接向法院施加压力时，法院院长往往会通过审判委员会会议使法外干预的结果"合法化"和"正当化"。这其中法院有苦衷，可以说是不得已而为之，但是审判委员会可以有效抵御外界干预的说法却被证明是不能完全成立的。事实上，在法院审判不具有独立自主性的大背景下，审判委员会既可以成为维护法院自治性的积极力量，也能够成为强化法院附庸地位的集体。因为法院要生存，要发展，而在其生存和发展过于受制于人时，对公正审判的追求就不得不让位于功利性的考虑。这里起关键作用的不是什么集体比个人高明多少的问题，而是法院与干预者在政治结构中的力量对比关系，以及法院维持其生存的方式，如人事、财政预算和基本设施建设等方面的保障等。这里涉及目前仍然十分敏感的问题，笔者不得不就此打住。

上述分析对于处于目前政治环境下的法院和法官可能显得过于苛刻。与对中国整个司法制度的评价一样，对审判委员会的评价也是十分复杂的问题。如果只抓住一点而不顾其余，对审判委员会问题的一个侧面采取放大镜放大的处理方式，而不注意所谓"光明背后的阴影"，恐怕就无法使人接受其论证过程和论点。即使退一步讲，审判委员会确实具有论者所声称的那些优点且没有其他负面影响，但是由于这一组织本身存在着致命的缺陷，而且这些缺陷单单靠诸如缩小审判委员会讨论案件的范围或提高其专业化程度等措施并不能得到根本的克服，那么这些所谓的"优势"本身往往也得不到真正的实现。笔者想强调指出的是，审判委员会在目前中国司法制度中的存在具有必然性，有其发挥作用的背景因素和理由，或者干脆说具有一定的"合理性"，因为中国确实有中国的国情，但是这不应该成为证明审判委员会制度正当性的理由。任何一个制度或现象的存在和出现当然有其政治、经济、社会、文化等方面的原因，但这并不应也不能阻止人们运用一定的价值标准对该制度或现象的好与坏、公正与否等作出独立的判断。在对法律制度和法律现象的分析、评价方面，要做到彻底的"价值中立"或"价值无涉"几乎是不可能的。作为法律学者，你完全可以运用社会学甚至是自然科学的方法进行研究，但这种研究最终不过使你对法律及其在社会中的存在和实施状况本身有更加真实的认识，对法律改革的艰巨性领悟得更深一些而已。学者的良知和责任要求你必须再前进一步，对你所分析的制度或现象本身的问题和缺陷作出相对客观的价值判断，从而为这一制度的改革、这一现象的克服提供智慧和动力。事实上，即使你不喜欢也不准备接受任何"价值判断"，但在你自认为作出"客观分析"的时候，你也会不自觉地陷入一种实实在在的价值观中不能自拔，只不过你判断任何制度或现象好坏优劣的标准是实用性或工具性的而已。功利主义是无孔不入的价值观，只要你没有也不准备接受其他为人们所公认的价值标准，如公平、正义、自由、人权等，你就会有意无意地成为功利主义的俘虏。而功利主义在中国目前这种意识形态背景下的局限性，就不用笔者在这里论证了。

还是言归正传。审判委员会制度存在的问题和缺陷固然已经被许多人士认识，但迄今为止在这一问题上的讨论似乎缺乏一种必要的系统性和明确性，价值判断的标准也有待进一步澄清。笔者并不自认为比别人高明多少，但既然已经涉足这一领域，就打算提出个人的思路和见解。在笔者看来，如同对其他司法制度的评价一样，对审判委员会制度的评价也应至少从三个角度进行：一是这一制度实施的结果，尤其是从中产生的法律结论；二是这一制度的组织构成，也就是实施这一制度的法律主体；三是这一制度运作的过程，也就是该制度从启动到终结所经历的步骤和环节。

作为一种审判组织，审判委员会被纳入评价对象的基本问题是它对案件的讨论和决定制度。我们首先关心的是它能否或者可在多大程度上承担实现公正审判、维护社会正义的使命。对于审判委员会讨论和决定案件的结果问题，有人认为这种制度的存在有助于维护法律的统一实施，防止司法腐败，保障法院机构的生存；也有人认为实施这种制度的直接后果是限制了合议庭甚至法官个人的积极作用，甚至在一定程度上鼓励法官推诿责任、转移风险，使得法院内部充斥着以职业利害的计算代替对司法公正的追求的氛围。当然也有如笔者这样的认为审判委员会未必能够抵御外界不当干预的人士。至于经过审判委员会讨论、决定过的案件在裁判结果上有多少错案，在采纳证据、认定事实和适用法律等环节上质量如何，这些案件与没有经过审判委员会讨论而由独任审判员或合议庭直接判决的案件相比，哪些处理得更加稳妥，尤其是哪些被提起上诉、申诉、抗诉的比率较低……这些问题很难有一个明确的答案。因为目前几乎没有任何机构或个人从事这一方面的司法统计，准确的数字极为缺乏，而由学者单枪匹马地进行"解剖麻雀"式的调查，不仅实施起来极为困难，而且未必能够得到更确切的信息。事实上，对一项制度实施效果的评价，尤其是对一项程序所产生的法律结论的评价，如果没有上述各方面的实证材料和数据，就不可能做到公允、合理。因此笔者不得不说，对审判委员会讨论决定案件效果的评价只能是仁者见仁，智者见智，由于缺乏必要的实证材料，因而难以有明确的答案。但是，各种制度的设计上毕竟有影响其实施效果的因素，法律程序本身的设计也会影响其产生的裁判结果。我们下面所要分析的审判委员会的组织构成和讨论决定案件的程序，就极易对其决定结果产生消极的影响。

对于审判委员会的组成问题，目前已经有一些具体的讨论。在很多研究者看来，由法院院长、副院长、业务庭庭长、研究室主任等组成的审判委员会缺少必要的专业分工，他们对具体案件的讨论未必比日趋专业化的合议庭的法庭审判更能保证案件质量。这种观点无疑是可以成立的。因为一个法官从其进入法院工作之日起，一般会长时间甚至终生从事某一领域的审判工作，如刑事、经济、行政、民事、交通运输、海事、军事甚至少年案件的审判等，其中民事审判中又包括知识产权审判。而且目前的法院制度似乎也鼓励法官认真钻研某一方面的审判业务，成为这一方面的专家，而不是全部审判业务的通才。法官在法院内部各业务庭之间也会流动，但一般不具有制度性、周期性，而带有随机性、临时性，且经常与法官个人行政职务的变迁有直接的联系。而且，中国目前的法官仍然无法跨越所谓"专业分工"的限制，各业务庭的庭长一般也从本庭法官中遴选，对本庭的业务相对更加熟悉和精通。甚至连法院的院长和副院长之间也有一个内部分工，分别主管刑事、民事、行政等审判庭的审判业务，从而使"主管"院长对自己负责的审判业务较其他业务更为精通和熟悉。这样在审判委员会讨论每一个具体案件的时候，真正精通该案件所涉审判业务的法官恐怕只有有关业务庭庭长和"主管"院长，多数审判委员会委员可以说都是外行。那么作为审判委员会委员中难得的"内行"的该业务庭庭长和"主管"院长是否就能保证案件的质量呢？事实上，由于所有审判委员会委员既不阅卷，也不旁听案件的法庭审判，因而即使是这些"内行"也不能保证确实了解案件事实，并使法律得到妥当的适用。这就可能带来两种后果：要么审判委员会委员凭借其行政职务上的优势地位，任意下判；要么审判委员会完全听从承办人的意见，而丧失其判断上的独立自主性，因为毕竟承办人一般既是该审判业务的内行，又真正了解该案件的实际情况。这就出现了唯一了解案情的承办人向大部分为外行的审判委员会委员汇报的滑稽情景。而大部分为外行、全部不熟悉案情的审判委员会委员却有权作出最终决定，唯一了解案情的内行却没有表决权。这充分显示出审判委员会组织构成上所具有的缺陷。

与审判委员会的组成方式有关的还有其所讨论的案件范围问题。由于审判委员会会议由院长或副院长启动和主持，审判委员会讨论案件的范围存在着任意扩张的可能性。但是审判委员会讨论的案件越多，它对单个案件的讨论所花费的时间和精力就相对减少，正确处理一个案件所必需的讨论和评议就会遭到削弱，审判委员会的决定出现错误的可能性也就越大。这是不言而喻的。这一问题已经被越来越多的人士所认识，笔者不想对此作重复论证。

但是，无论是人员组成方面的专业化程度不强，还是讨论案件的范围过大，都不是审判委员会制度存在的致命问题。审判委员会制度存在的根本性缺陷在于，其讨论决定案件的程序和过程不具有最低限度的公正性。换言之，审判委员会制度是通过剥夺原告、被告等当事者的基本权利——获得公正审判的权利——来维持其正常运转的。笔者在以前的研究中曾提出过公正审判的几项基本标准，如参与性、中立性、合理性、自治性等。① 以下对审判委员会讨论案件的程序的评价也从这几个方面进行。

我们首先来分析程序的参与性问题。一般说来，让那些其利益可能受到裁判结果直接影响的人参与到裁判的制作过程中来，使其有机会提出自己一方的观点、主张和证据，有能力对裁判者的结论施加积极的影响，这被视为公正审判的最低标准之一。英国普通法中的"自然正义"原则，要求裁判者在解决任何纠纷时应当同时听取双方的意见。这几乎被普通法国家的法官视为"审判定律"的公正标准，成为防止任何司法审判偏离公平、正义轨道的最低道德要求。美国宪法修正案中的"正当法律程序"原则，要求政府在剥夺公民的自由、财产甚至生命时必须经过公平、合理的法律实施过程，至少要保证公民获得由中立裁判者主持的公正审判。② 可以说，现代司法审判的各项程序设计都具有保证这一目标实现的意义。而在审判委员会讨论案件的程序中，只有承办案件的法官有机会向审判委员会委员当面汇报，无论是案件的原告还是被告，无论是被告人的辩护人还是公诉人，都被剥夺了参与审判委员会会议的机会。这就意味着作为案件最终裁判者的审判委员会，对几乎每一个案件的决定都是在案件当事人不在场的情况下作出的。审判委员会的各位委员既不听取原告的陈述，也不听取被告人的辩解；既不接受控辩双方提出的证据，也不关心双方的争议点何在。这就使得所有与案件结局有直接利害关系的人，尤其是控辩双方，都无法对审判委员会决定的产生施加积极、有效的影响，而不得不消极地等待审判委员会处理，被动地承受审判委员会的决定，其"诉讼主体"地位连同其人格尊严显然会因此被剥夺。

其次，公正的审判程序要求裁判者必须在控辩双方之间保持不偏不倚的地位。司法裁判是一个理性的协商和争辩过程，裁判者要想使其对纠纷的解决方案得到当事者和社会公众的普遍接受，就须在控辩双方之间保持不偏不倚的中立地位，树立超然于事外的形象，使人对其公正性产生信任。这就是笔者一直所强调的"正义根

---

① 有关程序公正或程序正义的基本要素，参见陈瑞华：《刑事审判原理论》，第二章。
② 关于英国普通法中的"自然正义"（Natural Justice）原则，及美国宪法修正案中的"正当法律程序"（Due Process of Law）原则，读者可参考以下文献：[美] 戈尔丁：《法律哲学》，中译本，北京，生活·读书·新知三联书店，1987；[美] 彼得·斯坦：《西方社会的法律价值》，中译本；Christopher Osakwe, "The Bill of Rights for the Criminal Defendant in American Law", in *Human Rights in Criminal Procedure*, Martinus Nijhoff Publishing, 1982.

植于信赖"。英国普通法中的"自然正义"原则要求任何人不得担任自己为当事人的案件的法官,其意义就在于此。尽管绝对的中立性可能永远是一种理想,但是裁判者至少不应对诉讼的任何一方产生偏见,也不应对案件的结局形成预断。尤其要给予当事者对其不信任的裁判者申请回避的机会。而中国法院的审判委员会在讨论案件时,由于只听取承办人的汇报,控辩双方都无法在场和参与,也难以对拥有最终裁判权的审判委员会委员提出回避的申请。即使偶尔提出这种申请,也由于无法到场提供意见和证据而难以达到预期的效果。另外,同级检察机关的检察长或检察委员会委员有权参加审判委员会会议,实践中也经常有检察机关的代表与审判委员会委员共同讨论案件的做法。检察官在民事和行政审判中参加审判委员会会议固然可以行使所谓"法律监督"权,但在由检察机关代表国家提起公诉的刑事审判中,检察长或一般检察官在辩护方不在场的情况下参加审判委员会会议,并可以发表意见,这就等于裁判者与公诉人一方进行单方面"接触",使得审判委员会的中立形象必然受到消极的影响。

再次,司法审判的公正进行有赖于裁判和按照理性原则形成裁判结论。所谓"程序的合理性",实际上要求裁判者尽可能全面地听取各方的意见和理由,接触各方提出的证据材料,按照法定的标准采纳其中可以成为定案根据的部分。同时,裁判者还应冷静、从容地对案件的处理结果进行评议和讨论,在裁判作出时也应充分地陈述其理由和根据。只有这样,当事者和社会公众才会对裁判的合理性产生信任。审判委员会制度的一个重大缺陷恰恰就在于它无法保证这种程序的合理性。这是因为,在审判委员会对案件进行讨论时,各位委员既不参加法庭审判也不阅卷,对法庭调查和法庭辩论的情况无从了解,对控辩双方的证据和意见无从直接听取,他们所接受的案件信息来源只有一个——承办人的口头汇报。而承办人毕竟认识能力有限,又可能与案件或当事者存在各种利害关系,加上汇报时间较短,合议庭其他成员不到场,因此这种汇报很容易断章取义,难以做到全面、客观、具体。这样,审判委员会所接触的证据和资料来源不仅从范围上受到较大的限制,而且这种来源本身的可靠性、全面性也令人怀疑。另一方面,审判委员会也未必能够从容、详尽地对案件的处理进行讨论,在实践中甚至时常发生讨论随意化、决定非理性化的情况。尤其是在所谓"严打"或者更高的政治权威机构(如党的政法委员会)提出明确的裁判要求的情况下,审判委员会对案件的讨论往往就围绕如何执行政策、命令或者如何"为改革开放保驾护航"展开,而证据的采纳、事实的认定和法律的适用等本来更加重要的问题则被弃置不问。而且,审判委员会讨论的情况在法院的判决书中是从不载明的。审判委员会为什么对案件作出这样而不是那样的决定,为什么否定辩护方的辩护意见,为什么认定被告人有罪,为什么必须对被告人判处死刑,为什么非要适用这一法律条款……对于这些问题,审判委员会从不公开提供决定的理由。即使它将合议庭经过评议的裁判结论全部推翻,也是如此。

最后,我们来讨论审判委员会制度的最大缺陷:对司法裁判程序自治性的任意剥夺。众所周知，现代审判制度建立在这样一个基本假设的基础上：裁判者必须在公开进行的法庭审判过程中形成其裁判结论。换言之，由各方同时到场参与并按照固有的诉讼角色进行职能分工的法庭成为解决纠纷的唯一场所，各方在这里进行理性的对话和交涉，裁判者必须在当庭听取各方陈述、考虑各方意见的基础上，当庭提出一项旨在解决纠纷的方案。裁判者不能在审判之前、法庭之外形成裁判结论，而必须将其裁判建立在当庭采纳的各种证据、当庭认定的全部事实的基础上。这种假设从理论上归结起来，就是司法审判的"自治性"问题。而审判委员会制度恰恰就在这一方面出了问题。因为审判委员会的全部委员对案件法庭审判的情况不能进行直接感知，他们不仅不参加法庭审判，不查阅记载庭审情况的案卷材料，也不允许控辩双方到审判委员会会议上当面陈述，而是仅仅通过听取承办法官对案情的汇报，进行秘密的讨论和决定。这样，由控辩双方参与、由社会公众参加旁听的法庭审判，不能直接形成裁判结论，法庭审判的进行就失去其应有的意义和功能。这也就是人们经常说的"判审分离"、"庭审流于形式"问题。[①] 更有尖刻者评论说："审者（合议庭）不判，判者（审判委员会）不审，这就恰如看病的人不开药方，不看病的人却敢开药方"。由于审判委员会抛开合议庭的法庭审判而进行秘密的讨论，因而几乎所有为规范法庭审判而设立的诉讼原则都失去了存在的意义。

例如，由于刑事被告人及其辩护人无法参与审判委员会的讨论过程，被告人的辩护权事实上遭到剥夺，法庭审判中进行的辩护也失去应有的意义。这会导致律师界最为无奈的"你辩你的，我判我的"现象。

又如，由于审判委员会在讨论案件时不进行任何证据的调查，也不组织任何有关事实认定和法律适用问题的质证和辩论，却可以对合议庭所认定的事实作出改变，那些本应贯穿于审判过程之中的审判公开、直接审理、言词辩论、法官不更换、法庭审判不间断原则都无法发挥作用。

再如，由于合议庭的结论可以被审判委员会任意加以推翻，法庭审判程序也就形同虚设，而那些为规范法庭审判而设置的诉讼制度，如合议制、回避制、评议程序以及人民陪审员制度等，都失去了存在的意义。

还有，由于审判委员会以秘密的方式讨论和决定案件，社会公众无法参加旁听，也就无法对这种讨论过程实施有效的监督和制约，审判委员会会议成为典型的"暗箱操作"程序。这不仅使公开审判原则在审判委员会讨论程序中无法发挥作用，而且导致公开进行的法庭审判徒有虚名。具有讽刺意味的是，在审判委员会的裁判功能没有任何削弱的情况下，最高人民法院仍然在向全国各级法院倡导那种以强化公开审判为主要目标的"审判方式改革"措施。

---

① "判审分离"、"庭审流于形式"绝不是什么小问题。假如裁判结论产生于法庭审判的过程之外或之前，那就意味着控辩双方的参与将毫无意义，而裁判者所作的涉及剥夺个人财产、名誉、自由甚至生命的裁判，将出现任意化和随机化问题。在此情况下，司法专横和擅断也必然会出现。

四、对两个案例的分析

为了使读者更加真实、形象地认识审判委员会制度所存在的问题，笔者拟分析两个实际发生过的案例。透过这两个案例，我们不难看出审判委员会制度改革的必要性和复杂性。

例1 1997年9月19日，被告人张某以挪用公款罪被山西省古交市人民检察院提起公诉。10月27日，古交市人民法院组成合议庭，对该案进行了开庭审理。合议庭经过评议，认为被告人的行为不构成挪用公款罪。由于涉及无罪判决问题，案件被法院院长提交审判委员会讨论。审判委员会经过讨论和表决，认定被告人张某无罪。11月3日，法院对该案作出判决："被告人张某在任职期间，三次准许或审批本单位资金借出金额达9.7万元，于案前全部归还，且情节显著轻微，危害不大，不认为是犯罪。"当日，判决书经公开宣布后送达被告人，张某随即被释放。11月4日，古交市人民检察院检察长给市法院院长打电话，明确表示法院的判决不妥，并要求法院在判决生效之前改变判决结论。当日下午，法院院长召集审判委员会委员开会，对该案进行重新讨论，最后决定撤销已经宣告和送达的判决书，改判被告人张某有罪。审判委员会决定作出后，古交市法院以判决书有误和院长找张某见面为由，将张某已收到的原判决书收回，并将张某重新送往看守所羁押。11月6日，法院作出新的判决书，并向张某重新宣告和送达。根据审判委员会的第二次决定制作的新判决书认定："被告人张某在任上述职务期间，三次准许或审批本单位资金借给别人，金额达9.7万元，于案发前已全部归还。挪用数额较大，其行为已触犯刑律，构成挪用公款罪……判处有期徒刑一年。"①

在这一案例中，法院在对案件事实作出同样认定的情况下，竟然在四天之内作出了两种完全相反的判决结论。法院在一审判决生效之前自行撤销其判决，对本已确认无罪的被告人改判为有罪，这种程序上的错误是极为明显的。我们注意到，两份判决尽管由同一合议庭署名作出，但都经过了同一法院审判委员会的讨论和决定。当被问及为什么要这样处理时，法院院长回答说："这是审判委员会集体讨论决定的。"在这里，审判委员会讨论实际成为法院任意司法、违反程序的托词，也成为法外机构干预审判权的合法路径。我们可以假设：如果同级检察院检察长的一个电话就足以导致法院审判委员会推翻几天前刚刚作出的决定，那么一个具有更高政治权威的机构或个人不就更容易使审判委员会"就范"了吗?! 这充分显示出审

---

① 此案的情况曾由中央电视台"社会经纬"节目于1997年12月18日播出。笔者曾就此案接受过该节目记者的采访。

判委员会作为一种行政会议组织的局限性：法院院长可以随时随地召集审判委员会会议，并极可能将自己的意志强加给其他委员。另外，从两份判决书的内容来看，审判委员会对该案事实的认定前后并没有发生变化，对被告人行为细节和涉及金额的描述是完全一致的，唯一变化的是对被告人刑事责任的判定。既然事实完全相同，为什么会得出完全不同的判决结论呢？事实上，一个由多个"经验丰富"、"资历深厚"的法官组成的组织是不会不清楚如何运用犯罪构成的知识作出判决的，何况他们面对的又是案情如此简单、明了的案件。真正合理的解释是，审判委员会对案件的定性要么没有进行认真、理性的讨论，要么这种讨论完全让位于法外的因素，如与检察机关的关系，案件被检察机关提起抗诉的可能性，案件被上级法院改判后对本法院的不利影响，等等。审判委员会的"出尔反尔"使人感到它可以任意出入人罪，而不必提供作出决定的理由，使直接受其决定影响的被告人张某无法掌握和左右自己的命运，而是被动地听任这一组织处理，消极地承受这一组织强加给自己的裁判结果。不仅如此，合议庭也几乎完全被摆布，因为审判委员会前后自相矛盾的决定都要由合议庭执行，并以合议庭的名义下判。而合议庭不论是否同意审判委员会的结论，也都必须服从。合议庭的法庭审判过程对裁判结论的决定作用的完全丧失，由此可见一斑。

如果说例1中的审判委员会通过运作"成功"地规避法律规定的程序的话，下面的例子则典型地反映出这一组织在讨论案件程序中存在的问题和缺陷。

例2 被告人谭某和王某均为广东省珠海市中级人民法院经济审判庭的法官，其中谭某还是该院经济审判庭庭长、审判委员会委员。1998年6月，二被告人被中山市人民检察院以民事枉法裁判罪提起公诉。中山市检察院的起诉书（中检刑诉（1998）35号）载明：1994年9月间，粤海公司以南屏公司提供虚开的增值税专用发票致使其退不到税为由，向珠海市中级法院起诉，要求南屏公司赔偿其损失。被告人王某主审此案。因为粤海公司无法举出南屏公司交货的证据，珠海市中级法院经审理判决驳回粤海公司的诉讼请求。粤海公司提出上诉后，广东省高级法院二审维持原判。1996年3月，粤海公司改变诉讼请求，以南屏公司没有交货而应返还货款为由，再次向珠海市中级法院起诉。被告人谭某将此案交由被告人王某主审。王某作为该案原审主审人，明知粤海公司收到美金本票并提供了美金结汇凭证，明知粤海公司虚假起诉的目的是想要回实际损失的款项，但在向合议庭汇报案件时，却隐瞒上述重要情节，违背事实地提出支持粤海公司诉讼请求的意见，致使合议庭形成支持粤海公司诉讼请求的决议。珠海市中级法院审判委员会先后两次讨论该案，被告人王某作为该案主审人，向审判委员会汇报案情时，继续隐瞒事实真相，导致审判委员会形成了同意合议庭意见的错误决议。被告人谭某在得知真相后，不仅没有制止粤海公司的虚假起诉行为，却在被告人王某写的该案审结报告上批示，同意支持粤海公司诉讼请求。1996年12月，珠海市中级法院审判委员会讨论此案时，被告人谭某作为审判委员会委员，在发言时，故意隐瞒事实真相，违背事实地主张支持粤海公司的诉讼请求，同意判令南屏公司返还实际没有收到的款项和利息。后珠海市中级法院审判委员会再次讨论此案，并在不明本案客观事实的情况下，形成了支持粤海公司诉讼请求的错误决议，致使法院最终作出了错误的判决。以上是被告人谭某和王某构成民事枉法裁判罪的主要事实根据。[1]

对于这一由民事审判行为所引发的刑事案件，我们所要关注的是检察机关对两名被告法官提起公诉的事实根据：他们要么作为承办人，向审判委员会作出"虚假"的汇报，要么作为审判委员会委员，在审判委员会会议上作出"违背事实"的发言，致使审判委员会作出"错误"的决定。也就是说，审判委员会作出"错误"决定、法院作出"错误"判决的责任应当由作为承办人和审判委员会委员的被告人负担。人们不仅要问：审判委员会作为专门讨论决定"重大"、"疑难"、"复杂"案件的审判组织，在这起案件中是否也负有一定的责任？因为决议尽管错误，但也是由全体审判委员会委员集体表决通过的；承办人和庭长尽管分别在汇报和发言时有"故意隐瞒事实真相"的行为，但他们毕竟没有最终决定权。既然审判委员会经过集体讨论所作的决定一旦发生错误，就要由承办人和个别发言的委员承担责任，那么这一组织在认定事实和适用法律方面岂不是完全失去了独立自主性！人们还可以进一步追问：审判委员会连承办人汇报和个别委员发言中的错误都发现不了，它讨论案件的程序是不是有问题呢?！实际上，这一案例暴露出的核心问题是我们前面讨论过的审判委员会决定程序的缺陷。不难想象，一个审判组织既不阅卷，也不旁听合议庭的法庭审判，更不允许案件的当事者在审判委员会会议上当面陈述和举证，而是通过听取承办人的口头汇报进行表决，该组织必然受到承办人意见的重大影响。一旦承办人故意隐瞒事实真相，而被视为"内行"的个别委员又"里应外合"地进行"推波助澜"，那么该组织作出错误的决定就不可避免了。如果说审判委员会的讨论对于正确适用法律有时还能够保证的话，那么由于这种讨论无法贯彻直接审理、言词辩论、控辩双方平等对抗等诉讼原则，因而它在认定事实上几乎不具有任何优势，甚至完全可以说是一个"低能儿"。笔者不知道这种审判委员会作出的错误决定一律由承办人和发言人承担责任的做法是否已经普遍实行，若果真如此，我国司法制度将会造成无数的人间悲剧：使得法官个人承受那种由审判委员会制度的缺陷所造就的"苦果"。

例1的情况说明审判委员会确实能够为其"出尔反尔"地决定案件提供"合法"的路径，而例2的情况则证明这一组织难以承担查明案件事实真相、确保公

---

[1] 有关这一案件的具体情况和详细评论，读者可参见陈瑞华：《问题与主义之间——刑事诉讼基本问题研究》，257页以下。

正审判的应有使命，而且在"错案"发生后还会推脱本应由它承担的法律责任。由此可见，审判委员会制度在我国的司法实践中存在的问题和缺陷是不容忽视的。认识到这一点，并不等于否定或抹杀这一组织在维护法律统一实施中所具有的一些积极作用，也不意味着无视它在抵御司法腐败方面所作出的一些贡献。事实上，如果不克服审判委员会存在的缺陷，解决这一组织自身所存在的问题，审判委员会不仅无法发挥其所谓的"积极作用"，反而会成为产生司法不公的源头。即使有些问题目前还不具备解决的条件，我们指出其问题所在，也能引起疗救者的注意。

五、审判委员会制度的近期改革动向

目前，一些学者和法官基于对审判委员会制度所存问题和弊端的认识，提出了改革审判委员会制度的设想。例如，有人提出应当继续缩小审判委员会讨论案件的范围和数量，由最高人民法院通过司法解释，对各级人民法院审判委员会讨论决定案件的范围作出明确的限制。有人建议改革审判委员会的组织机构和人员构成，充分贯彻审判专业化分工的思想，具体思路有：取消全院统一的审判委员会，成立若干专业性质的审判委员会，如民事审判委员会、刑事审判委员会、行政审判委员会等，各专业审判委员会的成员由分管院长、相关业务庭庭长、副庭长和资深法官组成，这些专业委员会只讨论决定各相关业务庭的案件；取消实权性质的现行审判委员会，成立咨询性质的审判委员会，使其成为具有顾问和咨询性质的机构，这种审判委员会的成员由法院资深法官、法学家和著名律师组成，其职能是只讨论案件，不作出实体性判决。[①] 还有一种建议认为，审判委员会要客观、全面地了解案情，就应当亲自参与所讨论案件的开庭审理或者参加旁听，没有参加旁听或者审理的审判委员会委员不得参加审判委员会会议。此外，明确规定审判委员会讨论案件的时间，确保审判效率的提高，也被视为必不可少的改革措施。

以上有关改革审判委员会制度的思路无疑都是富有启发意义的。有些建议也颇有见地，并有助于克服审判委员会制度的缺陷。但是，任何改革建议和对策都带有明显的主观性，并不可避免地带有论者的价值取向甚至个人好恶。而在法学研究中，要减少这种分析上的主观性，增强解释上的客观性，就需要更多地分析"实际发生过的事实"，也就是中国司法实践中正实际发生的司法改革措施。对于关注审判委员会制度改革的法学者来说，与其将时间和精力过多地投入有关这一制度的改革方案的设计上，倒不如关注这一制度正在发生的一些变革迹象。这对于我们预测中国司法制度未来可能发生的变化，进而提出通则性的假设和命题，无疑将更有价值。

---

① 参见尹春丽：《审判委员会改革的设想》，载《中国律师》，1998（8）。

一些地方法院尝试进行的第一项改革是引入听证机制，使得审判委员会委员有机会出现在法庭上，亲自听取法庭审判的整个过程，从而根据自己对控辩双方举证、质证和辩论形成的直观印象，来对案件的事实认定和法律适用问题作出裁决。在具体听证方式上，有的法院是在专门的审判委员会会议室通过同步录像直播系统，使得法庭审判的全过程通过电视画面被传播到审判委员会委员面前；有的法院则在法庭旁听席上设置专门的"审判委员会委员"席，使得审判委员会委员得以在法庭上旁听整个过程。以下是山东省德州市中级人民法院所尝试进行的审判委员会听讼的情况。

2005年5月24日，山东省德州市中级人民法院开庭审理陈斌抢劫一案。与以往不同的是，法庭旁听区增设了"审委会委员"专席，九位审判委员会委员如数到齐，而且身前都摆放着标示姓名的桌牌。这是德州法院新推出的审判委员会委员当庭听讼制度的首次展示。根据德州法院新近推出的制度，凡重大的或者疑难的案件，或者经承办案件合议庭申请、需要审委会研究讨论的案件，案件开庭时须增设"审委会委员"席，安排审判委员会成员到庭旁听。宣布开庭后，主审法官不仅要宣布合议庭组成人员、诉讼参与人等，还需逐一宣布到庭的德州市中院审委会成员，并明确宣布，"本案将由合议庭审理评议后，经本院审判委员会研究后作出判决"，"被告人不仅享有对审判长、审判员、书记员要求回避的权利，同时享有对到庭的审判委员会成员要求回避的权利"。在休庭间隙，合议庭经评议能够提出处理意见的，到庭审委会成员要立即开会听取汇报、讨论研究，尽可能让合议庭做到当庭口头宣判。在制作裁判文书时，承办法官要在介绍本案诉讼参加人的部分中，将到庭审委会成员的姓名全部列明。

按照德州市中院的解释，目前各级法院对于重大、复杂、疑难案件，名义上是由合议庭负责审判，但实际上幕后定案的却是审委会。一些当事人打完了官司也不清楚案件是否经过审委会研究讨论，参加研究决定案件的审委会成员是谁，在裁判文书上，更看不到有关审委会成员的署名，当事人依法享有的知情权和申请回避权被打了"折扣"，致使当事人对法院判案的公开性和公正性持怀疑态度。为此，德州市中院积极进行司法改革，推出了上述一系列措施，这些做法既克服了原来审委会制度存在的"有权定判的却不参与庭审、而开庭审案的又无最终决定权"的弊病，又让当事人对所有参与审理和研究决定案件的法官，都充分享有知情权，实际地行使申请回避权。德州市中院认为，开庭时增设"审委会委员"席有利于在审判中更好地保障人权；有利于更深层次地落实审判公开，避免暗箱操作；有利于提高办案质量和效率，从而使许多重大的或疑难的案件即时口头宣判成为可能，进一步提高当庭宣判率；有利于审委会职能的全面发挥，使审委会提出的监督和指导意见更富有针对性、实效性，更好地履行其应有的职责。德州市中院认为，随着人民法院司法能力和法官队伍素质的不断提高，报审委会研究讨论的案件趋向于越来越少。在这种形势下，实行以在法庭上增设"审委会委员"席为标志的一系列制度，不仅是必要的，而且是切实可行的。①

这种在法庭旁听席上设立"审判委员会委员"席、请审判委员会委员亲自听取法庭审判过程的"改革举措"，无疑是有意义的"创举"。法院显然已经意识到现行审判委员会制度的基本缺陷，并在不影响审判委员会制度之功能的情况下，作出了这种改革试验。假如该法院真的能将这种新做法坚持下去，那么，审判委员会过去所普遍存在的问题，如只听取承办人一人的口头汇报，而无从了解法庭上举证、质证和辩论的整个情况，剥夺了被告人的辩护权和申请回避权，容易作出片面甚至错误的决定等，就在相当程度上得到了解决。从司法裁判的社会效果来看，拥有"最终裁决权"的审判委员会委员亲自出席法庭审判，并在听取控辩双方意见和辩论的基础上，对事实认定和法律适用问题作出裁决。从审判委员会本身讨论案件的程序上来看，这种由审判委员会委员亲自参加庭审的裁判方式，无疑要比现行的"行政会议裁决制"，更容易获得控辩双方的认可和接受，其社会公信力也会大大得到加强。

但是，在审判委员会委员坐在旁听席上行使司法裁判权的过程中，负责案件具体审理的合议庭岂不成为一种摆设？合议庭主持下的审判程序岂不成为一种形式了吗？既然合议庭并无实质上的裁判权，那么，为什么还要保留这种流于形式的合议制呢？需要知道，尽管审判委员会已经介入了此案，并注定要对案件的裁决发挥关键作用，但司法裁判中的一系列具体程序事项，如阅卷、庭前准备、通知各方出庭、组织法庭调查和法庭辩论等，全都要由合议庭来负责安排。既然如此，实际负责整个审理过程并对案件情况真正了如指掌的，可能还是合议庭成员，尤其是主持合议庭的"承办人"；负责审理案件的合议庭仍然无法享有实质上的裁判权，而负责裁判案件的审判委员会又不可能参与案件的全部审理程序。这种"判者不审"、"审者不判"、"判审分离"的问题岂不照样存在吗？可想而知，既然合议庭并不享有最终的裁判权，那么，法官们为什么非得严格遵守法律程序、尊重当事人的权利不可呢？既然审判委员会负有最终的裁决权，那么，由合议庭主持的法庭审判何必非得认真进行呢？这不能不令人担心：法庭审判是否会演变成一种带有仪式化的"作秀"或者"表演"？

既然审判委员会已经走到了法庭旁听席，既然法院已经意识到单靠听取承办人的口头汇报根本无法做到公正审判，那么，为什么不采取较为彻底的改革，由审判委员会委员组成一个"超级合议庭"，对案件的审理权和裁判权统一加以行使呢？

---

① 郑春笋：《德州中院幕后裁判者走到幕前监督和被监督——德州法院审委会听讼成制度》，载《法制日报》，2005-05-27。

我们可以设想一下，这种由审判委员会充当合议庭的法庭审判，可以由法院院长亲自充当审判长或者主审法官；本院全体审判委员会委员充当合议庭成员；从庭前准备到法庭审理程序全部由审判委员会委员负责组织和安排；最后的裁决也由这些委员联署姓名，并共同对案件裁判结果承担责任。当然，考虑到组织这样的"超级合议庭"，会花费较多的司法资源、投入太多的诉讼成本，因此，可以将其负责裁判的案件限定在特别重大、复杂和疑难的案件上面。这样的裁判方式难道不比坐在旁听席上听审更能克服一些明显的弊端吗？

不仅如此，根据笔者调查了解的情况，一些地方法院为了克服审判委员会不分案件类型、不分法律专业讨论案件，以至于出现对几乎每一个案而言审判委员会的大多数委员都是"外行"的问题，还设立了"专业审判委员会分会"之类的机构。根据案件的基本类型划分，这种机构可以有"刑事案件审判委员会分会"、"民事案件审判委员会分会"和"行政案件审判委员会分会"等不同的设置。这些"审判委员会分会"并不是审判委员会本身，后者仍然是由院长、副院长和主要业务庭庭长组成的权力机构，并拥有最终的讨论和决定案件的权力。只不过，上述"审判委员会分会"的权力色彩有所减弱，而主要由各业务审判庭的庭长、副庭长和资深法官组成。这些法官尽管绝大多数都不是法院的审判委员会委员，却可以凭借自己的业务知识和审判经验对本领域的案件进行充分的讨论，提出裁判意见；审判委员会在开会期间，可以听取各个"审判委员会分会"的裁决意见，并在此基础上作出最终的决定。①

在审判委员会制度暂时无法废除的情况下，这种建立所谓"专业审判委员会分会"的改革努力，还是有一定积极意义的。毕竟，由各个审判庭内资深法官组成的"审判委员会分会"，可以发挥其专业优势，对于各自领域内的案件提供更加公正的裁判意见。这要比那种作为"行政会议"的审判委员会笼而统之地讨论和决定案件的做法，更可以减少这一制度的弊端。但是，这种"审判委员会分会"仍然不是通过参加庭审而提出裁判意见的，而是沿袭了原来的听取承办人汇报的方式。况且，这种"分会"不仅可以决定案件的法律适用问题，而且仍然可以对合议庭有关事实认定的裁决意见作出变更。法院审判委员会也依然不是通过听取控辩双方的质证和辩论来作出决定，而是听取各个"审判委员会分会"负责人的口头汇报。从所获取信息的来源上看，甚至要比原来听取承办人汇报更加依靠传闻证据。通过这种建立"专业审判委员会分会"的方式来克服现行审判委员会制度的缺陷，其效果仍然可能是不尽如人意的。

当然，有关审判委员会制度的改革还可能会有以下动向：与人民陪审员制度的改革相适应，允许参加合议庭的人民陪审员参加审判委员会会议，就其所参与审理的案件发表意见，以弥补原来仅仅由承办法官一人汇报案情所带来的不足，并更加

---

① 笔者在河北省高级人民法院调查时发现，这种"审判委员会分会"的机构已经设立多年，并有效地分担了审判委员会的工作压力和负担。

充分地发挥人民陪审员在审判中的作用，解决"陪而不审"的问题；对于特别重大的案件，审判委员会可以通过举行听证会的方式进行"讨论"和"决定"案件的活动，以吸收控辩双方同时参与审判委员会的讨论过程……

六、中国法院的内部独立问题

近年来，有关司法改革问题的讨论在法学界一直比较热烈。从具体的研究情况来看，可以说是不同专业、不同学科的学者均"轮番上阵"，都在对中国司法制度中存在的问题和弊病"问诊切脉"，都在为中国的司法改革提出各种制度上的设计和构想。这不能说不是一个好的景象。司法改革在各项政治改革中属于风险最小、社会效益却较大的领域。如果将司法改革作为整个政治改革这一系统工程的一个环节，而不是将其孤立起来加以对待的话，这种改革成功与否及收效多少，将直接影响社会公众对司法机构、司法制度甚至整个国家法律制度的信任和尊重，影响公众对国家政权权威性的信心。但是，如果有意无意地无视司法制度实际为政治制度的一个组成部分这一现实，以为只要建立了法官高薪制，实现了法官的专业化，克服了法院组织和审判活动中的行政化趋向，解决了司法中的地方保护主义，就可以完成或者基本完成中国司法制度的改革，那就真真正正地忽略了中国司法改革的复杂性和艰巨性。可以说，司法改革首先是一场观念和思想的革新。观念和思想并不能单独成为司法改革启动和成功的保证，但是没有新观念和新思想指导的任何改革是注定要失败的。这就应验了这样一个命题：进行任何改革时既要注意"主义"，也要重视"问题"，并且要在"问题"的解决过程中贯彻"主义"的要求。

但是，如果不对我国法院组织制度进行一次系统的改革，如果不将审判委员会问题纳入中国司法改革的一个必要环节，而是孤立起来予以对待，那么上述改革建议很难得到实际的采纳，或者即使被采纳，也难以发挥其预期的效果。

在笔者看来，审判委员会问题的实质是中国法院如何建立内部独立机制的问题。在审判委员会制度之外，中国法院还存在着庭长、院长审批案件，上级法院对下级法院正在审理的案件加以批示，最高人民法院对全国各级地方法院正在审理的案件加以审批等普遍现象。这些本应存在于行政机关系统中的制度和实践，为中国法院普遍奉行为"潜规则"。这些"潜规则"不仅破坏了两审终审制，而且损害了各级法院相对于上级法院的独立自主性。在中国未来的司法改革过程中，法院系统内部的行政层级化和上下级法院事实上的"一体化"，恐怕将是实现司法公正的最大障碍。这一问题如果得不到任何实质性的解决，那么，无论是改革三大诉讼制度、建立证据规则，还是强化以公开审判为核心的法庭审判的功能，都将是无本之木，其结果将是"南辕北辙"，改革越多距离司法公正的目标也就越远。

尽管审判独立甚或司法独立向来被认为是一个政治概念，而且绝对的独立审判充其量只是一种遥不可及的理想，但是任何一个学者都不得不面对这样一个现实：

追求司法的独立自主性永远是每一社会在进行司法改革时所要解决的重大课题。如同获得公正审判的目标一样，司法审判的独立自主性尽管不可能存在一个统一的最高标准，但是一些最低限度的审判独立标准却是每一个社会的司法制度都应当达到的。否则，人们完全有理由对这种司法制度作出消极的价值评价。这种最低限度的审判独立标准包括：法院在国家权力结构中应保持人事、财政预算、基础设施建设等方面的相对自主性，而不能在这些方面完全受制于法院外的行政机构，尤其是完全受制于地方各级行政机构；在法官的任职、升迁、薪金待遇、退休、免职、纪律惩戒等与个人身份有关的事务方面，应当有相对客观的标准，并由中立机构依公正程序作出决定，而不能完全受制于某一个人或行政机构；法官个人在审判案件方面应具有一定的独立自主性，非依法定程序，即使是法院的院长等司法行政领导或者上级法院也不能随意干预其审判，等等。法院作为最重要的司法机构，如果不具备这种最低限度的独立自主性，就会在国家权力结构中无法树立起崇高的地位和形象，也就会在人、财、物等各方面受制于行政机构，尤其是地方各级行政机构；法官个人在法院内部也会完全受制于其行政主管和上级法院。在这种情况下，无论是由法官主持进行的法庭审判，还是由审判委员会进行的案件讨论，自然都无法保持其自治性，司法审判必然徒有虚名。可以说，在这些最低的审判独立标准得不到实现的情况下，谈论审判委员会的改革问题将毫无意义。而这些审判独立的目标的实现，在中国还将需要很长的时间，要有很长的路要走。①

审判委员会制度的存废是与克服中国法院组织和审判活动中的行政化倾向密不可分的。法院作为国家司法机构，其组织制度和审判程序均应按照有别于行政机构的原则进行设计。例如，与行政机构不同，法院的审判在启动时必须具有一种被动性或应答性，即不告不理，只有在有人或机构提出指控后才能开始审判活动，并且将其审判的范围严格限制在指控所确定的人和事的范围之内。② 否则，如果法院在启动方面过于积极主动，就会丧失其赖以存在的中立性和超然性。又如，法院的审判不论采用什么样的组织形式，都应当体现多方参与的原则，即控辩双方在裁判者面前同时到场，裁判者必须在一方在场的情况下听取另一方的意见和证据。而且法院的裁判结论还必须以它在法庭审判过程中直接接触和采纳的证据为根据。如果法院在制作裁判时将控辩双方或者其中一方排除在外，而单独地、秘密地得出结论，那么法院的理性论辩、说服、交涉特征就不复存在了。而审判委员会所具有的行政会议的特征，破坏的恰恰就是法院在组织和审判程序方面的司法性质。要克服这一点，除了要对审判委员会的人员构成进行重新设计以外，还必须对诸如法院院长、副院长的职责、业

---

① 审判委员会讨论决定案件的制度破坏的是法院的"内部独立"，也就是法官和合议庭相对于法院内部行政领导和行政主管的独立性。事实上，如果不通过立法途径对审判委员会与法官个人及合议庭的关系加以规范，使法官和合议庭享有审理和裁判上的独立自主性，那么法院即使在整体上具有独立审判权，也无法实现公正的审判，更无法在全社会树立法院作为司法裁判机构的良好社会形象。
② 参见陈瑞华：《司法权的性质——以刑事诉讼为范例的分析》，载《法学研究》，2002（5）。

务庭庭长的权力范围、司法行政主管与法官个人之间的关系作出明确的限定。

为确保审判委员会讨论案件程序的公正性，对这一组织的活动方式加以改革的确是必要的。但改革必须遵循这样一个原则：任何对案件事实作出最终认定的裁判者必须参加法庭审判，直接接触和审查证据，当面听取控辩双方的言词辩论。为此，审判委员会不论由哪些人构成，都必须直接参加法庭审判。具体的改革方案可以包括以下两个环节：一是在审判委员会与合议庭之间进行职能方面的分工，案件事实一律由合议庭通过法庭审判加以认定，审判委员会不再就案件事实问题进行讨论和作出决定，而仅仅决定案件的法律适用问题；二是在案件决定由审判委员会讨论后，所有将要参加审判委员会会议的委员都必须参与法庭审判活动，也就是由全体审判委员会委员组成前面所说的"超级合议庭"，使得审判委员会委员真正作为裁判者，参与法庭审判的全部过程。

当然，审判委员会制度的改革必将带来合议庭甚至法官个人裁判权逐步扩大的问题。人们可能会有这样一种担心：在中国目前的司法体制下，法官个人权力的增大会助长枉法裁判、恣意武断甚至司法腐败的现象。这种担心不是没有道理的。但是，我们不能"因噎废食"。事实上，助长司法腐败的因素不仅仅有扩大法官个人的权力问题，还包括其他方面的程序设计，如改革辩护制度，扩大辩护人的参与范围，也会带来律师向法官实施贿赂的问题。而且，司法实践的情况表明，律师以营利为目的进行的违规行为已经对司法腐败起到推波助澜的作用。但是恐怕没有人因此而提出废除律师制度和辩护制度的建议。同样，法官个人裁判权的扩大会使其违法裁判的概率增大，但这不能成为永远将法官作为审判委员会的附庸的正当理由。在笔者看来，克服司法腐败的有效途径应当是进行有效的政治改革，使滋生腐败现象的政治因素得以消除。同时在司法制度的设计中增强案件当事者的参与能力，扩大其参与范围，使法官作为裁判者的权力受到有效的制约。也可以考虑改革我国法院的审级制度，变目前实行的两审终审制为三审终审制，其中第二审为对事实的复审，第三审为对法律适用问题的复审，从而确保当事者获得两次上诉的机会。这种审级的增加，对于强化上级法院对下级法院的有效监督和约束，克服两审终审制下容易出现的上下级法院"串通一气"，减少地方保护主义现象的发生，都是极为有利的。鉴于地方保护主义问题的复杂性和严重性，还可以考虑建立适当的法院双轨制度，即在目前地方各级法院按照行政区划设计的基础上，将全国划分为若干个司法审判区，设立有若干等级的中央巡回法院，从而保证地方各级法院审判的案件，都有可能被上诉到中央巡回法院，由后者通过独立的审理作出裁判。这将有助于较为彻底地克服地方保护主义，减少法官审判中的司法不公现象。另外，在扩大法官个人独立自主性的同时，还应当建立适当的法官遴选制度和法官资格考试制度，以确保越来越多的法官具有较高的职业素养和专业品质，并逐步实现法官职业的专业化。只有将这些改革措施与扩大法官独立自主性结合起来，才能有效地填补审判委员会让出的权力真空，避免因为失去"集体"的制约而导致单个法官权力的膨胀和滥用。

第 四 章

检察监督制度的若干问题

一、引言 ································· 91
二、刑事抗诉 ····························· 91
三、量刑监督 ····························· 93
四、侦查监督 ····························· 94
五、刑事执行的监督 ······················· 96
六、对未决羁押的监督 ····················· 97
七、结论 ································· 99

一、引言

按照我国宪法确立的政治体制，人民代表大会（简称人大）是国家权力机关，法院与检察机关要由人大产生、向人大负责并向人大报告工作。在这种"人大领导下的一府两院"框架下，法院与检察机关都是国家司法机关，从不同角度行使国家司法权。作为国家法律监督机关，检察机关主要通过监督侦查机关、审判机关、判决执行机关的诉讼活动，来有效地维护国家法律的统一正确实施。可以说，检察机关的法律监督职能主要是通过诉讼监督的方式来实现的。

尽管宪法确立了检察机关的法律监督地位，尽管现行三大诉讼法都确立了检察机关诉讼监督的原则，这种诉讼监督的实际效果却难以尽如人意，而存在着种种缺憾。这一方面是因为现行法律并没有赋予检察机关较多的法律监督措施，检察机关在诉讼监督方面不具有有效行使职权的"刚性权力"，另一方面也是因为检察机关在诉讼监督的定位方面存在着一些问题，使得诉讼监督的重点不突出，诉讼监督的方向还有需要澄清的地方。近期，一些地方检察机关出台了加强检察机关诉讼监督职能的改革措施，对诉讼监督制度的改革进行了新的探索。[①] 这是值得高度关注的改革动向。与其他法律制度一样，诉讼监督制度随着社会的转型和司法改革运动的深入进行，也有更大的探索发展空间。因此，以改革的眼光看待诉讼监督制度，将这一制度视为一种"生命有机体"，使其在改革探索中遵循某种制度形成、生长的规律，就成为一种明智的选择。

本着上述精神，本章拟对我国检察机关的诉讼监督制度作出初步的研究。笔者将结合诉讼监督制度所处的困境，根据一些检察机关改革实验的社会效果，对诉讼监督制度的改革问题提出若干新的思路。限于篇幅和个人的学术兴趣，本章研究的重点对象将是刑事抗诉、量刑监督、侦查监督、刑事执行监督、未决羁押的监督等问题。笔者深信，对于诉讼监督制度，只有保持开放的心态，秉承独立的学术立场，避免教条主义和意识形态化的研究方式，才能作出令人信服的分析，并提出一些具有学术价值的命题。这是保证诉讼监督制度健康发展的必由之路。

二、刑事抗诉

对法院在认定事实和适用法律方面"确有错误"的判决和裁定，向上级法院提起抗诉，这是检察机关对法院的审判活动进行法律监督的重要形式。根据所针对的判决和裁定是否确已发生法律效力，抗诉可分为二审抗诉和再审抗诉两种。前者是启动上一级法院二审程序的重要方式，后者则是检察机关对法院进行审判监督、启

---

① 参见庄永廉：《北京：18个"应当"强化诉讼监督》，载《检察日报》，2009-09-26。

动再审程序的重要途径。

但是，由于现行的业绩考核制度将法院是否接受检察机关的起诉主张、是否作出有罪的裁判结论，作为考核检察官、公诉部门甚至检察机关业绩的主要依据，现行的公诉制度是以追求最大限度的定罪结果作为其基本职业目标的，因而，检察机关的抗诉活动经常变成一种"以追求胜诉为目标的抗诉"。无论是在二审抗诉还是在再审抗诉中，检察机关提起的几乎都是不利于被告人的抗诉，也就是针对无罪判决或者罪轻判决的抗诉，这种抗诉的目标是促使法院将无罪判决改为罪重判决，将罪轻判决改为罪重判决。这种以追求有罪判决和重刑判决为宗旨的抗诉制度，客观上将检察机关置于被告人的对立面，使其在追求"胜诉结果"方面，比民事诉讼中的原告有过之而无不及。

这种以追求胜诉为目标的抗诉体制，与检察机关诉讼监督的职能是背道而驰的。事实上，作为国家法律监督机关，检察机关所追求的诉讼目标，应当与"维护国家法律的正确实施"保持同步，至少不应有明显的抵触。为了维护法律的正确实施，检察机关应当对所有违反实体法和违反法律程序的审判活动，都给予重视，并通过诉讼监督途径督促审判机关予以纠正。这是检察机关、检察官履行所谓"客观义务"的理论基础。根据我国检察机关组织法和刑事诉讼法的要求，检察机关在刑事诉讼中要"尊重事实真相"，既要收集不利于被告人的证据，也要注意收集有利于被告人的证据。这种规定显然是检察机关客观义务的制度表现。我国刑事诉讼法对于检察机关的二审抗诉和再审抗诉，都没有限制在追求不利于被告人的诉讼结局上，而要求针对所有在认定事实、适用法律方面"确有错误"的判决、裁定，都要提出抗诉；对于所有违反法律程序的行为，也都要提出纠正违法的意见。

检察机关的抗诉不仅有过分追求胜诉之嫌，而且忽略了那些关系国家法律实施的重大案件。对于个别法院明显违反法律的司法裁判，检察机关往往没有作出公众期待的反应，也没有提起抗诉。例如，在2003年发生的刘涌案件中，面对二审法院存在明显违法和不当之处的生效裁判，检察机关并没有提出抗诉，这一司法裁判最终是由最高人民法院通过提审和启动再审程序来加以纠正的。[①] 又如，在2000年发生的杨清秀、吕西娟案件中，对于发生在本院院长办公室、本院院长为被害人的"故意杀人案件"，西安市中级人民法院自行审理，并作出了重刑判决，此后上级法院还维持了原判。对此判决，检察机关没有提起抗诉。这一严重违反法律程序的案件最终是由最高人民法院通过提审来加以纠正的。[②]

为维护检察机关法律监督的权威性和公信力，有必要对刑事抗诉制度进行相应的改革。首先，无论是二审抗诉还是再审抗诉，都应对不利于被告人的判决和有利于被告人的判决一视同仁，检察机关不应将追求有罪裁判和重刑裁判作为唯一的目

[①] 有关刘涌案件的具体情况，参见陈瑞华：《程序性制裁理论》，307页以下，北京，中国法制出版社，2005。

[②] 对于这一案件的具体分析，参见陈瑞华：《刑事诉讼的前沿问题》，2版，427页以下。

标,是否提起抗诉,应以法院的裁判是否存在事实认定和适用法律方面的错误为唯一标准。为此,需要彻底改革检察机关内部的业绩考核制度,不单纯将"定罪率"作为主要的考核指标,适当增加"违法裁判纠正率"等客观化的指标。其次,对于那些严重违反实体法或严重违反法律程序的刑事判决,检察机关应当及时提出抗诉。特别是对那些社会公众强烈关注并有着较大期待的案件,检察机关应当通过抗诉来回应这种社会期待,真正在全社会树立起检察机关法律监督者的正面形象。这应当被确立为我国检察机关诉讼监督制度改革的一项重大战略课题。

三、量刑监督

目前,在定罪与量刑的程序关系方面,存在着英美的"程序分离模式"与大陆法的"程序一体化模式"。自2010年以后,我国开始在全国法院系统试行"相对独立的量刑程序",也就是在法庭调查阶段分别设置定罪调查和量刑调查环节,在法庭辩论阶段则分别设置定罪辩论和量刑辩论环节。通过这一改革,最高人民法院试图增强量刑裁判过程的公开度、透明度和对抗程度,有效地规范法官的自由裁量权。

长期以来,法院将对定罪问题的调查、质证和辩论作为法庭审判的核心问题,检察机关也将说服法院作出有罪裁判作为公诉工作的主要目标。出庭支持公诉的检察官将证明被告人构成犯罪作为公诉工作的重点,即使在被告人当庭认罪、案件事实争议不大的情况下,也要连篇累牍地宣读各种案卷笔录、出示各项证据材料。但对于有罪被告人的量刑问题,却没有进行任何有针对性的公诉活动。检察官既没有提出明确的量刑意见,也没有将各种与量刑有关的法定情节和酌定情节依次向法庭展示,更没有对辩护方提出的某种从轻、减轻处罚的情节和意见作出有针对性的辩驳。结果,检察官只满足于法院的定罪结局,而将量刑权拱手转交给了法官,对于量刑裁判的过程和结果都无法发挥有效的制约作用,更谈不上有针对性的法律监督了。①

中国刑事司法的经验表明,在检察机关放弃行使诉权的领域,最容易出现审判机关裁判权的滥用问题。在这一方面,量刑裁判权的滥用与减刑、假释裁决权以及保外就医、监外执行决定权的滥用问题,有着完全一致的形成原因。比如说,在很多地方法院对公职人员犯罪案件的审判过程中,缓刑以及其他非监禁刑的适用比率一直居高不下,个别地方甚至达到惊人的90%以上,而非监禁刑在全部刑事案件中适用的比例一般保持在30%上下。再比如说,对于重大刑事案件的死刑判决,有时会出现"同案不同判"甚至"重罪轻判、轻罪重判"的问题。对于这种在量刑方面存在的法律适用不统一的问题,法院的裁判文书并没有给出令人信服的说理。再比

---

① 对于中国法院量刑程序的问题,参见陈瑞华:《论量刑程序的独立性》,载《中国法学》,2009(1)。

如说，在近期兴起的"刑事和解"运动中，个别法院对于被告人与被害人达成和解协议的案件，大都作出了从轻量刑的裁决。但在主持或促成刑事和解达成的问题上，法官却对不同的案件、不同的被告方人采取了差别对待的处理方式：对于某些案件，法官采取了积极介入的态度，对于被告人、被害人施加了强大的压力，促使双方接受和解协议；但对于其他一些案件，法官却采取放任自流的态度，任由双方进行答辩协商，而不采取积极参与的行动。

应当认识到，中国刑事审判的基本问题不是定罪问题，而是量刑问题。在法院无罪判决率已经降低到历史最低水平的情况下，法院滥用无罪判决权的可能性已经变得非常小了。相反，在检察机关不参与量刑决策过程、对于量刑不施加积极影响的背景下，法院的量刑决策过程既不受检察机关的有效约束，也难以受到被告人及其辩护人的积极影响，更无法体现被害方的主观意愿。为防止法院滥用自由裁量权，避免法官在量刑环节上可能实施的权力寻租行动，检察机关有必要将量刑监督作为今后诉讼监督的重要内容，通过相应的刑事司法改革措施，来加强这方面的诉讼监督。

加强检察机关在量刑方面的法律监督，可以有以下几个方面的改革思路：一是普遍推动检察机关的量刑建议改革，对于刑事案件的量刑提出带有一定幅度的量刑意见；二是推动法院就量刑问题举行公开、透明的答辩程序，当庭提出并论证各种法定的和酌定的量刑情节；三是促使法院通知被害方出庭，提出本方的量刑意见，提出与量刑有关的事实情节；四是与辩护方就量刑问题进行有针对性的质证和辩论，对其难以成立的量刑意见和量刑情节予以当庭辩驳；五是对那些难以自圆其说的量刑裁判及时提出抗诉，以促使上级法院对量刑裁决进行重新审理，从而使那些没有事实基础、不具有法律依据的量刑裁决，得到及时的纠正。

四、侦查监督

对于侦查活动的法律监督，向来是检察机关法律监督的重要内容。近年来，在侦查监督领域，我国检察机关进行了一些富有启发性的改革探索，对于督促侦查部门依法行使职权、减少程序违法行为，产生了积极的效果。例如，检察机关针对容易发生刑讯逼供等违法行为的预审讯问活动，采取了同步录音录像的改革措施，既规范了侦查人员的预审讯问行为，也对于被告人任意翻供起到了预防作用。又如，检察机关近期推出的批准逮捕机制的改革，也是一项影响极为深远的改革举措。对于下级检察机关自行侦查的刑事案件，一律交由上一级检察机关审查决定，这势必会大大加强上级检察机关对下级检察机关在审查批捕环节的法律监督，是我国侦查监督领域发生重大变革的标志。

然而，检察机关在侦查监督方面仍然有较大的改革空间。特别是在对公安机关的侦查监督方面，检察机关的监督力度还是极为有限的，也难以通过这种监督来遏止刑讯逼供、超期羁押、剥夺律师会见权等违反法律程序的行为。迄今为止，除了审查批准逮捕活动以外，检察机关似乎还没有找到制约公安机关侦查权的有效途径。对于检察机关作出不批准逮捕的决定，公安机关一般会受到较大的触动，甚至办案人员的业绩考核也会因此受到消极的影响。但是，对于检察机关针对公安机关不立案的决定所提出的立案通知，公安机关一般不会予以执行；对于检察机关提出的纠正违法通知书，公安机关也很难给予普遍的尊重。甚至对于检察机关连续作出的退回补充侦查的决定，公安机关也经常采取敷衍塞责的态度，而不会在侦查的效果和合法性上作出实质性的改变。

同时，对于检察机关自行侦查活动的法律监督，向来属于屡受社会各界诟病的领域。检察机关作为法律监督机关，同时行使着对贪污受贿案件和渎职侵权案件的侦查权，这势必令人产生"自我监督"的印象，出现"谁来监督监督者"的危机。从检察机关自侦部门出现的问题来看，诸如刑讯逼供、超期羁押、剥夺律师会见权等方面的问题，似乎与公安机关存在的问题也是有一定相似性的。目前，尽管检察机关采取了一系列的改革措施来加强内部的"自我监督"，但要完全解决检察机关内设侦查部门滥用权力、违法办案的问题，还有很多问题需要解决。

尤其需要注意的是，检察机关迄今为止仍然不能运用诸如监听、特情耳目、诱惑侦查、电子跟踪等诸多方面的秘密侦查措施，在侦查中也难以采用各种现代技术侦查手段，在侦破贪污贿赂案件中还不得不主要依靠最原始的预审、讯问手段。个别检察机关为了侦破那些侦查面临严重困难的案件，已经开始与公安机关、国家安全机关合作，借用一些技术侦查手段。但这面临着一定程度的合法性危机。目前，在秘密侦查或技术侦查手段合法化方面，检察机关确实有着较为强烈的要求。然而，这些秘密侦查手段假如将来真的被授予检察机关，也会带来相当大的法律风险甚至政治风险。侦查部门一旦滥用这些秘密侦查权，可能会在相当程度上带来"人人自危"的问题，使得检察机关的侦查权受到某种抵制。因此，检察机关应当站在相当的政治高度上来看待这一问题，有着未雨绸缪的风险意识。其实，无论是传统的侦查手段，还是检察机关未来可能掌握的技术侦查手段，都只有在法律规范内受到有效的控制，才会有较为理想的实施效果，其合法性也才容易得到社会各界的认可。不加强侦查监督，侦查部门掌握的这些侦查措施最终将会使检察机关的侦查权面临合法性危机。

有鉴于此，检察机关应当以改革的思维看待侦查监督问题，在适当的时候酝酿提出一些具有战略性的改革举措。对于这一问题，笔者可以提出一些初步的思路和想法。首先，对于公安机关以及其他机关的侦查活动，应当扩大侦查监督的范围，适当增加侦查监督的手段。在未来的司法体制改革和刑事诉讼法的改革过程中，公安机关不应再继续行使搜查、扣押、电子监听等强制性侦查措施的批准权，这些侦查措施的批准权应当由检察机关行使。对于这些涉及剥夺、限制公民权利的侦查措施的批准权，只有由检察机关行使，才能防止公安机关假借侦查破案之名实施权力滥用。其次，继续探索"公诉引导侦查"的改革，建立"检察引导公安侦查"的工作机制，促使公安机关的侦查工作服务于检察机关公诉工作的大局，防止这种侦查继续游离于公诉之外，成为一种不受节制的力量。再次，对于检察机关自侦部门的侦查活动，应当继续加大法律监督的力度，探索出一些更具有震撼性的改革措施。比如说，对于下级检察机关采取的刑事拘留、搜查、扣押等强制性侦查行为，应当一律由上一级检察机关审查批准，以避免那种由侦查机关自行决定采取剥夺公民权利的强制性措施的局面。最后，对于公安机关发生的刑讯逼供、超期羁押等违法行为，可能构成犯罪的，以及检察机关自侦部门可能存在上述犯罪行为的，一律应当由上一级检察机关负责立案侦查。

五、刑事执行的监督

刑事裁判的执行目前是由监狱、法院和公安机关分别负责实施的。迄今为止，对于监狱执行自由刑的活动，检察机关主要是通过建立驻监狱检察机构的方式进行监督的。对于法院的死刑执行活动，检察机关则通过临场监督的方式行使法律监督权。但对于法院负责的罚金、没收财产以及公安机关负责的一些刑事执行活动，检察机关却缺乏相应的监督措施。

在自由刑的执行监督方面，驻监狱监察机构发挥了很大作用。然而，对于监狱在执行自由刑过程中可能出现的滥用减刑权、滥用假释权、滥用监外执行、保外就医权力的情况，检察机关的监督是极为有限的，所发挥的监督效果也有明显不足之处。

2012年刑事诉讼法确立了检察机关对暂予监外执行、减刑、假释等刑罚变更措施的同步监督权。具体说来，执行部门应将暂予监外执行的书面意见抄送检察机关，检察机关可以向决定或批准机关提出书面意见。决定或批准机关应当将决定抄送检察机关，检察机关认为监外执行不当的，应当提出书面意见，决定或批准机关应当重新核查。与此同时，执行机关建议适用减刑、假释的，也要将建议书抄送检察机关，检察机关可以向法院提出书面意见。检察机关认为法院减刑、假释的裁定不当的，还可以提出书面纠正意见。法院应在收到纠正意见后重新组成合议庭进行审理，并作出裁定。

但是，由于检察机关对执行监督工作不予重视，因而这种同步监督权在实践中仍然主要是由驻监所检察机关行使的。这些驻监所的检察官与看守所、监狱存在着千丝万缕的利益关系，既不具有独立性，也缺乏对执行监督的积极性，从而造成执行监督的弱化。

在死刑执行过程中，个别法院也存在着自由裁量权滥用的情况，而检察机关对这种刑事执行活动的合法性缺乏有针对性的监督。比如说，极个别法院存在的向医疗机构贩卖死刑犯的人体器官的问题，就属于一种令人担忧的问题。对于这一问题，检察机关迄今还没有加强法律监督的迹象。

在财产刑的执行过程中，检察机关对法院的罚金刑、没收财产刑的执行活动也缺乏有效的监督措施。个别法院将罚金、没收财产所得的钱款，不是上缴国库，而是动辄直接截留，或者采取其他变通手段，使其最终变成本单位的办公经费。另外，在罚金、没有财产刑的执行过程中，执行人员动辄作出减免刑罚的决定，以至于享有较大的自由裁量权。

鉴于刑事执行领域存在着较为突出的滥用自由裁量权的问题，加强检察机关对这一领域的法律监督就变得格外重要了。在这一问题上，我们可以提出以下几个基本的改革思路：第一，可以考虑将"驻监狱检察官"制度改变为"巡回检察"制度，为避免检察官与所派驻的监狱形成利益共同体，或者产生较为严重的利害关系，有必要停止派驻检察官，而采取检察官定期巡回检查监狱刑事执行情况的制度；第二，有必要推动减刑、假释程序的公开化和透明化，确立司法听证制度，使法官在作出减刑、假释之前，举行公开的听证会，检察机关可以派员出席听证会，申请减刑、假释的在押犯以及本案的被害人都应当出庭作证，由监狱官员当庭陈述减刑、假释的理由和根据，各方就减刑、假释的合法性问题进行质证和辩论；第三，保外就医、监外执行的权力应当由法院通过司法听证的方式行使，检察机关可以派员出庭，这样可以有效地行使法律监督权，同时吸收在押犯以及本案被害人出席听证过程，就在押犯是否符合保外就医、监外执行的条件进行公开的辩论；第四，对于死刑、财产刑的执行活动，检察机关不仅应当参与刑罚执行过程，而且还应拥有干预执行的权力，对于违法执行行为，有权当场予以制止；第五，加大对刑事执行领域的监督力度，检察机关应当对在这一领域中存在的犯罪行为，及时地行使刑事立案侦查权，通过立案侦查这一最后的"杀手锏"，来遏止那种滥用职权、司法腐败的行为。

六、对未决羁押的监督

作为公安机关的重要职能部门，看守所是专门负责羁押犯罪嫌疑人、被告人的法定场所。作为未决羁押场所，看守所承担着防止未决犯逃跑、自杀或者采取其他社会危害行为的功能，同时对未决犯的人身安全也起到一定的保护作用。但是，由于公安机关是大多数刑事案件的侦查机关，对于这些犯罪案件的侦破负有责任，而负责羁押未决犯的看守所又在公安机关的直接控制之下，因而，公安机关在行使侦查职能与行使未决羁押职能方面就可能存在程度不等的利益冲突。这种利益冲突主要表现在：作为未决羁押机构，公安机关应当秉承中立、超然的立场，对在押的嫌疑人、被告人负有防范和保护的责任；而作为侦查机关，公安机关则不得不通过运用各种司法资源来达到侦查破案的目标，甚至就连作为其监管对象的嫌疑人、被告人本身，都可以成为侦查破案的证据之源。结果，看守所就对公安机关的侦查活动承担起一定的配合和保障职能。甚至越来越多的看守所开始承担"深挖余罪"的职能,从而通过从在押嫌疑人、被告人处获取新的犯罪信息和线索,来达到"挖余罪"、"找同伙"的目的。根据 2006 年的统计,全国公安机关看守所通过这种"深挖余罪"的方式破获的刑事案件,已经占公安机关破案总数的 10% 以上。个别地方的看守所通过这种方式破获的刑事案件甚至还要超过这一比例。而"深挖余罪"的数量和比例,有时还直接作为看守所被评选为"一级看守所"、"二级看守所"的重要依据。

在公安机关直接控制看守所的体制下,看守所被赋予了延伸侦查或者侦查保障的职能。而通过行使这种职能,看守所对在押嫌疑人、被告人的人身自由乃至整个生存状态施加了全面的控制。为配合侦查部门的侦查破案活动,看守所几乎肯定会对辩护律师会见在押嫌疑人的行为施加干预甚至予以干涉;为了保障侦查部门有效地侦破案件,看守所也可能放任侦查部门将未决犯带出看守所,由其通过直接控制嫌疑人、被告人的人身自由,来达到获取有罪供述的效果,这样任意变更羁押场所、任意延长讯问时间甚至直接实施酷刑的行为,就非常容易发生了;为了达到"深挖余罪"的效果,看守所不仅会对特定的在押嫌疑人实施布控措施,而且还会动用"牢头狱霸"或者监狱内的特情耳目,对未决犯采取虐待甚至酷刑措施……结果,这种管理体制不仅纵容了刑讯逼供、超期羁押、虐待在押犯、剥夺律师会见权等程序违法行为,而且还会因为看守所采取"犯人管犯人"的管理手段,从而产生未决犯受到人身伤害甚至出现非正常死亡的事件。2009 年,由云南"躲猫猫事件"所引发的有关看守所体制改革的广泛讨论,就充分说明了这一问题。

按照我国的法律制度,检察机关负有对看守所实施法律监督的职责。一般情况下,我国各级公安机关都设立一所看守所,而各级检察机关则都在同级公安机关的看守所设有驻监所检察机构。从理论上看,这些驻看守所检察机构对看守所未决羁押行为的合法性进行监督,对于非法羁押以及侵犯在押嫌疑人、被告人权益的行为,可以直接采取纠正措施。但实际上,由于检察机关派驻的检察官长时间地在特定的看守所工作,而很少采取定期轮换制度,加上大多数检察官都可以直接从看守所获得一定的经济利益,因而,驻监所检察官能否秉持中立的立场,对未决羁押活动进行有效的法律监督,就成为一个严重的问题。另一方面,相对于反贪部门、渎职侵权侦查部门、侦查监督部门以及公诉部门而言,监所监督部门在检察机关内部并没有受到应有的重视,检察机关派驻看守所的检察官未必都是素质较高、能力较强的检察官,而这些驻监所检察官对于看守所的未决羁押行为也缺乏强有力的监督手段,他们既不能直接接受在押嫌疑人、被告人的投诉,也不能对那些虐待在押犯的行为进行直接的调查,甚至在发生在押犯受伤或出现非正常死亡事件之后,驻监所检察官都无法自行委托法医或其他专业人员进行独立的鉴定活动。结果,驻监所检察官究竟能否对看守所乃至侦查部门的违法行为展开独立调查,并最终加以纠正,就成为另一个严重的问题。

应当承认,尽管法学界和司法界长期以来主张彻底改革看守所的管理体制,使看守所从公安机关的控制之下解脱出来,转由司法行政机关来加以统一管理,但由于种种原因,这一体制改革在短时间内还不具有切实的可行性。这种由公安机关直接管理和控制看守所的司法体制,可能还将持续相当长的时间。在这一现实面前,加强检察机关对看守所的法律监督,就属于一个既迫在眉睫又非常现实的问题。

为了对看守所的未决羁押行为进行有效的法律监督,检察机关需要对驻监所检察官制度进行大规模的改革。首先,应当改革那种由同级检察机关派驻同级公安机关看守所的制度,建立由上一级检察机关对下级公安机关看守所巡回检察的制度。也就是说,负责对公安机关看守所进行诉讼监督的应当是上一级检察机关,而不应是同级检察机关,由此可以增强检察监督的权威性和中立性;上一级检察机关对下级公安机关看守所的监督,应当采取巡回检察的方式,而不宜继续采取驻所监督的形式,以避免检察官与看守所发生过于密切的利益关系,以至于失去应有的独立性。其次,检察机关应当重视监所监督部门的工作,提升这一诉讼监督部门的地位,为其配备高素质的专业人才,避免那种将"老弱病残"检察官派驻监所监督的失败做法。再次,应当赋予负责监所监督的检察官一系列的调查权。这些检察官应拥有接受在押嫌疑人、被告人投诉的权力,并对这些投诉进行独立的调查;检察官应拥有定期或不定期巡视看守所的权力,以便及时发现可能存在的刑讯逼供、超期羁押、虐待在押犯以及其他违法行为;检察官应拥有独立的人身检查权,对于在押犯出现人身伤害和非正常死亡的,可以聘请与公安机关没有任何关系的专业人士,从事独立的鉴定;对于非正常死亡事件,负责监所监督的检察官应拥有全面的调查权,不仅要将公安机关看守所的官员作为调查的对象,避免其获得主持或者参与死因调查的机会,而且还要全权控制死因调查的程序,避免公安机关自行得出调查结论,以及公安机关自行对在押犯的尸体作出草率的处置。

七、结论

很长一段时间以来,法学界的主流观点一直坚持一种"原教旨法治主义"的司法改革思路。根据这一思路,只有建立各种司法审查机制,扩大法院的司法裁判范围,加强法院在提供权利救济方面的作用,那种理想的"法治秩序"才能建立起来。这种从西方法治经验中获得的改革灵感,在中国法学界有着如此大的影响,以至于人们将法院奉为实现正义的唯一司法机构,将司法审查视为避免程序性违法行为的唯一途径。

然而,将法院和司法审查视为实现法治的唯一路径,这一司法改革思路在中国司法实践中是难以完全行得通的。根据基本的中国司法经验,对于诸如批准逮捕权等各种西方意义上的"司法权",中国法院未必愿意接受,那种在中国扩大法院司法审查范围的想法,几乎过于天真,也可能只属于法学界的一厢情愿。不仅如此,作为"法治秩序维护者"的法院和法官，在中国竟然也同样会实施违法行为，也同样会作出侵犯公民权利的事情，甚至在滥用自由裁量权方面要比其他国家机关有过之而无不及。这种司法生态环境迫使人们不得不放弃那种不切实际的"原教旨法治主义理念"，而从维护法律实施的现实角度，考虑中国的司法改革问题。

其实，加强检察机关的诉讼监督职能，确保检察机关切实发挥纠正程序违法行为的作用，就属于"法治现实主义"的一种改革思路。作为法律监督机关，检察机关从宪法和法律上而言拥有监督国家法律统一、正确实施的权力。这是我国法律制度的一项基本现实。本着"没有最好、只有较好"的现实主义精神，笔者认为既然检察机关作为法律监督机关，有权对公安机关、法院、监狱的诉讼活动进行法律监督，那么，我们为什么就不能通过改革诉讼监督制度，使这种诉讼监督职能得到切实有效的实现呢？毕竟，对于公安机关、法院和监狱的诉讼活动而言，有监督总比没有监督要强一些。当然，检察机关的诉讼监督要达到较好的效果，也需要符合某种基本的理念，比如监督应当秉承客观和中立的立场，应当以最大限度地维护国家法律的正确实施作为监督的目标，不应当完全站在嫌疑人、被告人的对立立场，等等。

本章在刑事抗诉、量刑监督、侦查监督、刑事执行监督以及未决羁押监督等方面所提出的改革思路，尽管基本上属于笔者的一家之言，但这些改革思路的提出，却并不是完全空穴来风的，而有着程度不同的现实基础。其实，正是我国近期刑事司法改革运动深入进行的现实，才迫使我们不得不以改革的视角重新审视我国的诉讼监督制度。本着"与时俱进"的精神，检察机关不应当固守诉讼监督的传统思维，而应全面探索新时期诉讼监督的新的改革思路。如果读者能够接受这一观点，则本章的基本意图也就达到了。

第五章

义务本位主义的刑事诉讼模式
——论"坦白从宽、抗拒从严"政策的程序效应

一、引言 …………………………………………………………… 102
二、"坦白从宽、抗拒从严"的历史考察 ………………………… 103
三、"坦白从宽"的诉讼效果 ……………………………………… 108
四、嫌疑人的如实回答义务 ……………………………………… 113
五、被告人的认罪态度 …………………………………………… 118
六、"坦白从宽、抗拒从严"对辩护效果的影响 ………………… 122
七、两种法律传统的博弈 ………………………………………… 125
八、结论 …………………………………………………………… 129

一、引言

"坦白从宽、抗拒从严"是一项在我国实行多年的刑事政策。对于这一政策,刑法学界往往将其视为"惩办与宽大相结合"政策的组成部分。而诉讼法学界则更为关注这一政策与被告人供述自愿性的关系问题。一些学者基于"洋为中用"和"拿来主义"的原则,主张在中国刑事诉讼中确立嫌疑人、被告人的"沉默权",并认为刑事诉讼法所确立的嫌疑人"如实回答义务"直接违背了"任何人不得被强迫自证其罪"的准则,妨碍了沉默权制度在中国的确立。而所谓的"如实回答义务",则被普遍视为"坦白从宽、抗拒从严"政策的立法表述。

在笔者看来,"坦白从宽、抗拒从严"是一项潜藏在中国刑事司法深层的政策,它的基本内涵在中国历经半个多世纪的政治、经济、社会、文化等方面的重大转型后,并没有发生实质性的变化,并对刑法、刑事诉讼法和刑事证据法产生了不同程度的影响。在现行的刑法典中,诸如自首、坦白、立功、缓刑等方面的量刑制度,都被视为"坦白从宽"影响刑法立法的主要证据。

而在刑事诉讼中,"坦白从宽、抗拒从严"除了影响嫌疑人的诉讼地位,使得嫌疑人不得不承担"如实回答义务"以外,还对一系列诉讼程序的实施产生了影响。例如,无论是公安机关还是检察机关,在决定对嫌疑人适用取保候审措施时,首先都要考虑嫌疑人认罪悔过的态度。对于那些拒不认罪的嫌疑人,这些机关是不会采取取保候审措施的。又如,在21世纪初兴起的刑事和解运动中,司法机关接受双方和解协议的前提之一,也是嫌疑人、被告人承认犯罪事实,并表现出真诚悔罪的态度。再如,法院在对被告人确定量刑幅度时,普遍将被告人的"认罪态度"作为重要的量刑情节。原则上,对于"认罪态度较好"、"有悔过表现"的被告人,法院可以从轻量刑;而对于那些"认罪态度不好"甚至"无理狡辩"的被告人,法院则可以选择较重的量刑,以示惩戒。这显然说明,作为一项刑事政策,"坦白从宽、抗拒从严"对嫌疑人、被告人确定了一种独特的奖惩标准:自愿坦白并放弃诉讼对抗的,就可以受到量刑上的奖励;拒不坦白犯罪事实并对抗国家刑事追诉的,则要受到严厉的惩罚。

经过多年的刑事司法实践,"坦白从宽、抗拒从严"已经成为中国司法官员奉行的司法理念。按照这种理念,面对侦查机关的专门调查、检察机关的提起公诉和法院的刑事审判,嫌疑人、被告人只有服从和配合的义务,也就是"如实供述自己的罪行",以协助司法机关查明案件事实真相。只有如此,嫌疑人、被告人才能最终获得国家的"宽大处理"。相反,那些与国家追诉机关进行诉讼对抗,特别是不"如实供述犯罪事实"的嫌疑人、被告人,则被作为从严惩处的对象。因此,从逻辑上说,嫌疑人对侦查人员的提问没有"如实回答",被告人在法庭上拒不认罪,都可被视为一种"抗拒"行为。甚至就连被告人为寻求无罪裁判结果所采取的各种诉讼防御行为，包括提出无罪辩护的意见和证据，申请宣告侦查程序的违法性，要求法院排除某一非法取得的控方证据等，也都被视为"不坦白"或者"抗拒"的表现。

本章所提出的基本假设是，在"坦白从宽、抗拒从严"政策的影响下，中国本土的刑事司法制度有着一个潜在的深层结构，那就是强调被告人的服从义务、排斥被告人与国家追诉机关的对抗、强调诉讼的和解和社会关系的修复、拒绝被告人的诉讼主体资格的传统理念。这一理念不仅阻碍着那些旨在加强被告人诉讼主体地位的程序规则的实施，而且对未来被告人供述自愿法则以及相关制度的确立，将产生很强的排斥效果。对于这种理念以及相关的诉讼程序，本章统称为"义务本位主义的刑事诉讼模式"，以区别于那种建立在被告人与国家机关平等对抗、承认被告人诉讼主体地位基础上的"权利本位主义"的诉讼模式。

二、"坦白从宽、抗拒从严"的历史考察

"坦白从宽、抗拒从严"作为"惩办与宽大相结合"政策的有机组成部分，经历了长期的历史演变。作为中国共产党主要领导人的毛泽东，早在20世纪30年代就提出了"镇压与宽大相结合"的思想，并使之成为中共早期奉行的刑事政策。[1] 最初，这一政策的含义主要是"首恶必办，胁从者不问，立功者受奖"。后来，在镇压反革命运动中，这一政策被改称为"惩办与宽大相结合"，其核心内容也被总结为"首恶必办，胁从不问，坦白从宽，抗拒从严，立功折罪，立大功受奖"[2]。

1952年，时任中央人民政府政务院政治法律委员会副主任的彭真，在对一部法律草案所作的说明中，就明确将坦白从宽、抗拒从严视为"惩办与宽大相结合"政策的一部分。在他看来，

> 为了把惩办与教育相结合、把镇压与宽大相结合以达到惩前毖后和除恶务尽的目的，我们在处理贪污、盗窃案件时，必须贯彻执行毛主席所指示的过去从宽、今后从严，多数从宽、少数从严，坦白从宽、抗拒从严和对国家工作人员从严、对非国家工作人员（除小部分罪大恶极者外）从宽的原则……一方面，对于少数罪行严重、情节恶劣的分子，抗拒运动死不悔改的分子和这次"三反"、"五反"运动后仍有或再犯贪污、盗窃罪行的分子从重或加重惩治；另一方面，对于贪污、盗窃分子中，那些在未被发觉或未被检举前即自动坦白的分子，以及情节轻微偶尔失足的分子，或情

---

[1] 参见高格：《论毛泽东的刑法思想（之一）》，载《吉林大学社会科学学报》，1995（1）。
[2] 罗瑞卿：《我国肃反斗争的主要情况和若干经验》，载《人民日报》，1956-09-20。

节虽较严重但已悔改立功的分子，采取宽大处理和教育改造的方针。①

1956年1月，董必武在《关于肃清一切反革命分子问题的报告》中将"坦白从宽、抗拒从严"视为"镇压与宽大相结合"政策的核心内容。在他看来，

> 我们对反革命分子的政策，从来就是镇压与宽大相结合的政策，这就是"坦白从宽，抗拒从严，立功折罪，立大功受奖"的政策。一切反革命分子，如果拒不坦白，坚持反革命立场，继续与人民为敌，一定要受到国法的严厉惩处。但是只要能够真诚坦白，悔过自新，哪怕就是罪恶严重的，也一定会得到国法的宽大处理，并且只要坦白得彻底，立有功劳，不仅可以获得减刑或者免予处刑，而且还给以参加生产或工作的机会。②

1956年6月1日，最高人民法院在一份旨在总结审判"反革命案件"工作经验的文件中，对于"坦白从宽，抗拒从严，立功折罪，立大功受奖"的政策进行了说明，认为"这是分化、瓦解、孤立以至肃清一切反革命分子的极为重要的政策。对那些拒不坦白……的反革命分子，应该依法从严惩处。对自首的反革命分子，应该根据他坦白的程度予以减刑。罪恶不甚严重而真诚坦白的或罪恶虽然比较严重而坦白真诚，又有显著的立功表现的，应该免予处刑……但是应该把自动坦白和犯人在法庭上因为证据确凿被迫供认加以区别，对于后一种情况虽然不应该从严处理，但是也不应该按'坦白从宽'的原则处理"③。

全国人大1979年颁布的刑法典，正式将"惩办与宽大相结合的政策"列为刑法的立法依据。按照立法决策人士的解释，所谓"惩办与宽大相结合的刑事政策"，是指"对各种犯罪分子根据不同的情况，区别对待，可以分化瓦解犯罪分子，争取多数，孤立、打击少数，促使犯罪分子改造"。而对于"坦白从宽、抗拒从严"的政策，有关人士则作出了以下说明：

> "坦白从宽、抗拒从严"，这个问题在制定刑法时研究过。这个政策在"镇反"、"三反五反"运动中发挥了很大的威力。但是，在"文革"中，被林彪、"四人帮"滥用了，他们把这个口号当成逼供、诱供、整人的手段。我们定罪量刑，要不要考虑悔罪的态度？是要考虑的一个因素，但最根本的是要根据犯罪的性质，即性质、情节和后果，在这个基础上考虑悔改的情况。不能说，犯了严重的罪，因为说了，就可以没罪；犯了轻罪，也不能因为没说就按重罪判刑。什么叫坦白，什么叫抗拒，也要以事实为

---

① 彭真：《关于中华人民共和国惩治贪污条例草案的说明——1952年4月18日在中央人民政府委员会第十四次会议上的报告》，载高铭暄、赵秉志主编：《中国刑法立法文献资料精选》，188页以下，北京，法律出版社，2007。
② 董必武：《董必武法学文集》，323页，北京，法律出版社，2001。
③ 最高人民法院：《1955年肃清反革命分子审判工作经验初步总结》，最高人民法院于1956年6月1日发布。

第五章 义务本位主义的刑事诉讼模式

标准。有犯罪事实,不交待,这是态度不好;胡交待、乱交待也是态度不好……关于"抗拒从严",在工作中掌握起来往往会发生问题,有的把申辩、上诉说成是"抗拒",辩护、上诉是被告的合法权利,不要把上诉、辩护说成是抗拒。①

值得注意的是,立法决策人士在重审这一"坦白从宽、抗拒从严"政策的同时,也对"抗拒"的范围作出了界定,特别是指出被告人行使辩护权的行为不属于"抗拒",也不应因此承受"抗拒从严"的后果。很显然,这是对十年"文化大革命"的教训进行反思的一种结果。但非常遗憾的是,这种强调被告人辩护权不属于"抗拒"行为的言论,后来变得越来越少;有关辩护与抗拒的法律界限问题,至今在理论上仍然没有解决。

与"惩办与宽大相结合"、"宽严相济"一样,"坦白从宽、抗拒从严"并不是一项一成不变的刑事政策。作为一种产生于革命战争年代的政策,"坦白从宽、抗拒从严"始终被打上军事策略的烙印。这就使得"宽大"和"从严"会根据形势的变化而受到不同的强调。按照有的学者的描述:

> 根据同犯罪作斗争的实践经验,适应斗争形势的需要,可以掌握宽严的节奏,又是强调从严的方面,又是强调从宽的方面,宽严的范围可以不同。但是,不能搞片面性或走极端,只严不宽或只宽不严。要做到严中有宽,宽中有严,宽严相济……1981年以来由于社会治安状况不好,中央提出了依法从快从重惩治犯罪的方针,就是根据形势需要,在刑法指导思想上强调从严方面,在基本刑事政策上强调惩办方面,这是正确的,也是符合同犯罪作斗争的规律的……②

20世纪80年代初期的"严打"运动期间,刑事政策中的"严厉"和"从严"的一面受到了高度重视,"坦白从宽、抗拒从严"的政策也被运用到极致。全国人大常委会曾以"勒令通告"的形式要求犯罪人在特定时间内投案自首或者如实坦白自己的罪行。例如,全国人大常委会1982年3月8日通过的《关于严惩严重破坏经济的罪犯的决定》规定,"凡在本决定施行之日以前犯罪,而在1982年5月1日以前投案自首,或者已被逮捕而如实地坦白承认全部罪行,并如实地检举其他犯罪人员的犯罪事实的",一律按以前的法律处理。否则,一律按本决定从重或者加重处理。③

在此后进行的各类"严打"运动中,立法机关和司法机关过分强调对各类犯罪

---

① 1985年5月,时任全国人大法制工作委员会副主任的顾昂然,曾就1979年刑法起草的一些情况和问题作过一次讲座,并发表了对于"坦白从宽、抗拒从严"政策的看法。顾昂然:《立法札记——关于我国部分法律制定情况的介绍(1982—2004年)》,363页以下,北京,法律出版社,2006。
② 高格:《论毛泽东的刑法思想(之一)》,载《吉林大学社会科学学报》,1995(1)。
③ 参见全国人大常委会1982年3月8日通过的《关于严惩严重破坏经济的罪犯的决定》,载高铭暄、赵秉志主编:《中国刑法立法文献资料精选》,375页。

行为的"从重从快"处理,"坦白从宽、抗拒从严"的政策继续受到青睐。最高人民法院、最高人民检察院、公安部一度针对特定的犯罪人发布过"限期自首坦白的通告"。例如,1989年8月15日,两个最高司法机关就针对贪污、受贿、投机倒把等经济领域内的严重犯罪行为,以通告的形式明确表达了"严厉打击"的态度。根据这一通告,查处这类犯罪案件,要"坚决贯彻承办与宽大相结合,坦白从宽、抗拒从严的政策",既要给犯罪人一个悔过自新的机会,也要严惩那些拒不悔罪的犯罪分子。犯有相关罪行的人员,自本通告发布之日起,至1989年10月31日,必须向公检法机关或其他有关部门投案自首。"凡在限期内投案自首、坦白、立功的,均应予以从宽处理",可以依据情况从轻、减轻或者免除刑罚。凡在规定期限内,拒不投案自首,坦白交代问题的,"坚决依法从严惩处"[1]。

又如,公安部2001年4月26日发布了《关于依法严厉打击严重刑事犯罪活动的通告》,敦促"黑恶分子、严重暴力犯罪分子和其他违法犯罪人员,必须立即停止一切违法犯罪活动,并在本通告发布之日起至2001年9月30日前向当地公安机关投案自首,如实交代违法犯罪事实,争取从宽处理"。由此拉开了一次全国性的以"打黑除恶"为龙头的"严打"序幕。

经过全国人大1997年的刑事立法努力,刑法典不再保留"指导思想"的条文表述,"惩办与宽大相结合"的政策也在法律条文中消失了。然而,这一刑事政策并没有随之退出历史舞台,而是通过刑法的有关规定而具体化、法律化了。按照权威人士的解释,这次刑法修改仍然坚持了1979年刑法所确立的基本原则,强调"惩办与宽大相结合",认为这一政策有利于"根据不同情况,区别对待,分化瓦解犯罪分子,争取多数,孤立、打击少数,促使犯罪分子改造"。"犯罪的性质、情节、后果,是定罪量刑的基础。在这个基础上还要考虑是否悔改,有无自首、立功情节"。其中,刑法对自首、立功等所作的从轻、减轻或免除刑罚的规定,既是"坦白从宽"的法律表现,也是惩办与宽大相结合的具体化。[2]

"从重从快打击犯罪"的刑事政策实施二十多年以来,中国的政治、经济、社会环境发生了重大的变化。政治家们逐渐意识到,"严打"的作用是有限的,单靠"严打"并不能完成抑制犯罪和减少犯罪的使命,"严打"的边际效应呈现出递减的趋势。中国社会出现了一种社会冲突和社会对抗逐渐加剧的迹象。为了"最大限度地增加社会和谐因素","最大限度地减少社会不和谐因素","最大限度地防止社会对立","宽严相济"的刑事政策又成为指导刑事司法工作的新政策。[3]

---

[1] 最高人民法院、最高人民检察院1989年8月15日发布的《关于贪污、受贿、投机倒把等犯罪分子必须在限期内自首坦白的通告》,载刘志伟等编:《刑法规范总整理》,410页,北京,法律出版社,2005。
[2] 参见顾昂然:《立法札记——关于我国部分法律制定情况的介绍(1982—2004年)》,373、396、401、445页。
[3] 参见《解读六中全会精神:实施宽严相济的刑事政策》,见新华网,2006-12-09。

在构建"和谐社会"的政治语境中,"宽严相济"的刑事政策也强调"对犯罪分子区别对待,当宽则宽,当严则严",这与长期以来一直坚持的"惩办与宽大相结合"的政策是一致的。但是,在新时期强调"宽严相济",也绝不意味着"宽大"与"从严"的简单结合,而是要求在依法严厉打击严重犯罪的同时,对情节轻微、主观恶性不大的涉嫌犯罪人员,可从宽的依法从宽,能挽救的尽量挽救,给予改过自新的机会。要当宽则宽,对未成年人犯罪案件、因人民内部矛盾引发的轻微刑事案件、初次实施轻微犯罪的人员等,应当依法从宽处理。检察机关对可捕可不捕、可起诉可不起诉的轻微案件,应当慎用逮捕措施或者依法适用不起诉。[①] 法院对犯罪情节轻微或具有从轻、减轻、免除处罚情节的,依法从宽处罚。尤其是对罪当判处死刑但具有法定从轻、减轻处罚情节或者不是必须立即执行的,依法判处死缓或无期徒刑。[②]

在目前强调"宽严相济"的背景下,"坦白从宽、抗拒从严"的政策究竟是否发生变化了呢?其实,无论是法院还是检察机关,在对被告人、嫌疑人作出宽大处理时,普遍都是以被告人主动认罪悔过为前提的。例如,法院适用缓刑的前提是被告人必须认罪;对罪该处死的被告人,如果存在被告人认罪悔过和主动作出民事赔偿情形的,可以改判死缓或者无期徒刑。又如,检察机关对于嫌疑人认罪态度较好且犯罪情节轻微的案件,可以作出不批捕或者适用取保候审的决定;对于认罪悔过并且情节轻微的嫌疑人,可以作出不起诉的决定;对于那些与被害方达成和解协议并积极履行民事赔偿义务的嫌疑人,可以作出"和解不起诉"的决定。可以说,法院、检察院在"宽严相济"政策下所作的几乎所有宽大处理决定,都是以被告人、嫌疑人认罪悔过或者"认罪态度较好"为前提的。这显示出"坦白从宽"仍然是"宽严相济"的内在应有之义。

至于"抗拒从严",如果从"不坦白就不从宽"的角度来评价的话,当然仍然发挥着重要的作用。不仅如此,"宽严相济"的理念还对现行的刑事侦查制度产生实质性的影响。嫌疑人对侦查人员的提问,仍然要承担"如实回答"的义务,而没有保持沉默或者推翻有罪供述的权利,否则,可能会承受各种不利的法律后果;法院对于"认罪态度不好"或者"无理狡辩"的被告人,仍然会作出从重量刑的裁决。这些都显示出嫌疑人、被告人可能因为行使辩护权或者拒不供认有罪而受到某种从严惩罚。

综合上述分析,"坦白从宽、抗拒从严"作为中国的刑事政策,过去曾一度依附于"镇压与宽大相结合"的刑事政策之下,后来成为"惩办与宽大相结合"政策的有机组成部分,目前则与"宽严相济"的政策结合起来,对于中国的刑事司法制度具有持久的影响力。经过数十年的演变,历经政治、社会、经济、文化等方面的

---

① 参见《贾春旺:正确运用宽严相济刑事政策促进社会和谐》,载《检察日报》,2006-11-27。
② 参见田雨等:《最高法院强调宽严相济 去年宣告2 162人无罪》,见中国经济网,2006-03-12。

巨大转型,这一政策迄今仍然是中国刑事立法和刑事司法的"底色",这本身就是一个值得关注的问题。这充分反映出一个制度即便在书本法律层面经历较大的变化,但其深层结构往往具有相对的稳定性,而难以随着表层制度的变迁而有实质性的改变。

"坦白从宽、抗拒从严"的政策具有极强的政治适应性。在革命和战争年代,它属于一种军事斗争的谋略,也就是"消灭、分化、瓦解敌人"和"壮大自己"的重要手段。因为通过实施那种"首恶必办,胁从者不问,立功者受奖"的政策,确实可以达到消灭真正敌人、团结一切可以团结的力量的目的。而这是依靠单纯的镇压手段所不能达到的效果。在历次政治运动期间,"坦白从宽、抗拒从严"的政策被运用到极致。"文化大革命"结束之后,在强调依法治国的政治背景下,"坦白从宽、抗拒从严"顺理成章地成为刑法制定的直接依据,也成为影响刑事诉讼程序的重要因素。因为犯罪人的"坦白"可以成为受到宽大处理的依据,而"抗拒"则被作为从严惩办的理由。20世纪80年代初期以来,在历次"严打"运动中,这一政策中的"惩办"和"从严"的因素受到了强调,甚至与当年的"镇反"运动颇有类似之处。而在近年来强调"和谐社会"的政治背景下,"坦白从宽、抗拒从严"又与"宽严相济"的政策结合在一起,其中的"宽大处理"因素则得到了特别重视。但有关"抗拒从严"的部分则仍然被保留下来,并在刑事司法实践中得到普遍奉行。

三、"坦白从宽"的诉讼效果

"坦白从宽、抗拒从严"的政策对于法院的量刑产生了很大影响。顾名思义,"坦白从宽"意味着被告人若如实供认了犯罪事实,就会在量刑上受到一定的从轻处罚,"坦白"其实就是一种酌定从轻情节;"抗拒从严"则是指那些拒不供认犯罪事实的被告人一旦被确定为有罪,就会在量刑上受到从严惩处,"抗拒"、"不供认"或者"翻供"行为其实属于一种酌定从重情节。

那么,"坦白从宽、抗拒从严"政策所影响的仅仅是法院的量刑吗?在笔者看来,这一政策在影响法院量刑的同时,对刑事诉讼程序具有各种潜在的作用。一方面,这一政策使得嫌疑人、被告人在选择诉讼角色问题上心存顾虑,难以从容不迫地提出无罪辩护意见。毕竟,一种担心"抗拒从严"的心态会对嫌疑人、被告人有效行使辩护权产生负面的影响。另一方面,嫌疑人一旦没有如实回答侦查人员的提问,或者因为推翻有罪供述而被视为"无理狡辩",并因此受到从严惩处,这就在客观上造成了"辩护从严"的结果。嫌疑人、被告人仅仅因为行使辩护权而受到严厉的惩罚,这岂不就对辩护权造成了极为严重的侵犯吗?

"坦白从宽"与"抗拒从严"属于同一刑事政策的不同侧面,它们对于诉讼程序的影响也存在一定的差异。为了使问题得到较为深入的讨论,我们拟对"坦白从宽"和"抗拒从严"的程序效应分别进行考察。总体上看，嫌疑人、被告人的"坦白"可通过两种方式获得"从宽处理"：一是法院直接以"坦白"为依据，对其作出从轻量刑；二是被告人通过供述犯罪事实，促使法院、检察机关选择某种特别的程序，使案件得到快速处理，嫌疑人、被告人也因此被科处较为轻缓的处罚。下面依次对"坦白"的上述影响作一分析，并进一步解释它对于诉讼程序的潜在影响。

1. "坦白"对量刑的直接影响

按照前面的分析，"坦白从宽"对于法院的量刑具有多方面的影响。按照公认的看法，刑法所确立的"自首"、"立功"和"缓刑"等制度集中体现了这一政策的要求。例如，犯罪以后自动投案，如实供述自己的罪行的，是自首；犯罪人揭发他人犯罪行为，经查证属实，或者提供重要线索，从而帮助侦查机关侦破其他案件的，属于立功。对于自首、立功的犯罪人，法院可以作出从轻、减轻或者免除刑罚的"宽大处理"。又如，对于被判处拘役或者3年以下有期徒刑的犯罪人，法院根据其犯罪情节和认罪悔过的表现，认为适用缓刑不致再危害社会的，可以对其适用缓刑。根据刑事司法的惯例，法院对犯罪人适用缓刑的前提条件之一，就是犯罪人如实供认了自己的犯罪事实，并有较好的"认罪悔过态度"。

无论是自首、立功还是缓刑，都是以犯罪人供认犯罪事实为适用前提的。其中，自首属于"如实供述自己罪行"的行为，立功属于"如实揭发他人犯罪事实"的行为，而缓刑的适用除了要具备认罪的条件以外，更增加了"悔罪"这一新的要求。尤其是根据1997年刑法新增加的规定，被采取强制措施的嫌疑人、被告人，以及正在服刑的犯罪人，如实供述司法机关尚未掌握的犯罪事实的，还以自首论处。这就使那些如实供述犯罪事实的嫌疑人、被告人，可以通过被认定为自首来获得法院的"宽大处理"。

嫌疑人、被告人如实供述犯罪事实的，即便不被认定为自首，也可以被视为"坦白"，并受到宽大处理。根据最高人民法院的司法解释，法院对于自愿认罪的被告人，可以酌情予以从轻处罚。例如，1984年，最高人民法院、最高人民检察院、公安部在一项联合发布的法律文件中，以"惩办与宽大相结合"的政策为指导，对执行"坦白从宽"政策问题确立了一些原则性的规定。按照这一解释，"坦白通常是指犯罪行为已被有关组织或者司法机关发觉、怀疑，而对犯罪分子进行询问、传讯，或者采取强制措施后，犯罪分子如实供认这些罪行的行为"。对于罪犯确能坦白其罪行的，"视坦白程度，可以酌情从宽处理"①。这是最高司法机关第一次对"坦白"的认定和处理作出司法解释。根据这一解释，"坦白"本身尽管不属于自首和立功的范畴，但仍具有"法定从轻情节"的效果。

又如，根据最高人民法院、最高人民检察院、司法部2003年联合发布的两项

---

① 最高人民法院、最高人民检察院、公安部1984年发布的《关于当前处理自首和有关问题具体应用法律的解答》，载刘志伟等编：《刑法规范总整理》，408～409页。

司法解释，在适用普通程序审理"被告人认罪案件"以及适用简易程序审理公诉案件过程中，法院对于自愿认罪的被告人都可以"酌情予以从轻处罚"①。这就进一步明确了"如实供述犯罪事实"在刑法上具有"法定从轻情节"的法律效果。

既然"坦白"和"自愿认罪"都属于法定从轻量刑情节，那么，法院遇有被告人"如实供述犯罪事实"的情况，就可以此为依据，对被告人在法定刑幅度内科处较轻的刑罚。由此，被告人的"认罪态度"，就成为法院在确定量刑时所要考虑的一项重要因素。这种"认罪态度"既包括被告人在法庭上供述犯罪事实的情况，也包括被告人在审判前向侦查人员、公诉人员供认犯罪事实的情况。按照中国的刑事司法惯例，对于那些"认罪态度较好"的被告人，法院通常都会以此为由作出从轻处罚。这一点通常会在裁判文书中明确加以载明。②

在近年来法院判处的影响重大的高官受贿案件中，大多数没有被判处死刑立即执行的被告人，他们都被法院认定为"认罪态度较好"，"有悔罪表现"，或者"具有坦白情节"，并据此作出了从轻处罚。例如，在刘方仁受贿案中，法院认定刘方仁受贿达 600 余万元，但"鉴于刘方仁认罪态度较好，具有坦白情节，且赃款已追缴"，故从轻判处无期徒刑。③

在李国蔚受贿案中，法院认定李国蔚受贿近 200 万元，但"鉴于被告人李国蔚在法庭上如实供述主要犯罪事实，大部分赃物、赃款被追回，可以依法酌定对其从轻处罚"，最终判处无期徒刑。④

在李信受贿案中，法院认定其受贿的金额达 450 余万元，但"鉴于李信认罪态度较好，具有坦白情节，且赃款、赃物已追缴"，从轻判处无期徒刑。⑤

在马德受贿案中，法院认定其受贿金额达 600 余万元，但"鉴于马德在被审查期间，如实供述了有关机关尚未掌握的部分犯罪事实，具有坦白情节；检举他人涉嫌受贿犯罪，经查证属实，具有立功表现，其主动交代为司法机关侦破其他案件起到积极作用"，最终判处死缓。⑥

---

① 最高人民法院、最高人民检察院、司法部 2003 年 3 月 14 日公布的《关于适用普通程序审理"被告人认罪案件"的若干意见（试行）》，以及上述三机关同时公布的《关于适用简易程序审理公诉案件的若干意见》。
② 中国司法实践中一直有"坦白从宽，牢底坐穿；抗拒从严，回家过年"的说法，似乎显示出坦白者未必会受到宽大处理，而抗拒者也不一定会受到严厉处罚。但实际上，无论是坦白还是抗拒，对于法院的定罪似乎并没有明显的影响，它们主要影响的是法院的量刑。被告人一旦被认定"认罪态度较好"的，往往（并非必然）会受到一定的宽大处理。
③ 参见北京市高级人民法院（2004）高刑终字第 470 号刑事裁定书，载《刑事审判参考》，总第 39 集，北京，法律出版社，2005。
④ 参见江西省赣州市中级人民法院（2005）赣中刑二初字第 4 号刑事判决书，载《刑事审判参考》，总第 42 集，北京，法律出版社，2005。
⑤ 参见山东省高级人民法院（2005）鲁刑二终字第 147 号刑事裁定书，载《刑事审判参考》，总第 45 集，北京，法律出版社，2006。
⑥ 参见北京市高级人民法院（2005）高刑复字第 564 号刑事裁定书，载《刑事审判参考》，总第 48 集，北京，法律出版社，2006。

在田凤山受贿案中，法院认定其受贿金额近500万元，但"鉴于田凤山因涉嫌受贿被审查后，坦白了有关部门不掌握的受贿事实，认罪悔罪，积极退赃，依法可以对其从轻处罚"，最终判处无期徒刑……①

2."坦白从宽"的程序后果

按照法学界通常的说法，与"抗拒从严"相比，"坦白从宽"因为使嫌疑人、被告人通过认罪悔罪而受到量刑上的优惠，所以，只要这种认罪是自愿的、明智的和有一定事实基础的，那么，这种对认罪者的宽大处理就是可以接受的，也是具有正当性的。一些研究者甚至举出美国辩诉交易的例子，以证明"坦白从宽"具有普遍的适用性。②但是，也有一些评论者对"坦白从宽"和"抗拒从严"都没有任何好感，作出了"坦白从宽是诱供"、"抗拒从严是逼供"的尖锐评价。③

这些针对"坦白从宽"所作的评价，体现了研究者的价值取向，也属于一种"仁者见仁、智者见智"的主观评断。笔者这里不想陷入这种主观性十足的价值判断之中，而打算就"坦白从宽"对诉讼程序的深层影响作一客观层面的解释。

从中国刑事司法实践的情况来看，嫌疑人、被告人面对各种"坦白从宽"政策的诱惑，其实并不具有选择上的自愿性和自主性。假如我们将嫌疑人、被告人的原始状态视为一种可自由行使辩护权的当事人的话，那么，面对"坦白从宽"的刑事政策，他们究竟是在怎样的心态下断然放弃辩护权，而追求一种"认罪态度较好"的法律评价呢？在笔者看来，"坦白从宽"对嫌疑人、被告人诉讼角色的选择具有三个方面的效应：一是"诱惑弃权效应"，也就是诱使嫌疑人、被告人为获得量刑上的优惠，或者为了获得令其满意的实体处理结局，而"自愿放弃"无罪辩护和拒绝供述犯罪事实的机会；二是"恐惧惩罚效应"，亦即令嫌疑人、被告人担心因为拒绝"坦白"而失去"从宽处理"的机会；三是"反悔逆转效应"，那些供述犯罪事实的嫌疑人、被告人一旦推翻原来的供述，就可能无法受到实体上的宽大处理。对于上述三个方面的效应，笔者下面逐一加以分析。

"诱惑弃权效应"的实质在于促使嫌疑人、被告人作为一个经济学上的理性人，在拒绝供述犯罪事实与放弃辩护权之间进行利害权衡，最终作出一种损失最小的法律选择。尽管按照无罪推定的原则，嫌疑人、被告人在法院作出生效判决之前，都属于"法律上无罪的人"，但是，面对未来很可能发生的有罪裁决结局，他们一旦断定无罪裁判的可能性微乎其微之后，一般就会选择放弃辩护权，而供述犯罪事实。因此，无论是自首、立功还是单纯地供述犯罪事实，嫌疑人、被告人所寻求的无非是法院从轻、减轻或者免除刑罚的有利结果。至于被告人对简易程序的选择，以及追求与被害方达成刑事和解协议，也是为了在说服法院从轻量刑或者动员检察

---

① 参见北京市第二中级人民法院（2005）二中刑初字第2303号刑事判决书，载《刑事审判参考》，总第50集，北京，法律出版社，2006。
② 参见刘涛等：《坦白从宽，抗拒从严的反思与重构》，载《社会科学研究》，2005（1）。
③ 参见江晓阳：《沉默权走近我们》，载《南风窗》，1999（9）。

机关放弃刑事追诉行动方面增加一些砝码。

那么,嫌疑人、被告人为了得到各种"宽大处理",究竟放弃了哪些权利和机会呢?可以肯定的是,他们的有罪供述是有利于侦查机关侦查破案、公诉机关成功地完成追诉任务的,也往往会促使法院作出有罪裁判。严格说来,"坦白从宽"也并非对法院的定罪没有任何影响,在"坦白"与"从宽"之间往往经历了法院的"有罪裁判"环节。尤其是嫌疑人一旦投案自首或者供述犯罪事实,被告人一旦认罪并选择了简易程序,他们其实在主观上放弃无罪辩护权的同时,在客观层面也失去了获得法院无罪裁判的机会。毕竟,现行的刑事诉讼制度已经越来越明确地将这两种程序设计成针对被告人有罪供述的审查和确认过程,法官在此种程序中对被告人犯罪事实的审查几乎完全转化为对其量刑的选择。而在刑事和解制度中,除非公安机关、检察机关直接作出了撤销案件、不起诉的决定,否则,嫌疑人、被告人通过认罪和主动赔偿所带来的几乎肯定是法院的有罪判决结果。这样说来,"坦白"一般会带来法院的有罪裁判结果,这是司法实践的一个自然逻辑。

当然,刑事诉讼法是禁止"仅仅根据被告人的有罪供述而作出有罪裁判"的。法院即便在被告人供认犯罪事实的情况下,也要与其他证据结合起来确定被告人是否有罪,这是中国刑事证据法上的一个基本原则。不过,嫌疑人、被告人的"坦白"也确实对侦查机关搜集犯罪证据的活动起到促进作用,被告人供述本身甚至可以成为侦查机关搜集其他证据的"证据之源"和破案的捷径;被告人的认罪和对简易程序的选择也直接省去了法院组织法庭调查和法庭辩论的主要环节,而使审判越过定罪问题而进入有关量刑问题的讨论。

至于"恐惧惩罚效应",可以被解读为嫌疑人、被告人因担心失去"宽大处理"的机会而不得不作出有罪供述,甚至被迫放弃无罪辩护的机会。尽管失去"从轻处罚"的机会本身并不构成完整意义上的法律惩罚,但从社会心理学层面来看,"坦白从宽"政策的实施本身就对嫌疑人、被告人施加了一定的心理压力。因为他们一旦拒绝"坦白",就会失去获得各种量刑优惠的机会和可能,因此相对于那些通过"坦白"而获得宽大处理的人而言,因没有"坦白"而无法获得宽大处理本身就带有一定的惩罚意味。

我们可以对两个可能被判处 10 年有期徒刑的被告人的选择作一对比。正如前面的案例所显示的那样,假如其中一个被告人"坚定"地供述犯罪事实并"自愿"选择了简易程序,则法院可以对其判处 5 年有期徒刑。另一个被告人心存幻想,拒绝供述犯罪事实,或者推翻了原来的供述,或者拒绝选择快速审理程序,法院直接对其判处了 10 年有期徒刑。两相比较,前一个被告人因为认罪而受到从轻处理,后一个被告人则因为没有坦白而受到较重的刑事处罚。尽管法院对后一个被告人的量刑仅仅属于"没有从轻和减轻"而已,但法院对前一被告人的轻缓处理已足以使后一被告人产生"受到惩罚"的感觉。这种感觉不仅会令被告人本人感到失望和沮丧,而且还会带来一种连锁效应,使得未来的嫌疑人、被告人"引以为戒",不再动辄推翻有罪供述,更不敢轻易作任何"不切实际"的无罪辩护了。

"反悔逆转效应"主要是指嫌疑人、被告人一旦供认了犯罪事实,就很难中途推翻有罪供述,或者改作无罪辩护。因为他们的"反悔"往往意味着不再有获得"宽大处理"的机会。而在"恐惧惩罚效应"的作用下,嫌疑人、被告人的翻供将使原来围绕着认罪所做的一切努力付诸东流。对于很多原来受到某种不当侦查行为诱惑的被告人而言,这种"反悔即受惩罚"的效果,无疑会使他们在忍气吞声地认罪与推翻有罪供述之间犹豫彷徨。而选择前者,就意味着不得不违心地默认违法侦查的结果;选择后者,则肯定会失去任何"从轻量刑"的机会,从而在客观上因为"不配合"而招致惩罚。

可以看出,"坦白从宽"透过对法院量刑的影响以及对诉讼程序的左右,使嫌疑人、被告人经常进退两难。对于"事实上有罪"的被告人而言,这一政策或许是无可厚非的。因为它可以越过定罪这一环节直接作用于有罪被告人的量刑问题。但对于那些"事实上无罪"或者"难以认定法律上有罪"的被告人来说,这一政策则对辩护权的行使构成了重大的损害,甚至有可能迫使被告人违心地选择认罪。但需要指出的是,所谓"事实上有罪"和"事实上无罪",都是研究者的一种假设而已。对于侦查人员、公诉人和法官而言,一个被告人属于"事实上有罪"还是"事实上无罪",究竟根据什么来加以判断呢?其实,既然任何人都无法确切地知道被告人"事实上是否有罪",那么,我们何不将所有被告人都假定为"法律上无罪"的人呢?从这一角度出发,"坦白从宽"无疑既违背了无罪推定原则的基本理念,也从不同的角度损害了所有被告人的辩护权。

四、嫌疑人的如实回答义务

与"坦白从宽"所具有的诱惑和激励效应不同的是,"抗拒从严"的政策会导致那些拒不供述犯罪事实的嫌疑人、被告人承受不利的后果,甚至因此遭受惩罚。当然,"坦白从宽"本身也具有一定的惩罚效应,因为"不坦白"就无法获得"宽大处理",这本身就属于对拒绝"坦白者"的一种"惩罚"。如果说"不坦白"只是意味着嫌疑人、被告人无法受到从轻、减轻或免除刑事处罚的"量刑优惠"的话,那么,"抗拒"则作为一种量刑情节,可能成为法院从重量刑的依据。由此看来,相对于"不坦白"来说,"抗拒"的嫌疑人、被告人其实会受到更直接的严厉惩罚。

作为刑事政策层面的术语,"抗拒"其实是一个十分模糊的概念。迄今为止,无论是立法决策人士还是司法界高层,都明确表示被告人依法从事辩护活动本身,并不属于"抗拒"行为,也不能因此受到"从严"的惩处。然而,这种表态本身就已经显示出,至少在一些地方的司法实践中,嫌疑人、被告人的某些辩护活动是有可能与"抗拒从严"的政策发生冲突的。那么,根据现行的刑事司法实践,"抗拒"究竟是指哪些行为?而针对嫌疑人、被告人的"抗拒"行为,公检法三机关究竟会采取哪些"从严"惩罚措施呢？

根据笔者的长期观察，中国刑事司法中的"抗拒"行为可能发生在侦查、起诉和审判等各个阶段，主要是指两种情况：一是嫌疑人对于侦查人员、公诉人的提问，没有"如实回答"；二是被告人在法庭审理中"认罪态度不好"。在前一情形下，嫌疑人的行为属于对抗侦查、违反"如实回答义务"，将因此受到各种不利的影响，甚至在后来的法庭审理中可以被作为"认罪态度不好"的证据，从而受到从重量刑。而被告人一旦在法庭上被认定为"认罪态度不好"，法院就可以将此作为量刑的"酌定从重情节"。在以下的讨论中，我们首先分析"如实回答义务"以及违反这一义务的法律后果问题，然后再来揭示"认罪态度"及其与"抗拒从严"的关系问题。

中国刑事诉讼法确立了嫌疑人的"如实回答义务"。根据这一义务，对于侦查人员的提问，嫌疑人既应回答问题，也要"如实"回答问题，而没有保持沉默或者作"虚假陈述"的权利。很多人都根据这一义务推论出中国刑事诉讼中没有确立嫌疑人的沉默权，并认为这是"坦白从宽、抗拒从严"政策的法律表现。

但是，既然嫌疑人负有"如实回答的义务"，那么，在嫌疑人保持沉默或者作"虚假"陈述的场合下，他们究竟要承担怎样的法律责任呢？对于这一问题，研究者莫衷一是，难以给出明确的解释。当然，绝大多数人都认为嫌疑人没有承担这一义务，并不意味着侦查人员可以对其采取刑讯逼供等非法讯问措施。毕竟，刑事诉讼法和司法解释都明文"禁止刑讯逼供"，也禁止采取"威胁、引诱、欺骗"等非法手段搜集证据。最多，侦查人员对于那些拒不如实供述的嫌疑人，可以将其视为"负隅顽抗"或者"对抗侦查"。但问题真的这么简单吗？

在笔者看来，作为"坦白从宽、抗拒从严"政策的最主要法律表现，刑事诉讼法对于"如实回答义务"的规定其实将嫌疑人置于非常被动和消极的处境之中，既剥夺了嫌疑人的辩护权，也损害了嫌疑人的当事人地位。对于这一"如实回答义务"，我们需要从立法原意和实践效果这两个层面作出客观的分析。至于这一义务条款究竟是否具有正当性，应当以何种方式予以废除，这应属于价值判断和立法对策层面的问题，而很难以科学方法加以考察。对于这些问题，笔者暂且不去讨论。本章所要讨论的是在"坦白从宽、抗拒从严"政策的影响下，嫌疑人的"如实回答义务"究竟产生了哪些程序效应。

迄今为止，笔者尚未发现立法决策人士对于嫌疑人的"如实回答"条款所作的权威解释。不过，根据一些曾参与过1979年刑事诉讼立法的学者的分析，我们可以对这一条款的立法意图有大致的了解。按照一位资深学者的看法：

> 如实回答的规定不仅适用于侦查阶段，在起诉、审判阶段，被告人对检察、审判人员的讯问，也应如实回答。如实回答的具体要求是：有罪的被告人应如实供认罪行，提供自己能提供的证据；无罪的被告人则应如实陈述无罪事实，提供自己能提供的证据或线索。对有罪者，要求他如实供

认罪行,既有利于司法机关及时、准确地查明案情,正确处理案件,也使罪犯本人能获得从宽处理,并在认罪的基础上加速改造。对无罪者,要求他如实陈述无罪的事实,有利于司法机关迅速查明案情,查获真正的犯罪分子,也可使他从刑事追诉中尽早解脱。因此,这一规定既有利于与犯罪作斗争,又有利于保护被告人(无论他有罪或无罪)的合法权益,亦有利于刑事诉讼直接目的的实现。被告人有如实陈述的义务,不等于被告人负有举证责任……被告人不能证明自己无罪,并不能据此得出他有罪的结论……①

上述这段文字为我们考察"如实回答义务"的立法原意提供了非常重要的依据。我们可以看到,嫌疑人的如实回答义务与中国刑事诉讼法的"任务"是一脉相承的。按照现行刑事诉讼法的规定,刑事诉讼要在查明犯罪事实、正确适用刑法的基础上,完成"惩罚犯罪"和"保障无罪的人不受追究"的双重使命。嫌疑人只有"如实陈述",才能使那些"真正的犯罪人"被绳之以法,同时追求国家的宽大处理,而那些"事实上无罪"的被告人也可以洗清罪嫌,尽早解脱。"如实陈述"既有利于国家惩罚犯罪,也有助于无罪的被告人免受刑事追究,因此符合刑事诉讼法的基本"立法意图"。

同时,"如实回答义务"与中国主流的司法认识论存在密切的理论联系。按照这种认识论,刑事诉讼主要是一种旨在发现犯罪事实的活动,公检法三机关作出任何诉讼决定,都要尊重"事实真相"。嫌疑人、被告人作为重要的当事人,也要通过提供证据材料,来协助司法机关发现事实真相。所谓"如实回答",就是要求嫌疑人、被告人按照客观事实的原貌,如实陈述案件事实。"如实回答"问题的要求,使得被告人陈述的真实性受到了强调,其证据来源的属性受到了重视。

但是,过于强调嫌疑人、被告人的"证据来源"属性,势必忽略其当事人和辩护方地位;过于重视口供的"真实性",也会使其"自主性"、"自愿性"受到轻视。因为从行使辩护权的角度来看,嫌疑人、被告人承担所谓"如实辩护"的义务,这是难以成立的命题。而从维护口供自愿性、避免使被告人被迫自证其罪的层面来看,"自由自愿地进行陈述"这一命题本身,就包含了有权"放弃陈述权"和可以"作出虚假陈述"的含义。不仅如此,"如实回答义务"的立法条款将侦查人员、起诉人员、审判人员都想象成"了解案件事实真相"的"超人",仿佛任何刑事案件都存在一个可供参照的事实标准,足以使人判断嫌疑人、被告人是否"如实供述了犯罪事实",或者"如实提供了无罪辩解"。但是,在侦查、起诉和审判过程中,案件事实尚未查明,"事实真相"尚不明晰,侦查人员、起诉人员和审判人员真的会像上帝神明那样,具有"明察秋毫"的高超本领吗?他们凭借什么来判断嫌疑人、

---

① 严端:《被告人如实陈述与沉默权》,载蔡墩铭主编:《两岸比较刑事诉讼法》,101页以下,台北,五南图书出版公司,1996。

被告人究竟是否如实陈述了呢？

如此看来，立法者对"如实回答义务"的确立，固然有着"不枉不纵"和"发现事实真相"等方面的考虑，但这种立法意图本身是有问题的。立法者其实是通过一种"认识论上的完美主义"的表述，传达了"不枉不纵"的政治理念。而这种对"理想裁判结果"的偏重，注定会导致法律程序的正当性受到牺牲。道理很简单，只要立法者将某一"乌托邦"式的诉讼理想奉为诉讼各方都要致力实现的目标，那么，任何可能阻碍着理想目标实现的制度和规则就都不具有正当性了。可以想象，在"不枉不纵"和"发现真相"的大旗之下，嫌疑人、被告人的沉默、翻供、无罪辩解及其处心积虑地采取的各种诉讼防御行动，不都失去了政治上和哲学认识论上的"正确性"了吗？其实，立法者所表达的"发现真相"理念，与现代诉讼制度所蕴涵的禁止强迫自证其罪的思想，完全是风马牛不相及的不同层面问题。通过强迫嫌疑人"如实回答"来追求"不枉不纵"的政治理想，其实会剥夺被告人供述的自愿性，甚至导致其诉讼主体地位受到损害。

以上不过是对"如实回答义务"的立法意图所作的反思。但是，刑事司法的基本经验表明，立法者的"立法原意"几乎没有不受到曲解的，立法者的立法意图也是很难得到完整实现的。对于"如实回答义务"，我们还需要关注其司法实践效果，并从中发现"抗拒从严"政策的实施状况及其对诉讼程序的影响。

在履行"如实回答义务"过程中，嫌疑人的行为究竟在何种情况下才具有"抗拒"的性质？其实，"如实回答"既包含"回答提问"的义务，也对嫌疑人提出了"如实陈述"的要求。与此相对应，"抗拒"也表现为两种情况：一是拒绝回答提问，对侦查人员的提问保持沉默；二是拒绝"如实陈述"，作出了无罪的辩解，或者推翻了原来的有罪供述，而改作无罪的辩解。

在前一情况下，嫌疑人既不作有罪供述，也没有作无罪的辩解，而是始终保持沉默，拒绝回答侦查人员的任何提问。在司法实践中，这种保持沉默的情况一般被视为"对抗侦查"或"负隅顽抗"的标志，也当然被视为"认罪态度不好"甚至"拒不认罪"的表现。而后一种情况则要复杂一些。嫌疑人面对犯罪证据，拒不认罪并作出无罪辩解的，固然可以被认定为"无理狡辩"，但在实践中发生的概率并不太高。刑事侦查中最常见的"抗拒"情况还是嫌疑人在作出有罪供述之后，又否定了原来的供述，而改作与原来供述不一致或者相互矛盾的陈述，甚至出现反复翻供的情况。当然，这种翻供既可能发生在侦查阶段，也可能在审查起诉和法庭审判过程中出现。

那么，"抗拒从严"又体现在哪些方面呢？换言之，那些没有履行"如实回答义务"的嫌疑人，究竟会承担怎样的法律后果呢？

首先，嫌疑人在侦查阶段没有如实陈述，或者在审查起诉或审判阶段推翻原来的有罪供述的，公诉人在法庭上一般会指出被告人"认罪态度不好"、"无理狡辩"或者"拒不坦白自己的罪行"，并要求法院在量刑时作出从重处罚。这显然涉及被告人的认罪态度问题，法院会将被告人曾经"没有如实回答"这一点作为从重量刑的酌定情节。对于这一问题，笔者将在后面专门讨论。不过，我们这里至少要指出一点：嫌疑人拒不"如实回答"侦查人员的提问，确实会承受不利的后果，或者受到一定的惩罚。既然嫌疑人一旦被认为没有"如实回答"，侦查机关、公诉机关就会促使法院进行严厉惩处，那么，"如实回答"显然就具有了法律义务的属性。

其次，"如实回答义务"的设定，使得嫌疑人失去了供述的自主性和自愿性，而被迫提供足以自证其罪的言词证据。由于不存在一个可以检验嫌疑人是否"如实回答"的客观标准，侦查人员往往会按照自己对案情的了解来充当认定嫌疑人是否"如实陈述"的裁判者，因此，嫌疑人只要作出与侦查人员所掌握的信息和线索相吻合的供述，就被认为"如实回答"了提问。否则，侦查人员就会武断地认定其拒绝"如实回答"。

如此看来，所谓的"如实陈述"，在实践中经常变成"如实供述犯罪事实"，甚至演变为"顺着侦查人员的思路供述犯罪事实"。侦查人员事实上成为确定嫌疑人有无如实陈述的裁判者，嫌疑人的沉默和无罪辩解都被视为不履行"如实回答义务"的标志。在"如实回答义务"的作用下，嫌疑人的沉默和无罪辩解都会被视为拒不如实陈述的"抗拒"行为，不具有政治上和道义上的正当性，其诉讼主体地位完全丧失。

再次，遇有嫌疑人拒不"如实回答"的情形，侦查人员为了获取有罪供述，经常对嫌疑人连续不断地进行预审讯问，或者将嫌疑人押送至看守所以外的秘密场所，在侦查人员直接控制嫌疑人生存状态的情况下谋求嫌疑人的有罪供述。当然，为了应对嫌疑人拒不供述犯罪事实的情形，侦查人员还可以对其采取各种带有强迫性、诱惑性、威胁性的非法讯问手段，甚至不惜采取足以令嫌疑人身体感到疼痛、精神遭受痛苦的措施。

当然，这并不意味着嫌疑人拒不如实供述的"法律后果"就是刑讯逼供。无论是刑事诉讼法还是司法解释，都明确禁止侦查人员采取刑讯逼供以及威胁、引诱、欺骗等非法手段获取犯罪证据，确立了非法证据排除规则，以避免侦查人员通过这种措施所获取的"非法证据"转化为定案的根据。这显然说明，中国法律尽管赋予了嫌疑人"如实回答"的义务，但并没有将刑讯逼供作为制裁拒不履行该义务的嫌疑人的法定措施。至于有人推论说，按照侦查人员的理解，既然嫌疑人负有"如实回答"的义务，那么，对于没有履行这一义务的嫌疑人，侦查人员就可以采取各种"惩罚措施"。这恐怕属于一种附会之词，应当是不值一驳的。

不过，我们也应当看到，在现行刑事侦查体制下，看守所完全处于公安机关的控制之下，整个预审讯问过程又是高度封闭的、秘密的，嫌疑人得不到任何律师的帮助。可以说，这种预审讯问体制本身就使得侦查人员在采取刑讯逼供方面具有极大的便利和条件。嫌疑人面对侦查人员的提问，一旦保持沉默，或者推翻原来所作的有罪供述，就会被视为"对抗侦查"，侦查人员对嫌疑人采取各种旨在获取有罪供述的违法措施，也就在所难免了。可以说，"如实回答义务"的设定，一方面使嫌疑人在面对侦查人员的预审讯问时处于心理上的劣势，难以组织有效的防御，另一方面也使侦查人员在政治上和道义上具有较强的心理优势，以致断定为促使嫌疑人"如实供述"而采取各种"变通措施"，都是具有正当性的。而在这种心理优势的作用下，侦查人员很难控制"变通措施"的界限，动辄采取延长讯问时间等各种足以制服嫌疑人的讯问手段。

五、被告人的认罪态度

作为"抗拒从严"政策的重要法律表现，"如实陈述义务"使嫌疑人难以自主、自愿地选择自己的诉讼角色，也使得侦查人员在强迫嫌疑人"如实供述犯罪事实"方面拥有极大的心理优势，可以动辄采取各种足以"击溃嫌疑人心理防线"的预审讯问措施。相比之下，法院在审判阶段则以被告人的"认罪态度"作为量刑的重要酌定情节，特别是对那些"认罪态度不好"、"无理狡辩"、"拒不坦白"的被告人，可以此为根据，在法定量刑幅度内选择适用较重的刑事处罚。这种针对"认罪态度不好"的被告人所采取的严厉惩罚，实质上是"抗拒从严"政策的另一重要表现。

所谓"认罪态度不好"，既可以指被告人在侦查阶段没有"如实回答"、在审查起诉阶段没有"如实供述"，也可以指被告人在法庭审理中拒不供认犯罪事实，提出了各种无罪辩护意见。在中国刑事审判制度中，公诉机关对于法院认定被告人"认罪态度不好"起到了积极的推动作用。具体而言，遇有被告人在侦查、审查起诉或者审判阶段保持沉默，或者反复推翻有罪供述，或者提出其他无罪辩护意见的，出庭支持公诉的检察官通常会向法庭指出：被告人"认罪态度不好"、"无理狡辩"，并当庭要求法庭从重量刑。对于公诉方的这种诉讼请求，法庭在大多数情况下都会予以采纳，并在裁判文书中以此为依据作出较为严厉的处罚。

法院认定被告人"认罪态度不好"的典型情况，是被告人当庭否认检察机关指控的犯罪事实，并作出了无罪辩护。以下是山东省济南市中级法院对王怀忠案件所作的一审判决书中的相关表述：

> 被告人王怀忠受贿犯罪数额特别巨大……犯罪情节特别严重，且在确凿的证据面前，百般狡辩，拒不认罪，态度极为恶劣，应依法严惩……[1]

一审法院以受贿罪判处被告人王怀忠死刑。对于上述裁判意见，山东省高级法院在二审裁定书中给予确认，认为"王怀忠的罪行极其严重，在本院审理期间，其对所犯大部分罪行予以供认，但并非全部认罪，其表现并非真诚悔罪，不足以从轻处罚"[2]。

---

[1] 山东省济南市中级人民法院（2003）济刑二初字第32号刑事判决书，载《刑事审判参考》，总第35集，北京，法律出版社，2004。
[2] 山东省高级人民法院（2004）鲁刑二终字第6号刑事裁定书，载《刑事审判参考》，总第35集。

最高人民法院经过死刑复核程序作出了维持原审裁判的刑事裁定书，并对王怀忠在一审和二审程序中的认罪态度作出了最终评价："在一审期间，王怀忠拒不认罪；二审期间，王怀忠对其所犯大部分罪行予以供认，但对有确凿证据证明的其他犯罪事实仍予以否认，不足以从轻处罚。"①

一审法院和二审法院以被告人王怀忠"认罪态度不好"从重判处其死刑，最高人民法院对这一裁判理由给予了确认。这显示出中国法院系统的一种内在裁判逻辑：被告人当庭拒不认罪、作出无罪辩护的行为，其实是一种"抗拒"国家刑事追究的表现；对于这种"抗拒"行为，法院通过采取从重处罚措施，来对其作出否定性的评价，并警告那些潜在的"犯罪人"，不要试图通过这种方式来对抗国家的刑事追究。为了使这种裁判逻辑更具有合理性，法院还明确指出，被告人竟然在"确凿的证据面前"无理狡辩，态度极为恶劣，这似乎容易使人产生道义上的愤慨。按照这一逻辑，在公诉方没有掌握足够证据的情况下，被告人拒不认罪、作出无罪辩护似乎是可以容忍的；而在犯罪证据确实、充分的情况下，被告人的任何辩解举动就都属于"负隅顽抗"了。

但是，未经被告人、辩护人的有效辩护，法院怎么能如此自信地认为犯罪"证据确凿"呢？在法庭审理开始后，即便公诉方举出了非常充分的证据，这也顶多属于"公诉证据较为充分"，而根本不能得出"犯罪证据确凿"的结论。法院认为"犯罪证据确凿"，只能说明法官们对于公诉方的证据予以全部采纳和认可，甚至在法庭审理之初就已经形成了被告人有罪的预断。而在法庭审理之后所作的裁判文书中，法院对于当庭拒不认罪的被告人所采取的从重处罚措施，也只能说明法官们当初就否认被告人有无罪辩护的权利，并通过严厉惩罚拒不认罪的被告人来贯彻"抗拒从严"的政策。很显然，这种"抗拒从严"实质上就是"辩护从严"，也就是通过使那些选择无罪辩护的被告人付出严重代价，来惩罚被告人的辩护行为，并促使其他被告人放弃辩护权。

被告人被认定"认罪态度不好"的第二种情况，是当庭推翻了原来所作的有罪供述，并辩称原来的有罪供述是在受到侦查人员刑讯逼供的情况下作出的。对于这种被告人，法院也按照"抗拒从严"的政策作出了从重处罚。以下的例子显示了这方面的情况：

> 被告人张某原系广州海关走私侦查分局侦查处三科副主任科员。2002年1月30日，检察机关向法院提起公诉，指控张某犯有诈骗罪。在法庭审理中，原本向侦查机关作出有罪供述的张某，突然当庭翻供，并辩解说自己原先在检察机关所作的供述，是在受到侦查人员刑讯逼供的情况下作出的。法院经过审理认定张某诈骗罪名成立。但法院同时认为，被告人张某在供认犯罪事实后又翻供，认罪态度不好，应从严惩处，据此对其判处

---

① 最高人民法院（2004）刑复字第15号刑事裁定书，载《刑事审判参考》，总第35集。

有期徒刑一年半。被告人不服一审判决提出上诉后，广州市中级法院最终作出了维持原判的终审裁决。①

上述案例显示出，被告人当庭提出的这种程序性辩护，不仅得不到法庭的采纳，也难以成为法庭的裁判对象，甚至被告人还会因为从事这种辩护而遭受实体上的惩罚。按照中国的司法裁判逻辑，被告人拒不认罪本身就属于"抗拒"行为，更不用说这种旨在挑战侦查行为合法性的程序性辩护了。本来，被告人所作的程序性辩护属于一种针对侦查行为之合法性的攻击性辩护，这种辩护与那种旨在挑战行政处罚之合法性的行政诉讼请求并无实质上的区别。但是，在"抗拒从严"政策的影响下，被告人的这种诉讼挑战行为最终被认定为"对抗国家刑事追究"行为。在这里，我们可以清晰地看到一种带有军事战争色彩的思维，这对于现代的司法程序理念构成了严峻的挑战。如果我们接受这一裁判逻辑，那么，任何受到行政处罚的公民，都不能对行政处罚的合法性提起诉讼并要求法院作出无效之宣告。因为公民只有接受行政机关管理和处罚的义务，而没有挑战行政处罚合法性的权利；对于挑战行政处罚合法性的"相对人"，法院对其诉讼请求不仅不能受理，而且还要在行政机关处罚的基础上，作出更加严厉的处罚，以令那些"抗拒行政机关处罚"、"不服从行政机关管理"的公民，对于"抗拒"行为承受代价。这种"抗拒从严"的政策岂不足以使公民的行政诉讼行为受到有效的遏制吗？

不仅如此，被告人还可能因为申请检察官回避、拒不回答公诉人的问题，而被公诉人反复警告"认罪态度不好"、"无理狡辩"，并被法庭从重量刑。这属于被告人因"认罪态度不好"而受到严厉惩罚的第三种情形。以下案例就属于这方面的典型样本：

> 2002年9月24日，河南省渑池县人民法院开庭审理原卢氏县县委书记杜某涉嫌受贿和报复陷害一案。庭审一开始，被告人杜某即申请三门峡市检察院和渑池县检察院，包括三门峡市检察院指定的公诉人回避，理由是"三门峡市检察院和渑池县检察院实行了骇人听闻的刑讯逼供，使用了暴力取证，已经影响了出庭公诉的重大利害关系"。法庭在听取了杜某的请求后，经过休庭评议，当庭驳回了杜某要求回避的请求。在公诉人宣读起诉书后，杜某对起诉书指控的犯罪事实全部予以否认，指出"起诉书属于假编、假造，自己从没有收受过同事、部下和其他任何人的任何钱财和物品，也从没有报复陷害过张某"。
>
> 在随后进行的公诉人讯问被告人程序中，杜某表示"不会回答公诉人的任何问题，除了公诉人的问题，他可以回答任何人的提问"。对于杜某的这种行为，公诉人表示，"这是一种蔑视法庭、蔑视法律的行为，而且

---

① 李朝涛等：《海关内鬼利用职权诈骗走私犯被判刑》，见大洋网，2002-11-07。

杜某不回答任何问题不仅丝毫减轻不了所犯的罪行，反而会将自己置于更不利的境地"，并指出被告人"在法庭上的认罪态度直接决定法庭的量刑"，并且一再提醒杜某三思而后行。随即公诉人向法庭出示了大量的证人证言、物证等证据，以证明杜某收受他人贿赂的事实。杜某对于公诉人举出的证据，全部予以否认，认为检察官指控的41项受贿行为都是没有的事。

在法庭辩论阶段，公诉人认为杜某犯受贿罪、报复陷害罪事实清楚、证据确实充分。但被告人杜某"在大量事实和证据面前依然假装无辜，对自己的犯罪事实，没有任何的认罪态度，没有任何悔罪表现，并且认罪态度极为不好"，请法庭根据本案的事实证据及有关法律规定，结合杜某的认罪态度，依法予以惩处。随后杜某也为自己作了无罪辩护。对于杜某的辩护，公诉人认为只是一种"狡辩"，指出"杜某一直说自己是冤假错案，可是从其家中扣押的价值不菲的物品就足以说明了一切"。

在最后陈述阶段，杜某仍一再表示自己没有收受他人钱财和物品，也没有打击报复张某，并且声称自己的"冤案"最终一定会得到平反。

2002年12月30日，渑池县人民法院再次开庭对杜某受贿、报复陷害一案进行宣判。法院认定其受贿罪和报复陷害罪成立。鉴于被告人杜某在被捕和审判期间，拒不供认自己的犯罪事实，应依法从重处罚。据此，法庭以受贿罪判处杜某有期徒刑14年，剥夺政治权利2年；以报复陷害罪判处其有期徒刑6个月，数罪并罚决定执行有期徒刑14年，剥夺政治权利2年。一审宣判后，杜某当庭表示不服判决，要求向三门峡市中级人民法院上诉。

三门峡市中级人民法院驳回了杜某的上诉，维持了一审判决。[1]

在这一案例中，被告人不仅当庭拒不认罪，而且还以检察人员存在"刑讯逼供"、"暴力取证"为由，提出了要求公诉人和检察机关回避的请求。不仅如此，在法庭审理中，被告人既拒绝回答公诉人提出的任何问题，也拒绝对公诉方提交的证据发表意见，更否认公诉方指控的任何犯罪事实。对于被告人发表的这些辩护意见和实施的辩护活动，法庭一律视为"抗拒"行为，并作出从重处罚。这又一次显示出，在中国现行刑事审判制度中，被告人与公诉方所发生的任何诉讼争议，以及向法庭提出的带有对抗性的诉讼请求，都可能招致法院的严厉惩处。被告人的这些辩护举动既难以为法院所采纳，也难以为法院所理解，甚至还会成为法院从严惩处被告人的直接依据。"辩护从严"的诉讼效应，在这一案例中又一次得到了充分的展现。

---

[1] 韩茹等：《一个原县委书记的自白》，见河南省卢氏县人民检察院网站"工作快报"之"警示人生"栏目，2006-05-19。

当然，被告人因为"认罪态度不好"而受到严厉惩罚的，并不限于上述三种情形。但无论如何，被告人在这些情形中都不仅失去了得到"宽大处理"的机会，而且还因为"抗拒"国家的刑事追究而受到从重量刑。如果说"如实回答义务"具有较为明显的诱惑和激励效应，以致容易诱使嫌疑人放弃无罪辩护权的话，那么，"认罪态度"机制则具有更大的惩戒效应，使得被告人因为保持沉默、推翻供述、拒不认罪，或者作无罪辩护而受到程度不同的严厉处罚。很显然，被告人仅仅因为行使辩护权而遭受法院的严厉惩罚，这意味着"认罪态度"机制对于被告人的辩护权具有更大的否定作用。

本来，无论是保持沉默、拒不认罪，还是提出无罪辩护的意见，都属于被告人"行使辩护权"的内在应有之义。法院以"认罪态度不好"为由对这些行为予以严厉惩罚，无疑否定了被告人无罪辩护权的正当性，造成了事实上的"辩护从严"。不仅如此，被告人申请司法人员回避、指出侦查人员存在刑讯逼供情况、要求法院审查侦查行为合法性，以及申请法院排除非法证据的行为，本来属于行使诉讼权利的正常表现，有些也是被告人从事程序性辩护的行为，却都被法院视为"对抗国家刑事追究"的标志，从而成为法院从重量刑的直接依据。很显然，"抗拒从严"的刑事政策不仅阻碍了被告人辩护权的有效行使，而且严重制约着刑事辩护制度的进一步发展。

六、"坦白从宽、抗拒从严"对辩护效果的影响

分析至此，可能有人会辩解说，"坦白从宽、抗拒从严"主要是一种量刑政策，对法院的定罪并不产生指导作用。为避免司法机关过于夸大口供的作用，现行法律对口供作出了一系列的规范和限制，如"重证据，重调查研究，不轻信口供"，"严禁刑讯逼供和以威胁、引诱、欺骗以及其他非法方法收集证据"，"只有被告人口供，没有其他证据的，不能认定被告人有罪和处以刑罚"，法院定罪要达到"犯罪事实清楚，证据确实、充分"的程度……这些法律规则既可以保障被告人有效行使辩护权，也足以起到避免刑事误判的作用。既然如此，"坦白从宽、抗拒从严"的政策充其量也只是在量刑环节上影响被告人的有效参与，而对其辩护权的整体行使不会产生实质性的影响。

还可能会有这样的说法，"坦白从宽、抗拒从严"的适用对象主要是法院已经认定有罪的被告人，它并不影响无罪推定原则的贯彻实施。因为对于那些被认定指控罪名成立的犯罪人，法院当然可以依据其"认罪态度"来适用刑罚，既对那些如实供述犯罪事实的人给予宽大处理，也严厉惩罚那些拒不坦白、对抗刑事追究的犯罪人。这不仅符合"宽严相济"的政策精神，也有利于促使犯罪分子尽早认罪悔罪，有利于实现刑罚的个别预防和一般预防功能。

按照上述辩解和说法，"坦白从宽、抗拒从严"主要是一种不影响定罪问题的

量刑政策，其适用对象也主要是业已构成犯罪的被告人，因此其正当性是毋庸置疑的，或者即便会对诉讼程序带来一些消极影响，也是无碍大局的。问题真的如此简单吗？

但是，上述两种辩解的立论基础是不成立的。这是因为，无论是"坦白从宽"，还是"抗拒从严"，都不可能是纯而又纯的"量刑政策"，而必然会对法院的定罪活动带来深远的影响。除非某一刑事政策对证据采纳和事实认定问题不产生任何影响，否则，它将不可避免地影响法院的定罪程序。另一方面，"坦白从宽、抗拒从严"也不可能只适用于那些"业已被定罪的被告人"。可以设想一下，在嫌疑人、被告人尚未被认定为犯罪人的情况下，所谓的"宽大处理"或"从重处刑"，又从何谈起呢？

在笔者看来，"坦白从宽、抗拒从严"主要是一种将嫌疑人、被告人的有罪供述问题与量刑问题结合起来的刑事政策。作为这一政策的理论前提，嫌疑人、被告人都是"有罪的人"，在政治上是国家的敌人，在道义上处于应受谴责的地位。按照这一理论逻辑，嫌疑人只能向侦查人员"如实供述"，被告人也只能当庭坦白罪行，才能争取国家的"宽大处理"。否则，国家专门机关就应像对付拒绝缴械的敌人、抗拒国家追究的"不法分子"那样，给予严厉的惩罚。

在价值观上，"坦白从宽、抗拒从严"政策否认法院定罪程序的独立性和自主性，将嫌疑人、被告人就定罪问题所作的辩护活动，一律作为从重量刑的依据。这一"量刑政策"惩罚了那些作出无罪辩护的嫌疑人、被告人，令其因为行使无罪辩护权而受到严厉的惩罚，同时也对那些放弃无罪辩护权的嫌疑人、被告人予以了嘉奖和激励。在"坦白从宽、抗拒从严"的影响下，无罪推定原则没有太多的存在空间。因为这种鼓励供述、惩罚不认罪的政策，其实已经将被告人置于"犯罪人"的境地；被告人在作出无罪辩解和提供有罪供述之间没有选择的自由，而被迫作出符合侦查人员意图的有罪陈述，并且在作出有罪供述之后不享有推翻供述的自由。这种带有明显"有罪推定"痕迹的刑事政策，使被告人在整个刑事诉讼中都难以享有"被推定无罪"的权利，既可能因为被假定有罪而被迫承担洗刷自己清白的义务，也可能被迫充当控方证人，非自愿地提供各种犯罪事实。

在司法认识论方面，"坦白从宽、抗拒从严"政策已经假定侦查人员、检察人员、审判人员具有分辨是非、发现真相的能力，嫌疑人、被告人拒不如实供述的行为难以逃脱这些国家专门机关工作人员的"法眼"。由于案件的"事实真相"已经存在，并为公检法机关所掌握，最佳的诉讼结果也就是"不枉不纵"，因而，一切司法程序和诉讼规则都要为实现这一最佳结果而服务。可以说，这种强调"真相掌握在公检法人员手中"、"理想结果形成于诉讼过程之前"的司法理念，恰恰是导致刑事诉讼程序遭到破坏的理论之源。

在诉讼构造方面，"坦白从宽、抗拒从严"政策将刑事诉讼活动想象成一种军事战争行为，也就是一种国家打击犯罪的单方面活动，所谓的"公检法三机关"，无非属于国家惩罚犯罪行为的三道工序上的"操作员",它们在发现犯罪事实和惩罚犯罪方面的立场是完全一致的。这一政策在革命战争年代产生,并历经中国政治、经济、社会的巨变而始终不被抛弃,这只能说明中国刑事诉讼构造中的军事镇压或"行政治罪"属性并没有发生实质性的改变。在这种诉讼构造中,所谓"诉讼"无非是国家专门机关调查犯罪、揭露犯罪、证实犯罪、惩罚犯罪的过程,刑事诉讼中的法律关系基本上属于"调查"与"被调查"、"讯问"与"被讯问"、"审判"与"被审判"、"惩罚"与"被惩罚"的两方构造关系。至于主持调查、讯问、审判、惩罚活动的主体,在侦查阶段就是公安机关或检察机关,在审查起诉阶段则是检察机关,在审判阶段则是法院。但无论在哪个诉讼阶段,接受调查、讯问、审判和惩罚的都是那个受到刑事追诉的嫌疑人、被告人。

"坦白从宽、抗拒从严"政策否定了嫌疑人、被告人自由选择诉讼角色的能力,强迫其要么消极地放弃无罪辩护权,放弃与国家追诉机构进行法律抗争的机会,要么积极地实施自首、坦白、立功等行为,争取有一个"较好的认罪态度"。在这一政策的影响下,嫌疑人、被告人作为国家专门机关刑事追诉的对象,只能被动地接受国家的调查和讯问,履行服从与配合的义务,而不能有任何诉讼对抗行为。任何诸如辩护、沉默、行使诉讼权利等方面的举动,都会因为妨碍公检法三机关发现犯罪事实、惩罚犯罪分子,而被视为"无理狡辩"、"抗拒国家刑事追究"的行为,从而要受到严厉惩罚。

在证据法上,"坦白从宽、抗拒从严"强调被告人口供的"证明力",而否认口供存在"证据能力"的问题。总体上,"证明力"是一个逻辑问题、经验问题和事实问题,而"证据能力"则属于法律问题和政策问题,也是现代证据法的核心问题。在被告人口供问题上,"证明力"主要体现在口供的真实性和可靠性上面,涉及口供是否以及在多大程度上证实犯罪事实的问题。而"证据能力"则涉及口供在法律和政策层面上是否为法庭所采纳的问题。诸如"口供自愿法则"、"沉默权规则"、"禁止强迫自证其罪的原则"、针对非法所得口供的"非法证据排除规则"等,都是与口供的"证据能力"密切相关的证据规则。鉴于嫌疑人、被告人在刑事诉讼中具有"当事人"和"证据提供者"的双重身份,凡是强调其当事人地位和辩护权的制度,就会较为重视口供的"自愿性"和"合法性",从而建立较为完善的口供规则体系。相反,越是高度关注被告人"证据之源"和口供之"证据属性"的制度,则越是强调口供的真实性和可靠性,甚至强调口供对于证明犯罪事实的作用。很显然,在"坦白从宽、抗拒从严"政策的影响下,中国刑事诉讼制度更加重视被告人的"证据之源"以及口供的"证据属性",因而对于口供的"证明力"问题也就予以了相应的强调。

当然,"坦白从宽、抗拒从严"给刑事诉讼程序所带来的最大影响,当属嫌疑人、被告人辩护权的正当性问题。本来,根据现行宪法所确立的基本原则,被告人在刑事诉讼中有权获得辩护;刑事诉讼法还建立了一套越来越完整的辩护规则体系，使得嫌疑人、被告人在刑事诉讼的全过程都既可以自行辩护，也可以获得律师的法律帮助。从理论逻辑上说，辩护意味着被告人可以在辩护律师的帮助下，向司法机关提出各种有利于被告人的证据材料和意见，从而说服司法机关作出对其有利的裁决和决定。而嫌疑人及其辩护律师在审判前阶段可以充分行使各种诉讼权利，在为法庭审判做好充分的防御准备的同时，还可以对公检法机关违反法律程序的行为提出诉讼请求，要求司法机关审查这种行为的合法性，并促使司法机关作出排除非法证据以及其他旨在宣告非法诉讼行为无效的裁决。按照上述理论逻辑，嫌疑人保持沉默，应被视为自由选择诉讼角色的举动；被告人推翻原来所作的有罪供述，属于自愿作出陈述的标志；被告人当庭拒绝坦白"犯罪事实"、否定各种指控的罪行，是行使无罪辩护权的行为；辩护律师要求法庭调查侦查机关的"刑讯逼供"行为，并申请排除非法证据的行为，也不过是通过提供"攻击性辩护"的方式，挑战侦查程序的合法性，有效行使法定的辩护权。

然而，在"坦白从宽、抗拒从严"的政策话语中，嫌疑人、被告人保持沉默、推翻供述、拒不坦白、作出无罪辩护、申请回避、要求调查刑讯逼供等方面的行为，都被视为"对抗侦查"、"无理狡辩"、"认罪态度不好"的标志，并可能成为法院作出严厉处罚的直接依据。按照这种政策逻辑，嫌疑人、被告人行使其他诉讼权利的行为，只要足以构成与侦查机关、公诉机关之"诉讼对抗"的，就都属于"抗拒"行为，也都要受到"从重处罚"。例如，嫌疑人委托律师提供法律帮助的，可能增强其对抗侦查的能力，显然应被列入"抗拒"行为；嫌疑人申请变更强制措施，尤其是申请撤销羁押、要求适用取保候审的，使得侦查机关获取口供的能力下降，甚至造成侦查破案的困难，这显然也属于对抗侦查的举动；嫌疑人与辩护律师进行会谈的行为，可能会泄露侦查秘密，带来侦查的困难，这也属于一种"抗拒"行为；被告人当庭提交本方证据、对公诉方的证据进行质证、对控方证人进行交叉询问，甚至要求提前查阅、摘抄、复制控方案卷等方面的行为，由于会带来直接的控辩双方的诉讼对抗，这岂不也属于更加严重的"抗拒"行为？被告人对一审法院的判决不服，向上级法院提出上诉，这种直接挑战一审法院有罪判决之合法性的行为，难道不构成一种"抗拒"行为吗……假如这些行为也都被列入"抗拒"的范围，并使被告人因此受到从重处罚的话，那么，整部刑事诉讼法所确立的被告人权利，岂不都成为一种可带来惩罚后果的"权利"了？嫌疑人、被告人假如仅仅因为行使法定的诉讼权利，仅仅因为采取法律所许可的辩护活动，就受到严厉的警告，甚至遭受从重惩罚，那么，这种权利还具有得到实现的可能吗？

七、两种法律传统的博弈

在近年来的刑事司法改革运动中，一直存在着来自西方的法律文化与中国本土法律文化的冲突。很多被引进和移植而来的制度设计，一旦变成中国的成文法律条文，往往出现大量被规避和被架空的局面。究其原因，中国本土固有的法律文化对于很多"法律舶来品"都产生了抵触作用，以致许多法律移植运动的成果最终受到了消解。在很多法律改革完成之后，研究者就会惊讶地发现，很多新的制度设计都无法发挥作用，公检法机关真正遵守的却是无法出现在"台面"上的"潜规则"。这种"潜规则"大行其道、立法者所推行的改革普遍失灵的现象，确实值得那些尊崇"拿来主义"、"洋为中用"理念的法律学者们进行深刻的反思。①

在嫌疑人、被告人是否作出有罪供述问题上，这种法律文化冲突无疑达到了前所未有的激烈程度。一方面，现行法律确立了刑事被告人的诉讼主体资格，强调被告人作为诉讼当事人，可以与国家刑事追诉机构进行平等的抗辩，并对司法裁判机构施加积极的影响。近年来立法机构和法学界所作的各种立法努力，无非是朝着加强被告人诉讼主体地位和扩大被告人辩护权的方向，提出了一系列改革方案而已。尤其是在中国政府签署联合国《公民权利和政治权利国际公约》以后，有关"禁止强迫自证其罪"的原则开始受到中国学者的关注。越来越多的学者、律师和司法官员主张确立"沉默权制度"，使得嫌疑人、被告人面对侦查人员、检察人员和审判人员的提问，享有拒绝回答的自由，并不得因为保持沉默而受到任何不利的对待。与此同时，几乎所有研究者都主张确立"口供自愿法则"，并将其与"传闻证据规则"一起，视为未来刑事证据法的两大基石。按照这一主张，嫌疑人、被告人无论是作出有罪供述，还是提供无罪的辩解，都必须出自其真实的意愿，属于自己内心自由意志的表达。作为口供自愿法则的内在应有之义，从事侦查、公诉和审判工作的国家官员，都不得采取包括酷刑在内的各种强迫、威胁、利诱、欺骗行为。

但另一方面，在"坦白从宽、抗拒从严"政策的影响下，嫌疑人既不享有保持沉默的自由，也难以从容不迫地提出无罪辩护意见，被告人为避免从重量刑，也不得不经常被迫放弃无罪辩护权。其中，"坦白从宽"通过一种诱惑和激励机制，吸引嫌疑人、被告人主动放弃辩护权，按照刑事追诉机构的意愿供述犯罪事实，以便获得司法机关的宽大处理；"如实回答义务"的设定，使得嫌疑人事实上在承担"如实供认犯罪事实"的义务；"认罪态度"机制的存在，造成被告人将因为拒不坦白犯罪事实而遭受严厉的惩罚。这种在司法实践中"行之有效"的刑事政策，既否认了嫌疑人、被告人的诉讼主体地位，不承认他们在供述犯罪事实方面的自愿性，也迫使其不得不充当国家追究犯罪活动的协助者，否定了嫌疑人、被告人选择诉讼角色和行使辩护权的自主性。对于嫌疑人、被告人的权利保障问题来说，"坦白从宽、抗拒从严"政策产生了越来越明显的"瓶颈效应"，造成嫌疑人、被告人的辩护活动越有力度，司法机关的惩罚则越加严厉的局面。

很显然，上述两种法律文化各自形成了固有的刑事诉讼模式。前者将嫌疑人、被告人视为刑事诉讼的主体，使其拥有为权利而斗争的能力和机会，因此可被称为

---

① 参见陈瑞华：《刑事程序失灵问题的初步研究》，载《中国法学》，2007（6）。

"权利本位型"的诉讼模式;后者则更加强调嫌疑人、被告人服从国家追诉的义务,使其因行使无罪辩护权而承受不利的法律后果,因而属于一种"义务本位主义"的诉讼模式。在以下的讨论中,笔者将以"权利本位主义"的诉讼模式为参照物,对"义务本位主义"的诉讼模式作一总结和概括。

从根本上说,"权利本位主义"的刑事诉讼模式建立在自由主义政治哲学基础之上。这种政治哲学有三个重要的构成要素:一是社会契约理论,二是"天赋人权"学说,三是公平游戏规则。

按照社会契约理论,社会成员通过签订社会契约,建立作为全体社会成员利益之代表的政府,政府作为维护社会公共利益的"守夜人",负有保障所有公民权利和自由的责任;政府并不是为了压迫个人、炫耀权力或者维护小集团的利益而存在的,而是要实现最低限度的分配正义和程序正义。作为由自然人组成的公共权力机构,政府与自然人一样也会犯错误,更可能滥用权力、侵犯个人权利。与违法、犯罪行为所造成的危害相比,政府权力的滥用可能会造成"利维坦"式的暴政,令每个人失去法律安全感,甚至生活在恐惧之中。正因为如此,政府既不可能永远掌握着真理,也不具有道义上的绝对优势,其公共权力也并不是绝对正当的。

根据"天赋人权"学说,个人的权利都是"天赋"的自然权利,其正当性既不来自法律的赋予,更不来自政府的恩赐。每个人的生命权、自由权、财产权和人格尊严都属于政府需要给予尊重的社会常态。除非政府通过民意机构制定了明确的法律,而某一个人的行为恰巧违背了相关法律规定,否则,公民的基本权利将是不容剥夺的。不仅如此,在政府剥夺个人权利之前,每个人都应被推定为无罪的公民,其自由和权利具有天然的正当性。除非政府提出了充足的证据,并经过法定的正当程序,否则,任何人的自由和权利将不受公共权力的侵犯。而在政府发动旨在追究个人责任的法律程序之后,个人应拥有最基本的诉讼对抗权,拥有为权利而斗争的机会和可能。

而根据公平游戏规则,任何司法诉讼行为要保持最低限度的公正性,就必须确保控辩双方按照平等、理性的原则展开诉讼抗辩行为。诉讼各方都要尊重对方的人格尊严,给予对方提出观点、证据并对本方观点加以反驳的机会;任何一方都不能被强迫作出不利于本方的决定,更不能在非自愿的情况下提供给对方进攻自己的武器。作为司法裁判者的法院,应当保持最大限度的中立性,只能为维持公正审判而采取行动,而不能从事那种帮助某一方战胜另一方的偏袒行为。

自由主义政治哲学的上述基本观点,在很多古典政治学论著中俯拾即是,本不属于新的理论和见解。然而,在对策法学方法的影响下,很多法律学者动辄充当立法方案的鼓吹者和司法改革的推动者,有着不可遏制的变法冲动。结果,很多"策论"式的论著只知其然,而不知其所以然,往往喜欢"一厢情愿"地将很多西方法律制度的表层因素引入中国法律,使得中国成文法律越来越脱离中国法制的实际情况,越来越明显地成为一种缺乏社会现实支撑的"空中楼阁"。作为一种研究范式,鼓吹自由主义政治哲学的一些常识性命题，几乎成为中国法律学者孤芳自赏、自娱自乐的一种常态。

正因为如此，所谓"权利本位主义"的诉讼模式，其实主要是法律学者想象出来的一种理想诉讼形态。按照这种诉讼模式，刑事诉讼主要是一种旨在解决国家与被告人个人之间的法律争端的诉讼互动，嫌疑人、被告人作为刑事诉讼主体，应有权与国家追诉机构进行平等的、理性的抗争。面对国家的刑事追诉，嫌疑人应当自由地选择诉讼角色，自愿地作出有罪的供述或者无罪的辩解，而不能被强迫充当控方证人，否则，侦查人员通过各种非自愿的手段所获取的证据都应被排除于法庭之外。所谓"沉默权"、"口供自愿法则"、"禁止强迫自证其罪"以及"非法证据排除规则"，从根本上不过属于自由主义政治哲学在刑事诉讼领域中的具体表现而已。

相反，在中国刑事司法的现实之中，却存在着一种实际发挥作用的"义务本位主义"的诉讼模式。这种诉讼模式并不来自法律学者的鼓吹和杜撰，甚至也不为大多数法律学者所欣赏，却实实在在地存在于中国的司法实践之中，并作为最大的"潜规则"，对几乎所有刑事司法改革产生着深远的影响。考察和总结这一诉讼模式的构成要素，并不意味着笔者从价值观上认同这一模式，而只是打算站在"价值中立"的立场上，剖析这一"实际发挥作用"的诉讼模式究竟对刑事司法改革产生了哪些影响。

在政治层面上，"义务本位主义"的诉讼模式奠基于威权主义的政治哲学之上。按照这一政治哲学，政府不仅是政治权力的行使者，具有不容挑战的权威，而且是真理的掌握者和道德伦理的维护者。在政府行使权力的时候，所有个人都应作为匍匐在地的服从者，充任配合而非抗拒的角色。政府为调查事实真相，可以利用所有社会资源，采取任何有助于达到这一目的的手段。面对政府的调查和询问，包括被调查者在内的所有人都应承担"如实陈述"的义务，而不能采取任何旨在扰乱政府视线、妨碍真相发现的举动。不仅如此，政府还以一种"慈父"和"家长"的形象，承担着维持道德纲纪、纯洁社会风气的责任。任何被认为有违法犯罪行为的公民，都应被看作"迷途的羔羊"或"犯错的孩子"，只有在道义上有"知错认错"、"迷途知返"的态度，然后才能获得政府的宽大善待。

在人类历史上，威权主义并非总以同一副面孔示人，而存在着多种不同的形态。其中，政治权力不受节制地行使，或许属于所有威权主义的共同特征。但是，东方威权主义在坚持绝对权力的同时，也更加强调政府对真理的掌握以及官员占有道义上的绝对优势。在中国古代，司法官员面对匍匐在地的"人犯"，动辄责令其"据实招来"，宣称"查明实据"，甚至为了查明真相而"大刑伺候"，就都与这种自认为掌握真理的心态有着密切的联系。与此同时，除了那些十恶不赦的严重犯罪以外，司法官员对于一般的犯罪人有时也可以"法外开恩"，对于坦承犯罪事实和检举他人犯罪的"人犯"，也可以作出宽大处理。这种恩威并施的司法实践，足以显示一种宽大与惩办相结合的刑事政策。

在中国现行刑事诉讼制度中，处处可见司法官员依据"真理"行使国家权力的痕迹。法律强调公检法三机关作出任何诉讼决定，都要"忠实于事实真相"。为了发现真相，检察机关在审查起诉环节和法庭审理中可以将案件反复退回补充侦查，而罔顾对嫌疑人、被告人未决羁押期限的任意延长；为了发现事实真相，法官可以在法庭审理结束后进行庭外调查活动，甚至不惜将那些未经当庭举证和质证的证据作为裁判的根据；为了发现真相，二审法院可以通过发回重审或者主动提起再审，来规避"上诉不加刑"原则；为了发现真相，法院可以原审裁判"确有错误"为由，主动启动刑事再审程序……

表面看来，这种对案件"事实真相"的强调，体现了立法者对于司法认识论的高度重视。但实际上，这属于以"哲学认识论上的完美主义"掩盖了国家刑事追诉权的恣意行使。同样，为了发现案件"事实真相"，法律要求嫌疑人对侦查人员的提问应当"如实回答"，被告人当庭应当供述犯罪事实，并通过认罪悔罪来争取宽大处理，否则，将受到较为严厉的处罚。这种通过获取"真实"的有罪供述而达到发现事实真相的目的的做法，本质上剥夺了嫌疑人、被告人的无罪辩护权。

在道德伦理层面，嫌疑人、被告人都被推定为事实上的有罪者，在道义上居于明显的劣势，他们除了"老实交代问题"，没有别的出路。相反，侦查人员、公诉人、审判人员则占尽了道德上的优势地位，将自己塑造成"惩罚犯罪"、"维持社会正义"、"保护个人不受犯罪侵犯"的救世主，动辄强调自身行为的正当性、权威性和合法性，对于嫌疑人、被告人采取了道德上贬低、法律上蔑视的态度，而不尊重其最起码的人格尊严。尤其是对于那些受到未决羁押的嫌疑人、被告人，国家专门机关除了令其剃光头、穿囚服、戴手铐脚镣以外，还在侦查破案之后无所顾忌地召开"公开逮捕大会"或"立功嘉奖大会"，甚至在公开举行的法庭审理中，通过法庭布局的设置，使被告人处于接受审讯和处理的状态。

在这种道德博弈过程中，嫌疑人的沉默和不招供，一律被推断为"抗拒侦查"；被告人的翻供和无罪辩解，则一律被视为"认罪态度不好"；甚至就连被告人正常地行使辩护权的行为，也经常被认为是"无理狡辩"。因此，所谓被告人的"刑事诉讼主体资格"、"诉讼当事人地位"、"无罪辩护权"、"供述的自愿性"等自由主义哲学意义上的概念，几乎全部被"如实陈述"、"认罪悔罪"、"争取自首、立功"等威权主义哲学层面的概念所取代。

八、结论

近年来，"坦白从宽、抗拒从严"政策因为违背现代刑事司法的基本理念而屡屡受到诟病。越来越多的人士认为，作为一项量刑政策，"坦白从宽、抗拒从严"或许有其可接受之处。但作为一项在侦查、起诉和审判活动中发挥重要作用的政策，"坦白从宽、抗拒从严"则有悖于"任何人不得被强迫自证其罪"的理念，直接抵消了法律界为推进刑事辩护制度改革所作的各种努力。因此，很多人都主张确立沉默权，并取消诸如嫌疑人对侦查人员的提问"应当如实回答"的规定。一些地方的检察机关、公安机关基于各方面的考虑，将"坦白从宽、抗拒从严"的标语从羁押场所或讯问场所撤下，而代之以张贴嫌疑人、被告人的"权利告知书"，这也被不少人士解读为这一刑事政策即将退出历史舞台的重要证据。①

或许，立法者只要痛下决心，就可以在法律条文中取消"如实回答义务"条款，这似乎并不是一件十分困难的事情；各地检察机关和公安机关只要接受那种"禁止强迫自证其罪"的理念，从形式上将"坦白从宽、抗拒从严"的标语口号普遍予以撤除，也不是没有可能的。然而，法律条文的修改和标语口号的撤除真的能够彻底消除"坦白从宽、抗拒从严"所体现的司法理念吗？作为中国刑事司法的深层结构，"义务本位主义"的诉讼模式真的那么容易退出历史舞台吗？

本章的研究旨在表明，"坦白从宽、抗拒从严"政策起源于军事战争年代，兴起于"镇压反革命运动"之中，历经长期的政治运动，而最终成为公检法机关奉行的主要刑事政策，具有持久的生命力。作为一项刑事政策，"坦白从宽、抗拒从严"与"惩办与宽大相结合"、"宽严相济"等上位刑事政策具有密切的联系，具有相当深厚的政治基础，并为自首、立功、坦白、缓刑等一系列刑罚制度所体现。在刑事诉讼程序层面，这一政策还体现在嫌疑人的"如实回答义务"、法庭上的"认罪态度机制"以及诸如简易程序、刑事和解程序的实施等诸多环节。按照笔者的论证，中国刑事诉讼中不可能存在那种纯而又纯的"量刑政策"，那种以为"坦白从宽、抗拒从严"只对法庭量刑问题产生影响的观念是不切实际的。作为一项影响整个刑事诉讼过程的刑事政策，"坦白从宽、抗拒从严"抹杀了嫌疑人供述的自由性和自愿性，否定了被告人的无罪辩护权，使得嫌疑人的诉讼主体地位和当事人资格受到削弱。

"坦白从宽、抗拒从严"政策的实行，说明中国刑事诉讼制度并没有建立在那种自由主义政治哲学的基础之上，没有据此形成一种"权利本位主义"的诉讼模式。在这一诉讼制度中，公共权力机构作为刑事诉讼的主持者和刑罚的实施者，对于诉讼决定的作出拥有绝对的权威，而不受当事人诉权的有效约束；这些机构作为事实真相的发现者，有权利用一切资源和力量来揭示案件事实，并对任何有可能妨碍发现真相的诉讼行为加以限制和制止；这些机构还将自己塑造成"慈父般的家长"形象，站在道德伦理的制高点，来教育、感化、挽救那些"认罪服法"的犯罪人，并严厉惩处那些拒不坦白、反复翻供和"无理狡辩"的"犯罪分子"。在这一"义务本位主义"诉讼模式的影响下，刑事诉讼并没有形成那种国家追诉机关与被告人进行平等、理性抗争的诉讼形态，刑事诉讼所应具有的平等协商、理性说服和对话特征，在中国刑事司法中并没有出现。这一诉讼制度体现了太多的"惩罚"、

---

① 参见《我国司法理念渐变，坦白从宽抗拒从严悄然退位》，见中国新闻网，2003-12-13。

"镇压"、"揭露"、"恩威并施"等军事战争哲学，而难以容纳诸如"口供自愿性"、"当事人地位"、"诉讼主体身份"、"为权利而斗争"等现代诉讼理念。

毫无疑问，刑事诉讼主要是一种解决被告人刑事责任问题的诉讼活动。作为刑事诉讼的重要当事人，嫌疑人、被告人诉讼权利的扩大，将是中国刑事诉讼制度的长远发展方向。同时，辩护制度的完善，尤其是辩护律师作用的充分发挥，也将是中国刑事司法改革的主要战略课题。然而，"坦白从宽、抗拒从严"政策对刑事诉讼程序所产生的一系列影响，尤其是对嫌疑人供述自愿性和被告人辩护权的否定作用，足以说明这样一个道理："义务本位主义"的诉讼模式，构成了中国刑事诉讼制度的一种深层结构；只要这一深层结构不发生实质的变化，那么，任何旨在推进诉讼制度和证据规则之改进的立法努力，就都将是一些技术性的规则调整，而难以带来中国刑事司法制度的真正变化。

第 六 章

中立的裁判者
—— 回避与管辖变更制度之初步研究

一、问题的提出 …………………………………………………… 133
二、法官的回避问题 ……………………………………………… 134
三、"法院的回避"——审判管辖的变更问题 …………………… 140
四、回避制度的基本缺陷 ………………………………………… 150
　（一）回避的理由 …………………………………………… 151
　（二）申请回避的裁判方式 ………………………………… 152
　（三）申请回避的司法救济 ………………………………… 153
　（四）公诉方的申请回避 …………………………………… 154
　（五）裁判者的资格审查 …………………………………… 155
五、变更管辖制度的主要问题 …………………………………… 156
　（一）级别管辖的问题 ……………………………………… 156
　（二）地区管辖的缺陷 ……………………………………… 156
　（三）管辖争议的解决问题 ………………………………… 157
六、回避和变更管辖制度的根基 ………………………………… 158
　（一）无偏私的裁判者——程序正义的基本要素 ………… 159
　（二）回避制度的理论基础 ………………………………… 161
　（三）变更管辖制度的根基 ………………………………… 162
七、诉权与裁判权的关系 ………………………………………… 163
　（一）诉讼形态的引入 ……………………………………… 163
　（二）回避制度的改造 ……………………………………… 165
　（三）变更管辖制度的重构 ………………………………… 166
八、违反回避和管辖制度的程序后果 …………………………… 167
九、裁判者走向中立化的难题 …………………………………… 170

一、问题的提出

　　回避和管辖是一个国家司法审判制度的重要组成部分。一般说来，一个不适宜担任裁判者角色的人退出案件的审判过程，这是法官的回避问题；而确定一个案件究竟应由哪个地区的哪一级法院负责审判，这是审判管辖制度所要解决的问题。在中国现行刑事司法制度中，回避制度通常被视为确保裁判者中立无偏的保证，而管辖制度则被看作合理确定法院审判权之划分的前提，两者不被认为具有任何实质性的联系。甚至在一般的法学著作中，回避与管辖问题也都是被作为两个独立的问题来加以分析和论述的。

　　然而，如果从另一个角度来观察回避和管辖制度的话，那么，这两个制度就都与裁判者的中立性有着密切的联系。早在罗马法时代，人们就以"自然正义"法则来衡量司法程序的正当性，这一法则的首项要求就是"任何人都不得做自己案件的法官"。用法律语言表达出来，就是裁判者必须在控辩双方之间保持中立而无偏私的地位。为维护裁判者的中立性和无偏私性，法律就需要建立一系列的程序保障。其中最重要的是回避制度和管辖制度。

　　回避与管辖制度的联系究竟表现在哪些方面呢？简单而言，当事人申请一个法官"退出审判程序"，这是狭义的"法官回避"问题；当事人如果要求某一法院的"全体法官回避"，或者要求某一法院"将案件移交其他法院审判"，这就属于"变更法院管辖"的问题了。在我国司法实践中，当事人经常以某一法院的任何法官都无法维护公正审判为由，提出所谓"全体法官回避"或者"法院回避"的申请。这其实已经不再属于狭义的回避问题，而应算作申请变更法院管辖的问题。

　　我国刑事诉讼法尽管确立了法官回避制度，但这一制度在司法实践中正暴露出越来越多的缺陷。这些缺陷不仅在回避的法定事由上有所体现，而且还存在于回避的申请、裁判程序、证明责任、证明标准以及相关的救济机制等一系列程序问题之中。另一方面，无论是现行刑事诉讼法还是有关司法解释，都没有建立起那种针对管辖异议问题的程序性裁判制度。结果，当事人一旦以某一法院的任何法官都无法保证公正审判为由，提出所谓"法院回避"或者"全体法官回避"的申请，通常会被法院以"没有法律规定"为由加以拒绝。这就导致回避制度只能适用于具体的法官、陪审员，而无法与审判管辖的变更发生有机的联系。

　　于是，法学研究者就不得不面临以下几个方面的困惑：回避制度的根基究竟是什么？现行的回避制度究竟在哪些方面存在着缺陷？在当事人对一个法官的中立性表示出明显的不信任之后，该法官所作的裁判结论还能取得当事人的尊重和信服吗？究竟应如何对待当事人对法院管辖问题所提出的异议？在一件案件已经为当地媒体和社会舆论"炒作"得沸沸扬扬，以至于法院承受着巨大的"民愤"压力的情况下，在一个案件已经过权威人物的"批示"的情况下，该法院的审判还能有一个理性、冷静、从容的环境吗？尤其是在当事人对某一法院的公正性已经失去信任并提出变更审判法院的情况下，该法院如果仍然坚持审理案件，那么，这种审判以及由此而形成的裁判结论还具有正当性吗？

有鉴于此，本章拟对刑事诉讼中的回避与变更管辖制度作一初步的研究。笔者将对我国现行的法官回避制度和管辖制度进行实证分析，并对其存在的问题和缺陷作出一些反思性评价。在此基础上，本章将重新解释回避和变更管辖制度的理论基础，并就这两个制度的实施程序和救济机制发表评论。本章不以提出立法对策和改革建议作为研究的归宿，而是尽可能发现问题、解释问题并剖析解决问题的困难之所在，从而在解释问题的层面上提出一些新的理论思路。

二、法官的回避问题

为了对回避制度及其所存在的问题作出更加真切的了解，我们有必要对回避制度的实施情况进行考察，从而发现一些为书面法律所无法体现的"事实真相"。或许，通过这种分析，我们对回避制度所存在的问题和缺陷的了解会更加全面一些，而研究问题的视野也会更加开阔一些。作为笔者随机选取的三份素材，下面的三个案例将从不同的角度显示出回避制度在实施中存在的问题。

案例一 根据《人民法院报》的报道，时任黑龙江省大兴安岭中级人民法院刑一庭副庭长的张福臣，被人们赞誉为"针插不进、水泼不进、软硬不吃、铁板一块"的"铁法官"。"铁法官"办案雷厉风行，认真负责，对待说情者同样"铁面"一张，六亲不认。

张福臣自幼失去父亲，母亲又常年卧病在床，全凭姐姐一手照料长大，张福臣对姐姐极其敬重，他常说："生我是父母，养我是姐姐，姐姐对我恩重如山啊！"

1997年，张福臣审理的一起故意杀人案中，被告人的母亲与张福臣的姐姐多年情同姐妹，张福臣的姐姐视被告人刘某如亲生儿子一样。姐姐把张福臣找到家中，求他手下留情，给被告人留一条生路。张福臣给姐姐讲事实、讲法律，姐姐无论如何也听不进去，最后以断绝关系相要挟。看到姐姐老泪纵横，张福臣也泪流满面："姐姐的大恩大德我没齿难忘，你不认我这个弟弟可以，让我枉法裁判我办不到，如果不能主持正义，这个法官我不配当。"张福臣坚持依法将被告人判处了死刑。

2000年12月，张福臣被评为"全国百名优秀法官"。谈到荣誉，"铁法官"腼腆地一笑："人民满意就是我的最高荣誉。"[1]

---

[1] 吕爱哲、王立新：《人民满意的好法院好法官专题报道之六十八："铁法官"张福臣——记黑龙江省大兴安岭中院刑一庭副庭长张福臣》，载《人民法院报》，2001-03-19，2版。

如果记者所报道的情况属实的话，那么，这位"铁法官"几乎就是"包青天"的当代化身了。而该法官所主持的审判则活脱脱地是"包拯铁面铡包勉"的现代版，而他与自己姐姐的对话则更像著名京戏《赤桑镇》中包拯与其嫂嫂的精彩对白。可以说，在"铁面无私"、"六亲不认"甚至"大义灭亲"方面，"铁法官"并不亚于包青天！①

诚然，无论是现行刑事诉讼法还是司法解释，都没有将"与被告人母亲的朋友具有姐弟关系"作为审判人员回避的法定事由。也就是说，张福臣法官很可能会认为，他主持这一案件的审判并没有违反回避制度。但是，根据社会生活的基本经验，在自己的姐姐与被告人的母亲"多年情同姐妹"并视被告人本人"如亲生儿子"，而姐姐又为了逼迫自己"法外开恩"而不惜以"断绝关系"相要挟的情况下，法官事实上已经与当事人发生了某种特殊的利害关系。而一旦发生了这种特殊关系，法官就将面临一种艰难的选择：要么坚持依法审判和维护职业操守，作出不利于被告人的判决；要么照顾姐姐的"面子"，送个顺水人情，作出从轻甚至无罪判决。在这种情况下，法官个人的职业道德观念、法律素养、个人性情甚至敬业精神，都成为决定案件结局的关键因素。无论法官作出何种选择，这种由处于特殊利害关系之中的法官充当裁判者的做法，都是极其危险和不可靠的。尽管本案的张法官所选择的是依法断案的道路，但充当裁判者的如果是别的法官，就很可能作出枉法裁判的选择。这绝对不是不可能的。

另一方面，张福臣法官作出"大义灭亲"的举动，又使人觉得极为"悲壮"。毕竟，张法官本人还是因依法断案、判处被告人死刑而得罪了对自己"恩重如山"的姐姐。或许在较长一段时间里，张法官都不能取得姐姐的理解和原谅。司法官因为秉公司法而被迫陷入如此被动的道德困境，但无论是新闻媒体还是法院内部对张法官的举动仍然是传统的赞许和嘉勉的态度。这不能不令人产生一种极大的疑问：为什么张福臣法官不主动避嫌，退出案件的审判？为什么对于张法官作出这种痛苦选择的举动，法院内部不加以劝阻，而新闻媒体则予以鼓励呢？难道回避制度所具有的保护正直司法官、抑制潜在的徇私司法官的作用，还没有为人们所广为认识吗？

当然，从制度设计的角度来看，我们不知道本案的被害人一方是否参与了案件的审判过程，也不清楚被害人及其诉讼代理人是否了解张法官与被告人具有这种特殊的社会关系。但有一点是确凿无疑的：没有任何当事人提出过要求法官回避的申请。而明知自己与被告人有着这种特殊社会关系的张法官本人，也没有主动提出要求退出案件审判的请求；大兴安岭中级法院的院长和审判委员会的委员们显然也未必了解张法官与被告人的关系，至少没有作出指令张法官回避的决定。或许，人们

---

① 有关包拯铡包勉"案件"所渗透出来的中国法文化问题，读者可参见陈瑞华：《看得见的正义》，27页以下，北京，中国法制出版社，2000。

会认为，无论是"申请回避"、"自行回避"还是"指令回避"，都会有无法发挥作用的场合。毕竟，司法实践中会有大量的难以为人们所认识的需要回避的情形。但是，我们所要关注的是新闻媒体和法院系统对于回避制度的态度。这种态度的基点仍然是"重实体正义"、"轻程序过程"的。只要司法官所作的裁判结论是正确的，那么，他们是否遵守了法定程序和维护了程序正义，并不为普通民众甚至众多法官所看重。

不仅如此，这一案例还显示出，无论是刑事诉讼法还是司法解释，都不可能对回避的法定事由作出极为详尽的列举。对于诸如"与被告人母亲的朋友有姐弟关系"之类的各种复杂的社会关系，需要被列入"与案件或当事人有其他关系，可能影响案件公正审判"的情形。但要实现这一点，就不能由审判人员本人和法院的行政层级系统来左右回避制度的运行，因为这种自我决定司法官回避的制度无论如何都是靠不住的。而当事人的申请回避权又必须以司法官资格审查制度为前提，否则，这种申请是无法及时地提出的，或者即使提出也无法发生预期的法律效果。

案例二 2001年11月13日，陕西省延安市人民检察院向延安市中级人民法院提起公诉，指控被告人董伟犯有故意杀人罪。同年12月21日，延安市中级人民法院经过一审审判，判决董伟犯故意杀人罪，判处死刑，剥夺政治权利终身。宣判后，被告人董伟对判决不服，向陕西省高级人民法院提出上诉。该法院"依法组成合议庭，经过阅卷，讯问被告人，询问有关证人，听取辩护人的意见，认为事实清楚，决定不开庭审理"，于2002年4月最初终审裁定："驳回上诉，维持原判"，同时"核准以故意杀人罪判处被告人董伟死刑，剥夺政治权利终身的刑事裁定"。该裁定书注明的合议庭成员为韩均升、张聪利和刘仲屹三名法官。

终审裁定生效后，董伟的辩护人朱占平律师向最高人民法院提交了一份题为"刀下留人"的"紧急申诉"，认为"董伟被判死刑实属冤枉"，"请求最高人民法院指令陕西方面暂缓执行，同时派员重新复核此案"。2002年4月27日，朱占平律师在死刑判决执行在即、"人命关天"的紧要关头，"星夜兼程，赴京申诉"，找到最高人民法院刑事审判第一庭的某副庭长。4月29日，该副庭长在延安市中级人民法院对董伟执行死刑前不到10分钟的时间里，打通了负责临场指挥执行的延安市中级人民法院刑庭庭长的移动电话，责令其暂停对董伟执行死刑。数日后，最高人民法院正式下达了暂缓执行死刑的命令，并指令陕西省高级人民法院另行组成合议庭，重新审查全案。至此，这起由最高人民法院直接干预的"枪下留人"案件引起国内外众多新闻媒体的广泛关注。

陕西省高级人民法院"根据最高人民法院的指示"，另行组成了合议庭，对董伟故意杀人案进行重新审查。新的合议庭由五位法官组成：审判长张宽祥，审判员韩均升、田伟、张聪利以及代理审判员刘仲屹。其中，韩均升、张聪利和刘仲屹为原第二审合议庭的成员，已经参加过该案的审理，并对该案作出了维持原死刑判决的终审裁定。新合议庭只有张宽祥、田伟两位法官为新加入的成员。2002年8月上旬，被告人董伟的亲属向最高人民法院发出了一份电报："强烈要求张聪利回避此案。最好指令异地法院审理。"但这一要求并没有得到采纳。

由上述五位法官组成的合议庭"经过阅卷，讯问被告人，询问有关证人，听取辩护人的意见"，认为董伟故意杀人案"事实清楚"，决定"不开庭审理"。2002年8月26日，陕西省高级人民法院作出了（2002）陕刑一终字第34号刑事裁定书，裁定"驳回上诉，维持原判"，并"核准以故意杀人罪判处被告人董伟死刑，剥夺政治权利终身的刑事裁定"。同年9月5日上午，延安市中级人民法院对董伟执行了死刑。[①]

在这一案例中，原来参加二审审判的三名法官又成为"另行组成"的合议庭的成员，参与了案件的再审活动。应当说，在陕西高院的终审裁定已经生效之后，最高人民法院指令该法院对案件进行的复查，具有再审程序的性质。对于这种为复查死刑案件而举行的再审程序，现行刑事诉讼法和司法解释都要求负责再审的法院应当"另行组成合议庭"。也就是说，原来参与过同一案件审理的法官都不应再加入新组成的合议庭。否则，他们对案件事实认定和法律适用问题所形成的先入为主的预断，会对他们公正地复查该案件造成严重的消极影响。不仅如此，按照目前的法官责任制度，一旦原二审合议庭所作的裁决结论最终被推翻，这些负责承办案件的法官势必会承受各种不利的对待，甚至还有可能被认为办成了一件"错案"，并因此在法院内部的生存条件、升迁、公共评价等各个方面遭受一定的挫折。无疑，原来参与过二审审判的合议庭成员不仅对案件的结局形成了强烈的内心预断，而且还与该案的裁决结局实际发生了内在的利益牵连。在此情况下，由原来三名二审合议庭成员和两名新加入的法官组成的合议庭，怎么可能对案件进行公正的复查呢？尤其是在三名合议庭成员很可能倾向于维持原判的审判中，合议庭怎么可能作出推翻原判的裁定呢？

值得注意的是，法院对董伟所作出的死刑判决并不是没有争议的。尤其是董伟的辩护人从一开始就认为本案"事实不清"、"定性不准"，被害人"也有过错"，甚至还明确提出被告人有防卫过当之可能。在向最高人民法院提交的"紧急申诉"中，辩护人更是认为一审法院认定的事实有错误，二审法官"办案粗糙，草菅人命"。姑且不论辩护人的观点能否成立，即便仅仅考虑本案已经引起最高人民法院

[①] 有关董伟故意杀人案的全部细节，参见曾民：《"枪下留人"案再调查》，载《南方周末》，2002-09-19，1版。另外，笔者还参考了朱占平律师提供的"陕西省延安市人民检察院延检刑诉字（2001）63号起诉书"、"陕西省延安市中级人民法院（2001）延刑一初字第71号刑事附带民事判决书"、"陕西省高级人民法院（2002）陕刑一终字第34号刑事裁定书"以及他向法院提交的二审辩护词和向最高人民法院提交的"紧急申诉"等材料。在此特向朱占平律师致谢。

的关注和引发社会舆论的广泛讨论这一点，陕西省高院就应当在重新组成合议庭方面极为慎重，并依照最正规的法律程序对案件进行复查。但非常不幸的是，该法院"另行组成"的合议庭与二审合议庭一样，连开庭都不举行，就以秘密的、间接的和书面的审判方式，对案件作出了草率的维持原判的裁定。笔者不了解由五位法官组成的合议庭究竟是否受到了外界的压力和影响，但有一点是可以断定的：其中三名合议庭成员倾向于维持原判，这是导致再审合议庭草率行事的重要原因之一。

或许是考虑到三名原二审合议庭成员不可能做到公正审判，被告人董伟的亲属直接向最高人民法院提出了要求其中一位法官回避的申请。当然，按照现行的回避制度，申请合议庭成员回避只能向陕西省高院院长提出，并由该院长作出是否准许的决定。但是，考虑到陕西省高院对被告人董伟所作的二审维持死刑判决的裁定肯定是经由该法院审判委员会讨论决定的，而该法院院长又是审判委员会的主持人和召集人，因此，被告人的亲属显然对向该法院院长提出回避申请不抱任何希望。结果，这种直接向最高人民法院提出的回避申请，最终被该法院所拒绝。这不禁令人想到：在当事人对某一法院能否公正审判明显不予信任的情况下，上级法院能否在回避方面给予其必要的救济呢？

当然，被告人董伟的亲属还向最高人民法院提出了有关变更案件管辖的申请。毕竟，在陕西省高院已经对被告人董伟作出维持死刑判决的终审裁定之后，辩护人通过最高人民法院所发动的案件复查活动，多多少少带有责令陕西省高院重新审理的意味。而原来的二审裁定又是经由陕西省高院审判委员会集体讨论的结果，该法院院长也肯定是同意维持被告人死刑判决的意见的。可想而知，该案件如果继续由陕西省高院负责复查，那么不论由哪些法官组成合议庭，该法院通常都不会撤销原来所作的维持死刑判决的裁定。这恰恰反映出中国目前回避制度的局限性：只要案件经由审判委员会讨论和决定，只要案件的裁决结论体现了法院院长的意见，那么，即便当事人成功地促使某一法官退出案件的审判过程，该案件的最终裁决结论也不会受到太大的影响。毕竟，中国的法院是以一个整体来从事审判活动的；法院内部的院长、审判委员会甚至法庭庭长都有决定单个法官命运和前途的权威；法院内部的行政层级制度和行政衙门色彩，决定了法官个人的独立性会受到极大的限制。被告人董伟的亲属显然也意识到了这一问题，故而提出了所谓"异地管辖"的请求。结果，与回避申请一样，这一变更管辖的申请也被最高人民法院所拒绝。于是，被告人董伟也就没有其他选择余地，而只能听由陕西省高级人民法院裁判了。

案例三 1996年10月，山西大同第三律师事务所律师付爱勤接受委托，担任被告人杨德才盗窃案的二审辩护人。付爱勤律师在会见了上诉人、查阅了全部案卷之后，向了解案情的乔某、韩某、樊某等八位证人进行了调查，并逐一提取了证人证言笔录。其中，乔某证明被告人杨德才在案发时正在上班，没有作案时间；樊某作为盗窃案的被害人，也作出了与其原来向公安机关所作证言不一致的证明。付爱勤律师将调查取得的证言笔录和证人亲笔证词全部提交给二审法院——大同市中级人民法院刑二庭的承办法官王某。王法官向证人乔某、樊某等逐一进行了核实，并获取了一些新的物证。1997年2月20日，大同市中院经过"审理和审查律师提供的证据认为，此案有两个主要情节不清：一是作案时间与上班时间矛盾；二是被告人供述与受害人陈述不一"，因此裁定撤销原判，发回大同市南郊区人民法院重新审判。

1997年2月27日，大同市南郊区人民法院开庭审理此案。在法庭调查过程中，经辩护人付爱勤律师申请，法庭同意证人乔某、韩某、樊某等出庭作证，提供与律师调查和大同中院核实过的证言。法庭宣布休庭。而在证人在审判笔录上签名之后，南郊区人民检察院法纪科和审判监督科的检察官来到法庭，强行将全部出庭作证的证人带到检察院。直到当日晚10时才将证人悉数放走。第二天，南郊区人民检察院的检察官将付爱勤律师强行带至检察院，并于当晚以"徇私舞弊罪"对其采取了刑事拘留。案件最终惊动了山西省律师协会和中华全国律师协会。经过多方努力，对付爱勤实施的拘留于3月10日被变更为取保候审，4月25日付爱勤被检察机关以徇私舞弊罪提起公诉。全国律协指派刘文元和张萍两位律师担任付爱勤的辩护人。6月3日，两位辩护人向南郊区人民法院提交了被告人付爱勤不构成徇私舞弊罪的辩护意见，并对南郊区人民法院审理该案提出了管辖异议。

1997年7月17日上午9时，大同市南郊区人民法院公开开庭审理了"付爱勤徇私舞弊案"。参加旁听的有来自全国律协、山西省检察院、司法厅、省律师协会、大同市人大常委会及公检法机关的官员，还有来自各地的新闻机构的记者。旁听者多达两百余人。负责审理此案的审判长仍然是主持杨德才盗窃案的法官，而负责支持公诉的检察官也仍然是当初与付爱勤律师对簿公堂的检察官。法庭开庭后，辩护人刘文元律师提出公诉人和审判长分别担任过杨德才案件的公诉人和审判长，要求公诉人和审判长回避。在回避申请被拒绝之后，刘文元律师随即提出南郊区人民检察院和南郊区人民法院对此案均无管辖权，从而申请该案件由异地检察机关和法院管辖。面对辩护人的申请，审判长宣布休庭。当日下午3：30，审判长宣布：经过合议庭评议，本案延期审理，开庭时间另行通知。

1997年10月16日，大同市南郊区人民检察院撤回对付爱勤的起诉。同年11月24日，南郊区人民法院撤销了对付爱勤的取保候审措施。[①]

这是众多追究律师刑事责任案件中的普通一例。案件虽然最终以检察机关撤销

[①] 有关这一案件的详细情况，笔者查阅了刘文元律师向中华全国律师协会提供的"律师维权"材料。在此特向刘文元律师以及中华全国律师协会会员部的工作人员致谢。

起诉而告终，但其中所反映出来的法官回避问题仍是值得反思的。

付爱勤律师被指控的"徇私舞弊"行为发生在其履行辩护职责的过程之中。也就是说，该律师因为辩护活动而涉嫌犯罪，并受到检察机关的刑事追诉。但是，本案是因原来的盗窃案而引发的，而原来的盗窃案则因为付爱勤富有成效的辩护工作而被上级法院撤销原判、发回重审。可想而知，在中国目前的司法体制之下，一个案件被上级法院撤销原判、发回重审，这对于一审法院和支持公诉的检察机关意味着什么。无疑，作为一审法院的南郊区人民法院和作为公诉机关的南郊区人民检察院，与案件的结局实际发生了利益之牵连，而作为撤销原判"始作俑者"的付爱勤律师，则在无形之中与上述法院和检察院发生了微妙的利害冲突。至少，作为本案承办人的法官和作为公诉人的检察官不会对付爱勤律师有多少好感可言。这就是刘文元律师为什么在法庭尚未开庭就申请变更审判管辖的原因。

但令人困惑不解的是，南郊区人民法院不仅没有对这一移送异地法院管辖的申请作出任何回应，而且还安排原来承办杨德才盗窃案的法官担任审判长，同意原来负责对杨德才案件支持公诉的检察官担任公诉人。这就意味着，这两起有着内在联系的案件事实上要由同一法院组织法庭审判，由同一法官出任审判长，由同一检察官出庭支持公诉。唯独发生变化的是，原来的辩护律师现在成了后一案件的被告人。于是，大同市南郊区法院就上演了一幕令人匪夷所思的"怪剧"：作为"原告方"的检察院直接拘留被告人的辩护人，并对其提起公诉；作为裁判者的法院在尚未确定被告人刑事责任的情况下，直接对辩护人进行审判。这样的法庭审判能做到中立而无偏私吗？

或许是因为旁听者人数太多，而其中不乏来自全国律协和山西省的各部门官员，也不乏各种新闻媒体的记者，所以法院合议庭面对辩护人当庭提出的要求公诉人和审判长回避的申请，尤其是面对辩护人提出的要求变更审判管辖的申请，竟然表现出反常的举动。法官们不对回避和变更管辖的申请作出是否同意的决定，反而采取了长时间的休庭措施，并最终说服检察机关撤销起诉。案件最终以付爱勤律师免受刑事追究而告终。这种结局固然是对被告人有利的，但这种审判的公正性能得到保障吗？

三、"法院的回避"——审判管辖的变更问题

现行刑事诉讼法将管辖权的确定完全归入司法裁判权的范围，而没有赋予当事人就法院的审判管辖权提出异议的权利，更没有建立针对这种管辖异议而实施程序性裁判的机制。当然，在一部分案件中，被告人也曾要求法院将案件移交其他地区的法院甚至上级法院管辖。但这些请求要么被法院直接拒绝，要么因为得不到任何回应而不了了之。下面的三个案例所显示的就是当事人提出变更管辖的申请以及法院对该种申请的处理情况。

案例四　2001年7月3日，新疆克拉玛依市克拉玛依区检察院对被告

人田明提起公诉，指控其犯有受贿罪。在侦查期间，检察机关收集了一系列证明田明犯罪的证据，其中包括检察官向田明所在医院的医生、护士贺某、林某、徐某经过询问所作的询问笔录。上述三人均证明田明有收受陕西某医学仪器公司贿赂8.5万元的事实。7月4日，乌鲁木齐市同泽律师事务所律师陈亚男接受田明的委托，担任其辩护人。在随后的几天里，陈亚南以辩护人的身份展开了调查工作，尤其是调查了曾经向检察机关提供过证言的贺某、林某和徐某。这三名证人都推翻了原来向检察机关所作的证明田明有受贿事实的证言，而证明田明作为医院心血管科主任，尽管收取了供货方8.5万元，但这属于医院为病人安装心脏起搏器之后，专门用于科内发工资、奖金和接待业务单位的"随访服务费"。陈亚男在调查上述证人时，都有当时被取保候审的被告人田明及其妻子在场参加。

7月15日，克拉玛依区法院开庭审理田明受贿案。克拉玛依区检察院检察官贾志英作为公诉人出庭支持公诉。公诉方在法庭上宣读了侦查人员向贺某、林某和徐某提取的证人证言笔录，以证明田明构成受贿罪。随后，辩护人陈亚男作了无罪辩护，并出示、宣读了她向贺某、林某和徐某调查的证人证言笔录。由于同样三个证人就同样的问题先后向检察机关和辩护人提供了截然相反的证言，因而法庭宣布休庭。

当晚，克拉玛依区检察院将证人贺某、林某和徐某找到检察院，了解他们改变证言的原因，并重新向他们制作询问笔录。上述三人再次推翻原来向辩护人提供过的证言，声称不知道有"随访服务费"一事，也没有分到过钱。三人还表示，由于辩护人陈亚男在向他们调查取证时，有被告人田明及其妻子在场，他们心里有压力，不敢讲对田明不利的话，因而就顺着陈亚男的意思作了证。

7月20日，克拉玛依区法院再次开庭审理田明受贿一案。公诉方重新出示、宣读了贺某、林某和徐某提供的第三种证言笔录，证明田明确实构成受贿罪。7月25日，法院一审判决被告人田明犯受贿罪，判处有期徒刑6年。被告人不服，提出上诉。同年8月25日，克拉玛依市中级法院作出二审判决，认定被告人田明不构成受贿罪，但犯有贪污罪，判处有期徒刑6年。

8月5日，克拉玛依区检察院以妨害作证为由将陈亚男拘传，并随后予以羁押。在检察机关对陈亚男提讯时，陈提出妨害作证案件应依法由公安机关管辖，而不属于检察机关的自侦案件范围，检察机关侦查不符合诉讼程序。几天后，陈被告知，案件已经移送公安机关侦查。8月7日，克拉玛依区检察院批准对陈亚男的逮捕申请。8月8日，陈亚男妨害作证案被移送克拉玛依区检察院审查起诉。8月13日，克拉玛依区检察院向法院提起公诉，指控"作为专业律师的陈亚男，为达到无罪辩护之目的，无视实事求是、依法办案的原则，威胁、引诱证人违背事实改变证言，干扰了刑事诉讼活动的正常进行……"。克拉玛依区检察院出庭支持公诉的检察官仍然是原来田明受贿案中的公诉人贾志英。

乌鲁木齐市同泽律师事务所将陈亚男受到立案侦查的情况报告给新疆律师协会。新疆律师协会在了解了有关情况之后，立即向自治区司法厅领导作了书面汇报，并向自治区人大、政法委、自治区检察院呈报，认为陈亚男案在新疆尚属首例，加上案件涉及律师在办理刑事案件过程中的取证方式问题，因此要求对此案慎重处理，同时还希望"有关方面"能根据陈亚男为正在哺乳自己婴儿的母亲这一事实，批准对陈亚男取保候审。新疆律师协会还提出了本案公诉人贾志英回避的问题。经过自治区检察院"过问"，克拉玛依区检察院同意受托律师会见陈亚男，但拒绝了有关取保候审和公诉人回避的申请。

随后，新疆律师协会又通过自治区司法厅向自治区人大、政法委呈送了《紧急报告》，提出陈亚男妨害作证一案系由其辩护的田明受贿案件所引发的，建议依法改变本案的法院管辖，也就是将该案移送克拉玛依市以外的地方法院审理。该建议曾一度引起自治区政法委的高度关注。8月31日，新疆维吾尔自治区高级人民法院经过研究认为，鉴于此案为新疆首例，社会影响较大，并已经被领导机关、有关部门和新闻单位所关注，为消除有关方面的疑虑，给案件的公正审判创造一个良好的环境，决定改变此案的级别管辖，指令克拉玛依市中级法院管辖此案。但当地检察机关认为，将陈亚男案另外指定管辖没有法律依据，因而没有必要改变审级。最后，自治区有关方面又支持了检察机关的意见，自治区高级法院又撤销了改变审级的决定。

同年11月27日，克拉玛依区法院开庭审理陈亚男妨害作证一案。代表检察机关支持公诉的检察官被更换。在开庭前，辩护人向法院要求查阅、复制案件证据目录和证人名单，但遭到拒绝；辩护人要求法院告知案件承办人，也没有得到批准；辩护人要求在开庭前会见被告人，法院答复说会见必须经过法院院长亲自批准。法庭上，控辩双方围绕陈亚男在调查三个证人时是否明知他们已经向检察机关作出证言、是否故意安排田明夫妇在询问证人时在场以及陈亚男的行为在法律上是否构成妨害作证罪等问题展开质证和辩论。辩护人尤其指出了该案在侦查、移送、审理、起诉等各个环节上存在的程序性违法现象，认为此案一直处于不客观、不公正的状态。当日下午，法庭经过评议，当庭判决陈亚男妨害作证罪名成立，辩护人提出的辩护意见不予采信，判处陈亚男有期徒刑6个月。[①]

---

① 陆金宝：《律师为何走上被告席》，载《工人日报》，2001-12-21，6版。

这是一起辩护律师因为调查证据而被追究刑事责任的案例。与前面所分析的案例三的情况有些相似：辩护人找到原来向检控方提供过证言的证人，获取并向法庭提交了新的证言；检控方发现证人推翻原来的证言之后，自行将他们找去"核实证据"，证人在检控方的压力下又一次推翻证言，并将改变证言的原因解释为辩护人的劝诱；检察机关对辩护人采取强制措施，立案侦查，并向法院提起公诉；为原来的辩护人辩护的律师提出了公诉人回避的请求……但与案例三不同的是，本案中涉嫌妨害作证的被告人比较幸运，案件在当地律师协会的直接推动下，得到了当地党的政法委员会的协调；律师协会提出了变更审判管辖的申请，还一度得到当地高级法院的部分肯定，甚至出现过提升案件级别管辖的可能，但这一申请由于遭到当地检察机关的反对，最终没有获得批准。于是，被告人就只能在她曾经作为辩护人履行过辩护职责的法院，因为调查取证问题而接受该法院的刑事审判。

很显然，陈亚男妨害作证一案完全是由她所辩护的田明受贿案件所引发的。她与田明案件的公诉机关多多少少发生了利益上的冲突，而且她直接受到原公诉机关的传唤和讯问，并被该检察院批准逮捕和提起公诉，甚至就连对她提起公诉的公诉人都是原来与她当庭对抗的检察官。在这种情况下，仅仅让支持公诉的检察官退出案件的公诉工作，仍然无法维持公正的审判。毕竟，与被告人有着职业利益冲突的不单单是原来的公诉人，甚至还包括整个克拉玛依区检察院。检察机关在逼迫证人指证辩护人有引诱、唆使行为之后，就将他们全都释放，事后也没有追究其任何伪证责任。既然就连改变证言的证人都没有构成伪证罪，那么，被指控"唆使、引诱证人违背事实改变证言"的陈亚男又何罪之有呢？显而易见的是，克拉玛依区法院不可能不明白其同级检察机关"整肃"辩护律师的意图，也不可能没有觉察出检察机关的职业"复仇"心理。但是，该法院几乎完全放任了这种不正常的追诉行为。在此背景下，即便克拉玛依区检察院不存在"挟私报复"情况，克拉玛依区法院又怎么可能做到公正审判呢？或许，克拉玛依区检察院与本案被告人之间原来所存在的职业上的利益冲突，以及克拉玛依区法院为顾及同级检察机关的"面子"而对辩护律师所采取的歧视态度，都决定了由该法院对案件行使审判权，将无法保证被告人受到公正的审判。

既然如此，无论是新疆律师协会提出的变更地区管辖的申请，还是新疆高院提出的变更级别管辖的建议，如果真能付诸实施的话，对于克服上述弊端都将是有益的。应当说，在中国现行司法制度下，这种由律师协会通过司法行政机关所做的协调工作不可谓力度不大。如果连这种通过"组织"途径所做的变更审判管辖之努力都没有任何成效的话，那么，被告人及其辩护人即便向克拉玛依区法院提出所谓"全体法官回避"或者"法院整体回避"的申请，又能有什么效果呢？事实上，如果连当地"政法委员会"都不能通过"协调"方式解决案件管辖问题的话，被告人通过行使诉权来争取变更管辖法院的举措，也注定将以失败而告终。

案例五 1999年11月29日，轰动江西全省的"德国牙医"章俊理非法行医、故意伤害案，在南昌市西湖区法院开庭审判。被告人章俊理为全国规模最大的私人牙科诊所业主，公诉机关为南昌市西湖区人民检察院，附带民事诉讼原告则为1 154名经被告人诊所医治后出现程度不同后遗症的患者。江西朗秋律师事务所的全体律师充当了本案全体附带民事诉讼原告的诉讼代理人，要求被告人赔偿治疗费、鉴定费、精神损失费等共计3 810万元的巨额费用。

  章俊理等涉嫌非法行医和故意伤害一案，经江西省内外的新闻媒体广泛报道，至少在江西省已经造成妇孺皆知的局面。有南昌市民曾形容说："北有胡万林，南有章俊理"。南昌市当地的一家媒体还刊载了一则民谣："南昌警察了不起，捉到牙医章俊理……上千群众来诉苦，罪恶的章俊理被逮捕。"而在章俊理案发之后，在南昌有较大影响的《江南都市报》就以头版位置推出报道"章俊理是逃跑了还是被关押了，德国牙医神秘失踪"，随后更是陆续推出"'牙医'章俊理渐露真面目"、"警方向本报记者证实：德国牙医已被刑拘"、"26名受害者昨向本报投诉：章俊理可把我们害苦了"等四十余篇连续报道，由此"引发了一场江西新闻媒体围剿'德国牙医'章俊理的战役"。该报甚至在一审法院尚未作出判决的1999年12月11日，还引述江西当地一位法学教授的见解认为，章俊理除了犯有非法行医和故意犯罪两项罪名以外，还犯有"诈骗罪"，因为"罪犯章俊理从1988年起非法行医十多年，故意伤害一千多人，为什么能够得逞？关键问题是章俊理具有行医欺骗性，章俊理非法行医，获几千万财产，重伤40多人，贯穿一点是用欺骗手段进行的"。直至江西朗秋律师事务所在南昌某权威大报上登载有关对章俊理提出集团诉讼的公开"启事"，新闻媒体对此案的渲染、报道也就达到了顶峰。甚至就连某些"中央级报纸"也参与到这种评论性报道中来。例如，有的报纸就明确将章俊理与另一个受到刑事追诉的非法行医者胡万林相提并论，并将章俊理的牙医疗法贬斥为"纳粹疗法"，认为章俊理诊所"好牙坏牙全锯掉"，揭露他"自称摆平黑白道"。

  章俊理案发直接起源于顾德兴的投诉和上访。1998年8月，顾曾在章俊理诊所治疗过牙齿，并因为治疗效果和收费问题与章俊理发生过激烈的争执。顾因不满章俊理专横跋扈的态度，向省消协、省卫生厅、市消协、市司法局提出多项投诉。在经反复投诉终未获得满意答复之后，顾德兴遂愤而上书江西省省长舒圣佑。1998年11月5日，舒圣佑省长看了顾德兴的投诉信后，当即作出批示：此信若属实，说明邪恶势力太猖狂，难道我们就不能为受害者申冤吗？"黑白"两道都摆平！？我们信马克思主义、毛泽东思想、邓小平理论之道，怎么来摆平呢？这就要看南昌市委书记的了！11月18日，南昌市委书记钟家明指示：坚决按舒省长指示办，请市政法委带头,市公安、工商、卫生、物价、税务协调联动,立即查清情况,严肃处理。随后,南昌市公安局以"非法行医、故意伤害、偷税漏税、虚假广告"等犯罪嫌疑,将章俊理刑事拘留。

章俊理案件案情较为复杂,单案卷就多达270余册,受害者来自数个省市,多达1 154人,"其范围之广、受害人数之多",不仅为南昌市和江西省之最,而且就是在全国也极为罕见。加上案件在开庭审判之前就已被省内外媒体作出了评论性报道,而江西省和南昌市党政负责人就此案所作的批示或指示,更是直接推动了该案刑事程序的启动和进展。因此,被告人章俊理的辩护律师先后两次向南昌市西湖区法院提出了变更案件管辖的申请。按照辩护律师的主张,案件最好移出江西省审理,至少也应当由南昌市以外的地方法院审理。在有关地区管辖的变更申请迟迟得不到答复的情况下,辩护律师又提出变更级别管辖的申请,也就是由南昌市中级人民法院作为该案的第一审法院,从而使被告人有向江西省高级人民法院提起上诉的机会。但是,对于辩护律师的变更管辖申请,南昌市西湖区法院并没有给出任何同意与否的决定,也就是以沉默的方式拒绝了辩护律师的申请。

2000年3月9日,南昌市西湖区人民法院以(1999)西刑初字第441号刑事附带民事判决书,判决章俊理犯非法行医罪和故意伤害罪,判处有期徒刑15年,并处罚金100万元,判决章俊理等四名被告人赔偿1 091名附带民事诉讼原告的经济损失合计5 246 653元。①

与案例四不同的是,本案中提出变更审判管辖申请的不是律师协会,而是被告人的辩护律师。也就是说,辩护律师是通过行使诉权的方式申请将案件移送其他地区的法院审判,或者移送上级法院审判的。但是,辩护人向南昌市西湖区法院提出变更管辖的申请,也就等于要求该法院主动退出对该案件的审判。如果说对于当事人提出的法官回避申请不应由被申请回避的法官来决定的话,那么,对于辩护人提出的变更管辖请求怎能由被申请退出案件审理的法院来加以裁决呢?这岂不属于由西湖区法院自行决定自己是否拥有审判章俊理案件的资格——也就是"充当自己案件的法官"吗?

令人惊异的是,南昌市西湖区法院对于辩护人有关变更审判管辖的申请,别说作出同意的决定,就连作出驳回申请的耐心都没有。换言之,被告人的辩护律师本想通过行使诉权来启动管辖异议程序,但这种申请并没有发挥一项诉权所应当发挥的效果。一般来说,诉权并不等于胜诉权,那种将诉权划分为所谓"程序意义上的

---

① 有关章俊理案件的全部情况,读者可参见李菁莹:《千人起诉"南方胡万林"》,载《中国青年报》,1999-12-13,7版;李菁莹:《钱列阳为"德国牙医"辩护》,载《中国青年报》,1999-12-16,2版。另外,本案的主要材料是笔者从钱列阳律师那里收集而来的,有关本案诉讼程序的一些情况也是从他那里了解到的。在此特向钱列阳律师致谢。

诉权"与"实体意义上的诉权"的观点是值得商榷的。毕竟,诉权就是诉权,它只是一种促使案件进行某一诉讼程序的资格或条件,而不等于实体利益的实现。但是,无论是起诉权、上诉权还是单纯程序意义上的申请权,它们作为一种诉权,都应带来以下三方面的法律后果:一是法院对该申请加以受理,或者即使不予受理,也应提供有关的理由并作出相应的裁决;二是进行专门的听证或审查程序;三是法院作出同意与否的裁决,并提供这种裁决的理由。令人遗憾的是,辩护人就变更审判管辖所提出的申请,并没有发挥这样的诉讼效果。因为西湖区法院既没有明确表示受理或者不受理,更没有就变更管辖问题举行任何形式的听证或者审查,当然也就谈不上就此申请作出专门的裁决或者决定了。很显然,在法院看来,由于现行法律和司法解释都没有确立当事人就变更管辖问题提出异议的权利,因而它无须对这种申请作出任何回应,更没有作出有关决定的义务。当然,西湖区法院也不用担心这种沉默式的拒绝会导致被告人的上诉,从而引发上级法院对于其拒绝变更管辖申请的程序性裁判。因为被告方所提出的这种变更管辖申请,本身于法无据。西湖区法院只要牢牢抓住这一点不放,就可以永远立于不败之地了。

然而,法院仅仅以"法无明文规定"为由,就断然拒绝被告方所提出的变更审判管辖之申请,这种做法真的令人心服口服吗?从前面的分析中可以发现,章俊理案件在开庭之前就被当地媒体广泛地加以报道。经过新闻媒体的渲染、报道和不负责任的评论,章俊理的形象几乎已经被"妖魔化"了。再加上代理附带民事诉讼原告之集团诉讼的律师事务所在报纸上的"推波助澜",不光是南昌市民,甚至连江西省内的民众也会对章俊理的所作所为产生先入为主的预断。这种为人们所司空见惯的"媒体审判"现象岂能不对法院的审判造成相当程度的压力和影响?更值得注意的是,章俊理案发是由江西省省长和南昌市委书记对案件作出批示的行为所直接引发的。在省、市党政领导业已对该案的处理作出明确的指示之后,尤其是南昌市方面几乎调动了公安、税务、工商、物价等相关政府部门,并由市政法委牵头协调,对于章俊理等被告人展开了刑事追诉活动。这种追诉已经形成一种由南昌市党政部门对章俊理发动一场"战争"的格局。面对强大的国家和党的公共权力机构的追诉行为,别说一个小小的章俊理,就是富可敌国的强势人物,又怎能有最起码的抗衡能力!?在这种情况下,由南昌市当地的法院来负责案件的审判,其结果就可想而知了。而由南昌市下属的一个区的法院作为一审法院来审判,则对于迅速、快捷地对章俊理定罪量刑,显然是极为方便和有利的。因为这意味着案件不出南昌市地面,南昌市对章俊理所发动的这场"诉讼战争"就会以胜利而告终了。但是,章俊理等被告人接受南昌市一个区法院的审判,他们能获得公正的审判吗?

事实上,在中国目前的司法体制下,法院对于当地党政领导亲自过问或批示过的案件,是不可能有"独立审判"可言的。无论是在党内还是政府管理体制内部,法院都处于相对弱势的地位,其人、财、物大都控制在地方党、政和人大手中。作为当地党委政法委员会直接领导的一个"政法部门",法院的"政法干警"要听从该政法委统一部署、协调和领导。尤其是对于类似章俊理这种由省、市领导交办的案件，法院只有服从命令的义务，而不可能有独立审判的空间。即便这类案件在证据、程序和实体法律适用方面都存在明显的问题，法院也不可能为"秉公裁判"而得罪地方领导。可以说，在中国目前法院依附于地方、法院内部又强调"法院整体独立"的背景下，建立变更审判管辖制度，就显得格外重要和急迫。毕竟，假如当事人享有提出管辖异议的权利，这种当地党政领导干预、当地新闻媒体过度炒作的案件，还有机会移出当地，而改由另一地区的法院组织审判。这种变更管辖地的制度设计，不仅能够发挥较好的"避嫌"效果，而且也确确实实可以帮助法院摆脱地方党政部门的干预和压力。这或许不能解决一切问题，但至少不会带来太多的新问题。

案例六 2000年9月18日，陕西省西安市人民检察院向西安市中级人民法院提起公诉，指控被告人吕西娟、杨清秀犯有故意杀人罪（未遂）。起诉书指控认为："被告人吕西娟因对其夫张发明遗产继承纠纷案一审判决不服"，"为寻求帮助，吕经人介绍认识了被告人杨清秀。杨因在法院改革中不服从单位工作分配，其无理要求没有得到满足，竟把矛头指向院长朱某某，采取诬告、威胁和长期不上班等手段发泄对朱某某的怨恨。在吕找杨后，杨以为有机可乘……多次煽动吕去找朱某某闹事……并对吕说：你这一闹，就会轰动西安市。在被告人杨清秀的唆使下，（2000年）3月8日上午8时20分左右，吕西娟来到西安市中级人民法院朱某某院长办公室，将办公室门反锁，指责、威胁朱某某。当朱某某提出要外出开会时，被告人吕西娟趁朱某某不备，将其打倒在地，并抓住朱某某的领带紧勒其脖颈，致朱某某出现脑缺血昏迷，后被及时赶到的法院干警解救脱险。被告人吕西娟被当场抓获。"

同年10月20日和31日，被告人杨清秀两次向西安市中级人民法院提出申请，以该案件被害人为西安市中院院长、案件由该法院管辖无法保证公正审判为由，要求西安市中院"整体回避"和合议庭组成人员回避，但该申请被西安市中院驳回。西安市中院给出的理由有四个：（1）根据《刑事诉讼法》（1996年）第24条之规定，刑事案件由犯罪地人民法院管辖，西安市中院恰恰就属于该案的"犯罪地"法院；（2）此案系西安市人民检察院向本院提起公诉的可能判处无期徒刑以上刑罚的案件，依照最高人民法院《关于执行〈中华人民共和国刑事诉讼法〉若干问题的解释》第4条，"中级人民法院受理后，认为不需要判处无期徒刑以上刑罚的，可以依法受理，不再交基层人民法院审理"，本院受理此案亦符合级别管辖之规定；（3）本院院长、审判委员会委员朱某某，虽系本案被害人，与合议庭审判人员有行政隶属关系，但朱某某已依法向本院审判委员会提出自行回避的申请，不参与本案的有关研究、讨论、决定等审判活动，审判委员会对此也已作出决定,同意朱某某的回避申请,因此影响行使管辖权的情形已不存在,其亦不能对案件的处理施加任何干预和影响;(4)《刑事诉讼法》(1996年)第28条第4项规定:"与本案当事人有其他关系,可能影响公正处理案件的",应当回避,本案除朱某某外,其余合议庭组成人员、审判委员会委员等与申请人杨清秀仅属同单位一般同事关系,虽相互认识,但不存在任何个人恩怨,均无利害关系,故不存在"可能影响公正处理案件"的情形。

在此之前,被告人吕西娟及其辩护律师"请求异地公开审理"的要求,也被西安市中级人民法院以同样的理由予以驳回。两名被告人都向西安市中院分别申请复议,但都又一次遭到驳回。

2000年12月25日,西安市中级人民法院对此案开庭审理。在开庭前,西安市中院通知公开审理此案,但开庭后却拒绝公众旁听和新闻媒体在场,而只允许被告人亲属一至两人参加。开庭不到5分钟,当吕西娟接受公诉人询问,讲到朱某某对其有不轨行为时,法庭以"涉及个人隐私"为由,宣布转入不公开开庭审理,并赶走所有被告人亲属。在审理程序结束后,西安市中级人民法院判决杨清秀、吕西娟犯有故意杀人罪(未遂),判处杨清秀有期徒刑15年,吕西娟有期徒刑13年。

案件进入二审程序后,吕西娟的辩护律师在上诉意见中提出西安市中院审理此案违反《刑事诉讼法》(1996年)第28条第4款的规定,本应回避而未回避。陕西省高级人民法院并没有采纳这一辩护意见。该法院未经开庭审理,仅仅通过书面审查就作出了(2001)陕刑一终字第65号刑事裁定书。该裁定书认为:"我国刑事诉讼法律所规定的回避制度是指个人回避,并没有规定审判组织或审判机关回避。本案受害人朱某某是西安市中级人民法院院长,涉及本案的公正处理,但该案起诉到西安市中级人民法院后,朱某某已自动申请回避并经审判委员会决定同意朱某某回避。故吕西娟及其律师要求西安市中级人民法院回避本案审理的理由与意见不能成立。"最后,该终审裁定驳回被告人杨清秀、吕西娟的上诉,维持原判。①

与其他案例所展现出来的情况一样,本案中的被告人及其辩护人先后向两级法院提出了有关合议庭组成人员回避和西安市中级人民法院"整体回避"的申请,都被法院拒绝了。但是,两级法院对拒绝变更审判管辖问题,提供了较为详细的解释和理由。这是极为罕见的。西安市中院和陕西省高院所作的这些解释,也为我们考察中国现行变更管辖制度的运作情况提供了较好的素材。

大体说来,西安市中院所作解释的核心要点是该法院直接受理这一引起争议的

---

① 陈海、刘向晖、金凌云:《"法官谋杀院长案"调查》,载《南方周末》,2003-09-11,A5版。

刑事案件，既不违背刑事诉讼法的规定，也符合最高人民法院的相关司法解释，因此并没有任何"违法"之处。确实，从形式上看，西安市中院对于发生在本法院院长办公室的刑事案件，按照所谓"犯罪地法院管辖为主"的原则，确实是具有审判管辖权的。而按照最高人民法院的司法解释，对于检察机关起诉到中级人民法院的案件，法院即使认为案件不应判处无期徒刑以上的刑罚，也仍然可以自行受理，而无须再将案件移送基层人民法院管辖。因此西安市中院对该案件似乎也拥有级别管辖权。不仅如此，作为本案直接被害人的朱某某，也确实提出了回避申请，并得到西安市中院审判委员会的批准。而按照我国刑事诉讼法的规定，院长本人就是该法院所审理案件的被害人，并不必然属于"与案件当事人有其他关系，可能影响公正处理案件"的情形。既然如此，为什么两名被告人都纷纷提出法院"整体回避"或者变更管辖的申请，并以此作为重要的上诉理由呢？

事实上，在中国目前的司法体制和司法环境下，西安市中院自行审理这一发生在法院办公室的案件，是根本无法确保被告人受到公正审判的。这是因为，该案件的被害人朱某某当时为西安市中院的院长，而负责法庭审判的又都是该法院所属的刑事法官。不仅如此，这一案件发生的地点为法院院长的办公室，主要的目击证人又都是该法院的法警和法官。而本案的被告人杨清秀属于与院长朱某某结怨很深、已经到了被辞退边缘的法官。在中国目前的制度背景下，院长不仅是一所法院的最高行政负责人，而且是该法院的首席法官，也是该法院审判委员会的主持人。在具有高度行政氛围的法院内部，要指望某一法官在审判中作出与院长意见相悖的判决，这是违背人性的苛求。在这一案件的审理过程中，尽管身兼西安市中院首席法官和杀人案被害人的朱某某自行申请回避，不再参与本案的审判委员会就该案件的讨论活动，但是，基本的社会经验告诉我们：这种承诺是靠不住的，也是不足以令西安市中院的法官和审判委员会委员们"从容不迫"地进行审判的。可想而知，假如西安市中院的法官们对于这一案件的审理和判决，不能令退居幕后的法院院长"满意"的话，他们作为法院院长的直接下属，又怎么能不担心自己未来在法院的处境和前途呢？退一步讲，即便朱某某院长本人确实能够做到大公无私、不徇私情和秉公司法，作为他下属的刑事法官们也不得不猜测院长的心情和态度，并尽量按照"从重从快"的原则作出有罪判决。实际上，对于这样一个连被告人有罪还是无罪都尚且存在重大争议的未遂的"故意杀人"案件，合议庭竟然对被告人杨清秀采取了"顶格判"的惩罚方式，对被告人吕西娟也判处了异乎寻常的重刑。这显然已经说明，即便作为被害人的院长本人为了"避嫌"，而不得不退出案件的审理活动，他"手下"的法官们也已经替他"出了一口恶气"，作出了即便他亲自主持审判也不便于作出的重刑判决。这种由西安市中院的法官以实施法律的名义代替法院院长"复仇"的做法，充分显示出该法院的任何法官在审理该案时都会存在各种各样的"后顾之忧"和"自保考虑"。法官在这种氛围中进行审判，怎么可能不考虑个人的一己得失，而专注于维护司法正义呢？

与案例五的情况相似，西安市中院作为被告人申请"整体回避"的对象，竟然也自行作出驳回这种申请的决定，还为此提供了一些解释。实际上，这种情况不就如同一名法官当庭拒绝当事人要求他本人回避的申请，并为此作出解释一样吗？西安市中院作为被告人申请"整体回避"的利害一方，有什么资格审查自己是否享有审判管辖权的问题呢？这种审查又怎么可能做到中立而无偏见呢？

与西安市中院不同，陕西省高院对驳回辩护人的申请所作的解释，则主要是中国现行法律没有关于"法院整体回避"的规定，因此不采纳辩护人的变更管辖申请。确实，现行刑事诉讼法和司法解释并没有任何有关"法院整体回避"的明确规定，也不存在允许当事人申请管辖异议的制度。但是，如果法律允许当事人申请一个存有偏私的法官回避的话，那么，它为什么就不允许当事人在某一法院的全体法官都存在偏私的情况下，对他们都提出回避申请呢？事实上，假如当事人不厌其烦地申请一个又一个法官回避，直至该法院全体法官都退出审判的话，这不就意味着该法院的全体法官在整体上回避了吗？这种全体法官回避与单个法官回避除了有一些量的区别以外，在实质上又有什么差异呢？

归结起来，西安市中院之所以能对所谓的"法官谋害院长案"行使审判管辖权，主要是因为现行回避制度和管辖制度本身存在着致命的缺陷。这种缺陷主要体现在，无论是单个法官回避，还是法院全体法官退出案件的审判，都没有将保证被告人获得公正审判作为制度建构的主要目的。这就不能不令人担心：今后可能还会有其他法院效仿西安市中院，对于涉及本法院院长、副院长或某一审判委员会利益的案件，不仅直接行使审判管辖权，还可以从现行刑事诉讼法和司法解释中找到一系列的正当化理由。不改革现行的回避制度和管辖制度，这种允许"高俅徇私审林冲"的现象还会再度发生，并无休止地重演。

四、回避制度的基本缺陷

通过对回避制度的考察，我们大体可以发现这一制度不仅在"书本层面"上存在不少问题和漏洞，而且在实施过程中也经常发生"运转不灵"的情况。大量的法官应当回避而拒不"避嫌"的情况在不断发生，当事人在申请法官回避方面还存在诸多方面的困难，而在初审法院的审判违反回避制度的情况发生之后，上诉审法院也很少就此提供专门的司法救济，更不会仅仅因为这一原因而撤销原来的判决。造成这些问题的原因固然是多方面的，但我们首先需要反思的是回避的制度设计问题。毕竟，在这一制度本身存在重大缺陷的情况下，要奢望它在司法实践中运转良好而不出问题，这是极为不现实的。

应当承认，现行的回避制度对于维护司法审判的高效进行，防止当事人以申请回避为名而行拖延诉讼进程之实，还是有其可取之处的。但是，这种高效运转的回避制度是以牺牲程序的正义为代价的。法院在合议庭的组成问题上过分强调了司法裁判权的有效行使，而忽略了当事人诉权的保障问题，使得当事人申请回避的权利受到不应有的限制，并在当事人的申请回避权受到侵犯时无法及时获得有效的救济。而过分强调回避问题的裁判权属性，必然导致法院以行政化的方式决定回避事项，而无法维持回避制度的基本"诉讼形态"，致使众多法院在决定审判人员回避问题时程度不同地存在专横、恣意之问题。为了使读者更加深入地了解这些问题和缺陷，笔者拟从五个方面对此作一展开分析。

（一）回避的理由

回避的法定理由是回避制度的核心和灵魂。只有使那些足以影响法官公正审判的所有因素都被吸收到回避的法定事由之中，才可以防止那些"存心不良"的审判人员有可乘之机。但是，法律又不可能将回避的事由全部加以穷尽，这无论是在立法技术上还是在必要性上，都是不可能的。正因为如此，一些西方国家的刑事诉讼法在明文列举出一些回避事由之外，还规定了一条较为模糊但包容性极强的回避理由。例如，德国刑事诉讼法在规定了四类法定的回避理由之外，又将法官"有偏颇之虞"作为当事人申请法官回避的重要理由。按照罗科信教授的解释，"有偏颇之虞"是指法官尽管并不存在法律规定的应行回避的情况，但其参与审判足以令人对其中立性产生不信任。[1] 换言之，法官"有偏颇之虞"，也就是有无法保持中立性的现实危险。这既不意味着法官肯定会偏袒一方而忽视另一方，也并不等于法官会作出不公正的裁判结论，而只是指法官可能无法保持中立性和超然性。正因为这一回避事由具有较强的模糊性，德国刑事诉讼法才将其确立为当事人申请法官回避的事由，而不将其列为法官自行回避的理由。同时，对于法官是否存在"有偏颇之虞"的情况，申请回避的当事人需要向法庭进行证明，这种证明只需达到令人大体相信的程度即可。

相比之下，中国刑事诉讼法在明文列举法定事由之外，也规定了一条带有模糊性的回避理由："与本案当事人有其他关系，可能影响公正处理案件的"。最高人民法院一直试图通过司法解释对这一理由加以扩大解释。然而，这一回避理由在表述上却存在严重的问题，并足以导致法院在解释时产生歧义。具体来说，这一条文将法官回避的情形限定为"与本案当事人"有特殊的社会关系，并强调这一关系可能会影响案件的裁判结论。这就意味着，某一法官尽管与当事人没有任何特殊关系，但对诉讼一方存有偏见、对案件存有先入为主的预断甚至在外观上有偏袒一方之嫌疑的，也不属于当事人申请回避的对象。由此出发，大量的足以导致法官丧失中立性的情形都无法被纳入回避的理由之中。另一方面，法官与当事人的关系只有达到足以影响公正判决的程度，才可以构成回避的理由。这就等于告诉人们：法官与案件或者与当事人存在任何特殊关系都不重要，重要的是法官是否会因此作出不公正的裁判结论；而只要法官能做到"铁面无私"、"六亲不认"甚至"大义灭亲"，那

---

[1] 参见［德］克劳思·罗科信：《刑事诉讼法》，吴丽琪译，54页，北京，法律出版社，2003。

么,他与案件当事人即使有特殊关系也不构成影响公正审判的因素。既然如此,那么古代的"包拯铁面铡包勉"就不具有任何可谴责之处了,而现代的"'铁法官'六亲不认地处死自己姐姐朋友的儿子",则更是值得推崇和赞扬的"壮举"。甚至按照这种思维逻辑,"高俅亲审林冲"也没有什么可指责之处,而只要高太尉"依法秉公断案"就行。

但是,法官与当事人之间存在特殊的关系,并且这种关系已经达到影响判决公正性的程度,对于这一情况,究竟如何作出准确的判断呢?毕竟,法官与当事人有特殊关系是一回事,他会不会枉法裁判则是另一回事。两者之间并没有必然的因果关系。一个法官与当事人具有某种特殊关系,固然不一定促使他枉法裁判,但具有这种关系的法官一旦充当裁判者,那么,他或她在"外观上"就丧失了中立性和不偏不倚性,其公正的形象令人产生了合理怀疑。尤其是那些因这种特殊关系而处于不利境地的一方,则更会对法官的公正性表示出强烈的不信任。而按照社会生活的基本经验,法官一旦被怀疑对当事人存有偏私之可能,那么,他所作的裁判结论也很难赢得各方的尊重和信任。有时候,对法官是否公正无偏的合理怀疑就足以损害人们对其裁判结论的信任。而至于法官究竟事实上是否作出了不公正的裁判,这往往并不重要。

因此,将回避的弹性事由确定为"与本案当事人有其他关系,可能影响公正处理案件的",可能排斥了大量足以影响法官公正审判的回避情形,使得很多根据基本社会经验和常识需要退出案件审判的法官,无法通过正常的回避途径而回避,也使得当事人在申请法官回避方面要承担不必要的证明责任,并很难证明法官与当事人的关系足以达到"影响公正处理案件"的程度。笔者前面分析的案例,也都从不同方面说明了当事人申请回避要取得成功,其实是极为艰难的。这至少与回避的弹性事由的设计不当存有密切的联系。

(二) 申请回避的裁判方式

申请回避是回避制度启动的主要方式,也是当事人享有的一项重要诉讼权利。但是,对于当事人所提出的要求审判人员回避的申请,法院却完全采取了一种行政化的裁决方式。因为对于普通审判人员的回避,法院院长有权直接作出批准与否的决定;而对于法院院长的回避,则由本法院审判委员会讨论决定。试想一下:法院院长作为法院的行政负责人和"首席法官",单独决定本法院其他审判人员的回避问题,这怎么可能使回避的申请在诉讼的轨道内得到解决呢?法院院长对于回避问题能采取听证方式进行处理吗?如果法院院长不是以听证方式而是以秘密的审批方式决定回避问题,那么,提出回避申请的当事人又怎么可能提出证据、承担举证责任从而影响院长的决定呢?

如果说法院院长无法以诉讼方式决定回避问题的话,那么,审判委员会讨论决定院长回避的方式,能具有完整的诉讼形态吗?答案同样是否定的。因为法院院长不仅是本法院审判委员会的委员之一,还是审判委员会的主持人和召集人。在中国目前的司法环境下，由作为法院院长"下属"的普通审判委员会委员来决定院长是否需要退出审判程序的问题，怎么可能做到超然、客观和公允呢？另一方面，审判委员会讨论决定案件采取的是秘密的、口头汇报的方式，因此排除了提出回避申请的当事人参与讨论过程的机会。

而且，这种由法院院长或审判委员会决定回避事项的做法，在司法实践中还受到了规避。大量的回避申请实际上是由合议庭直接作出决定的。当然，这种决定大都是不批准回避申请的决定。但是，假如当事人申请回避的对象就是合议庭的一个成员或者全体成员，那么，再由合议庭自行对这种回避申请作出决定，这岂不就等于合议庭"充当自己案件的法官"吗？这种允许法官就自己该不该回避的问题自行作出裁判的程序，不具有最低限度的公正性。

因此，作为当事人提出的一项重要诉讼请求，回避申请无法按照诉讼的方式进行裁决，法律对此也没有建立最基本的司法裁判程序。于是，对申请回避的裁判就具有明显的行政色彩，而无法保障当事人的基本诉权。

（三）申请回避的司法救济

在书本法律中，对于法院驳回回避申请的决定，当事人一般有两种救济途径：一是向作出这一决定的法院申请复议一次，以争取该法院重新考虑回避问题；二是以一审法院违反回避制度、影响案件公正审判为由，向第二审法院提出上诉，以促使后者作出撤销原判、发回重新审判的裁定。

但是，决定审判人员回避事项的要么是法院院长，要么是本院审判委员会。当事人要指望法院作出回避的决定，就必须说服法院院长或者审判委员会撤销其原来所作的决定。这种类似于大陆法国家"抗告程序"的制度设计，等于让法院院长或审判委员会重新审查其曾作出的决定。从理论上说，这带有一种"自我审查"或者"自我审判"的色彩，实际是让院长或审判委员会充当"自己案件的法官"。而司法实践的基本经验则显示，当事人提出的这种复议申请几乎全部被拒绝，而不可能有什么"出人意料"的结果。

那么，当事人就回避问题提出上诉的效果又如何呢？事实上，第二审法院对于当事人提出上诉的案件，在绝大多数情况下都是以不开庭的方式进行审理的。这就意味着被告人及其辩护人纵然在上诉书中提出了回避被无理拒绝的问题，也无法当庭论证自己的观点，无法与检控方就此问题展开辩论，更不可能说服二审合议庭接受本方的主张。因此，对于这种上诉，第二审法院在绝大多数情况下都作出"驳回上诉、维持原判"之裁定。与此同时，按照所谓的"全面审查原则"，二审法院通常更倾向于对一审法院判决所涉及的事实认定和实体法适用问题进行审查，而极少将一审程序的适用问题作为审判的对象。这就使得那些违反回避制度的一审程序很难有接受审查、受到程序性制裁的可能。

不仅如此，案件被发回重审之后，原审法院应当另行组成合议庭对案件进行重新审判，原来应当回避而没有回避的法官也必须退出案件的审判。这多多少少都会使那些处于被裁判状态的当事人获得权利救济的机会,至少使他们得到新的"为权利而斗争"的机会。但是,因为第一审法院违反回避制度而导致的重新审判,是否会使当事人继续受到不利的对待?尤其是对于那些处于被羁押状态的被告人而言,重新审判如果意味着对他们的羁押期间大大地延长,那么,他们岂不要代替法院承担违反回避制度所带来的代价?这显然是不公平的。

另一方面,假如某一案件已经由原审法院的院长、庭长主持审判,或者案件已经过法院审判委员会的讨论,那么,上级法院纵然将案件发回重新审判,这种重新审判又怎么可能确保被告人获得公正的判决呢?很显然,这意味着该法院的任何法官主持重新审判,都无法维护公正的审判。而这种情况已经不再是回避制度所能解决的问题,而实际属于"全体法官回避"或"法院回避"——也就是变更法院管辖的问题。

(四) 公诉方的申请回避

在中国刑事司法制度中,公安机关、检察机关和法院之间具有一种"流水作业"的法律关系。[①] 根据书面法律的规定,"公检法三机关"在分工负责的基础上,要"相互配合"、"相互制约",以共同完成刑事诉讼法所赋予的"任务"。而在司法实践中,公安机关、检察机关和法院在各自独立从事的诉讼活动中都拥有一定的司法权,也都相当于事实上的"司法裁判机关"。例如,它们不仅都有权决定拘传、取保候审、监视居住、拘留等强制措施,而且都有权决定案件的立案和终止诉讼。与这三个"司法机关"的诉讼地位相适应,现行回避制度也将侦查人员、检察人员和审判人员一并作为当事人申请回避的对象。于是,在刑事法庭上,出庭支持公诉的检察官不仅不会提出申请审判人员退出法庭审判的申请,而且他们本身还属于当事人申请回避的对象。

这种制度设计具有一种明显的象征意味:出庭支持公诉的检察官实际具有司法裁判者的身份,而当事人才是有资格行使诉权的"控辩双方"。检控方似乎"不屑于"以"当事者"的身份,与被告方就审判人员的裁判者资格问题进行交涉活动。遇有某一审判人员符合法定回避条件的情形,检控方至多也只是从所谓"法律监督"的角度,提出所谓的"纠正意见",或者在极为罕见的情况下以法院违反回避制度为根据,向上级法院提出抗诉。这种制度设计一方面违背了控辩双方平等对抗这一"公平游戏"原则,另一方面也否定了刑事诉讼的"诉讼"属性,使得控辩双方就法官回避问题的交涉带有明显的不对称性和不平衡性。不仅如此,假如某一具备法定回避事由的法官拒不退出案件的审判,而出庭支持公诉的检察官仍然对此置若罔闻,而听任该法官偏袒被告人,无视该法官所作的对被害人不利的举动,该检察官还能算得上合格的公诉人吗?事实上,如果没有最起码的"为权利而斗争"的意识,没有基本的"争取获得公正审判"的观念,公诉人怎能有效地维护国家、社

[①] 参见陈瑞华:《刑事诉讼的前沿问题》,第四章。

会和被害人的利益呢?

当然,今日的刑事法官极少在法庭上作出偏向于被告人、辩护人的举动,也不太可能作出损害检控方利益的审判活动。或许,在刑事法官普遍倾向于控诉并以惩治犯罪为主要使命的情况下,那种赤裸裸地偏袒被告人的情况是不太可能发生的。在这一背景下,建立公诉人申请法官、陪审员回避的制度,确实并不具有现实的紧迫性。但是,检控方不是作为享有申请回避权的一方,而属于被申请回避的司法裁判者,这一点无论如何都是与刑事诉讼的"诉讼性质"背道而驰的。

(五) 裁判者的资格审查

假如将审判制度与仲裁制度作一仔细比较的话,我们就可以发现两者都是裁判制度的不同形式。只不过前者具有明显的国家权力行使的属性,而后者则或多或少带有一定的民间性和社会性。就控辩双方行使诉权的方式和效果而言,仲裁的制度设计显然更能体现裁判制度的本质。毕竟,在争端产生之前或者之后,那些有资格对该项争端加以裁决的仲裁员,并不是哪个机构强行指派的,而是当事人通过合意方式自行委托或指定的。换言之,在仲裁制度的设计中,当事人有权在裁判活动开始前自行决定裁判者的资格,甚至直接决定仲裁员的人选。很显然,这种由争端各方自行确定裁判者资格的制度,对于仲裁结论的公正性无疑是一种较为可靠的保证。

当然,几乎在任何国家,仲裁制度所具有的这种由"控辩双方自行选择裁判者"的做法,都不可能完全照搬到审判制度中来。在中国刑事司法制度中,合议庭和独任庭的组成是先于当事人行使申请回避权而进行的,当事人对于法庭的组成也无从发挥积极的影响。这就带来了以下一系列的问题:法庭的组成更多地被视为法院内部的行政行为,受到院长、庭长职权作用的影响,而无从受到当事人诉权的制约;在法庭组成之后,当事人无法对法官、陪审员的身份和社会关系进行任何实质性的审查,也无从获知他们是否与案件或者与案件当事人存在特殊的利害关系或者社会关系,因此无法有效地行使申请回避权;如果在法庭组成之前给予当事人对裁判者资格加以质疑的机会,则申请回避会变得相对容易一些,而在法庭组成之后再来挑战裁判者的裁判资格,则无论在心理上还是证明责任的承担上都会变得异常艰难;如果法庭的组成不接受当事人的审查,那么,当事人怎么可以接受一个他们所难以信任的法庭的裁判结论呢……

2012年刑事诉讼法确立了庭前会议制度,允许当事人在开庭前就审判人员的回避问题提出申请,合议庭在庭前会议中可以听取各方的意见,并作出有关决定,这就为当事人在开庭前挑战审判人员的裁判者资格提供了便利。假如这一制度能得到良好的运作,那么,当事人申请审判人员回避的活动,就有可能成为法院组成合议庭活动的组成部分。法院在听取当事人意见的基础上决定哪些审判人员可以参与法庭审判,并决定哪些审判人员应退出审判程序,这无论如何都是回避制度的重大进步。

五、变更管辖制度的主要问题

现行刑事诉讼法确立了两种审判管辖制度：一为级别管辖，旨在解决法院上下级之间审判权限的划分问题；二是地区管辖，主要调整各地法院在受理第一审刑事案件方面的分工问题。而无论是在级别管辖还是在地区管辖方面，都还存在着不同法院审判权限的冲突问题。由于现行刑事诉讼法对审判管辖的规定过于粗略，加上在这一制度安排的背后，存在着明显的非诉讼化的理论思路，因而，审判管辖制度在实施过程中存在着不少缺陷。

(一) 级别管辖的问题

刑事诉讼法对于级别管辖的划分明显贯彻了诉讼经济原则。表面看来，各级法院在级别管辖方面大体都有相对明确的分工，似乎不容易发生明显的冲突。但实际上，仍然可能会发生一些管辖不明的问题。例如，上级法院如果发现下级法院不适宜受理某一案件，究竟如何变更级别管辖呢？又如，下级法院对于同级检察机关向其起诉的案件，如果认为案情重大、复杂而需要转由上级法院受理的，应当怎么处理？对于前一问题，刑事诉讼法规定上级法院可以直接将下级法院管辖的案件提升其管辖级别，而决定自行受理；而对于后一问题，刑事诉讼法则规定下级法院可以将其认为不适宜管辖的重大、复杂案件，主动报请其上级法院管辖。当然，在这种上下级法院就某一案件的级别管辖所进行的协商和交涉问题上，"上一级法院"因其处于较高的审判级别，故而有着权威的决定权。

在我国司法实践中，上级法院认为有必要审理下级人民法院管辖的第一审刑事案件的，可以直接向下级法院下达改变管辖决定书，并书面通知同级检察院。不仅如此，基层法院对于其认为案情重大、复杂或者可能判处无期徒刑以上刑罚的第一审案件，可以书面请求移送中级法院，中级法院不同意移送的，应"下达"不同意移送决定书，由该基层法院依法审判；同意移送的，则应"下达"同意移送决定书，基层法院根据此决定书，将起诉材料退回同级检察机关。这显然意味着，上级法院对于变更管辖具有绝对的行政权威，下级法院对此是必须服从的；上下级法院就案件级别管辖问题的处理，始终遵循"下级服从上级"、"上级指导下级"这一行政层级制原则。

可见，在级别管辖的确定和有关争议问题的解决上，法院不仅要遵循诉讼经济的原则，还要严格按照法院内部的行政层级制原则，由上级法院作出最终的裁决。

(二) 地区管辖的缺陷

通常情况下，刑事案件应由犯罪地的人民法院负责进行第一审审判。所谓"犯罪地"，一般是指犯罪行为发生地。而在那些以非法占有为目的的财产犯罪案件中，犯罪地则包括犯罪行为发生地和犯罪人实际取得财产的犯罪结果发生地。刑事诉讼法之所以规定由犯罪地法院对刑事案件进行管辖，大体上有以下几个方面的考虑：

一是有利于公安机关收集证据，便于检察机关移送证据和支持起诉，也便于法院全面、客观地调查案件事实，核实控辩双方提交的各项证据；二是便于被害人、证人参加诉讼活动，减少不必要的传唤、通知负担；三是对于犯罪地的公众旁听法庭审判有保障作用，也有利于对犯罪地公众进行法制宣传教育。[①]

但是，如果某一刑事案件由犯罪地法院管辖存在明显的问题，而由被告人居住地的法院审判"更为适宜"的，则被告人居住地法院也可以对该案件进行审判。换言之，划分地区管辖的原则应当是以犯罪地法院管辖为通例，以被告人居住地法院管辖为例外和补充。之所以有时要由被告人居住地法院对刑事案件加以管辖，主要是因为在被告人涉嫌在多个地区实施犯罪行为，或者其所涉嫌的犯罪行为发生地和结果地是多个的情况下，由任何一个犯罪地法院管辖可能都会带来一些消极的效果。相反，被告人的居住地却可能是固定不变的，案件的发生也可能使被告人居住地的公众更加了解案情。在这种情况下，由被告人居住地法院对案件进行审判，可能更有助于当地公众参加案件的旁听，并借此接受法院的"法制宣传教育"。不仅如此，由被告人居住地法院进行审判，也有助于充分发挥刑罚的一般预防和特别预防之功效，有利于对有罪被告人进行"教育改造"。

刑事诉讼法固然确立了以犯罪地法院管辖为主、以被告人居住地法院管辖为补充的地区管辖原则，但是，如果某一案件的多个犯罪地法院，或者犯罪地法院和被告人居住地法院都声称对案件拥有审判管辖权的，那么，究竟应由哪个法院负责管辖呢？针对这一问题，刑事诉讼法建立了移送管辖制度。按照这一制度，对于两个同级法院都有权管辖的案件，原则上由"最初受理的人民法院"管辖。但在必要的情况下，对于那些尚未开庭审判的案件，也可以移送"主要犯罪地的人民法院"审判。之所以要建立这样的移送管辖制度，主要是为了及时、有效地解决同级法院在案件管辖方面可能发生的争议。

很显然，无论是"最初受理的人民法院"管辖，还是"主要犯罪地的人民法院"管辖，都是为了解决同级法院在地区管辖方面可能存在的争议，防止案件因为数个法院争相行使审判管辖权或者相互推诿而导致案件久拖不决的问题。这无论是对于提高诉讼效率还是对于节省诉讼资源都是一项制度保证。当然，几个同级法院对案件的管辖发生争议的，应当"在审限内"协商解决；协商不成的，由争议的法院分别逐级报请它们共同的上一级法院指定管辖。因此，当移送管辖无法有效实施的时候，上一级法院指定管辖就成为终局解决办法。对于这种在地区管辖方面所发生的争议，上级法院仍然拥有最终的裁决权。

（三）管辖争议的解决问题

对于法院就某一案件行使审判管辖权的行为，当事人提出异议的，究竟应如何

[①] 对于犯罪地法院管辖刑事案件的理由和根据，读者可参见樊崇义主编：《刑事诉讼法学》（1999年修订本），156页以下，北京，中国政法大学出版社，1999。

处理？对于这一问题，现行刑事诉讼法没有作出明确的规定。而最高人民法院的司法解释也没有针对司法实践中出现的大量当事人提出管辖异议的情况，给出进一步的解释。于是，现行的审判管辖制度就几乎完全建立在下列假定的基础上：管辖作为法院内部审判权力的划分问题，完全属于法院自主裁决的事项，而不受当事人诉权的影响和约束；而在法院系统内部，决定管辖事项、裁决管辖争议的实体依据就是方便法院诉讼、提高审判效率等实用性原则；裁决的程序则遵循典型的行政层级制原则，按照下级法院报请上级法院决定、上级法院主动指定的方式进行。因此，在现行刑事司法制度中，被告人、被害人等即使对某一法院审判案件表示明确的异议，对其公正性提出合理的怀疑，也无法将此变更管辖问题纳入诉讼程序的轨道，从而获得为变更管辖而抗辩的机会，更不可能在法院管辖案件方面发生违法行为时，获得有效的司法救济。

假如法院将审判管辖完全视为其司法裁判权范围内的事项，又假如法院在解决管辖争议方面完全排除当事人的参与机会，那么，变更管辖的法定理由就必须被规定得越明确越好，上级法院在变更管辖或者指定管辖方面也必须尽量保持公正无偏的态度。但非常遗憾的是，无论是同级法院就管辖问题所进行的协商，还是上下级法院就管辖问题所作的交涉，都不可避免地将减少诉讼拖延、提高诉讼效率作为优先考虑的价值目标，而不可能考虑到当事人能否获得公正审判这一问题。事实上，在中国现行的司法管理体制之下，法官们所真正关心的并不是什么"公正审判"问题，而是在保证不出"错案"或者少出"错案"的前提下，尽量在单位时间里办理更多的刑事案件。因此，尽量避免上级法院将自己办理的案件撤销原判、发回重审或直接改判，这才是法官们最为关心的审判问题。至于案件究竟由哪个法院负责审理，甚至审判能否体现程序正义的理念，则法官们一般在所不问。尤其是在下级法院对上级法院的依附性得到加强的体制下，上级法院的指定管辖就变得极为容易和顺当，下级法院对于管辖问题更愿意听命于上级法院的"指示"。

六、回避和变更管辖制度的根基

回避制度所赖以建立的基础是"保证案件得到公正的处理"，也就是以实体正义为归宿的价值目标；变更管辖制度则更多地考虑了提高诉讼效率、减少诉讼拖延等诉讼经济层面的价值目标，体现了一种典型的实用主义和功利主义理念。正因为如此，回避与变更管辖在精神层面上就普遍地被视为两个没有任何联系的制度，也因而发生了那种只允许申请单个法官退出案件审判，却禁止申请"全体法官退出审判"或"法院整体回避"的奇怪现象。

那么，回避与变更管辖制度究竟有无内在的联系？如何重新为回避和变更管辖制度确立理论根基？未来的回避制度和变更管辖制度应向什么方向发展？……对于这些问题，我们有必要从价值层面上作出深入的思考和分析，以便为这两个审判制度的存在和发展奠定新的更为坚实的理论基础。

(一) 无偏私的裁判者——程序正义的基本要素

为维护公正的审判，裁判者必须在控辩双方之间保持不偏不倚的态度，而不得与案件或者与案件当事人存在足以影响公正审判的利害关系和特殊社会关系，也不得偏袒一方而歧视另一方。这一要素通常被称为"中立性"或者"无偏私"原则。

作为一种基本的正义理念，法官的中立性和无偏私性早在古希腊和古罗马时期就已出现在神话之中。在古希腊神话中，负责维护法律和正义的女神是西弥斯（Themis），其造型是一位表情严肃的女子，手持一把天平。而在古罗马神话中，也有一位名为朱斯提亚（Justitia）的正义女神，混合了古希腊不同时期众女神的形象，一般是一位庄重的女子一手持天平，一手持宝剑，同时紧闭双眼或者在眼睛上蒙着布条或眼罩。而随着欧洲中世纪末期罗马法的复兴，正义女神朱斯提亚的形象开始以雕像的形式出现在法院的建筑物内外。直至今日，欧洲和北美等地法院建筑物上的正义女神像，都采用了古罗马神话中的形象。作为司法正义的象征，正义女神为什么具有这种手握天平和宝剑、眼睛紧闭或被蒙着的形象？一般的解释是，女神手中的天平代表着公平，被用来公平地解决各种利益争端；另一手中的宝剑则代表力量和权力，被用来惩罚破坏法律和秩序的行为；女神的眼睛紧闭或者被蒙着，则象征着裁判者的中立性和被动性。这种为西方国家的法院普遍接受的正义女神形象昭示了这样的理念：裁判者的职责不应是"发现"，而应是"裁断"，也就是放弃积极调查官和事实发现者的身份，而充当消极的第三方角色。同时，裁判者不应对任何人存在偏袒和歧视，应对不同性别、种族、宗教信仰、教育背景、职业阶层的人士，一视同仁，平等对待，从而最大限度地避免主观上的倾向性，也防止受到来自各个方面的影响和干扰。正如有的女神造型背后所铭刻的法谚所体现的那样，裁判者"为实现正义，哪怕天崩地裂"（拉丁文为 *Fiat justitia, ruat caelum*）[①]。

当然，裁判者的中立性和无偏私性还直接体现在著名的自然正义原则（principle of Natural Justice）之中。而根据这一原则，任何人均不得担任自己案件的法官（*Nemo judge in re sua*）。具体而言，裁判者必须在那些利益处于对立状态的当事人之间保持中立第三方的地位，也就是具有中立、超然和公允的态度，而不得存有个人的偏见和私心。一般情况下，导致裁判者存有偏私的因素有以下几个方面：（1）裁判者与案件或者与某一方存在某种利害关系，或者与某一方存在特殊的社会关系，如为案件的当事人或者当事人的近亲属，与案件当事人存在明显的亲近或仇视的关系等；（2）裁判者对某一方存有明显的偏见和歧视态度，如因为性别、宗教信仰、种族、职业、居住区域、个人经历等原因而无法对一方的诉讼请求保持冷静、理性的态度等；（3）裁判者对案件的裁决存有先入为主的预断，如因为先前了解案情、原来参与过案件的裁判程序、受到当地媒体和社会舆论的影响、受到法院

[①] 郭建：《蒙目的正义女神之由来》，载《人民法院报》，"法治时代周刊"，2003-06-30，B2版。

内外的压力等,而对案件的裁判结论形成预先的倾向性意见;(4)裁判者在外观上存在偏袒一方、歧视另一方的可能性,以至于使人对其中立性和无偏私性产生合理的怀疑。遇有上述任何一种情况,裁判者就都不再具有裁判有关案件的资格,而应通过法定的程序退出案件的审判活动。否则,该项审判活动及其裁判结论就应被宣告为无效。

为什么要强调裁判者的中立性和无偏私性?为什么裁判者在控辩双方之间不偏不倚对于审判的公正性极为重要?对于这一问题,我们可以从以下三个方面作出简要的解释。

首先,在控辩双方之间充当中立的第三方,对于裁判者作出公正的裁判结论是有积极保障意义的。毕竟,那些与案件或者与当事人具有利害关系或者特殊社会关系的裁判者,极有可能将这种特殊关系带进裁判过程中来,而无法依据证据认定事实,也无法准确地适用实体法规则,甚至可能故意作出徇私舞弊、枉法裁判的行为。而且,那些对某一方存有偏见或者对案件心生预断的裁判者,可能会因为这些偏见或预断而作出错误的裁判结论。可以说,根据人性中的趋利避害倾向,那些对案件存有偏私的法官相对于那些中立的裁判者而言,更有可能错误地采纳证据,不准确地认定事实,不合理地适用实体法,甚至滥用自由裁量权。

其次,裁判者的中立性有助于确保控辩双方具有平等对抗的司法环境。这是中立性和无偏私性要求的程序意义。裁判者无论对案件具有怎样的偏私,都可能会对案件中的一方存在偏袒,而对另一方则极尽排斥、歧视之能事。因此,控辩双方的平等对抗往往会因为裁判者的不中立而无法实现。通常情况下,法官如果不能保证双方有一个平等对话的环境,则可能会因此作出错误的裁决。因为法官可能更愿意采纳一方的证据和意见,而排斥另一方的证据和主张,以至于由此酿成冤假错案。但是,无论这种情况能否导致错误的裁判结论,它都践踏了"法律面前人人平等地获得正义"这一法治原则,使得至少有一方当事人产生受歧视、其尊严受损害的感觉。因此,法官只有对双方一视同仁,才能使他们拥有平等抗辩的机会,并进而使其人格尊严得到尊重和维护。

最后,裁判者只有对案件保持中立和无偏私的地位,才可以使其审判过程和裁判结论具有公信力,也就是取得当事人以及社会公众的普遍信任和尊重。这一点是中立性原则的最重要意义。原因很简单,裁判者的不中立性尽管不一定真正或者确实会导致其偏袒一方而牺牲另一方,更不一定必然会促使其作出错误的事实认定或者对实体法规则作出不合理的适用,却会使得人们对整个审判过程的公正性产生合理的怀疑,甚至因此不信任由此产生的裁判结论的正当性。毕竟,"正义必须植根于信赖。当心地正直的人们转而认为法官有偏私时,信赖也便荡然无存了。"[①] 尤

[①] 英国的丹宁勋爵语。参见〔英〕威廉·韦德:《行政法》,中译本,117页,北京,中国大百科全书出版社,1997。

其是那些被作出有罪判决的被告人，对于那些存有偏私的法官所作的裁决更是会产生强烈的质疑和不接受，甚至直接怀疑法官的裁判动机和合法性。无疑，这些情况都会对刑事审判的社会效果造成较为消极的影响。

（二）回避制度的理论基础

为什么要建立回避制度？对于这一问题，法学界并没有给予令人信服的理论解释。而在回避制度的适用过程中，每当法官在一个具体情境下究竟应否回避存在法律疑义时，那种"回避制度究竟为何而存在"的问题就会浮现水面。毕竟，在法官具有法律所明文规定的回避事由的情况下，回避制度的理论基础问题是不需要深入追问的。这一问题的提出往往发生在法官是否回避并无明确规定的情形之下。

应当承认，与其他任何一项程序设计一样，回避制度的适用可以最大限度地防止那些与案件有利害关系的法官担任案件的裁判者，从而有效地避免裁判者将自己的偏见、预断或感情因素带进裁决过程中来。毕竟，那些对当事人存在偏见或者对案件存有预断的法官，很有可能像《水浒》中的"高俅审林冲"那样，将一己私利带入审判过程之中，将这种审判变成发泄私欲、挟嫌报复的活动。显然，通过适用回避制度来促使那些"有问题的法官"及时退出案件的审判过程，可以最大限度地减少徇私舞弊、枉法裁断行为。这属于回避制度在维护实体正义方面的重要价值。

当然，法官即使与案件或者与当事人存在某种特殊关系，也并不必然因此而作出错误的裁判。正如戏曲故事中的包拯会"铁面铡包勉"一样，案例一中的张法官也会大义灭亲，亲手将自己姐姐的干儿子判处死刑。实际上，司法官铁面无私、六亲不认甚至大义灭亲的现象，即使在今天的司法实践中也并不鲜见，并被人们赞誉为秉公执法的"楷模"。但是，这种在裁判结果上或许并无问题的审判，真的就符合公正审判的理念吗？

其实，由那些与案件或者与当事人存在特殊关系的法官主持审判，这本身是一个既不安全也不可靠的司法活动。道理很简单，这种审判究竟能否做到正确认定事实和准确适用实体法律，这几乎完全取决于法官的职业道德和个人品行。或许，一个自律性较强的法官能克制自己的私欲，从而作出公正的裁判。而一个放任自流甚至有所图谋的法官，则完全可能在认定事实或者适用实体法方面作出不公正的裁决。无论如何，这种由法官充当自己案件裁判者的审判活动，究竟能否实现实体正义，这在很多场合下都是说不清的。

但法官在审理"自己案件"的过程中，即便能够做到铁面无私和大义灭亲，也无法消除人们对其公正性的合理怀疑，其审判无法取得当事人以及社会公众的普遍信赖和接受。这是因为，"正义不仅要得到实现，更应以人们所看得见的方式得到实现"。那些与案件有某种特殊关系的法官，其中立形象会受到人们的质疑，其参与裁判案件的动机也无法取得人们的信任。尤其当法官不能做到最基本的"避嫌"时，正如案例一至案例六所显示的那样，其外观上的中立性和公正性就都不复存在了。可以说，由存有偏私的法官所主持的审判，即使在裁判结论上完全符合实体正义的理念，也无法令人们心服口服。

因此，回避制度所要保障的不是裁判的公正性，而是公正的审判过程，也就是程序的正义。事实上，一个法官因为与案件存在特殊关系而退出案件的审判，这一点并不需要被证明到百分之百的真实程度，也不需要达到"足以影响公正处理案件"的程度。因为这种证明既难以完成，也是没有多大实质意义的。一个法官只要因为与案件具有某种特殊关系而无法消除人们对其公正性的合理怀疑，就足以构成退出审判活动的理由了。由此可见，在一个法官究竟是否应退出法庭审判并不确定，而当事人对此提出一些合理质疑的情况下，法律应当确立"先行回避"原则，以防止因为法官的审判资格受到质疑而导致其审判过程无法被普遍接受。因此，回避制度应当建立在公正审判的理念基础上，这一理念也应成为解决疑难问题的理论根基。

（三）变更管辖制度的根基

现行的变更管辖制度建立在实用的功利主义理念的基础上，以防止诉讼拖延、提高诉讼效率等诉讼经济层面的价值考虑作为解决管辖异议的理论基础。但是，如果不考虑程序正义的价值需要，如果不对那些明显违背公正审判原则的法院管辖及时作出变更的话，管辖制度就可能纵容大量"有偏私的法官"充当案件的裁判者，以至于牺牲了程序的正义和公平。

事实上，裁判者的中立性和无偏私性既要求单个法官在符合回避条件时退出案件的审判，也要求某一法院的全体法官在无法维护公正审判时都退出审判活动。而这种一个法院的全体法官都退出案件审判的情况，实际就不再属于法官回避问题，而属于审判法院的管辖变更问题。

与回避制度相似，变更管辖制度也应当以维护法院的公正审判为其设计目的。一般情况下，导致法院整体上无法做到公正审判的情形有以下几种：一是当地新闻媒体和社会舆论已经对某一案件的案情作出了大规模的报道和宣扬，使得当地法院的所有法官都面临压力、受到影响并形成了预断；二是案件已经由当地党、政、人大等官员发表过带有倾向性的裁判意见，甚至直接作出过批示或指示，致使任何法官都无法保持独立的审判；三是案件涉及法院院长、副院长甚至某一审判委员会委员的利益，或者这些人士与案件当事人存在特殊的社会关系，以至于该法院的任何法官审判案件也难以摆脱这种同事或上下级关系的影响；四是由于存在一些特殊的情况，使得该法院的所有法官都符合回避的条件和理由。

在上述任一情况下，法院对案件直接行使审判管辖权，都可能将那些非理性的预断、偏见、感情甚至外界的压力等因素带进审判过程中来，以至于无法作出公正的裁判结论。退一步讲，即便面临上述影响和压力的法院确已委派那些具有独立精神的法官从事审判活动，审判过程基本符合法律的要求，但这种审判本身在外观上仍然无法消除人们的合理怀疑，更难以取得人们的普遍信赖。

于是，就像单个法官的情况一样，法院在整体上也需要考虑"避嫌"问题，也应对那些无法消除人们合理怀疑的案件,考虑移送其他法院管辖。否则,由那种"有偏私"的法院负责案件的审判,同样会影响案件的公正审判。尤其是考虑到中国目前实行的是法院独立制度,而不强调法官个人的独立审判,因此,在法院无法抵御外部干预或者内部压力的情况下,及时地变更案件的审判管辖,将是实现公正审判的程序保障。

因此,在未来改革管辖制度、建立申请变更管辖制度的时候,应当将维护公正审判、实现程序正义作为变更管辖制度的理论基础。无论是确定审判管辖问题,还是解决管辖争议问题,都应以维护公正审判作为考虑问题的基本着眼点。

七、诉权与裁判权的关系

确立了回避和变更管辖制度的根基之后,接下来就要对这两个制度的构造进行重新考虑。要解决现行回避和管辖制度中的问题,应当适度扩大当事人的诉权适用范围,从而以当事人的诉讼申请权来推动、限制和约束法院裁判权的行使。换言之,未来回避制度和变更管辖制度在改革战略上将不得不面临这样一个重大的转型:通过引入并扩大当事人的诉权,来重新建立一种有关回避和管辖之裁判事项的诉讼形态。看来,这的确不是一个带有技术性的程序变革问题,而属于"诉讼形态的回归"[①] 这一战略性问题。

(一)诉讼形态的引入

无疑,现行的变更管辖制度基本上采取了一种行政化的实施方式。无论是级别管辖还是地区管辖,都存在着一种以上级法院职权管辖和指定管辖为最终标准的管辖变更原则。事实上,有关审判管辖的争议一般有两种:一是两个以上的法院均表示对一个案件行使审判权,这可称为"积极的管辖争议";二是多个法院皆放弃对一个案件的审判管辖权,这属于"消极的管辖争议"。在中国现行的诉讼制度下,这两种管辖争议一旦发生,则最终决定审判管辖问题的只能是发生争议的法院的共同上级法院,而对该异议进行解决的方式则通常是指定管辖——上级法院命令某一下级法院管辖,或者移送管辖——上级法院自行决定对案件行使审判管辖权。而对于上级法院所作的有关指定管辖或移送管辖的决定,下级法院无权提出异议,只能服从。

如果说变更管辖不具有诉讼形态的话,那么,回避制度在适用过程中也同样带有明显的行政色彩。毕竟,所谓的"自行回避"、"指令回避"都属于法院依据职权而主动责令法官退出法庭审判的制度设计。而申请回避制度尽管允许当事人提出有

[①] 所谓"诉讼形态的回归",是笔者在前几年就中国刑事诉讼制度的改革所提出的宏观思路。参见陈瑞华:《刑事诉讼的前沿问题》,序言。另参见陈瑞华:《问题与主义之间——刑事诉讼基本问题研究》,第十章。

关某一法官退出法庭审判的要求，但这种申请的最终裁决权却掌握在法院院长和法院审判委员会手中，而且这种对回避申请的裁决也采取了典型的行政决定方式：院长、审判委员会在不接触当事人、不听取有关申辩的情况下，通过秘密的、单方面的讨论，自行作出了准许回避与否的决定。于是，人们不禁提出这样的疑问：提出回避申请的当事人怎么能有效地提出自己的证据，申明自己的理由，有效地承担举证责任，并最终说服法院院长、审判委员会接受自己所提的申请呢？

看来，以行政决定方式来设计和适用回避和变更管辖制度，注定是有重大缺陷的。而改革这两个制度的关键则是引入诉讼的形态，为当事人就有关回避和变更管辖问题行使诉权提供充足的空间。事实上，诉讼形态不应仅仅存在于法院就有关实体问题加以裁决的场合，尤其是法院就被告人的刑事责任问题所作的裁判程序之中。至少对那些重大的程序事项，如在简易程序与普通程序之间选择审判模式；对诉讼双方就对方证据所提出的异议加以裁决，尤其是就控诉方证据是否属于非法所得以及应否被排除于法庭之外的问题作出裁决；对诉讼双方所提出的有关证据展示的申请作出裁决等，都应当按照诉讼的模式来构建程序性裁判程序。至于审判人员的回避和法院审判管辖权的变更问题，则更属于对提出有关申请的当事人而言影响至关重大的程序性事项。而这些事项的裁决结果对于诉讼各方能否获得公正的审判，也具有极为密切的关系。对于这些与诉讼双方关系密切的程序性事项按照诉讼方式进行裁决，可最大限度地限制法院的自由裁量权，为诉讼各方提供一个有效地"为权利而斗争"的机会，使得回避和变更管辖问题的决定过程充分体现利害关系人的参与及意志。无论最终的回避和变更管辖申请是否取得成功，这种决定回避和变更管辖事项的程序都应符合最低限度的程序正义标准。

那么，究竟如何在回避和变更管辖制度中建立诉讼形态呢？在笔者看来，诉讼形态相对于行政决定方式的最显著标志，在于诉讼双方通过行使诉权的方式推动程序的进行，而法院的裁判权则应根据当事人提出的有关诉讼申请来行使，并最大限度地对后者的诉讼申请加以尊重和体现。在刑事诉讼领域，诉讼各方对于法院的实体裁判事项，注定不可能像民事诉讼那样具有绝对的控制力和决定权，而只能尽量地对法院的实体裁判施加积极的影响。相反，对于诉讼程序事项，尤其是涉及控辩双方行使诉讼权利、参与诉讼过程的事项，法官则不应以裁判权的名义任意作出裁决，而必须允许双方充分地行使诉权，并对这种诉权的行使给予最大限度的尊重。具体而言，对于控辩双方提出的程序申请，法院一般应当予以受理，并将其纳入程序性裁判的对象和轨道。如果确因不合法、不合理或者缺乏法律依据而要拒绝受理这种申请，法院也应给出正式的理由和解释，并给予申请者提出进一步司法救济的机会。而法院在正式受理之后，应当对这种程序性申请进行全面的审查。这种审查原则上应采取听证的方式，使得诉讼各方都能获得在法官面前直接陈述自己意见和理由并与对方进行辩论的机会。如果听证过程中涉及事实认定问题，法官还应允许诉讼各方提交各自的证据，并给予对方进行当庭质证的机会。当然，如果诉讼各方一致同意,审查也可以采取书面审查方式,而不举行专门的听证程序。最后,在经过正式的审查并听取各方的意见和辩论之后,法院还应对是否接受回避申请以及是否同意变更管辖的问题,作出专门的裁定或决定。这种裁定、决定无论是采取书面方式还是口头方式,都应允许诉讼各方就此提出司法救济的机会。这里所说的"司法救济",主要是指提出程序性上诉,以便有效地引起上诉审程序,使得有关回避和变更管辖的问题可以得到上级法院的进一步审查。

概括起来,将诉讼形态引入回避和变更管辖制度之中,其最终目的在于以诉权来制约裁判权的行使,使得裁判权真正按照诉讼的形式而不是行政决定的方式得到实现。也就是说,在回避和变更管辖等程序性事项的裁决方面,真正赋予控辩双方以有效的控制力,防止法官、法院不顾双方的自由选择而强行决定程序进程,使得诉讼程序的进程尽量体现控辩双方的意志和要求。

（二）回避制度的改造

回避制度作为对裁判者中立性和无偏私性的重要制度保障,应以公正审判作为其设计和适用的终极目标。而在制度构造上,回避作为确保当事人获得公正审判的制度保证,应以建立诉讼形态作为其改革的指向,使得当事人和检控方都拥有有效的回避申请权,也使得法院就回避事项的裁判以尊重控辩双方的诉权为前提。这是笔者通过研究回避制度所得出的基本结论。由此出发,我们不难提出一系列改造中国回避制度的基本设想。

例如,在回避的法定事由的设计上,应当在尽量详尽地列举审判人员回避的明确事由之外,以"可能影响公正审判"作为适用回避的"弹性事由"。而这种"可能影响公正审判"的事由也就是"有明显的影响公正审判的危险"的情况。当然,对于这一点,提出回避申请的一方需要提供证据,承担举证责任,并需要达到高度的可能性程度。但无论如何,这种就回避事由的证明并不必达到定罪所需要的那种最高证明标准。实际上,申请者只需证明审判人员与案件或者与某一方存在特殊关系,并因此足以令人对其公正性产生合理的怀疑,就算完成举证责任了。

又如,在对回避申请进行裁判的裁判者的组成上,应当改变那种法院院长决定一般审判人员回避、审判委员会讨论决定院长回避的做法,真正建立由法庭来裁决回避事项的制度。具体而言,对于院长、副院长以及其他审判委员会委员的回避,不应由本法院来作出决定,而应由上一级法院的法官组成合议庭加以裁决;而对于其他一般的法官的回避问题,则应由本法院组成合议庭来予以裁决。

再如,在就回避申请进行审查方面,应当由专门组成的合议庭就有关回避的申请举行听证。在这种听证会上,提出回避申请的一方可以提供证据,证明审判人员如不退出审判就将影响审判的公正性。而对方则可以对此加以反驳,双方也可以就此举行辩论。由此,有关回避问题的裁决程序就由原来的行政决定方式变成一种双方对席辩论的形式。

当然,要真正有效地维护当事人的回避申请权,避免申请回避流于形式,就必须对回避制度进行进一步的彻底改造。具体而言，应当确保控辩双方充分参与到合议庭组成问题的审查环节中来，使得审判人员在参加合议庭并对案件行使审判管辖权之前，先接受控辩双方对其裁判资格的审查。换言之，应当将回避申请的提出与合议庭的组成问题紧密结合在一起，在一个诉讼阶段得到统一的解决。必要时，甚至可以借鉴美国的制度，建立有条件的无因回避制度，使得控辩双方都有机会无条件地要求若干名法官、陪审员退出案件的审判。事实上，只有允许控辩双方对即将担任案件裁判者的法官、陪审员的社会背景、职业状况、教育状况及其与案件当事人的社会关系等进行详细的审查，有关法官、陪审员退出法庭审判的申请才能被有效地提出，控辩双方也才可以对其申请承担举证责任。否则，在合议庭事先已经组成的情况下再提出回避申请，注定不会有明显的效果。今日中国法庭上回避制度的名存实亡，已经充分显示出法官、陪审员的回避应当发生在合议庭组成之前，也就是在审判人员的裁判资格不存在异议的前提下，才能组成合议庭。

需要指出的是，问题的存在是客观的，而有关改革的设想和对策从来都是仁者见仁，智者见智，而带有明显主观性的。笔者不认为以上这些设想就是唯一"正确"的结论。事实上，任何制度的设计都需要考虑一系列较为复杂的因素，也都可能有若干种不同的思路和设想。但未来的回避制度无论如何设计，都不能脱离那种有效保障当事人程序申请权的基本思路，也就是以诉权来制约裁判权这一基本战略。

（三）变更管辖制度的重构

在几乎所有国家的诉讼制度中，管辖制度的设计和适用都会将诉讼经济原则作为重要的基础理念。因此，诸如以案件的影响大小和可能科处的刑罚的轻重作为划分级别管辖的主要尺度，将行为地法院与被告人居住地法院作为确定地区管辖的标准，甚至直接由上级法院来对那些存在管辖争议的案件确定审判权等制度设计，大体都符合各国管辖制度的通例。

但是，为保障当事人的诉权，赋予当事人对审判管辖提出异议的权利，确实需要从另一角度重新设计一种管辖异议之诉。具体来说，应当在现行变更管辖制度中引入控辩双方申请管辖异议的程序，使得刑事诉讼法在变更管辖问题上保持与民事诉讼法大体相同的制度模式。这在整个中国法律框架下没有任何制度上的障碍。由此出发，未来的刑事诉讼法应当赋予当事人乃至检控方就法院的审判管辖权提出异议的权利。

与回避事由的设计一样，变更管辖的事由也可以分为"法定事由"与"弹性事由"两种。其中，"法定事由"应当包括以下若干情形：（1）由于新闻媒体或社会舆论的影响，某一法院已经面临强大压力，因而无法对案件进行冷静的审判，或者该法院的全体法官已对案件的结论形成先入为主的预断；（2）由于当地党、政、人大等机构的官员对案件事先作出了批示、施加了影响和压力，法院的任何法官都无法进行独立的审判；（3）案件牵扯到法院院长或副院长的利益，或者他们与案件的当事人存在特殊的社会关系，使得法院内部的任何法官都不可能不受到上述情况的影响；(4) 当事人对该法院的全体法官都提出了回避申请，而法院也无法消除人们对这些法官中立性和无偏私性的合理怀疑；(5) 凡经过法院审判委员会讨论决定的案件，上级法院一旦作出撤销原判、发回重审的裁定，则负责重新审判的法院就不应是作出原审判决的法院，而应由上级法院将案件移交与原审法院同级的另一法院负责审判……当然，"法定事由"还可以列举得更多一些。但无论作出怎样的列举，未来的刑事诉讼法都需要设定一个"弹性事由"，也就是"法院不移送管辖可能影响案件的公正审判"。对于这一点，提出变更管辖申请的一方应当承担举证责任。而在该方能够证明法院管辖案件将使审判的公正性受到影响，也就是存在裁判者外观上不中立的可能性时，审判管辖的变更即应实现。

与回避制度的改革一样，变更管辖制度在重新设计时也应考虑裁决机构的组成问题。一般情况下，对于任何一方提出的有关要求本法院移送案件管辖的申请，该法院都不能就此行使裁判权。这也就是前面所说的不能允许任何法院充当"自己为当事人的案件"的裁判者。有鉴于此，对于诉讼一方提出的变更管辖申请，有权进行审查并作出裁决的只能是被申请退出审判的法院的上级法院。该法院对于这种变更管辖申请，应当组成合议庭，并通过举行听证的方式加以裁决。在听证过程中，提出申请的一方应有机会当庭提出证据并与对方进行辩论。

总体上，如果我们能够接受公正审判的基本原则，就很容易将回避制度的设计"推广"到变更管辖制度的改革上来。其实，单个法官不适合担任案件的裁判者，可以通过回避制度退出案件的审判；而一个法院的全体法官如果都不适合充当公正的裁判者，则应通过变更管辖制度来实现全体退出案件的审判。这一点在观念上不存在障碍，而在制度设计上也应仿照回避制度来重新构建。

八、违反回避和管辖制度的程序后果

法院的审判如果违反回避制度和变更管辖制度的，应当承担怎样的法律后果？具体而言，审判人员应当回避而没有回避的，其主持进行的法庭审判过程及其裁判后果是否还具有法律效力？法院应当将案件移送上级法院或者其他同级法院管辖而没有移送的，其审判过程和裁判结论究竟还有无法律效力？不仅如此，当事人认为法院的审判违反回避或者变更管辖制度的，应通过什么方式提出上诉？上级法院经过审查发现下级法院确实违反回避制度或者变更管辖制度的，应当作出什么样的裁定？

对于这些问题，我们有必要给予足够的重视，并进行深入的讨论。毕竟，作为具体的程序法律制度，回避制度和变更管辖制度即便按照前面所分析的思路加以改革，也无法自动地得到实施。根据法律制度实施的基本经验，没有制裁措施加以保障的法律制度，注定是无法实施的；假如不明确规定违反程序规则的法律责任，那么违反程序法的法官、法院就不会因此受到任何实质性的制裁。另一方面，假如将回避制度和变更管辖制度作为维护当事人公正审判权利的制度保障的话，那么，任何对回避和变更管辖制度的违反都应被视为侵犯当事人尤其是被告人的公正审判权利。既然如此，对于被侵权者就必须给予必要的司法救济，否则，没有任何救济机制加以保障的权利，将注定不能成为一项权利，而只能流于一种宣言或口号而已。因此，对于违反回避制度和变更管辖制度的审判活动，应当建立专门的程序性法律后果制度。

大体说来，围绕违反回避制度和变更管辖制度的程序性后果问题，我们需要考虑三个方面的问题：一是程序性违法的性质和范围；二是程序性制裁的方式和效果；三是有关程序性裁判机制的构建问题。

在回避和变更管辖制度的实施问题上，究竟什么样的行为才属于"程序性违法"？在大多数场合下，法院的审判如果明显违反刑事诉讼法所规定的回避规则和审判管辖规则，就应当算作程序性违法行为。但是，在一些特殊情形之下，法院的审判活动尽管并没有违反任何一项法定规则，却明显违反了公正审判的基本原则。较为典型的例子为前面所分析的案例一和案例六。在案例一中，法官所审判的是自己姐姐朋友的儿子为被告人的案件。现行刑事诉讼法并没有明文规定"法官不得担任自己姐姐的亲友为被告人的案件"，而这种情况是否属于所谓的"与案件当事人有其他关系，可能影响公正处理案件的"情况，也并不是十分明确的。应当说，法官担任这一案件的合议庭审判长，至少在形式上并没有违反回避规则。但是，法官在与案件主要当事人存在这样一种社会关系的情况下，怎么可能做到公正审判呢？其职业动机和公正形象又怎能不令人产生合理的怀疑呢？这样一种明显违反公正审判原则的法庭审判，又怎能具有合法性呢？案例六的情况差不多也是如此。毕竟，在法院院长为案件直接受害人的情况下，本法院的法官组成合议庭对案件进行审判，无论如何都不可能做到公正地审判，而且容易使人对法院的公正性形象产生合理的怀疑。尽管现行刑事诉讼法和最高人民法院的司法解释都没有明确要求法院在此情况下作出移送管辖之决定，但案件由该法院自行审判却是不符合公正审判的理念的。难道这种审判也算合法的审判吗？

显然，仅仅将那种违反法定回避规则和变更管辖规则的行为视为"程序性违法"行为，还是远远不够的。事实上，那种尽管没有明显违反具体法律条文的审判行为，如果从本质上违反了程序的正义价值，侵犯了当事人的公正审判权，也应算作一种程序性违法行为。为区别两种违法的性质，我们大体上可以将那种明显违反某一诉讼规则的行为视为"形式违法"，而将那些涉及违反公正审判原则的行为称为"实质性违法"行为。[1] 这里所说的"实质性违法"尽管在形式上并不一定违反

---

[1] "实质性违法"的提法是笔者受法国刑事诉讼法中"实质性无效"概念的启发而提出的。参见陈瑞华：《大陆法中的诉讼行为无效制度——三个法律文本的考察》，载《政法论坛》，2003（5）。

某一具体的诉讼程序规则，却破坏了公正审判的基本原则和司法制度的基础，甚至侵犯了当事人的重要诉讼权利，造成了较之形式违法更为严重的法律后果。

当然，"形式违法"的确定一般只需法官适用程序规则即可完成。而"实质性违法"的判定，则需要法官根据公正审判的理念，行使一定的自由裁量权，并对有关的程序规则和制度作出必要的解释。同时，"实质性违法"行为也不能仅仅由法官自行加以确定，还必须使当事人有机会与法官进行必要的交涉，充分地提供证据和理由，并与对方进行必要的辩论。这种程序设计对于防止法官自由裁量权的滥用也是较为有效的保障。

在明确了"程序性违法"的性质和范围之后，我们接下来分析"程序性制裁"的方式和后果问题。考虑到法院违反回避制度和变更管辖制度的后果，通常是不仅破坏了程序法的实施，还损害了当事人的公正审判权，甚至破坏了整个司法制度的基础，因此，应按照"成比例"和"相适应"原则的要求，为这种违法行为设定较为严厉的制裁性后果。而根据程序法实施的基本逻辑，对程序性违法最为有效的制裁莫过于施以"实体性无效"之后果。具体而言，法院在审判中违反回避制度和变更管辖制度的直接后果，应当是它通过该项审判所作的裁判结论无效，也就是应由上级法院将该裁判结论予以撤销。不论法院所作的裁判是否准确地认定了案件事实和是否公正、正确地适用了实体法，这种裁判将仅仅因为审判程序违法而丧失法律效力。

另一方面，法院的裁判结论因为审判过程违反回避制度或管辖制度而被撤销之后，案件的诉讼过程并不必然立即终止，被告人也不应被立即作出无罪之裁判。因此，这种程序性违法所带来的"实体性无效"并不属于绝对的无效，而应算作相对无效或者"可补救的无效"。上级法院在将原审法院的判决予以撤销之后，应当发回下级法院重新审判。很明显，这种针对审判程序违法所实施的程序性制裁，较之那种针对非法证据所作的排除而言，在法律后果上仍然不是最严厉的。毕竟，法官对非法证据的排除，意味着该证据的法律效力彻底丧失，而不可能给予侦查人员就该证据的取证程序进行重新补救的机会。而上级法院对下级法院所作裁判的撤销，则往往导致案件被发回下级法院重新进行审判。也就是说，下级法院在纠正原来违反回避制度和变更管辖制度的行为的基础上，可以对案件进行重新审判，并重新作出裁判结论。①

在确定了程序性违法的范围和程序性制裁的形式之后，我们有必要继续讨论程序

---

① 当然，对于上级法院究竟为什么在撤销原判之后，不直接改判无罪或者立即终止追诉程序，而是发回原审法院重新审判的问题，笔者至今心存疑虑，并没有完全思考清楚。事实上，上级法院对于下级法院在审判过程中所发生的程序性错误，包括在回避和管辖制度的适用上所存在的程序违法行为，一般都是采取撤销原判、发回重审之制裁措施，这几乎已经成为各国之通例。但迄今尚没有人将这一做法的理由解释清楚。有关这一问题的文献，可参见陈瑞华：《问题与主义之间——刑事诉讼基本问题研究》，第二、三章。

性裁判的程序设计问题。事实上,单有对程序性违法的界定和相应的制裁措施,并不足以保证那些违反回避制度和变更管辖制度的行为受到有效的禁止。要使那些发生在审判程序中的违法行为及时地被纳入上级法院的审查对象之中,就必须在程序上开辟相应的空间和管道。其中最为关键的程序设计当属程序性裁判机制的建立。

按照笔者以前的研究结论,程序性裁判机制大体可包括程序性申请、程序性听证、程序性答辩、举证责任和证明责任、程序性裁决等一系列专门的程序要素。① 具体到本章所研究的针对回避和变更管辖制度的程序性救济来说,有关的程序性裁判程序则应当有以下几项基本内容:(1)当事人就法院拒绝其回避申请或不批准其变更管辖之请求的决定,提出专门的程序性上诉。当然,当事人可以将此程序性上诉请求与其他诸如有关定罪、量刑问题的上诉请求一并提出。(2)上级法院对于程序性上诉和实体性上诉事项一并予以审查,并采取开庭听证的上诉审查形式。(3)在上诉听证程序中,提出程序性上诉请求的当事人应当有机会提出本方的证据和意见,对方则应有机会提出有针对性的答辩,双方还可以针对上诉请求的事项进行辩论。(4)经过上诉审查,上级法院认定下级法院确实存在违反回避制度和变更管辖制度之行为的,应当作出撤销原判、发回下级法院重新审判的裁定。相反,上级法院如果认定下级法院并不存在违反回避制度或变更管辖制度之情形的,则应作出驳回上诉、维持原判之裁定。但应在该裁定书上明确提供这样裁定的理由和根据。(5)上级法院以下级法院程序违法而作出发回下级法院重新审判之裁定的,应当指定负责重新审判该案件的下级法院。一般情况下,原审法院可以另行组成合议庭进行重新审判。但是,如果原审法院对该案件的判决已经过审判委员会的讨论和决定程序,则原审法院无权再审理该案件,而只能将案件移送其他同级法院,或者提交上级法院决定审判管辖的变更问题。

不幸的是,现行刑事诉讼法对于那些违反诉讼程序的审判行为,明确要求上级法院一律发回原审法院重新审判。可想而知,这种由原审法院对其原来所作的裁判进行重新审查的制度设计,至少对于那些已经过审判委员会讨论的案件而言注定将流于形式。而在有关程序性违法行为的第二审程序的形式上,除检察机关提出抗诉的情况以外,大都采取书面阅卷式的二审审判方式。结果,无论是对于实体性上诉事项还是对于程序性上诉事项,第二审法院大都没有采取开庭审理的方式,从而使得控辩双方无法有效地参与案件的上诉审查过程。第二审法院对于程序性违法行为在审查和制裁方面的冷淡和漠视,由此可见一斑。

九、裁判者走向中立化的难题

作为公正审判的程序保障,回避制度和管辖制度在现代刑事诉讼中的重要地位

---

① 参见陈瑞华:《问题与主义之间——刑事诉讼基本问题研究》,第三章。

是不言而喻的。本章的意图在于将这两个表面看来没有联系的制度连接起来，引导读者透过中国目前的司法现状，发现这些制度设计背后的共同价值理念。在此基础上，笔者解释了这两个制度未来的理论根基和所应确立的诉讼构造，提出了以诉权来制约裁判权、在回避和管辖制度中建立诉讼形态的基本构想。

然而，所谓"以公正审判为根基的改革理念"以及"以诉讼形态为范本的制度构想"，在现行的中国司法制度中真的有其存在的空间吗？要回答这一问题，我们有必要将分析的视野投向回避制度和管辖制度之外，观察一下相关的司法环境，并对一些更为宏观的司法改革议题作一深入思考。

回避和管辖制度改革所面临的首要困难，是法院体系中存在明显的行政化管理方式问题。按照目前的法院组织制度，法院内部设审判委员会，对于重大、复杂和疑难的案件进行讨论和决定。由于掌握着这种讨论和决定案件的权力，所以审判委员会事实上成为凌驾于合议庭之上的超级审判组织。而在任何一个法院内部，院长、主管副院长甚至审判庭庭长、主管副庭长都可以对普通法官正在审理的案件进行"合法的干预"，甚至直接改变法官已经形成的裁判结论。不仅如此，在上下级法院之间的关系上，那种严格按照审级制度而划定的裁判范围，实际上已经名存实亡。上级法院事先就案件的裁判对下级法院做批示和提供"意见"，下级法院在案件尚处于一审阶段即向上级法院进行请示汇报的做法，已经比较普遍。甚至就连最高人民法院，都可能对任何一个高级法院正在办理的案件作出或明确或隐晦的指示。

这种行政化的管理方式所带来的一个直接后果是，任何一个法官相对于其所在法院的院长、副院长和庭长而言，都无法具有独立的裁判权；任何一个下级法院则在法院的组织体系内部也都无法具有独立的裁判权，案件的审判活动注定会像行政决定过程那样遵循"上令下从"、"层层隶属"的行政层级原则。至于那种为裁判案件而设置的法庭审判活动，则在这种行政色彩极为浓烈的法院管理环境中，注定成为一种仪式和象征，其裁判案件的作用愈来愈弱化，而其裁判以外的功用，如法制教育、法制宣传和展示形象等，则得到特别的强调和突出。可想而知，在一个行政隶属关系明显、等级森严的法院内部，即便当事人在法庭上能有效地行使申请回避权，促使那些与案件存在不适当关系的法官退出法庭审判，但他能得到一个庭长、副院长、院长对案件所作的"公正审批"吗？还可以更进一步地追问：在一个由法院院长主持的审判委员会上，当事人无法亲自出席和参与这种有关案件的讨论和决定活动，更无从提出要求审判委员会委员回避的申请；当事人甚至就连出席会议的审判委员会委员的姓名和身份都不知道，又怎么能申请其退出审判委员会会议呢？要知道，回避制度自其产生以来就主要是被用来维护裁判者的中立性的，它对于法庭审判之外的行政审批活动可谓"鞭长莫及"。无论是院长、庭长的内部审批案件活动，审判委员会的讨论案件活动，还是下级法院向上级法院的请示报告活动，都属法庭审判之外的行政审批活动，回避制度对这些行政审批活动几乎是没有发挥作

171

用的空间的。

困扰回避制度和管辖制度改革的第二个问题,是法院司法权的地方化问题。如果说行政化的管理方式使得法官在法院内部、下级法院相对于上级法院而言不具有独立性的话,那么,地方化的司法制度则导致法官、法院相对于任何一个地方党、政、人大等权力单位而言,也不具有独立裁判权。毕竟,在法院的人事、财政乃至生存都控制在地方党、政和人大手中的体制下,法院院长本人也要接受当地党委的领导、政府的制约以及人大的监督,法院的司法裁判活动是不可能独立于地方党政部门和地方官员的。在此体制框架下,法庭审判的独立性尚且难以得到保障,回避制度和变更管辖制度的存在又有多少实质意义呢?

本章所分析过的案例五的情况已经清楚地显示,在一个经由省市级官员批示、新闻媒体事先作出报道的案件中,任凭当事人在法庭上就法官的回避问题喊破了天,也任凭当事人就案件的审判管辖问题提出多么强烈的抗议,案件照样在当地一家基层法院进行审判,负责终审审判的照旧是当地的一家中级法院。可以设想一下:一个当地中级法院的法官乃至院长,纵然有维护司法独立的勇气,但相对于一个省长、市委书记来说,又怎么可能具有对抗性的权威和力量呢?退一步讲,案件即便在省内被变更了审判管辖权,比如案件被移送至其他基层法院或者另一所中级法院进行第一审审判,但只要不出本省地面,其裁判结局又能有什么实质性的变化呢?一个省的情况是如此,整个国家的情况也没有什么特别之处。假如一个"重大案件"事先经过各级党、政、人大等政府单位甚至高层官员的关注,并被作出过诸如"指示"、"批示"甚至"谈话"之类的指令,则案件无论由哪个法院行使审判管辖权,也无论由哪些法官直接主持法庭审判,都无法有一个独立裁判的基本环境。

导致回避和管辖制度改革可能"流产"的第三个因素,是法庭审判的流于形式问题。这在刑事审判领域中尤为严重。在中国现行的这种"公检法三机关"分工负责、互相配合和互相制约的刑事程序中,法庭审判作为发现事实真相、正确惩治犯罪的第三道"工序",与侦查和审查起诉活动在功能上并无实质性区别。法庭审判作为一种"镇压犯罪的仪式",其在多数场合都已经变成对侦查过程和侦查结论的审查和确认过程。尤其是第一审审判程序,由于实行案卷移送式的起诉方式、以询问(讯问)笔录为中心的法庭调查方式,以及以被告人在侦查阶段所作供述笔录为核心的证明方式,因而不可能具备那种直接的、言词的、公开的法庭审判形态。那么,就连主持审判的法官都可能认为法庭审判不过是"走一下程序而已",实质性的裁判工作根本不是在法庭上完成,而是发生在庭审之前或庭审之外。除非有极其罕见的例外情况,否则合议庭是不会否定检控方的起诉"结论",而改作无罪判决的。这种具有追诉意味的"法庭审判",必然流于形式,为规范法庭审判而设计的回避和管辖制度,也因此失去了实质意义。如果法院没有形成一种"通过当庭审判而形成裁判结论"的法庭文化,如果法庭审判只是"走一遍过场而已",如果法院以一种"接力比赛"式的态度看待法庭审判,那么,讨论由哪一个法官来主持法庭审判或者由哪一个法院来管辖的问题，又有多大意义呢？

当然，即便法庭审判不流于形式，那种近乎行政化的超职权主义的审判模式，也难以为当事人诉权的行使提供足够的制度空间，从而使得裁判权的行使具有较大的恣意性和专断性。可以说，这一点已经足以成为妨碍回避制度和管辖制度改革的第四个问题。

按照前面的分析，回避制度和管辖制度改革的共同设想是引入诉讼形态，使得当事人的诉权足以制约法院的裁判权。但是，在诉讼程序层面上，要让诉权来制衡裁判权又是极为困难的。我们可以证人出庭作证为例来说明这一问题。本来，法庭究竟传唤哪些证人、被害人、鉴定人甚至侦查人员出庭作证，这应属于控辩双方自行决定的事项，法庭只能在双方的申请明显属于拖延诉讼、重复调查或者违反法定程序的情况下，才可以作出附理由的否定性决定。但是，在目前的司法实践中，合议庭对于证人出庭问题大都采取了直接拒绝的态度，而且不提供任何明确的理由。尤其是对检控方提交的证人证言笔录、被害人陈述笔录、鉴定意见甚至同案被告人的供述笔录，法庭都只是进行所谓"摘录式"的宣读，而一般不传唤有关证人等出庭。即使被告人及其辩护人对某一控方证人提出明确的异议，或者提出与某一证人当庭对质的申请，法庭一般也都予以驳回，且不提供任何明确的理由。而对于辩护方提交的要求本方证人出庭作证的申请，法庭则很少予以满足。这种情况清楚地显示，合议庭对于当事人的诉讼请求缺乏必要的尊重。与证人出庭的情况相似，申请法官回避和申请法院变更管辖也都属于较为重要的程序申请权。但较为特殊的是，这种申请权还多多少少带有挑战法官裁判资格和质疑法院审判合法性的意味，与合议庭甚至法院本身形成了一定程度的对抗关系。尤其是在法院事先已经组成合议庭的情况下，更换法官的申请实际等于给法院出了一个大大的难题，而变更法院管辖的申请则势必令法院的先期准备工作功亏一篑。这不仅影响了案件的诉讼效率，造成了诉讼的拖延，而且还在一定程度上触犯了法院和法官的"体面"和"尊严"。对于这种申请，合议庭成员以及其他法官几乎普遍会心生反感之情。因此，笔者十分担心，合议庭甚至法院院长会对这种申请置之不理，或者直接加以否决。毕竟，对于法官、法院在审判程序层面上的自由裁量权，上级法院一般不会进行合法性审查，更遑论提供及时、有效的司法救济了。而在自己的程序处分权不受上级法院有效制约的制度背景下，下级法院在回避和审判管辖方面所拥有的自由裁量权之大，也就可想而知了。

由此可见，在回避和管辖制度中引入诉讼形态，使得当事人的诉权对法院的裁判权形成有效的制约，这一点在当下的中国刑事司法制度中还多少有一些理想的色彩。而刑事司法的现实则是法官、法院在诉讼程序的处置上拥有不受制约的自由裁量权，其对于诉讼程序的安排即使有明显的不当之处，也极少会承受消极的法律后果。

与当事人诉权的软弱无力存在密切联系的是，现有的法院体系可能无法生成一种纠正程序性违法的机制。这可能是导致回避制度和管辖制度无法实施的第五个因素。中国法院在裁判活动中所关心的主要不是诉讼程序的维护，而是裁判结局的正确和合法。对于法官个人来说，在审判工作中所面临的最大风险就是自己所作的裁判被上级法院发回重审或者改判。而对于上级法院乃至最高人民法院来说，合格的法官应当是其裁判很少被上级法院发回重审的人。至于诉讼程序的维护，程序公正的维护，以及对当事人诉讼权利的尊重等，则向来不是对一个法官作出正面评价的基准，而最多只是评价法官的参考因素。因此，只要案件的裁判结论不出大的"差错"，违反回避制度和管辖制度的法官、法院，也不会因此而承受不利的法律后果。

另一方面，刑事诉讼法所规定的回避和管辖规则，既难以为当事人提供获得司法救济的机会，也缺乏必要的审级制度加以保障，这也使得这些规则的实施变得较为困难。在现行两审终审制的框架下，第二审法院要对案件的事实认定和法律适用问题进行全面的审查，而很少专门就一审法院的程序性违法行为进行审查，更不会轻易地将那些违反法定程序的一审判决撤销。可以说，在中国的审级制度中不存在一个专门用来纠正下级法院程序性违法的法律审程序，这就使得当事人在法院违反回避制度和管辖制度之后，没有足够的空间来实现纠正法院程序性违法的目标。

改革回避制度和变更管辖制度的最后一个困难，是中国检察机关无法从诉讼一方的立场上提出诉讼请求，与辩护方进行平等的对抗和协商。前文已经指出，出庭支持公诉的检察官不能像当事人那样行使申请法官回避的权利，反而其自身就是当事人申请回避的对象。而在管辖的变更问题上，由于检察机关事先已经对案件的起诉做好了准备，案件又是由它直接向法院提起公诉的，因而，对于当事人提出的变更管辖请求，它一般都会提出反对意见，从而阻挠其同级法院将案件移送其他法院管辖。这表明检察机关不仅不具有当事人的地位，而且也拒绝从诉讼一方的立场上提出诉讼申请，更谈不上从公诉方的角度行使诉权了。

检察机关所具有的这种"法律监督"地位，破坏了刑事诉讼中的平等对抗和公平游戏原则，造成那种以诉权来制约裁判权的局面根本无法形成。因为作为当事人的被告人除了要面对难以保持公正地位的裁判者以外，还不得不与另一个强大的对手进行诉讼上的"较量"。检察机关不仅不愿意通过行使诉权来提出本方的诉讼请求，而且以"法律监督者"自居，以高于当事人的心态来实施诉讼行为，影响法院的裁决和决定。而法院在刑事诉讼中又大多具有追诉倾向，这就决定了法院在回避、管辖变更等问题上更容易接受检控方的意见，从而使辩护方的诉讼请求被漠视和忽略。

或许，在回避制度和管辖制度的改革问题上，只有将检控方的地位由"法律监督者"降为普通的诉讼一方，才能真正实现控辩双方的平等交涉和对话，并确保双方共同通过行使诉权来制约裁判权的行使。也只有这样，控辩双方才可以通过申请法官回避、申请变更案件的审判管辖来维护公正的审判。但是，在检察机关法律监督者的地位尚未发生变化的情况下，这种改革设想要变成现实，还将面临诸多方面的困难。

第 七 章

案卷移送制度的演变与反思

一、引言 …………………………………………………………… 176
二、1979 年确立的庭前案卷移送制度 …………………………… 178
三、1996 年的"审判方式改革" ………………………………… 180
四、"庭后移送案卷"制度的形成 ………………………………… 182
五、庭前移送案卷制度的重新恢复 ………………………………… 184
六、制约案卷笔录移送制度的几个深层因素 ……………………… 186
  （一）法官主导证据调查的司法传统 ………………………… 187
  （二）以案卷笔录为中心的审判方式 ………………………… 188
  （三）在法庭之外形成裁判结论的司法文化 ………………… 188
  （四）建立在阅卷基础上的复审制度 ………………………… 189
七、结论 …………………………………………………………… 190

一、引言

一般认为，在检察机关向法院提起公诉的方式上，存在两种制度模式：一是大陆法国家的"案卷移送主义"模式，二是英美法国家的"起诉书一本主义"模式。作为职权主义诉讼构造的有机组成部分，案卷移送制度使得法官在开庭前可以全面查阅检察机关移送的案卷材料，了解公诉方掌握的证据材料，从而为法庭受理进行全面的程序准备。在德国、法国等大陆法国家，法官之所以在法庭上能够主导证据调查的过程，控制证据调查的范围、顺序和方式，与这种案卷移送制度的作用有着密不可分的关系。相反，按照"起诉书一本主义"的起诉方式，检察机关在提起公诉时只能向法院移送一份起诉书，而不能提交任何证据材料，公诉方的所有证据都只能当庭逐一提出，所有的证人也只能通过出庭作证的方式发表口头证言，并接受控辩双方的交叉询问。在这种起诉方式的作用下，英美法国家的法官庭前既不了解案情，也不熟悉控辩双方的证据情况，而只能充当证据调查的主持者和消极的裁判者，陪审团则只能通过倾听法庭上的证据调查情况，来对案件事实作出裁判。[①]

自 20 世纪中叶以来，两大法系国家的刑事诉讼制度发生了相互融合的发展趋势。其中的主流则是一些传统的大陆法国家借鉴、移植英美法国家的诉讼制度，确立了一种新型的"对抗式诉讼"模式。第二次世界大战后的日本以及 80 年代的意大利，就曾经进行过这方面的法律改革尝试。按照这些国家主流的法律理论，案卷移送制度由于给予法官在庭审前全面阅卷的机会，因而容易导致法官对案件形成"先入为主的预断"，甚至未经开庭即形成"被告人构成犯罪"的认识。这既对法官的中立性造成消极的影响，也容易造成被告方与法官的观点对立，导致被告人的无罪辩护权难以实现。相反，唯有限制法官在开庭前查阅案卷的范围，甚至剥夺法官庭前了解公诉方证据材料的机会，法官才有可能对案件的实体结局不形成预先的认识，也才有可能保持中立的态度，对法庭上的证据调查情况给予认真的关注。在这种理论的影响下，一些大陆法国家逐步采取了限制检察机关移送案卷的立法努力。例如，日本在第二次世界大战后就确立了"起诉书一本主义"的起诉方式，要求检察官只移送一份起诉书，而不得向法院提交其他任何可能导致法官形成预断的证据材料。又如，意大利 1988 年颁布的刑事诉讼法典，则采取了限制检察官移送案卷范围的做法，除了一些有限的证据材料以外，其他大多数案卷材料都不得在庭审前移送法院，公诉方主要通过当庭提交证据的方式来展开证据调查。[②]

我国 1979 年刑事诉讼法曾确立了案卷移送主义的起诉方式，允许检察机关在

[①] 有关案卷移送主义和起诉书一本主义的比较分析，可参见李心鉴：《刑事诉讼构造论》，238 页以下，北京，中国政法大学出版社，1992。

[②] 对日本和意大利刑事诉讼制度改革的综合评析，可参见陈瑞华：《刑事审判原理论》，2 版，286 页以下，北京，北京大学出版社，2003。

起诉时将全部案卷移送法院。这是一种与大陆法国家案卷移送制度极为相似的起诉制度。但与此同时，法院在阅卷的基础上可以对案件进行必要的庭前调查核实证据工作。经过阅卷和庭外调查，法院认为"事实清楚，证据充分"的，才可以正式启动法庭审理程序。在这部法律实施长达十五年的时间里，这种案卷移送制度与法官庭前对案件事实的实质审查制度一起，逐渐暴露出诸多方面的弊端。法学界也出现了引进英美法国家起诉书一本主义起诉方式的改革呼声。为解决法官先定后审、法庭审判流于形式的问题，同时也为了引入对抗式诉讼的合理因素，立法机关启动了"刑事审判方式改革"，废止了全案移送案卷笔录的制度。根据1996年刑事诉讼法，检察机关起诉时只能向法院移送"证人名单"、"证据目录"和"主要证据的复印件、照片"，而对于其他证据材料，则只能由检察官当庭予以出示和宣读，并接受辩护方的质证和法庭的当庭调查。至此，我国刑事诉讼法尽管没有引进起诉书一本主义的起诉方式，却对检察机关移送法庭的案卷范围作出了较为严格的限制。一般认为，这种起诉方式作为中国"抗辩式审判方式"的组成部分，更接近于意大利1988年所确立的制度安排。①

  1996年刑事诉讼法所确立的起诉方式，并没有得到切实有效的贯彻实施。1998年，在全国人大常委会法制工作委员会的主持协调下，"六部委"通过了带有立法解释性质的规范文件，允许检察机关在法院开庭审理结束后3日内移送全部案卷材料。随后，这一新的起诉方式被吸收进最高人民法院和最高人民检察院颁行的司法解释之中。由此，检察机关"庭后移送案卷"的制度在我国刑事诉讼中得到确立。由于法官在开庭前只能接触"主要证据的复印件"，而不了解全案证据情况，因而这确实克服了法官庭前对案件事实形成预断的问题，可以促使法官关注法庭上的证据调查和辩论情况。但是，庭后移送案卷制度的实施，又使得法官可以在开庭结束后有机会查阅公诉方的全部案卷材料。由于法庭对案件事实的审理极为粗糙，出庭支持公诉的检察官控制了证据调查的范围、顺序和方式，法官要指望通过短暂快速的法庭审理过程来形成对案件事实的认定，这几乎是不切实际的。而对庭审后全面查阅公诉方案卷的强烈期待，又导致法官不去真正关注法庭审理过程，而将实质的"事实认定"放在法庭审理后进行，这反过来又架空了法庭审理过程，使得那种带有"抗辩式"色彩的审判程序流于形式。不仅如此，由于这种起诉方式不允许检察机关庭前向法院移送全部案卷材料，因而辩护律师在开庭前查阅、摘抄、复制案卷材料的权利受到了剥夺，并进而带来了律师"阅卷难"的问题，因此，律师界对这种起诉方式以及与此相关的审判方式改革，一开始就持抵触的态度。甚至有律师呼吁恢复1979年的案卷移送制度。在此背景下，越来越多的法院与同级检察机关形成了默契，恢复了原有的庭前案卷移送制度。这种明显违反1996年刑事诉讼

---

① 有关1996年刑事审判方式改革的背景与效果，可参见陈瑞华：《刑事诉讼的中国模式》，2版，162页以下，北京，法律出版社，2010。

法的做法，由于有利于法院进行庭前审判准备工作，也赋予辩护律师庭前全面阅卷的机会，加之对检察机关的起诉也未造成明显妨碍，因而并没有受到任何有力的抵制。无论是被告人还是辩护律师，一般都不会对检察机关这种"违反法律程序"的起诉方式提出异议。

2012年，中国立法机关对刑事诉讼法作出了规模较大的修改。其中，尤为引人注目的是，这部法律恢复了1979年刑事诉讼法曾经确立的案卷移送制度，允许检察机关在起诉时将全部案卷材料移送法院。这就使得1996年所规定的检察机关庭前移送"主要证据复印件"的制度被废止，同时也撤销了检察机关在庭审后移送全部案卷的制度。当然，2012年刑事诉讼法并没有恢复庭前实质审查程序。根据这部法律，法官在开庭前不得就公诉方的证据进行庭外调查核实工作，也不得在开庭前对案件是否达到法定证明标准进行审查。法官在全面阅卷的基础上，"对于起诉书有明确的指控犯罪事实的"，可以决定开庭审判。这样，1996年刑事诉讼法所确立的法院庭前"形式审查"制度就得到了保留。

从1979年的案卷移送制度，到1996年的限制检察机关移送案卷范围的改革，再到1998年庭后移送案卷制度的实行，直至2012年对案卷移送制度的恢复，中国刑事诉讼法在检察机关移送案卷的程序设计方面出现了持续不断的变化，甚至在制度安排上还发生了改革与废止改革的制度反复。对于在长达三十多年的时间里所出现的这些立法变化，我们不禁要进行追问：为什么1996年的起诉方式改革方案遭到了部分废止？这是否意味着"抗辩式审判方式"在我国刑事诉讼中走到了尽头？2012年对案卷移送制度进行恢复，又如何解决法官在庭审前产生预断的问题？辩护律师在获得全面阅卷机会的同时，会不会因此直接面对那种对案件事实充满预断的法庭，并进而产生无罪辩护的困难……更为关键的问题在于，在这种连续不断的立法变化的背后，究竟存在着哪些深层因素，作为"看不见的手"，在发挥着影响力？

本章拟对案卷移送制度的演变过程作出全面的分析，并对其中制约和影响制度变革的因素进行理论上的概括和提炼。罗马法曾有一句重要的法谚："立法的理由消失了，法律也就不存在了。"我们借用这句法谚，也可以得出以下结论：在制度存在的理由没有消失之前，对制度所做的任何改变，都将是徒劳无功的。本章与其说要对案卷移送制度在立法上的"一波三折"进行研究，倒不如说是对决定这一制度存在的"立法理由"作出理论上的揭示。正是由于这些立法理由的存在，才导致在经历了长时间的立法波折和改革努力之后，立法者最终仍然选择了这一争议颇多的起诉方式。

二、1979年确立的庭前案卷移送制度

1979年，中国在"文化大革命"结束后颁布了第一部刑事诉讼法。根据这部

法律，检察机关在向法院提起公诉时，应将全部案卷材料移送法院，法院在查阅、研读案卷的基础上进行审查公诉工作。在审查公诉中，法官可以提讯被告人，也可以进行勘验、检查、搜查、扣押、鉴定等调查核实证据的工作。经过审查，法院只有在"犯罪事实清楚、证据充分"的情况下，才可以开始法庭审判活动。而对于案件"主要事实不清、证据不足"的，法院则可以退回人民检察院补充侦查。

由于负责审查公诉的法官一般同时又是案件的主审法官，因而这种庭前移送案件的制度势必造成法官对案件形成先入为主的预断。法官通过阅卷，不仅对侦查过程和侦查机关搜集证据的情况了如指掌，而且对侦查机关制作的案卷笔录和相关证据产生了明确的认识。另一方面，1979年刑事诉讼法要求法院只有在案件事实清楚、证据充分的前提下，才能开始法庭审判活动。这就意味着法官在审查公诉中必须确信公诉方的案卷笔录已经达到定罪所需达到的证明标准，否则，就不能进行开庭审判。这种被法律学者普遍解读为"实质审查"的庭前审查制度，使得法官不得不在阅卷的基础上，展开各种庭外调查核实证据的工作，如提讯被告人、搜查、扣押、勘验、鉴定等。按照这种制度的要求，法官只要认为案件符合开庭审判的条件，实际也就等于对被告人的犯罪事实形成了内心确信。①

案卷移送制度与庭前审查公诉的"实质审查"标准，是造成法庭审判流于形式的主要制度原因，也是原有的刑事审判方式受人诟病的主要问题。这一问题与法院内部实行的院长、庭长审批案件、审判委员会讨论案件制度相结合，导致在司法实践中出现了严重的"先定后审"甚至"先判后审"的现象。一些立法决策人士指出：

> 审判员在开庭前对案件已形成较固定的认识，对如何判决也多有了初步决定，并请示庭长、院长；对一些重大疑难案件，则往往开庭前已经审判委员会讨论甚至请示上级法院。案件还未开庭审理，审判员对案件的定性、量刑已成定论。开庭成了走过场。被告人、辩护人提出的相反意见很难受到重视。②

法律学者也对这种案卷移送与实质审查相结合的审查公诉制度提出了尖锐的批评：

> 我国刑事诉讼法颁布实施以来，在刑事审判工作中出现的"先判后审"、"先定后审"的反常现象，显然与刑事诉讼法第108条、109条的规定有直接关系。因为……经过预先调查和审查核实证据的活动，审判人员确信犯罪事实清楚，证据确实充分，并且应当追究刑事责任，才决定开庭审判。也就是说，开庭时，审判人员不仅已对案件和证据了如指掌，而且

---

① 对1979年刑事诉讼法所确立的庭前审查公诉程序的分析，可参见陈瑞华：《刑事审判原理论》，341页以下。
② 王尚新：《刑事诉讼法修改的若干问题》，载《法学研究》，1994 (5)。

对犯罪事实的认定已先入为主、确信无疑了。从而导致开庭审判不是为了使审判人员搞清案件事实，而是摆样子给当事人和旁听群众看。①

按照当时法学界的主流看法，要解决这种越来越严重的"先定后审"、"先判后审"问题，刑事诉讼法的修改就必须沿着废除庭前实质审查、避免法官庭前阅卷的基本思路来展开。有的学者分析了日本引进"起诉书一本主义"的改革经验，认为借鉴这一制度，确保"检察机关持有的侦查材料不得向法院移送，只能在开庭审理的法庭调查中以举证方式提出"，这是根除"先定后审"、防止法庭审理走过场的最有效措施。② 当然，确立"起诉书一本主义"的起诉方式，使得检察官在提起公诉时只提交一份起诉书，而不得移送任何足以使法官产生预断或偏见的证据材料，这其实就等于废除了案卷移送制度。

不过，这种主张彻底废除案卷移送制度的观点，并没有得到大多数法律学者的认同，更没有受到立法决策人士的"青睐"。按照当时的主流观点，实行"起诉书一本主义"的起诉方式，固然有助于解决法庭审判流于形式的问题，却可能导致庭前审查公诉制度的消亡。而按照中国实行的"公检法三机关分工负责、相互配合、相互制约"的司法体制，法院在开庭之前对公诉是否符合开庭审判的条件进行必要的审查，还是十分必要的，关键在于将"实质审查"改为"形式审查"或"程序审查"，使法官不再对案件的实体问题——犯罪事实是否清楚、证据是否充分，进行审查。③ 于是，一种针对庭前审查公诉制度的改革方案也就呼之欲出了：限制检察机关移送法院的案卷范围，并将"实质审查"改为"形式审查"。事实表明，1996年的改革恰恰是按照当时法律学者所设计的这两种立法思路来展开的。④

三、1996年的"审判方式改革"

1996年，中国立法机关对刑事诉讼法作出了大规模的修订，完成了酝酿已久的"刑事审判方式改革"。按照法学界曾经的主流说法，这次改革削弱了法官的司法调查权，扩大了控辩双方对法庭审理程序的主导权和控制权，确立了一种带有"抗辩式"或"辩论式"色彩的新的审判方式。为引进英美对抗制的一些重要因素，立法者将原来实行的"实质审查"改为现行的"形式审查"。法官在庭前审查公诉中不再审查案件是否达到"事实清楚、证据充分"，而只要确认"起诉书中有明确的指控犯罪事实，并且附有相关证据目录、证人名单和主要证据复印件或者照片"，

---

① 陈光中、严端：《中华人民共和国刑事诉讼法修改建议稿与论证》，290页以下。
② 参见李心鉴：《刑事诉讼构造论》，238页以下。
③ 参见陈光中、严端：《中华人民共和国刑事诉讼法修改建议稿与论证》，290页以下。
④ 有关1996年的刑事审判方式改革以及庭审查公诉制度的改革，可参见张军：《关于刑事案件审判方式的若干问题》，载《中国法学》，1996（3）。

就应当决定开庭审判。这就意味着法官对检察官移送的起诉书和相关证据材料进行形式上的审查，只要认为这些材料完备，而不论现有证据是否足以证明被告人有罪，就都应当开庭审理。同时，法律对法官的庭前调查权作出了限制，不再授权法官在开庭前提讯被告人或者实施搜查、扣押、勘验、鉴定等调查活动。

按照立法决策人士的解释，作出上述改革的主要意图在于"加强开庭审理，充分发挥庭审作用"，以解决"先定后审，开庭流于形式"的问题。因为"证据是否确实，到法庭上由双方质证，进行核实，不需要在开庭前全面调查"。同时，为解决"法官包揽过多，没有充分发挥控辩双方作用"的问题，法律规定由公诉人、辩护人向法庭出示证据，公诉人、当事人和辩护人可以对证据和案件情况发表意见，互相质证、辩论。但是，这种改革并不意味着走向了西方国家的"当事人主义"模式，因为法官"决不是消极的，要掌握和指挥庭审的进行，也要进行询问，不仅限于双方提出的证据，必要时也要进行调查，要积极地认定证据、正确判决"①。

既然法官并没有被塑造成"消极的仲裁者"，他仍要控制法庭审理程序并进行主动的司法调查活动，那么，"起诉书一本主义"的起诉方式显然就不适合这种制度安排了。因为一个显而易见的事实是，假如法官庭前无法查阅任何案卷笔录和相关证据材料，那么，他们在法庭审理中也就无法控制法庭调查的进程，而只能被动地倾听控辩双方的举证、质证和辩论活动。根据比较法学的研究结果，大凡采取"起诉书一本主义"的国家，法官的司法调查权普遍是十分微弱的，法官在开庭前了解的案卷材料越少，在法庭审理中就越可能保持消极、中立的地位，对抗制也就越有可能得到实施。相反，诸如德国、法国等实行职权主义模式的国家，法官在司法调查方面的积极主动作用，往往是与他们开庭前查阅检察官移交的案卷材料有着密切关系的。正因为如此，意大利 1998 年的刑事诉讼制度改革，为移植英美对抗式审判模式，首先对检察官庭前移送法庭的案卷材料的范围作出了重大的限制。但是，正是由于法官保留了这种庭前查阅部分案卷材料的权力，他们在庭审中仍然可以主动调查核实证据，因而，这一制度并没有走向彻底的对抗制，而具有明显的"混合模式"的特征。②

尽管我国 1996 年的改革是以英美对抗式审判制度作为移植和借鉴目标的，但在庭前审查公诉以及检察官移送法院的案卷范围问题上，立法者显然对这种制度采取了相当的保留态度。有迹象表明，很多立法决策人士似乎更青睐于意大利式的对抗制以及日本式的"当事人主义"。有的最高法院法官甚至明确地流露出对英美对

---

① 顾昂然：《新中国的诉讼、仲裁和国家赔偿制度》，21 页以下，北京，法律出版社，1996。
② 按照意大利 1998 年刑事诉讼法典的规定，检察官在开庭前移送法院的证据材料主要包括：预审法官在"附属采证程序"中收集和固定下来的证据；司法警察、检察官和预审法官在那些"不可重复进行的侦查行为"中所获得的证据，以及其他符合法律规定的书面文件。至于其他大量的控方证据，则一律要由检察官当庭出示。有关意大利刑事审判制度的分析，可参见陈瑞华：《刑事审判原理论》，2 版，326 页以下。

抗制的批评："这些国家的法官在法庭上基本上都是消极的'裁判者'，只通过'听审'作出最终的判决……法官只在控辩双方'斗法'时作为一名'裁判'，主持双方讯问被告、询问证人时的公道而已"。而1996年所确立的"具有中国特色的审判方式"，则赋予法官主导审判、指挥和控制庭审全过程的特别权力，这有利于法官依职权查明事实真相，因此，"法官主动行使职权与辩论式审判方法相结合，这就是具有中国特色的审判方式"①。

正是基于上述考虑，1996年刑事诉讼法并没有全盘采纳起诉书一本主义的起诉方式，而只是限制了检察机关向法院移送的案卷范围，也就是要求检察机关在提交起诉书的同时，向法院提交"主要证据复印件或者照片"、"证人名单"、"证据目录"，而对于其他证据材料，则一律予以当庭出示、宣读或者提交，并给予控辩双方对此进行举证、质证、辩论的机会。这种制度安排既剥夺了法官庭前全面阅卷的机会，避免法官对案件事实形成先入为主的印象，又给予法官了解案件"主要证据"的机会，使其可以展开有针对性的庭前准备工作，从而对法庭上的证据调查保持一定的控制力。

四、"庭后移送案卷"制度的形成

尽管1996年的改革只是限制了检察官移送案卷笔录的范围，并没有废止案卷移送制度，但是，假如这种立法设计能够得到实施的话，立法者所预期的解决"法庭审理流于形式"这一问题的目标，或许也是有可能实现的。但是，这种缺乏相应配套保障措施的改革方案，毕竟只是法院审判程序和方式的技术性调整，而没有触及"公检法三机关"的关系和法院内部的审判评价体系。尤其是对于中国大多数刑事法官而言，要立即抛弃全面阅卷式的审判方式，而主要通过听取控辩双方的举证、质证和辩论来形成裁判结论，这无论在观念还是工作方式上都是一个巨大的挑战。

长期以来，刑事法官已经习惯于通过查阅、研读案卷笔录来进行庭审前的准备工作，对于多份被告人供述笔录、证人证言笔录之间存在的矛盾，也可以借此加以研究，以弄清案件的事实争议问题。但是，根据1996年修改后的刑事诉讼法，检察官在开庭前只向法院移送"主要证据的复印件或者照片"。这就有可能导致多份相互矛盾的被告人供述笔录只被移送其中的一份，多份不一致的证言笔录也只被移送其中的一部分，甚至任何证据都有可能被有选择地移送，而不是"全案移送"。按照多年的刑事司法惯例，法官对案件事实的认定又必须有足够的证据支持，尤其不能与案卷笔录发生明显的矛盾。而这一点单凭法庭上那种有选择的、摘要式的宣读案卷笔录的调查方式，是根本不可能得到实现的，甚至还不如直接阅卷更加可

---

① 张军：《关于刑事案件审判方式的若干问题》，载《中国法学》，1996（3）。

靠。在这种情况下，法官对这种限制庭前移送案卷范围的改革，就可能产生普遍的抵触情绪。①

1998年，最高人民法院、最高人民检察院、公安部、国家安全部、司法部会同全国人大常委会法制工作委员会，发布实施了《关于刑事诉讼法实施中若干问题的规定》（以下简称为"六部委规定"）。这部"六部委规定"对于1996年刑事诉讼法作出了一系列的补充规定。在检察机关移送案卷笔录问题上，"六部委规定"解决了刑事诉讼法规定不明确的问题，确立了庭审后移送案卷笔录的制度。

根据"六部委规定"，检察机关可以自行确定需要移送法院的"主要证据"的范围；法院发现检察机关移送的材料中缺少"主要证据"的，可以要求其补充材料，但"不得以上述材料不充足为由而不开庭审判"。由此，检察机关获得了自行解释何为"主要证据"的权力，法院在开庭前也失去了强制要求检察机关移送某一证据材料的权威。与此同时，按照"六部委规定"，检察机关对于在法庭上出示、宣读、播放的证据材料，应当当庭移交法院，或者在休庭3日内移交。不仅如此，对于在法庭上出示、宣读、播放未到庭证人的证言的，如果该证人提供过不同的证言，检察机关应当在休庭3日内，将"该证人的全部证言"移交法院。

考虑到检察官通常是携带全部案卷材料出庭支持公诉的，他们对所有证据材料的出示也主要是通过宣读案卷笔录的方式来进行的，因此，所谓"在法庭上出示、宣读、播放的证据材料"，其实也主要是侦查机关制作的案卷材料。再加上刑事法庭大都采取"定期宣判"的做法，检察机关在庭后向法院移交全套案卷笔录，使得刑事法官在开庭审理结束后就有较为充足的时间查阅、研读案卷材料，案卷笔录对于法官判决结论的形成也就具有相当大的影响力了。事实上，法官在庭审前只能接触到检察机关移交的"主要证据"，而无法审查全套案卷材料，这或许减少了法官的预断，使得法官难以"先定后审"。但是，检察官庭后移送案卷材料的做法，则无疑会促使法官不再重视那种简单、草率的法庭审理过程，而专注于法庭审理结束后的"阅卷"。这不禁令人担心，1996年改革所设定的发挥庭审作用、促使法庭通过庭审过程来形成裁判结论的立法初衷，在这种庭后移送案卷制度的冲击下，还能在多大程度上实现？

当然，庭后移送案卷制度并没有在刑事审判中得到普遍的遵循。在那些具有巨大社会影响、特别是引起党政高层关注和批示的特殊案件中，"公检法三机关"往往会组成联合专案组，共同派员参与案件的侦查、审查起诉和法庭审判活动，法官完全可以在开庭前查阅全套案卷材料。不仅如此，在那些具有重大社会影响的案件中，检察机关也有可能在提起公诉时将全套案卷材料移送法院，"庭后移送案卷制

---

① 有的法官认为，为防止检察机关"只移送证明被告人有罪的材料，不移送证明被告人无罪的材料"，"在案件侦查过程中形成的材料，只要不是与本案无关的，应当尽可能向法院移送，以便法院熟悉案件的发生过程和破案过程，便于对案情的全面综合分析，并很可能从中发现一些问题，有利于对案件的正确处理"。王策来：《完善刑事诉讼立法研究》，96页，北京，中国人民公安大学出版社，1993。

度"可能临时改变成为"庭前移送案卷制度"①。甚至在一些涉及诸多专业领域复杂问题的重大案件中,一些法院还可能主动向检察机关"借阅"案卷材料,以便在开庭前获得充分地研读案卷材料的机会。这显然就使得"庭前移送案卷制度"在这些案件中得到了完全的恢复。②

五、庭前移送案卷制度的重新恢复

2012年,我国立法机关作出了修改刑事诉讼法的决定,对辩护、证据、侦查、强制措施、审判、执行等制度作出了全面的改革。根据这部新的刑事诉讼法,检察机关在向法院提起公诉时,应"将案卷材料、证据移送人民法院"。同时,法院对提起公诉的案件进行审查后,对于"起诉书有明确的指控犯罪事实的",应当决定开庭审判。根据这一规定,1996年刑事诉讼法对检察机关移送的案卷范围作出限制的规定受到废止,检察机关无须再向法院提交"证据目录"、"证人名单"和"主要证据的复印件或者照片",而需要将全部案卷材料连同起诉书一起移送法院。显然,这标志着庭前案卷移送制度在我国刑事诉讼法中得到了全面恢复。同时,既然法官在开庭前有机会查阅全部案卷材料,那么,那种在1998年确立的"庭后移送案卷制度"自然也就失去存在的必要,其废止也就是顺理成章的事情了。

当然,2012年刑事诉讼法在恢复庭前案卷移送制度的同时,仍然坚持了法院庭前形式审查制度,而没有恢复1979年曾确立的实质审查制度。具体说来,法院启动开庭程序的条件仍然只是"起诉书有明确的指控犯罪事实"这一形式要件,而不是诸如案件"事实清楚、证据充分"之类的实质条件;法官在开庭前不得进行任何形式的庭前证据调查活动,而主要通过阅卷方式来进行庭前准备活动。

既然1979年确立的庭前案卷移送制度曾经存在着那么多的缺陷,而1996年对检察机关移送案卷范围的限制,又构成"审判方式改革"的必要条件,那么,为什么立法机关最终还是决定重新恢复庭前移送案卷制度呢?

首先,庭前移送案卷制度的恢复,可以保证法官庭前全面阅卷,从而进行全面的审判准备。

---

① 这种情况在律师的辩护实践中经常发生。2005年7月26日,广东深圳市罗湖区法院对在当地引起较大影响的"飞镖公司案"进行了开庭审理。开庭前的审查公诉阶段,辩护律师最初查阅的是"寥寥几卷主要的证据材料和鉴定材料"。到了7月13日,辩护律师第二次前去法院查阅案卷的时候,竟然发现"此案竟有三四百卷材料"。按律师的形容,"那一排排的卷宗可以使任何一个律师头皮阵阵发怵。证据开示的时间就一天,不要说看,就是连翻一遍的时间也不够!但我们心里明白,能在开庭前给辩护律师翻一下,这已经很开恩了……"。可想而知,在检察机关将全部"三四百本案卷材料"移送法院的情况下,刑事法官是不会仅仅满足于让辩护律师"翻一下"的,法官对案卷的查阅和研读几乎是必然的庭前准备活动。参见成尉冰:《为2.6亿元的"飞镖公司案"辩护》,载《律师与法制》,2006(2)。
② 有关这一方面的问题,参见江苏省高级人民法院刑一庭:《关于全省刑事审判方式和刑事审判机制改革情况的调查报告》,载《刑事审判要览》,总第4集,北京,法律出版社,2003。

在我国刑事诉讼中，负责庭前准备的法官与主持法庭审理的法官一般都是同一个人，而该法官同时享有对案件事实和法律适用问题的裁判权。假如检察机关不移送全部案卷材料，而只是象征性地提交部分证据的复印件，那么，法官在开庭前就不熟悉双方所掌握的证据情况，对于有罪证据和无罪证据的分布也不了解，对于控辩双方的争议也无法形成全面的认识。这就导致法官在开庭前无法就程序争议问题作出及时的裁决，在开庭后也无法引导双方就存在争议的问题展开有针对性的质证和辩论。例如，不熟悉案卷情况，法官就难以对案件是适用普通程序还是简易程序作出合理的选择；不了解公诉方证据的情况，法官也无法就被告方所提出的排除非法证据的申请作出公正的裁决，甚至无法进行必要的庭前准备活动；不了解案卷笔录的情况，法官也无法确定证人、鉴定人、侦查人员出庭作证的名单……又如，在法庭审理过程中，不熟悉案卷笔录的法官只能被动地听从公诉人的举证，任由公诉人主导整个法庭调查活动，甚至法官对被告人、证人、鉴定人做补充发问的余地都不存在了。

其次，庭前案卷移送制度的恢复，可以有效地保证辩护律师查阅、摘抄、复制案卷材料，充分地进行辩护准备活动。

1996年刑事诉讼法对检察机关移送案卷范围的限制，既剥夺了法官庭前全面查阅案卷的机会，也使辩护律师失去了查阅、摘抄、复制案卷笔录的机会。按照我国的司法惯例，辩护律师到法院阅卷一般不存在太多的障碍，但他们到检察机关查阅案卷则通常会遭到检察官的阻挠和限制。既然检察机关庭前移送法院的案卷范围受到了限制，那么，辩护律师在法院能够查阅的案卷也就只限于"证人名单"、"证据目录"和"主要证据的复印件"了。而在检察官自行确定"主要证据"范围的制度下，辩护律师所能查阅到的将是无关紧要的证据材料，而对那些真正的"主要证据"，辩护律师则通常要到开庭后才能接触。因此，对那些被检察官以"突然袭击"的方式在法庭上出示的证据材料，辩护律师既无法进行有针对性的防御准备，也无法提出有理有力的质证意见。可以说，1996年所确立的"抗辩式审判方式"，直接带来了辩护律师"阅卷难"的问题，使得公诉方的证据无法受到辩护律师的有效质证，法庭上的证据调查完全被架空，法庭也因此失去了鉴别虚假证据的能力。

2012年刑事诉讼法对庭前案卷移送制度的恢复，尽管其立法初衷不一定是保障辩护律师的阅卷权，但该制度的实施则在客观上有助于解决辩护律师"阅卷难"的问题。根据这一法律，辩护律师可以在审查起诉环节和开庭前阶段获得两次查阅、摘抄、复制公诉方案卷材料的机会。而检察机关全面移送案卷制度的恢复，则是辩护律师在开庭前能够查阅案卷材料的重要制度保证。通过开庭前的全面阅卷，辩护律师可以对公诉方所掌握的有罪证据进行全面查阅和防御准备，也可以获悉那些有利于被告人的证据材料，甚至可以申请法院调取那些没有被检察机关装入案卷之中的证据材料。

再次，庭前案卷移送制度的恢复，可以避免"庭后移送案卷制度"的负面效果。

1996年刑事诉讼法对检察机关移送案卷范围的限制，所限制的是法官庭前查阅公诉方案卷的机会。但是，1998年庭后移送案卷制度的确立，却给予法官在法庭审理结束后全面阅卷的机会。这种庭后阅卷往往发生在法官作出判决之前，对于法官认定案件事实肯定会产生实质性的影响。由于法官庭前不了解公诉方的证据情况，公诉方通过简单地宣读证据笔录主导着法庭调查过程，法官注定无法通过法庭审理来形成对案件事实的认定，因此，法官不得不寄希望于通过庭审后的全面阅卷，来对公诉方证据进行审查，并对案件事实加以认定。结果，庭审后的阅卷实际成为法官认定案件事实的关键阶段，那种由公诉方所主导的法庭审理反而流于形式。这就使得法庭审理的功能无法发挥出来。

2012年刑事诉讼法通过恢复庭前移送案卷制度，客观上废止了1998年以来一直实行的庭后移送案卷制度，使得法官在开庭前能够全面查阅案卷材料。相对于庭后移送案卷制度而言，庭前移送案卷制度的恢复，至少可以帮助法官在开庭前了解案件的证据情况，避免法庭审理被公诉方所完全左右，可以对有疑问的证据进行一定的主导性调查，对案件事实的认定保持着控制力。

六、制约案卷笔录移送制度的几个深层因素

笔者前面对立法机关恢复庭前案卷移送制度的初衷作出了一些解释。但是，无论是庭前移送案卷制度，还是庭后移送案卷制度，都会带来法院通过阅卷形成裁判结论的问题，也都会导致法官对被告人"构成犯罪"这一点形成预断的后果。1998年形成的庭后移送案卷制度，造成法官依赖于庭审结束后的阅卷，以至于架空了整个法庭审理活动。同样，1979年确立的庭前移送案卷制度，也造成法官庭前形成对被告人不利的偏见和预断，甚至带来先定后审的问题，这也同样导致法庭审理流于形式的问题。很显然，2012年刑事诉讼法恢复庭前移送案卷制度，对中国刑事法官的公正审判而言，所带来的并不是福音，而可能是另一种形式的负面作用。[①]

表面看来，2012年刑事诉讼法对庭前案卷移送制度的恢复，似乎使中国法官重新回到通过阅卷来进行法庭审判的老路上去了。但实际上，那种通过阅卷来形成裁判结论的裁判方式，从来就没有离开过中国的刑事审判制度。1996年立法机关试图限制检察机关移送案卷的范围，以便阻止法官庭前全面阅卷，但在短短的两年之后，庭后移送案卷制度得到确立，使得法官在庭审后获得全面阅卷的机会，法官对案件事实的认定仍然是建立在案卷笔录基础上的。至于司法实践中越来越多地出现的恢复庭前移送案卷的做法，也说明这种通过阅卷来形成事实裁判结论的传统，

---

① 对于2012年刑事诉讼法恢复庭前案卷移送制度的制度安排，有关的反思可参见陈瑞华：《评〈刑事诉讼法修正案（草案）〉对审判程序的改革方案》，载《法学》，2011（11）。

几乎从来就没有中断过。看来，刑事审判方式改革所改变的只是法官阅卷的形式和时间，而不是通过阅卷形成裁判结论的裁判方式。

那么，究竟是哪些因素在制约着中国的刑事审判制度呢？在从庭前移送案卷制度改为庭后移送案卷制度，再恢复到庭前移送案卷制度的表象背后，究竟存在着哪些深层次因素呢？在笔者看来，导致法院通过阅卷来形成裁判结论的因素主要有四个：一是法官依据职权主导证据调查的司法传统；二是以案卷笔录为中心的审判方式；三是在法庭之外形成裁判结论的司法文化；四是以案卷笔录为基础所进行的司法复审机制。

（一）法官主导证据调查的司法传统

在中国的司法传统中，法官通过亲自收集证据、主导证据调查来发现案件的"事实真相"，被视为实现司法正义的主要途径。无论是皋陶治狱，"遇不平，令神兽触之"的司法神话，还是为中国人世代传诵的诸如狄仁杰、包拯等司法官员传奇般的断狱故事，都塑造出一种"神探"般的法官形象。而这种为发现真相而"不在乎手段正当性"的故事，恰恰说明中国人更欢迎那种积极探求真相的司法官员，而对于那种以"消极仲裁者"形象出现的法官形象则难以接受。迄今为止，在中国刑事诉讼活动中，法官仍然可以依据职权主动收集证据，既包括在法庭之外主动地"调查核实证据"，也包括在法庭上主导整个证据调查活动。尤其是在二审、死刑复核以及再审程序中，法官在阅卷的基础上主动进行证据调查，已经成为刑事审判的基本方式。[①]

1996年刑事诉讼法所构建的"抗辩式审判方式"，试图削弱法官的司法调查权，扩大控辩双方对证据调查程序的控制力，以此来发挥法庭审理的积极作用。其中，对检察机关移送案卷范围的限制，属于这一"审判方式改革"的有机组成部分。从这一改革方案的实施效果来看，法官由于庭前被剥夺了全面查阅案卷的机会，在法庭上确实变得更为消极和被动了，甚至在有些庭审中直接变成了法庭调查的主持者。但是，由于法官和辩护律师都没有机会阅卷，也不了解公诉方的证据情况，结果法庭调查几乎完全成为检察官"表演的舞台"。检察官不仅自行决定了证据调查的范围、顺序和方式，而且他们所宣读、出示的证据材料（主要是证据笔录）已经难以受到辩护方的有效质证，法官对这些证据材料也无法实施任何实质性的审查。

在法庭审理过程中，法官对证据调查过程失去控制权，导致中国法官对1996年改革的普遍不满，这也是导致庭后移送案卷制度得以确立的重要原因。1998年颁行的"六部委规定"之所以提出了检察官庭后移送案卷的要求，就是因为那些庭前没有阅卷的法官既掌控不了法庭审理过程，也无法全面"查明事实真相"，而最

---

① 有关中国法官注重实质真实的裁判文化问题，可参见陈瑞华：《刑事诉讼的中国模式》，2版，282页以下。

多只能达到一种得到控辩双方证据证实的"形式真实"。而2012年刑事诉讼法之所以要恢复庭前案卷移送制度，也是考虑到法官因为庭前无法全面阅卷，而只能在法庭审理过程中保持消极裁判者的形象，所以对案件事实的实质审查无法发挥积极作用，甚至不得不将法庭审理让位于检察官，而在庭审后通过阅卷来探求事实真相。既然庭审后仍然要全面阅卷，那么，何不将阅卷的时间提前到开庭之前呢？正因为如此，最高人民法院的法官在立法过程中才主动提出了恢复庭前阅卷制度的构想，并使之顺利地变成了成文法条文。

（二）以案卷笔录为中心的审判方式

在案卷移送制度的演变过程中，存在着一个一以贯之的司法裁判逻辑，那就是我国法院根据案卷笔录来形成最终的裁判结论，刑事法官对案件事实的认定过程实际就是对公诉方案卷笔录的审查和确认过程。

无论是在原有的庭前移送案卷制度之下，还是在1998年实行庭后移送案卷制度之后，中国的刑事审判方式其实并没有发生实质的变化。所谓的"直接和言词原则"，在刑事审判中并没有得到真正的贯彻，取而代之的仍然是一种间接和书面的审理原则。因为按照直接和言词原则，法官应当亲自接触证据的最原始形态，亲自听取证人、鉴定人的当庭陈述，直接倾听控辩双方对证人、鉴定人的当庭询问，并通过这种对证据原始形态的接触和对证人证言的当庭听取，来对案件事实形成直观的印象。

但是，在中国刑事审判制度中，法庭无法对证据进行实质上的调查，而最多只是对证据进行形式上的审查。因为法官所接触的大都是书面笔录，也就是记录侦查人员讯问、询问、勘验、检查、搜查、扣押、辨认、侦查实验等侦查活动的书面记录，而对几乎所有证据的实质性审查，都发生在侦查阶段，对有关案件事实的认定其实已经由侦查人员完成。法官所要做的无非是对侦查人员的侦查过程和事实认定进行一次重新书面审查而已。而这种形式上的审查注定无法发现问题，而最多只是对侦查人员认定的事实进行一次重新确认。

既然法官对案件事实的认定直接以公诉方的案卷笔录为依据，那么，他们就不可能抛开案卷笔录而组织一种"直接和言词的法庭审理"。无论是庭前阅卷还是庭后阅卷，刑事法官对公诉方案卷笔录的依赖始终都没有发生变化。事实上，不破除对检察机关案卷笔录的畸形依赖，不将这些案卷笔录彻底阻挡在法院大门之外，那么，法庭审理将注定是流于形式的，而刑事诉讼法究竟是确立"庭前移送案卷制度"还是"庭后移送案卷制度"，也都是无关紧要的。这里的核心问题不在于移送案卷的时间，而是法官通过阅卷来形成裁判结论的司法惯例。不打破这一司法惯例，那么，案卷移送制度将注定会反复出现在中国刑事诉讼法之中。

（三）在法庭之外形成裁判结论的司法文化

在任何一种现代司法制度下，法庭审理都是法官认定案件事实的重要方式。在法庭审理中，法官通过亲自接触证据、盘问证人和听取控辩双方的质证和辩论来形成对案件事实的直观印象。所有证据都要经受控辩双方的举证、质证和辩论，也要经历法官的耳闻目睹和当庭盘问，才能被采纳为定案的根据。法庭审理为法官认定案件事实提供了一种特定的时空氛围，使得法官对证据的采纳和案件事实的认定，都要在控辩双方参与下才能完成。因此，法庭应当是法官作出司法裁判的唯一场所，法庭审理则应当属于法官认定案件事实的唯一途径。

但是，在中国的刑事审判中，法官并没有将法庭当做形成司法裁判的唯一场所，更不是通过庭审来形成对案件事实的内心确信。一般情况下，法官是通过一种"办公室作业"和上下级之间的行政审批的机制来形成裁判结论的。这种"办公室作业"的主要方式，就是法官在办公室内进行的查阅、研读公诉方案卷笔录的活动。而上下级之间的行政审批则包括本院内部的院、庭长审批案件、审判委员会讨论决定案件，以及上下级法院的请示报告活动。而这种上下级之间的行政审批活动，则更是离不开对案卷笔录的严重依赖。

可以说，只要法官不是在法庭上完成对案件事实的司法裁判，而是通过"办公室作业"以及上下级行政审批的方式来形成对案件事实的认定，那么，刑事审判就不可能摆脱对案卷笔录的依赖。在笔者看来，这种对案卷笔录的需要并不是某个法院、某个法官的一厢情愿，而属于一种结构性的制度依赖。换言之，离开了案卷移送制度，这种建立在"办公室作业"和行政审批基础之上的审判制度，将会出现运转不良的问题。

（四）建立在阅卷基础上的复审制度

1996年刑事诉讼法只允许法官开庭前查阅"主要证据的复印件"、"证据目录"和"证人名单"，而剥夺了法官全面阅卷的机会。但是，公诉方的案卷笔录仍然要移送到二审法院，二审法院也仍然要通过全面阅卷的方式来对一审判决进行审查，最高人民法院也仍然会通过全面阅卷来对死刑案件进行复核，甚至负责再审的法院也要通过阅卷来审查原审法院的裁判结论，甚至直接纠正原审法院的"裁判错误"。可以说，无论是二审法官、死刑复核法官还是再审法官，都要通过阅卷来完成对下级法院或原审法院裁判结论的审查过程。

既然上级法院要通过阅卷来完成对下级法院裁判结论的审查，那么，一审法院假如不全面阅卷，对公诉方的证据情况不熟悉的话，就将面临非常尴尬的局面。从逻辑上说，一审法官不全面阅卷，就无法将其判决书建立在公诉方案卷笔录的基础上，所做的裁判结论就有可能与案卷笔录的情况不相吻合。而二审法院、死刑复核法院、再审法院通过全面阅卷，则几乎都会得出与案卷笔录相一致的裁判结论。在此情况下，合乎逻辑的结果肯定是上级法院以"事实不清、证据不足"为由，作出撤销下级法院判决的裁判结果。

可以说，在中国的二审、死刑复核和再审程序中，实际存在着一种对公诉方案卷的结构性依赖。无论是二审法院还是死刑复核法院，只要它是通过阅读侦查案卷笔录来审查下级法院的裁判是否"确有错误"，就都可能按照侦查机关所提供的证据线索和内心确信，来形成其最终的裁判结论。甚至在一审法院不理会案卷笔录的情况下，二审法院和死刑复核法院对于侦查案卷的采信，也会造成一种以侦查案卷笔录的标准来审查一审裁判是否成立的奇怪现象。

看来，要摆脱对案卷笔录的畸形依赖，刑事诉讼法除了要禁止一审法院阅卷以外，还应当禁止检察机关的案卷材料出现在二审程序、死刑复核程序和再审程序之中。二审法官对下级法院裁判结论的审查，即便再审查案卷，也应当只限于一审法院的审判卷宗；死刑复核法院要对二审法院维持死刑的裁判结论进行审查，也只能依据二审法院的审判案卷；再审法院也只能依据原审法院的审判案卷。这些上级法院都不应再依据公诉方的案卷笔录来对下级法院的裁判结论进行审查。一言以蔽之，检察机关的案卷笔录不仅应当被阻挡在一审法院的大门之外，而且也应被拦截于二审法院、死刑复核法院甚至再审法院的大门之外，而不得进入一审、二审、死刑复核和再审程序之中。唯有如此，案卷移送制度才能被从根本上予以废止。否则，只要有一种审判制度和审级制度存在着对检察机关案卷笔录的实际需求，那么，案卷移送制度就会以各种面目重新出现。

七、结论

从1979年的庭前移送案卷制度，到1996年对检察机关移送起诉的案卷范围的限制，再到1998年的庭后移送案卷制度，直至2012年对庭前案卷移送制度的恢复，中国刑事诉讼法在规范法官庭前阅卷问题上走过了一条曲折的发展道路，经历了改革、规避改革和终止改革的过程。表面看来，这种围绕着检察机关移送案卷的方式所发生的变化，给中国刑事审判方式带来了较大的影响，但实际上，无论是庭前移送案卷还是庭后移送案卷，法院通过阅卷来形成裁判结论的审判方式并没有发生实质性的变化。在长达三十余年的改革实践中，中国法院始终没有形成通过当庭举证、质证和辩论来作出事实裁判的裁判文化，刑事法庭没有贯彻直接和言词审理的原则，而是通过对公诉方案卷笔录的书面审查来认定案件事实。因此，所谓的"法庭审理"其实是流于形式的，那些为规范法庭审理所设置的程序和制度也是形同虚设的。

2012年刑事诉讼法对庭前案卷移送制度的简单恢复，对于法官进行庭前审判准备、确保辩护律师阅卷以及废止庭后移送案卷制度，的确有着一些积极意义。但是，这种类似于"鸵鸟战术"的制度安排，尽管废止了1996年完成的限制公诉方移送案卷范围的改革方案，却使得刑事法官在开庭前获得全面阅卷的机会。这就使得中国的刑事审判制度回到了1979年的"原点"，也标示着从1996年开始的制度改革探索宣告失败。于是，通过阅卷来形成对案件事实的认定，仍然是中国刑事法官的基本工作方式。而那些事先已经全面阅卷的法官很可能会形成对"被告人构成犯罪"的预断，并对辩护方当庭所做的无罪辩护产生反感甚至持抵触态度。结果，法官仍然无法保持基本的中立性,那种通过当庭审理来形成裁判结论的现代司法程序照样无法建立起来,被告方照样无法作出有效的辩护。

其实,要彻底解决法庭审判流于形式的问题,就必须废止案卷移送制度,避免法官在开庭前接触、查阅任何案卷笔录和证据材料,从而彻底割断侦查与法庭审判程序之间的联系。因此,检察机关不仅不能在开庭前向法院移送任何案卷材料,而且即便在开庭审理结束后,也不应再行移送任何案卷材料。法庭对案件的裁判只能以控辩双方当庭提交并经过质证的证据为唯一的依据。对于侦查机关所制作的案卷笔录材料,检察机关只能将其作为提起公诉的根据和寻找证据材料的线索,而不能再成为法院审判的基础。另一方面,侦查案卷笔录在检察机关提起公诉之后,应立即失去法律效力,它们不仅不应被移送一审法院,而且也不能被移送第二审法院和死刑复核法院。第二审法院审判需要查阅、研读的应当是第一审法院的审判记录,它们认定案件事实的唯一依据应当是控辩双方提交并经过当庭质证的证据;死刑复核法院也应当尽量以开庭方式审查死刑裁判的适当性,或者即使不举行开庭审理,也主要应当以下级法院的审判记录作为审查的根据。

然而,这种旨在废除案卷移送制度的改革设想,真的有可能实现吗?

第八章

彻底的事实审
——一个困扰刑事审判制度改革的难题

- 一、引言 ·· 193
- 二、事实审的形式化 ··· 194
  - （一）庭外裁判主义 ··· 195
  - （二）行政审批机制 ··· 196
  - （三）承办人制度 ·· 196
  - （四）有效辩护的缺失 ·· 197
  - （五）"审结报告"制度 ·· 198
  - （六）留有余地的裁判方式 ·· 198
- 三、"彻底的事实审"理念的提出 ···································· 199
  - （一）对案件事实的当庭认定 ···································· 199
  - （二）控辩双方的有效参与 ·· 200
  - （三）内心确信的独立形成 ·· 200
  - （四）事实信息的全面审查 ·· 201
- 四、在第一审程序中构建"彻底的事实审"的必要性 ········· 201
  - （一）现行救济程序的局限性 ···································· 202
  - （二）未来的审级制度改革 ·· 203
  - （三）第一审程序的正当性 ·· 204
- 五、重构事实审的改革努力 ··· 205
  - （一）1996 年的"刑事审判方式改革" ······················ 206
  - （二）2010 年刑事证据规则的确立 ···························· 207
  - （三）2012 年刑事诉讼法的改革 ······························· 208
  - （四）反思与评论 ·· 210
- 六、走向"彻底的事实审" ··· 211

一、引言

审判程序的改革问题向来是诉讼法学研究的重要课题。本着建立良法美制的思路，法学界对于审判程序的价值、审判程序的构造、审判方式改革以及侦查与审判的关系等问题展开了全面的研究，提出了一些值得重视的理论观点。尤其是初审程序的改革问题，更是引起了法学界的普遍关注，并出现了一些达成共识的改革思路。例如，在侦查与审判的关系问题上，人们普遍倡导抛弃"侦查中心主义"的构造，逐步走向"审判中心主义"模式；而在"审判方式改革"问题上，人们也大都主张对传统的职权主义诉讼模式加以改造，逐步引入对抗制的合理因素。

但从审级制度的角度来看，我国审判制度所面临的最大问题则是如何调整事实审与法律审的关系问题。在这一方面，中国与西方国家在审级制度上形成了两种不同的模式：前者具有"柱形结构"的特征，无论是初审还是复审，都不严格区分事实审和法律审，注重对案件事实问题的反复审理，甚至就连最高人民法院，在复审和死刑复核程序中都负有发现真相、避免误判的职责；后者则属于"锥形结构"或"金字塔形结构"，强调在初审阶段实行"实质的事实审"，对上诉审除了严格限制案件数量以外，还注重对重大、疑难、普遍法律问题的审查，以发挥上级法院维护法律统一适用甚至司法造法的功能。[1]

迄今为止，绝大多数研究者都对我国现行的两审终审制持批评态度，并提出了区分事实审与法律审、构建三审终审制的改革设想。根据这一设想，未来应建立专门的第三审，使其发挥统一法律适用、纠正二审法律错误的功能，并建立与之相适应的上诉审查制度；在将第三审确立为专门法律审的同时，确立越级上诉制度，允许当事人越过第二审，而直接向第三审法院就法律问题提出上诉。[2] 有的学者还系统地提出了将"柱形结构"改造为"锥形结构"的设想："打开一审程序，抑制上诉程序，紧缩三审程序，原则上关闭再审程序。"[3]

当然，一些改革设计者也注意到我国第一审程序存在严重的缺陷和问题，担心将来一旦实行三审终审制，这种流于形式、缺乏纠错能力的事实审，将难以胜任事实审查的使命，以至于可能将大量事实问题遗留给第二审乃至第三审法院。因此，改造第一审程序将成为重构审级制度不可回避的问题。[4] 有学者明确提出，强化一审程序在调查事实方面的职能，以此作为二审程序限制事实调查的前提和基础，具

---

[1] 有关两种审级制度的详细分析，可参见傅郁林：《民事司法制度的功能与结构》，3页以下，北京，北京大学出版社，2006。
[2] 参见蒋惠岭：《"圆柱"何时削为"圆锥"》，载《人民法院报》，2010-04-30。另参见王德新：《试论我国民事审级制度之重构与优化》，载《政法论坛》，2011 (4)。
[3] 傅郁林：《民事司法制度的功能与结构》，81页以下。
[4] 对于这一问题，中国司法界有识之士早就有所觉察，并提出了"一审是基础，二审是关键"的论断。参见刘岚：《肖扬就死刑案件二审开庭等问题接受记者采访》，载《人民法院报》，2007-03-14。

体措施可以包括"打开诉答程序和审前程序,集中发挥庭审功能"①。也有人认为,由于第一审程序认定事实"不够扎实",导致案件质量不高,终审不终,信访不断,因而需要对第一审程序进行全面改革,以便真正"夯实"事实审,从而为审级制度改革创造基本的制度前提。② 还有些学者明确提出了"建立以一审庭审为中心的事实认定机制"的改革设想。③

笔者认为,我国的诉讼制度尽管经历了多次重大改革,却始终没有改变审级制度的基本面貌。2012年刑事诉讼法的颁布,尽管对审判制度作出了一些富有新意的改革,却仍然没有解决"事实审的形式化"问题。④ 尤其是在第一审程序中,裁判者普遍规避庭审程序,架空了大多数为规范法庭审判而设置的制度,而依靠阅卷、庭外调查、行政审批等庭外活动,来形成对案件事实的认识。结果,作为避免误判的第一道"防火墙",第一审程序不仅无法发挥事实审的功能,反而将事实误判的风险通过审级设置层层转移,使二审法院乃至最高人民法院都不得不承担日益沉重的事实审查负担。可以说,对中国第一审程序进行全面的改造,使之变成"彻底的事实审",实为重新调整上下级法院关系、重构审级制度的必由之路。

当然,所谓构建"彻底的事实审",或者"发挥事实审的功能",往往在不同诉讼制度中有不同的理解,而很难有一个放之四海而皆准的标准。不过,在"事实审"的重新构建方面,总有一些不可或缺的最低标准。本章拟围绕着"事实审的形式化"这一问题,提出一种构建"彻底的事实审"的理论思路。笔者将讨论这种"彻底的事实审"的性质和构成要素,对于中国近年来改革的经验作出总结,并对一审程序在发挥"事实审"功能方面的局限性进行分析。在此基础上,笔者将要论证这样一个命题:不在第一审程序中构建"彻底的事实审",中国审级制度的改革将是很难向前推进的,那种在司法裁判体系中构建专门法律审的改革努力也将难以成功。

二、事实审的形式化

在以往的研究中,法学界大都认识到,"法庭审判流于形式",实质的裁判过程发生在法庭之外甚至开庭之前,这属于中国第一审程序一直没有解决的问题。笔者也曾通过对案卷笔录及其影响力的考察,提出了中国法庭审判具有"案卷笔录中心主义"模式的命题。⑤ 这对于进一步解释法庭审判流于形式的原因是有一定说服力的。不过,这些研究往往主要关注侦查案卷笔录对法官形成预断的影响,而对于案

---

① 傅郁林:《民事司法制度的功能与结构》,80页。
② 参见蒋惠岭:《重锤夯实"事实审"之迫切期待》,载《人民法院报》,2010-03-05。
③ 参见龙宗智:《论建立以一审庭审为中心的事实认定机制》,载《中国法学》,2010 (2)。
④ 有关这一问题的分析,可参见陈瑞华:《法律程序构建的基本逻辑》,载《中国法学》,2012 (1)。
⑤ 参见陈瑞华:《案卷笔录中心主义——对中国刑事审判方式的重新考察》,载《法学研究》,2006 (4)。

卷笔录之外的其他因素探究不多。

事实上，导致法庭审判流于形式的原因远远不止案卷笔录的影响，还有书面笔录的证据资格不受限制以及庭外调查过于随意等方面的问题。这就意味着在中国一审程序中存在着一种"庭外裁判主义"的传统。不仅如此，法院内部一直存在的行政审批机制，尤其是院长、庭长审批案件以及审判委员会讨论案件的做法，在一定程度上架空了法庭审判过程，使得法庭上的事实认定不得不服从于司法行政管理者的指示或命令；长期盛行不衰的"承办人"制度，使得实质的裁判权被控制在一名"承办法官"手里，这直接规避了合议制度，架空了合议庭的事实裁判和评议机制；被告人及其辩护律师难以有效地参与举证、质证和辩论活动，辩护对于法官的事实裁判难以产生影响力，这又架空了法庭调查和法庭辩论程序；法院一直存在着一种"留有余地的裁判方式"，对于那些事实不清、证据不足的案件，不是作出无罪之宣告，而是采取"疑罪从轻"的处理方式，这必然使书本上的司法证明机制失去存在的意义。不仅如此，各级法院一直盛行"审结报告"制度，在该报告中法官对于事实裁判结论陈述了真正的理由，而这些理由既没有记载于裁判文书之中，也难以为控辩双方所获悉。这种制度也必然使所谓的"裁判说理制度"受到规避。

上述事实表明，我国法院同时存在着两条事实认定的过程：一是书本上的法律所要求的法庭审理过程；二是现实中行之有效的庭外裁判过程。而令人困惑的是，我国自1996年以来的刑事审判制度改革一直将前者作为改革的对象，而对后者却没有作出实质性的改动。这种将正式的法庭审判程序予以架空，并在司法实践中行之有效的司法裁判方式，导致第一审程序在事实认定方面的功能无法得到有效的发挥，也带来了"事实审的形式化"问题。在以下的分析中，笔者将简要分析"事实审的形式化"的表现及其对事实审的消极影响。

（一）庭外裁判主义

案卷移送制度和书面审理制度造就了一种"庭外裁判主义"的事实认定方式，也就是在法庭之外或者开庭之前形成裁判结论的裁判方式。这一裁判方式具有三个基本要素：一是在案卷移送制度的影响下，裁判者在开庭之前查阅侦查案卷，从而对案件事实形成先入为主的预断；二是裁判者不接触证据的最原始形式，不听取证人、鉴定人的口头陈述，而是直接宣读侦查人员所作的证言笔录和书面鉴定意见，从而从侦查人员收集的笔录证据中获取案件事实信息；三是裁判者单方面进行庭外调查工作，在法庭之外核实既有的证据，或者收集新的证据，在未经控辩双方质证的情况下，独自完成对该证据事实的采纳过程。

经过十余年的改革过程，我国刑事第一审程序发生了很大变化，但那种庭外裁判主义的事实认定方式却始终没有受到废弃。在这种裁判方式下，法庭对案件事实只能进行形式化的审查和确认，而难以展开实质性的全面审理。在对单个证据的审查方面，法庭所接触的大都是那些记录侦查过程和证据材料的笔录，而根本不是各类证据的原始形式。法庭既无法亲自听取证人、鉴定人、被害人就案件事实的当庭陈述，也无法通过询问侦查人员来获取案件侦查过程的事实信息。这种书面和间接的证据调查方式，必然导致案卷笔录成为法庭认定案件事实的主要信息来源。而在案件事实的认定方面，法庭所接受的主要是公诉方已经形成的案件事实，而没有对案件事实进行实质性的重新调查。法庭没有责令公诉方通过举证来重现案件事实的全部过程，而是简单地接受公诉方业已形成的事实认定结论。结果，真正意义上的"事实审"恰恰没有发生在法庭审理之中，而侦查机关所进行的单方面调查却发挥了实质上的"事实审"功能。但侦查机关对案件认识的片面性以及侦查人员与案件所具有的利害关系，都决定了这种由侦查机关所主导的"事实审"，极有可能发生事实认定上的错误。而法庭审理的流于形式则导致侦查机关的错误难以被发现和纠正。近年来被披露的一系列冤假错案，如杜培武案、佘祥林案、赵作海案等，都说明了这一道理。

（二）行政审批机制

本来，裁判者无论是独任法官还是合议庭，都应当拥有独立审判的权威，也就是在认定事实和适用法律方面保持良心自由，不仅不受外部力量的干预，也不受法院内部司法行政管理者的指令。但是，由于司法裁判职能与司法行政管理职能没有真正分离，因而法院内部的院长、庭长经常通过审批方式来推翻或者改变裁判者的事实认定结论，法院内部带有"行政会议"性质的审判委员会，也经常通过讨论案件的方式干预裁判者的事实裁判活动。结果，这种来自司法行政管理系统的审批机制就有可能架空裁判者的事实裁判过程和结论，致使庭审在认定事实方面的功能无法充分发挥。[①]

院长、庭长以及审判委员会对裁判者事实裁判过程的干预，其实有着极大的风险。假如院长、庭长或者审判委员会真的推翻了合议庭对案件事实的认定结论，那么，整个法庭审理就将变得毫无意义，那些为规范法庭审判所设置的举证、质证和辩论机制也将流于形式。但是，作为事实上的裁判者，院长、庭长、审判委员会委员所获取的事实信息大都来自于承办人的口头汇报，他们既没有参加过法庭审判过程，也没有查阅过案卷笔录，他们所获取的事实信息既不全面也未必可靠，单凭这种听取汇报活动，他们在认定案件事实方面并不占据更大的优势。不仅如此，由于没有听取被告人及其辩护律师的无罪辩护意见，由于没有亲自感受法庭上的质证和辩论场景，也由于不能受到诸如公开审判、回避等庭审程序的约束，这些司法行政管理者甚至有可能将正确的事实裁判直接改为错误的结论。

（三）承办人制度

中国各级法院都实行"承办人"制度，具体负责对某个案件进行审理的是某一

[①] 有关刑事审判中裁判职能与行政管理职能的集中问题，可参见江必新：《论合议庭职能的强化》，载《人民法院报》，2002-09-18。另参见蒋惠岭：《审判活动行政化之弊端分析》，载《人民司法》，1995（9）。

"承办法官"，而合议庭的其他成员，无论是法官还是人民陪审员，都没有实质性地参与对案件的审理。无论是在庭前准备、法庭审理还是在裁判文书的草拟、向院、庭长乃至审判委员会进行汇报等方面，承办法官都对案件负有最终的责任。甚至就连审判业绩的考评以及相应的奖惩问题，也几乎都是以承办人为单位而进行管理的。[①]

承办人制度对"彻底的事实审"的形成带来了负面的影响。首先，这一制度导致承办人以外的裁判者事实上放弃了对案件的审理，对于包括证据资格的审查、证明力的确定、案件事实的认定等在内的诸多事项，都交给承办法官一人单独来加以处理。这就造成了合议庭多数成员的"陪而不审"，他们对法庭审理的参与流于形式。其次，在承办人负责案件实质审理的制度下，法定的评议程序通常也会流于形式。诸如合议庭成员对事实认定问题的表态、相互间的平等争论以及对整个证据体系的逻辑推演等过程，也都随之而不复存在。结果，承办法官一人对案件事实的独断取代了合议庭成员的集体评议，那种建立在"集体决策"基础上的"事实审理"没有存在的空间。

（四）有效辩护的缺失

迄今为止，中国仅有不足30％的刑事案件有辩护律师的参与。其中，在那些被告人接受法律援助的案件中，辩护律师很难为被告人提供有效的辩护。因为在法律援助经费短缺、律师从事法律援助收益极低以及从事法律援助缺乏有效的质量控制体系的情况下，律师从事法律援助既缺乏足够的动力，又没有外在的激励机制，其辩护很难达到较为理想的效果。而在那些被告人委托律师辩护的案件中，由于案卷中心主义庭审方式的存在，法官所接触的主要是公诉方的书面案卷材料，证人、鉴定人、被害人、侦查人员极少出庭作证，法庭只是简单地宣读相关的案卷笔录，而没有对公诉方的证据进行实质性的调查，因而，辩护方对事实认定过程的参与极为有限。再加上刑事诉讼法对辩护方的证据调查作出了一系列限制，法院对面临调查困难的辩护律师极少提供诸如签发"调查令"之类的司法保障，使得辩护方很难提交有利于被告人的证据。结果，律师要想作出有效的辩护，就变得极为困难。

在辩护方无法提供有效辩护的情况下，整个法庭审理就变成一种"一边倒"的诉讼过程，公诉方无论是在证据调查还是在事实认定方面都处于绝对优势的地位，辩护方对裁判结论的影响将是微乎其微、无足轻重的，法庭审理变成一种对公诉方指控事实的确认过程。法庭无法同时接触两方面的证据事实和信息，也无法对公诉方的指控事实进行实质性的审查，更无法做到"兼听则明"。另一方面，辩护律师对法庭审判的参与如此有限，对最终裁决的影响如此微弱，以及对强大的公诉方难以

[①] 参见尹洪茂、丁孝君：《试论合议机制与承办人制度的冲突与协调》，载《山东审判》，2001（4）。另参见左卫民、吴卫军：《"形合实独"：中国合议制度的困境与出路》，载《法制与社会发展》，2002（3）。

形成有效的制衡力量，这些都使得难以克服法官的预断和偏见，尤其难以使法庭摆脱侦查案卷笔录的影响。在法庭审理中，被告人及其辩护律师要面对两个强大的对手：一个是有着强烈胜诉欲望的检察官，另一个是倾向于认定被告人构成犯罪的法官。这就使辩护方的证据难以被纳入法庭调查的范围，辩护方的无罪辩护意见难以为法庭所接受。那种指望通过"庭审"来进行彻底审判的改革设想往往化为泡影。

(五)"审结报告"制度

十余年来，我国法院加强了司法裁判的说理性，在裁判文书中记载了篇幅越来越多的判决理由，并开始进行诸如"庭后释法"等强化当庭说理的改革探索。但是，这种裁判说理具有很强的形式化意味，尤其是对于法庭没有采纳的证据、拒绝接受的意见以及不予理会的异议等，判决书往往没有提供令人信服的理由。与裁判文书说理形成鲜明对比的是，裁判者在对案件作出判决前通常会起草一份较为详尽的"审结报告"，并详细说明准备作出判决的理由和根据。由于这类"审结报告"在记录裁判者的真实裁判理由的同时，有时也会记载一些法外因素的影响，而这类记载又不便向当事人、辩护人、诉讼代理人出示，因而，"审结报告"一般被置入一种特殊的"内卷"之中，而与控辩双方能够查阅的普通案卷隔离开来。①

"审结报告"制度的存在，使得裁判说理制度受到程度不同的架空，也造成裁判者不是根据庭审中获取的事实信息来形成内心确信，而可以根据庭审之外的信息来认定案件事实。不仅如此，这类"审结报告"无法保障当事人、辩护人、诉讼代理人的知情权，也剥夺了他们获取救济的机会。本质上，这类便于司法行政管理者审查和决策的"审结报告"，属于法院内部行政审批机制的组成部分，最终使法庭审判活动受到规避。而在客观上，这种无法受到有效的程序制约的"审结报告"，也为法外力量干预法庭的事实裁判创造了条件，甚至对外部干预起到了掩饰的作用。

(六) 留有余地的裁判方式

近年来被披露出来的一些"冤假错案"，包括杜培武案、佘祥林案、赵作海案在内，都显示出一种"留有余地的裁判方式"在我国刑事审判中大行其道。根据这种裁判方式，裁判者对于经过法庭审理后发现事实不清、证据不足的案件，不是根据无罪推定原则，直接宣告无罪，而是"疑罪从有"，降低定罪所要求的证明标准，但在量刑上则不作严厉处罚，比如对应当判处死刑的案件确定无期徒刑甚至有期徒刑的刑罚。这种在事实认定上降格以求，而在量刑方面"留有余地"的裁判方式，从根本上规避了司法证明机制，特别是架空了法定的证明标准，违反了无罪推定原则。②

---

① 有关案件审结报告制度，迄今很少有专门的学术论文对此进行研究。主要可参见徐智：《刑事案件审理报告改革研究》，西南政法大学2009年硕士学位论文。
② 关于"留有余地的裁判方式"，参见陈瑞华：《留有余地的判决——一种值得反思的司法裁判方式》，载《法学论坛》，2010 (4)。

"留有余地的裁判方式"对于庭审事实认定功能的发挥带来了消极的影响。这种裁判逻辑实质上就是容许裁判者对那些尚未达到定罪标准的案件,任意作出有罪裁决。既然法院不严格遵守法律设定的定罪标准,既然在公诉方无法证明其指控的"犯罪事实"的情况下,法院仍然可以帮助其完成定罪的使命,那么,控辩双方围绕着指控事实是否成立所展开的举证、质证和辩论活动就失去了实质的意义。

三、"彻底的事实审"理念的提出

过去,法学界一度将我国第一审程序的问题归结为"审判方式"问题,认为正是那种"超职权主义"的审判方式才导致第一审程序无法符合程序正义的要求,也失去了基本的纠错能力。[①] 但从"刑事审判方式改革"的经验和教训来看,1996年确立的"抗辩式审判方式"尽管吸收了对抗制的一些因素,增强了控辩双方在庭审中的对抗性,却仍然没有解决法庭审判流于形式、法官直接依据侦查案卷形成事实裁判的问题。我们在对中国刑事审判方式进行了一番"非职权主义化"的模式改造之后,却仍然要面对法庭调查简单粗糙、事实审理流于形式的问题。[②] 经过十几年的改革实践,我们才真正意识到,"事实审的形式化"才是中国第一审程序所要解决的头号问题。而要解决事实审的形式化问题,真正发挥法庭审判程序的功能,我们需要建立"彻底的事实审"。

所谓"彻底的事实审",就是为了避免"事实审的形式化"而提出的一种诉讼理念。这一理念的每一项含义都体现了对"形式化的事实审"的克服和防范。概括起来,"彻底的事实审"有四个方面的含义:一是裁判者通过庭审来形成对案件事实的认定;二是裁判者通过听取控辩双方的举证、质证和辩论来获取事实信息,未经双方的质证,任何证据都不得被采纳为定案的根据;三是裁判者通过亲自审查证据、获取事实信息来形成对案件事实的内心确信;四是裁判者尽可能全面地审查证据,最大限度地获取完整的事实信息,避免偏听偏信。以下拟对这些含义作出具体分析。

(一)对案件事实的当庭认定

"形式化的事实审"有一个显著的标志,就是法官对案件事实的认定不是形成于法庭上,而是形成于法庭之外或法庭开庭之前。而"彻底的事实审",则要求裁判者在法庭上审查证据,并当庭形成对案件事实的认识。所谓"法庭审判"或"当庭审判",是指裁判者要在特定时空范围内进行事实裁判活动。这可以由三个要素构成:一是在集中的开庭时间里审查证据;二是在法庭这一集中的空间里认定事实;三是裁判者在控辩双方参与下形成对案件事实的内心确信和裁判结论。一言以

---

① 参见李心鉴:《刑事诉讼构造论》,238页以下。
② 参见陈瑞华:《刑事诉讼的中国模式》,2版,159页以下。

蔽之，裁判者必须在法庭上获取案件的事实信息，当庭形成对案件事实的认定。

对于获取新的证据和发现事实真相而言，法庭并不是一个较为理想的场合。但是，在审查证据的可靠性和相关性，避免案件事实的认定错误方面，法庭审判却是一个不可替代的制度设置。这是因为，只有对案件的证明力进行当庭审查，法官才可以兼听控辩双方不同的事实陈述，避免由于信息不对称所可能出现的事实误判；只有允许控辩双方当庭对对方证据提出可靠性或相关性方面的异议，法官才可以克服对某一方证据的偏听偏信，对该证据的优势和缺陷作出全面的判断；只有借助于当庭进行的举证、质证和辩论活动，法官才可以摆脱法庭审理之外的因素对自己裁判结论的影响，真正将事实裁判结论形成于法庭审理过程之中，建立在当庭确认的证据之基础上。

（二）控辩双方的有效参与

"形式化的事实审"往往规避了控辩双方的有效参与，使得法官在法庭外单方面完成了对案件事实的认定过程。而"彻底的事实审"则要求控诉、辩护和裁判三方同时参与到事实裁判过程中来。具体而言，裁判者在控辩双方同时参与下出示证据，对对方的证据进行质证，并对证据采纳和事实认定发表意见，相互辩论；未经控辩双方当庭质证的证据，裁判者不得采纳为认定事实的根据；未经控辩双方当庭辩论的案件事实，裁判者不得将其作为定案的事实。

有效的参与意味着控辩双方不仅要参加法庭审理的过程，还要对法庭的事实裁判施加有效的影响。对于任何一方提出的证据和事实主张，法庭无论是予以采纳还是加以拒绝，都应提供充足的理由。通过有效地参与法庭事实裁判的形成过程，控辩双方以行使诉权的方式对法庭的裁判权进行有效的制约，确保案件事实信息的全面性，避免可能发生的证据采纳错误和事实认定错误，从而使得最终的事实裁判结论能够体现控辩双方协商、交涉、质证和辩论的效果。

（三）内心确信的独立形成

"形式化的事实审"之所以是"形式化"的，是因为裁判者并没有亲自经历证据的审查过程，也没有通过逐一获取事实信息来形成对案件事实的内心确信，而只是对侦查人员所形成的主观认识进行了简单的确认而已。相反，"彻底的事实审"则要求裁判者亲自接触各类证据，当庭通过对证据的审查来获取案件的各项事实信息，并直接从证据调查中形成对案件事实的认定。无论是案卷还是各种证据笔录材料，对于裁判者都不能具有预定的效力；无论是侦查人员的主观认识，还是公诉方对案件事实的判断，都不能成为裁判者认定事实的直接依据。换言之，裁判者应当通过法庭上的证据调查，独立形成对案件事实的内心确信过程，而不是简单地接受侦查人员或公诉方已经得出的结论。

裁判者独立形成对案件事实的内心确信，这其实是法官独立行使审判权的内在应有之义。可想而知，法官假如在认定事实方面完全接受侦查人员的结论，或者完全站在公诉方的立场上，那么，他在审判中的独立性将是无法得到保证的。在各项保障法官独立审判的制度中，裁判的独立性才是其中的核心。而对案件事实的独立认定，又是裁判独立的重要组成部分。过去，法学界比较重视法官独立行使审判权问题，强调法官不受外部的干涉或压力，不接受任何外部的指令，甚至开始强调法院内部的独立，也就是法官独立于院长、庭长、审判委员会等司法行政管理者。但是，在法官通过案卷、笔录材料等中介物直接接受公诉方指控事实的情况下，法官等于自行放弃独立审判权，而将事实裁判的权力"拱手"交给了侦查人员或者公诉人。

（四）事实信息的全面审查

"形式化的事实审"往往等同于法官单方面的事实调查活动，而没有给予控辩双方充分提交本方证据的机会。法官要么直接将部分未经当庭举证和质证的证据采纳为定案的依据，要么将那些有利于被告人的证据拒之门外。这种证据调查的片面性限制了法官的视野，造成事实审流于形式。相反，"彻底的事实审"则要求裁判者给予控辩双方充分提交本方证据的机会，并对不利于被告人的证据和有利于被告人的证据予以全面重视。特别是对那些能够证明被告人无罪的证据，裁判者更应高度关注，并使其得到充分的展示。

法官的使命是裁断公诉方提交的指控事实是否成立，而不是简单地发现事实真相。"彻底的事实审"在发现事实真相方面尽管并不占据较强的优势，但对于防止事实裁判的错误，避免"冤假错案"而言，却是非常有益的。通过对控辩双方证据的全面审查，裁判者可以兼听则明，避免偏见和片面，从而对公诉方提交的指控事实能否得到证实进行彻底的验证。所谓"彻底的事实审"，其实也可以被称为"对公诉方指控事实的彻底审查"。

四、在第一审程序中构建"彻底的事实审"的必要性

根据比较法学的研究结果，几乎所有西方国家都建立了最为复杂、正式的第一审程序，以确保案件事实问题得到彻底的审查。而中国的法制经验也表明，第一审程序在事实裁判方面的功能假如得不到充分的发挥，事实审的形式化问题假如得不到解决，那么，裁判者将失去最基本的纠错能力，"冤假错案"的发生将是在所难免的。

但是，相对于各种救济程序而言，为什么要在第一审程序中构建"彻底的事实审"呢？我国现行的"圆柱形"审级制度，在强调第一审程序的事实裁判功能的同时，还注重发挥二审程序的"事实复审"作用，提高死刑复核程序的纠错能力。既然如此，为什么非要刻意强调在第一审程序中实现"彻底的事实审"不可呢？更何况，有些大陆法国家，如德国等，还构建了三审终审制，强调第二审具有"事实复审"的性质，也就是要就案件事实问题进行"第二次一审裁判"[1]。这岂不从另一

---

[1] 关于德国的三审终审制，可参见［德］克劳思·罗科信：《刑事诉讼法》，中译本，486页以下。

角度说明了第一审并非实现"彻底的事实审"的唯一场合吗？

在以下的讨论中，笔者将从三个角度论证在一审程序中构建"彻底的事实审"的重要性：相对于第一审程序而言，现行的所有救济程序都不具备实现"彻底的事实审"的能力；从审级制度未来改革的角度来看，无论是上诉审程序中法律审功能的加强，还是最高人民法院诉讼功能的转变，都寄希望于第一审程序事实裁判功能的充分发挥；从第一审程序性质的角度来看，唯有建立彻底的事实审，该程序才能具备充足的正当性和合法性。

（一）现行救济程序的局限性

从理论上看，二审法院要对案件事实认定和法律适用问题进行"全面审查"，不受上诉或抗诉范围的限制。最高人民法院在死刑复核程序中也要对下级法院的死刑裁判进行审查，以纠正可能存在的事实认定错误。而对于那些被纳入再审程序的案件，负责再审的法院也要进行全面审查，以推翻那些在事实认定上"确有错误"的生效裁判。但是，从司法实践的效果来看，这些救济程序在发现或纠正事实错误方面，都具有一些不容忽视的局限性。要指望这些救济程序发挥纠正一审事实误判的功能，恐怕是很难靠得住的。

二审法院对一审判决的"全面复审"，已经被证明是不可实现的任务。这是因为，二审法院的司法资源是极为有限的，面对本辖区内多个下级法院的刑事案件，刑事法官面临着更为严重的"案多人少"的问题。二审法院所受理的二审案件都是经由上诉或抗诉而提起的，这就使得那些未经上诉或抗诉的案件，无法进入二审程序之中。另一方面，对于一审判决所认定的事实问题，二审法院所要审理的几乎都是一审法院"裁判过的问题"，而对于控辩双方在二审程序中提出的新的事实问题，二审法院则很少予以直接审理。不仅如此，二审法院的审判方式也是较为简易的。无论是开庭审理还是不开庭审理，二审法官大都通过审阅一审法院移送的案卷笔录来审查证据，发现一审事实认定中的错误。经过审理，二审法院发现事实不清、证据不足的，还要发回原审法院重新审判，这就等于将事实裁判权部分交给了下级法院，而放弃了直接纠正下级法院事实认定错误的职责。

既然二审法院无法实现"全面复审"，那么，二审程序就不可能替代一审程序，来发挥"彻底的事实审"的功能。实际上，二审法院所能做的最多是对部分一审案件的部分事实认定问题，进行一种带有"复查"性质的事实审查。既然如此，没有第一审程序对案件事实的全面、彻底审查，没有一审法官对案件证据的当庭接触以及对案件事实的内心确信，那么，仅凭那种主要根据案卷笔录来进行事实复查的二审程序，案件事实中的错误是很难被发现的。

与二审程序相似，死刑复核程序在纠正事实错误方面也是有很大局限性的。最高人民法院不仅司法资源更为有限，而且也面临着死刑案件数量居高不下的问题。对于原来本由三十多个高级法院负责审核的死刑案件，最高人民法院的刑事法官必然是不堪应付的。而在复核死刑案件的程序方式上，最高人民法院的法官除了传统的阅卷以外，最多只会到被告人的羁押地亲自提讯，或者偶然进行一些实地调查核实证据的工作。当然，2012年刑事诉讼法要求最高人民法院的法官一律提讯被告人，听取辩护律师的意见，并在最高人民检察院提出要求时，听取该院检察官的意见。但是，最高人民法院经过死刑复核后所作的裁定书，仍然既不载明控辩双方的意见，也不对这些意见作出任何回应。这就使得这种带有公开化、透明化的程序变更失去实质的意义。

在我国的司法体制中，无论是死刑复核程序还是最高人民法院，都具有越来越明显的政治使命。在2007年前后，最高人民法院通过收回死刑复核权，力求实现把好死刑案件的最后一道关，维护死刑适用标准的统一性。从政治上来说，最高人民法院被赋予死刑案件的"终审法院"的使命，不容许出现任何一个"冤假错案"。为实现上述政治使命，最高人民法院不得不将事实认定的责任更多地赋予二审法院甚至一审法院，最高人民法院的大法官也提出了"一审是基础，二审是关键"的口号，要求一审法院和二审法院在防止事实错误方面承担更多、更大的责任。这就从另一个方面印证了最高人民法院不可能承担"彻底的事实审"使命。

与二审程序和死刑复核程序都不同的是，再审程序属于一种针对那些在认定事实上"确有错误"的生效案件所确立的特别救济程序。但是，这种程序的启动是极其困难的，真正进入这一特别程序的案件数量也是微乎其微的。从司法实践的经验来看，只有那些有证据证明原来的生效判决确实出现错误的案件，才有可能被启动再审程序。当然，这些案件还要具有较大的社会影响，引起了权威部门的高度重视。近年来，从杜培武案、佘祥林案一直到赵作海案，诸多"冤假错案"的纠正，都是通过再审程序完成的。这些案件因为真正的犯罪人落入法网，或者被害人活着归来，而足以证明原来生效的有罪裁判是错误的。但这些案件的再审程序都仅仅起到形式上的纠正错案的作用。可以说，要指望通过再审程序来发挥纠正案件事实认定错误的功能，恐怕是非常不切实际的。

（二）未来的审级制度改革

迄今为止，我国的两审终审制尚没有改革的迹象。但根据法学界的主流看法，要发挥上级法院维护法律统一实施的使命，发挥最高人民法院"司法造法"的机能，我国审级制度必然要从原有的"柱形架构"走向未来的"锥形结构"，"三审终审制"的建构也是必然的一项改革方案。可以说，在审级制度的改革方面，围绕着法律审功能的不发达、两审难以终审以及司法造法机能的缺失等一系列问题，法学界将未来的希望寄托在三审终审制的理想审级制度上面。

但是，审级制度的改革在关注法律统一适用、司法造法等问题的同时，也不能忽视事实审的重构问题。其实，按照中国的司法传统，诸如法律统一适用、司法造法之类的问题，更属于专业性的法律问题。相比之下，普通民众更为关注"查明真相"、"防止冤假错案"之类的非专业性法律问题。假如通过一种审级制度的改革，法院的审判质量没有得到实质性的提高，纠错能力没有得到加强，冤假错案没有减少,那么,任凭法律专业人士说破了天,也很难令人信服这种改革的正当性。

在我国审级制度的"柱形结构"中,事实审查的使命不仅被赋予第一审程序,而且被赋予二审程序、死刑复核程序甚至再审程序,从基层法院、中级法院直到最高人民法院,只要从事案件的审判工作,就都被要求查明真相、防止错误,被赋予事实审查的使命。正如前面所分析的那样,几乎所有救济程序,在发现和纠正事实错误问题上,都具有天然的局限性,都根本无法替代第一审程序的事实审功能。正因为如此,在未来的审级制度改革中,我们除了要构建"三审终审制"以外,还必须构建一种集中进行的事实审机制。

在第一审程序中构建"彻底的事实审",可以使事实问题获得全面、彻底的法庭审判。这种事实裁判可以避免将可能的事实错误遗留给第二审程序,大大减轻二审法院的事实审判压力。这种事实裁判还可以避免未来的第三审法院再去关注事实认定问题,而可以专心致志地从事法律问题的裁判。而对于最高人民法院而言,一种保证事实问题得到彻底审查的一审程序,可以最大限度地避免最高人民法院重新审查事实认定问题,从而心无旁骛地将审判的重心放在法律统一适用以及创制新的法律规则上面,以便发挥更为重要的司法职能。不仅如此,从最大限度地减少申诉、信访的角度来看,在第一审程序中建立真正彻底的事实审,可以尽可能减少控辩双方就案件事实认定问题发生争议的可能性,避免当事人将案件事实问题纳入再审审查的对象,从而减少再审的案件数量。

总体上看,在第一审程序中构建彻底的事实审,最大限度地发挥一审程序在事实审查方面的功能,可以为审级制度改革创造最佳的制度环境。假如一审法院能够解决绝大多数案件的事实争议问题,那么,不仅二审程序的事实纠错压力将大为缓解,未来的第三审法院将完全不必再兼顾案件的事实认定问题,从而成为一种专门的法律审法院,就连最高人民法院都可以尽可能摆脱事实审查的压力,从而真正充当维护国家法律统一适用、创制法律规则的"终审法院"。可以说,在审级制度改革的系统工程中,在第一审程序中构建彻底的事实审,实为整个改革的基础和前提。

(三)第一审程序的正当性

前面论证的是构建彻底的事实审对于改善整个审级制度的积极意义,那么,构建彻底的事实审对于第一审程序本身的正当性究竟有何价值呢?在笔者看来,事实审的形式化对第一审程序的公正性造成了消极影响,导致一审程序的纠错能力下降。反过来,通过构建彻底的事实审,第一审程序的公正性可望得到提高,该程序纠正公诉事实错误的能力也可以得到加强,一审法院司法裁判的公信力也可以得到有效的维护。

如前所述,彻底的事实审意味着裁判者在法庭这一特定时空范围内,通过听取控辩双方的举证、质证和辩论,来当庭形成对案件事实的认定。彻底的事实审要求裁判者不得将其对案件事实的内心确信形成于法庭之外,或者开庭之前,也不得在事实裁判方面接受任何外部的压力、干涉或者指令，而是当庭独立形成对这些事实的认定。彻底的事实审一旦得到实现，那些与案件有利害关系的人可以充分地参与到事实裁判的形成过程中来，对裁判者的事实裁判结论施加积极有效的影响；裁判者能避免对案件事实的先入为主，最大限度地保持中立性和超然性；被告人及其辩护律师可望充分提出本方证据和主张，并与公诉方进行平等的质证和辩论活动；裁判者也可以理性地听取控辩双方的举证和质证，对案件证据采纳和事实认定作出独立的评判。一言以蔽之，彻底的事实审可望最大限度地维护程序的正义。

彻底的事实审还可以真正提高一审程序的纠错能力。在那种形式化的事实审中，裁判者固然也有着发现事实真相、避免裁判错误的原始动力，但是，受那种庭外裁判方式的限制，裁判者很难提升其纠错能力，造成刑事误判的空间是很大的。比如说，庭外裁判方式使得裁判者更多地关注公诉方提交的案卷笔录，而无法对公诉方的证据进行真正彻底的审查，使得法庭审理变成对公诉方案件事实的粗糙确认过程，而放弃了对这些事实的实质审核；行政审批式的司法决策方式固然引入了院长、庭长、审判委员会的干预，但是这些司法行政管理者获取信息的方式主要是听取承办法官的口头汇报，根本无法获悉控辩双方争议的焦点问题，听取不到相反的声音，因此对案件事实的裁判并不具有更大的优势；承办人一人的决策方式，排斥了合议制度的存在空间，否定了集体决策和多人评议的机制，造成裁判者很难有机会听取不同的观点，因此造成事实认定错误的概率大大增加。

相反，彻底的事实审促使裁判者在法庭这一特定时空范围之内从事事实裁判活动，可以最大限度地避免裁判者出现事实认定上的错误。这是因为，裁判者获取案件事实信息的来源不是公诉方的案卷笔录，而是当庭获悉的证据事实；裁判者所获取的事实信息都经过控辩双方的质证和辩论，发生错误的可能性已降到最低；裁判者可以当庭听取不同的观点，甚至听取带有对抗性的观点，兼听则明，减少了发生错误的概率；裁判者发挥集体智慧，对案件事实的认定问题集思广益，且对其裁判结论给出充分的说理，这也避免了发生事实误判的可能性。很显然，相对于那种庭外形成裁判结论的传统裁判方式而言，彻底的事实审在纠正事实认定错误方面具有更大的优势，这对于防止误判、避免错误的定罪当然是有利的。

不仅如此，彻底的事实审可望最大限度地发挥庭审的公信力。在某种意义上，程序是给"败诉方"适用的法律裁判过程，正当的程序对于那些利益受损的一方具有更大的意义。在第一审程序中构建彻底的事实审，可以增强程序吸纳不满的能力，减弱利害关系人对裁判结论产生对抗的可能性，使得事实裁判结论获得更大的认可度。彻底的事实审还可以增强社会公众对司法裁判的信心，消减可能存在的针对事实裁判的质疑，从而使司法裁判活动达到较好的社会效果。

五、重构事实审的改革努力

自 1996 年以来，我国刑事审判制度一直处于持续不断的改革之中。而加强第一审在事实认定方面的功能,增强法庭审判程序的纠错能力,则属于这些改革努力的重要目标之一。尽管改革设计者最初将"庭审方式"作为直接的改革对象,但不少改革措施客观上确实具有重构"事实审"的效果。经过这些改革努力,我国刑事第一审程序的面目已经发生了很大变化。当然,有些改革的正当性和实际效果也确有值得反思之处。在以下的讨论中,笔者将选取三个重要的改革事件,来观察一下第一审程序在事实裁判功能方面所发生的变化,并分析这些变化所带来的影响。

(一) 1996 年的"刑事审判方式改革"

1996 年刑事诉讼法的颁布,是一次改革刑事审判制度的重要尝试。经过这次"审判方式改革",一种"抗辩式"或"辩论式"的审判程序在我国刑事诉讼中初步形成。[①] 与此同时,这次改革在解决法庭审判流于形式、发挥庭审功能方面也作出了积极努力。

为解决"先定后审"问题,改革者首先废止了自 1979 年以来一直实行的"庭前实质审查制度"。根据这一制度,法官在开庭前要对检察机关指控的"犯罪事实"进行全面的审查,只有在认为案件"事实清楚,证据充足"的情况下,才能启动法庭审判程序。这一制度迫使法官在开庭前对犯罪事实进行了实质性的审查,甚至这种事实审查还替代了随后进行的法庭审判,造成普遍的"先定后审"现象。为解决这一问题,改革者将原来的"实质审查"改为"形式审查",要求法院只要发现检察机关移送的起诉书和证据材料符合形式要件的,即应开庭审判,而不需要考虑案件是否达到或接近定罪的标准。在这一改革的影响下,不仅法官在开庭前不再进行任何形式的庭外调查核实证据的工作,那种导致法庭流于形式的庭前退回补充侦查制度也销声匿迹了。[②]

1996 年的改革还废止了 1979 年以来实行的"庭前移送案卷制度",将检察机关移送法院的材料限制为"证人名单"、"证据目录"以及"主要证据的复印件或者照片"。这就在制度上解决了法官庭前全面阅卷的问题,避免了法官在开庭前形成先入为主的预断,迫使法官将审判的重心集中到法庭审判过程之中,通过听取控辩双方的举证、质证和辩论,来形成对案件事实的内心确信。尽管这一改革措施最终被 2012 年刑事诉讼法所废止,庭前案卷移送制度在这一法律中得到恢复,但 1996 年刑事诉讼法所做的限制检察机关移送案卷范围的改革努力,对于防止法官庭前形成预断和偏见,促使法官当庭形成裁判结论,还是有着积极的意义的。[③]

不仅如此,为发挥庭审在事实认定方面的功能,增强法庭审判的对抗性,1996

[①] 有关中国"抗辩式审判方式"确立的依据问题,可参见张军:《关于刑事案件审判方式的若干问题》,载《中国法学》,1996 (3)。
[②] 关于中国刑事审判中法庭审理流于形式的问题,可参见王尚新:《刑事诉讼法修改的若干问题》,载《法学研究》,1994 (5)。
[③] 参见陈瑞华:《案卷移送制度的演变与反思》,载《政法论坛》,2012 (5)。

年刑事诉讼法还削弱了法官在庭审中的调查主导权，加强了控辩双方在事实调查方面的控制力。在法官的主持下，公诉方对本方证据依次进行当庭举证，被告人及其辩护人进行质证；被告方当庭举证的，公诉方也可以进行质证。这种由控辩双方交替进行的举证、质证活动，尽管没有带来"交叉询问"制度的真正确立，却使得控辩双方开始主导法庭上的证据调查活动。法官由此获得了充分听取控辩双方举证、质证和辩论的机会，对案件事实信息的获取更为全面，对控辩双方证据的审查也更为彻底。

(二) 2010 年刑事证据规则的确立

2010 年，最高人民法院、最高人民检察院会同其他三个部门颁布实施了两个刑事证据规定。[①] 考虑到《非法证据排除规定》的主要内容已经为 2012 年刑事诉讼法所吸收，而《办理死刑案件证据规定》所确立的主要规则也为最高人民法院《关于适用〈中华人民共和国刑事诉讼法〉的解释》所确立，因此，我们有理由认为，这两个具有司法解释效力的规范性文件，确立了我国刑事证据规则的基本框架。

证据规则主要是为规范法院的审判活动所设立的法律规范。两个证据规定的实施，使得法院在认定案件事实方面要受到更为严格的法律限制，这在一定程度上标志着我国第一审程序朝着"彻底的事实审"迈进了一大步。毕竟，无论是那些旨在规范证明力的证据规则，还是对证据的合法性作出否定评价的非法证据排除规则，都主要是对公诉方证据运用的限制。而那些旨在确立证明标准的规则，则更是为法院作出定罪裁判设置了各种法律障碍。从立法宗旨上看，改革者对这些证据规则的确立，都有着减少刑讯逼供、防止证据失真、避免冤假错案的深层考虑。以下对几个重要的证据规则作出举例说明。

在两个证据规定所确立的规则中，实物证据的鉴真规则所要发挥的作用颇为引人注目。根据这一规则，公诉方出示的物证、书证、视听资料、电子证据，都需要提供完整的证据保管链条的证明，也就是从证据的来源、提取、收集、保全、出示等环节，证明该证据的真实性和同一性没有受到破坏，任何在这些环节中接触过这些证据的人都没有改变它们的形态。鉴真规则不仅要求那些在法庭上出示的实物证据有保管链条完整性的证明，而且就连那些被作为鉴定检材的实物证据，也要被证明来源可靠，且具备接受鉴定的基本条件。[②] 这些规则假如能够得到有效的实施，那么，裁判者就可以对各种实物证据的真实性和同一性进行较为彻底的审查，对那

---

① 2010 年 6 月，最高人民法院、最高人民检察院、公安部、国家安全部、司法部联合发布了《关于办理死刑案件审查判断证据若干问题的规定》（以下简称《办理死刑案件证据规定》）和《关于办理刑事案件排除非法证据若干问题的规定》（以下简称《非法证据排除规定》）。对这两个规范性文件，本章一律简称"两个证据规定"。对这两个证据规定的权威解释，可参见张军主编：《刑事证据规则理解与适用》，1 页以下，北京，法律出版社，2010。

② 参见陈瑞华：《实物证据的鉴真问题》，载《法学研究》，2011 (5)。

些来源不明、收集不规范、保管不完善的实物证据，可以及时地排除于法庭之外，消除作出事实误判的隐患。

两个证据规定确立了颇为重要的"印证规则"①。根据这一规则，被告人供述出现翻供现象，证人证言出现前后不一致情况的，除非供述、证言得到了其他证据的印证，否则，该供述和证言都不得作为定案的根据；间接证据相互之间不能印证，存在无法排除的矛盾或无法解释的疑问的，不能认定被告人有罪。这种强调证据之间相互印证的规则，不仅适用于对各个证据证明力的审查判断，而且成为案件是否达到事实清楚的判断标准。

两个证据规定对非法证据排除规则的确立，使得侦查行为的合法性可以接受法庭的司法审查，也使得那些被证明为非法取得的证据可以被排除于法庭之外。这就使公诉方的证据在法庭准入资格方面受到更为严格的控制。尤其是那种针对非法言词证据所设立的"强制性排除规则"，使得侦查人员通过刑讯逼供、暴力、威胁等手段所获取的被告人供述、证人证言，可以被法庭拒绝采纳为定案的根据。② 假如这一规则能够得到有效的实施，那么，裁判者就不仅可以拒绝采纳非法证据，不再成为刑讯逼供的"帮凶"或"共犯"，而且还可以消除事实误判的隐患。

不仅如此，两个证据规定对法院定罪的证明标准还确立了一些明确的规则。原则上，作为定罪标准的"证据确实、充分"，必须达到证据与证据之间不存在矛盾或者矛盾得到合理排除，根据证据认定案件事实时，得出的结论必须是唯一的。在运用间接证据进行事实裁判时，证据之间需要相互印证，证据需要形成"完整的证明体系"，依据证据认定事实，需要"排除一切合理的怀疑"。而在有被告人供述的案件中，根据被告人供述获取了隐蔽性较强的物证、书证，供述与其他证据之间互相印证，并且排除了串供等可能性的，才可以认定被告人有罪。这种近乎苛刻的口供补强要求，显示出证据规则对被告人供述在适用上的慎重态度。

（三）2012 年刑事诉讼法的改革

2012 年刑事诉讼法对我国刑事诉讼制度作出了全面改革。③ 在辩护制度方面，该法扩大了辩护律师的参与范围，允许律师在侦查、批准逮捕和审查起诉环节发表辩护意见，保障律师在侦查阶段的会见权，保证律师在审查起诉和开庭前阶段的阅卷权。这种在加强辩护权保障方面所做的立法努力，既可以促使裁判者听取不同的观点，获取全面的事实信息，又可以避免裁判者形成先入为主的预断，防止其全盘接受公诉方的观点和结论。这种改革努力对于第一审程序确立"彻底的事实审"无疑是有着积极意义的。

---

① 龙宗智：《印证与自由心证——我国刑事诉讼证明模式》，载《法学研究》，2004（2）。另参见陈瑞华：《论证据相互印证规则》，载《法商研究》，2012（1）。
② 关于中国现行的非法证据排除规则，可参见陈瑞华：《非法证据排除规则的中国模式》，载《中国法学》，2010（6）。另参见陈瑞华：《刑事证据法学》，289 页以下，北京，北京大学出版社，2012。
③ 参见郎胜主编：《中华人民共和国刑事诉讼法修改与适用》，1 页以下，北京，新华出版社，2012。

2012年刑事诉讼法对证据制度作出了新的调整。该法吸收了两个证据规定的不少内容，特别是确立了非法证据排除规则，明确了检察机关的"举证责任"，将"排除合理怀疑"纳入有罪裁决的证明标准之中。与此同时，该法还确立了证人、鉴定人、专家证人出庭作证制度。根据这一制度，控辩双方对证人证言有异议，且该证言"对案件定罪量刑有重大影响"，法院认为证人有必要出庭作证的，证人应当出庭作证；控辩双方对鉴定意见有异议，法院认为鉴定人有必要出庭作证的，鉴定人应当出庭作证；为加强对鉴定意见的当庭质证，控辩双方可以申请法庭通知"有专门知识的人出庭，就鉴定人作出的鉴定意见发表意见"。为保证上述出庭作证制度的有效实施，该法还对证人、鉴定人拒不出庭作证确立了惩罚性的法律后果。可以说，证人、鉴定人出庭作证制度的建立，可以确保裁判者直接接触最原始的证言和鉴定意见，通过亲自询问以及听取控辩双方当庭盘问的方式，对证人证言和鉴定意见所提供的事实信息进行审查。这显然有利于对公诉方起诉的"犯罪事实"进行彻底的审查，避免仅仅根据公诉方的案卷笔录形成对案件事实的内心确信。

2012年刑事诉讼法对第一审程序还作出了几项影响深远的改革。该法采取了一项颇有争议的改革举措：废止了1996年刑事诉讼法对检察机关案卷范围加以限制的做法，恢复了1979年曾确立过的庭前案卷移送制度。除此以外，该法还新确立了庭前会议制度，建立了统一的简易程序，并适度延长了审判期限。除了恢复庭前案卷移送制度之外，其他各项改革都有助于加强庭审在事实认定方面的功能，使得我国第一审朝着"彻底的事实审"又发生了一次积极的变化。[①]

其中，庭前会议制度的确立，对于发挥第一审程序的事实认定功能有着不可替代的意义。根据这部法律，法官在开庭前可以召集控辩双方到场，就回避、出庭证人名单、非法证据排除等问题，"了解情况，听取意见"。根据这一规定以及最高人民法院的司法解释，庭前会议所要解决的问题除了刑事诉讼法确定的三种事项以外，还包括管辖异议、调取有利于被告人的证据、不公开审理、延期审理、提供有利于被告人的证据材料等方面的问题。这些问题大都属于控辩双方存在较大争议的程序问题。假如法院在开庭前不听取意见并作出决定的话，那么，这些争议很有可能出现在正式的法庭审理过程之中，法官一旦当庭予以受理，就势必会中止庭审过程，从而影响审判的集中进行。假如法院在开庭前不听取控辩双方的意见，而对这些程序问题要么不予受理，要么进行单方面的处理，那么，控辩双方很有可能不服法院的决定，并在庭审中反复提出。庭前会议制度的确立，给了法院庭前解决程序争议的机会。这一制度如能运作良好的话，法院就可以将绝大多数程序争议问题在开庭之前解决，而在法庭审理开始后，集中审理公诉方指控的案件事实问题。法庭一旦实现了集中审理，就可以全面审查证据，获取事实信息，当庭形成对案件事实

[①] 有关2012年刑事诉讼法对我国第一审程序所作的改革，可参见陈瑞华等：《法律程序改革的突破与限度——2012年刑事诉讼法修改述评》，157页以下，北京，中国法制出版社，2012。

的认识。

2012年刑事诉讼法将原来的简易程序与被告人认罪案件的普通程序予以合并，建立了统一的简易程序。根据这一改革，基层法院审判的刑事案件，被告人当庭自愿认罪，同意适用简易程序，并且案件事实清楚的，可以按照简易程序进行审判。该法尽管在简易程序中恢复了检察官出庭支持公诉的做法，但要求法庭简化宣读起诉书环节，对没有争议的证据简化法庭调查和辩论程序，重点审理那些有争议的犯罪事实和量刑情节。目前，为提高诉讼效率，加快简易程序的审理进程，一些地方法院和检察机关正在进行"集中公诉"的改革探索，使得同一法庭可以在相对集中的时间里连续不断地审理多起刑事案件。统一的简易程序的确立，可以确保大量刑事案件的快速审结，使基层法院重新配置司法资源，实现审判程序的繁简分流。法院可以将更多的司法资源投入到那些重大、复杂且被告人不认罪的案件中去，有效确保这些案件实现彻底的事实审。

在庭前会议和简易程序之外，2012年刑事诉讼法还适度延长了第一审程序的审判期限，要求一审法院在检察机关提起公诉后2个月以内宣判，至迟不得超过3个月。但对于可能判处死刑、有附带民事诉讼等法定特殊案件，则可以经上一级法院批准，将审判期限延长到6个月。这种对审判期限的延长，尽管仍然存在着不少缺憾，但至少暂时缓解了一审法院的审判压力。有了较为充足的审判期限，法院可以较为充分地组织庭前会议活动，确保那些不利于和有利于被告人的证据都能出现在法庭上，法庭可以对那些适用普通程序的案件展开较为详尽的证据调查，从容地传召证人、鉴定人出庭作证，给予控辩双方当庭盘问和质证的机会。这对于实现"彻底的事实审"，无疑是一种积极的改革努力。

（四）反思与评论

从1996年的"审判方式改革"，到2010年刑事证据规则的颁行，再到2012年刑事诉讼法的通过，我国刑事审判制度发生了持续不断的变化。改革者围绕着审判程序的构造、证据规则的完善、直接和言词原则的贯彻等一系列课题，对第一审程序作出了改革努力，对事实裁判机制进行了重新塑造。大体说来，十余年来的改革实践在发挥庭审功能方面产生了以下积极的效果：一是废止了法院庭前认定案件事实的做法；二是减少了裁判者庭前形成预断的可能性；三是给予辩护律师过多地参与法庭审判的机会和空间；四是通过证据规则逐步对公诉方证据的使用进行了限制和规范；五是通过庭前会议制度促使法庭对事实问题的审理更为集中；六是通过程序的繁简分流，保证法院将更多的司法资源投入到重大、复杂以及被告人不认罪的案件之中，使之得到更为彻底的法庭审判。一言以蔽之，这些改革措施确实在推动着一审程序一步步走向"彻底的事实审"。

然而，这些改革措施及其实施效果本身确实存在着一些局限性，值得我们进行深刻的反思。首先，1996年进行的改革并没有取得预想的积极效果，所谓的"抗辩式审判方式"并没有从根本上解决我国一审程序中的问题。1998年以后形成的

"庭后移送案卷制度"，使得法官在庭审结束之后，仍然有机会进行全面阅卷，并将其事实裁判建立在侦查案卷的基础上。这仍然架空了法庭审理过程，使得法庭审判成为对侦查结论的审查和确认过程，造成"事实审的形式化"。与此同时，1996年的改革并没有强力贯彻直接和言词审理原则，证人、鉴定人出庭作证制度没有建立起来，法庭仍然是通过宣读证言笔录的方式来获取事实信息，裁判者亲自从最原始的证据中形成内心确信的裁判机制没有确立。

其次，2010年颁行的两个证据规定尽管对公诉方证据的使用进行了多方面的限制和规范，但是仍然没有解决证言笔录的证据能力问题。包括被告人供述笔录、证人证言笔录、被害人陈述笔录、勘验检查笔录、搜查笔录、辨认笔录、证据提取笔录、侦查实验笔录、扣押清单等在内的诸多笔录证据，尽管都是侦查人员对其秘密调查过程和证据材料的书面记载，却仍然具有合法的证据资格，证据法对这些笔录在法庭准入资格方面竟然不作有效的限制。这就使得证人、鉴定人出庭作证变得没有实质的意义，裁判者依据侦查笔录进行事实认定的基本格局难以发生变化。

再次，2012年刑事诉讼法尽管确立了不少新的制度，但对于这些制度能否取得较为理想的实施效果，却是令人存在合理怀疑的。该法对庭前移送案卷制度的恢复，使得法官庭前阅卷的做法"卷土重来"，这为法官庭前形成预断再一次创造了条件，这显然属于立法上的一大"败笔"[①]。同时，该法对证人出庭作证设定了近乎苛刻的条件，使得法官在是否传召证人出庭方面有了较大自由裁量权；而对那些拒绝出庭的证人所作的庭外证言笔录，该法也没有作出任何形式的法律限制。这使得裁判者照样可以将那些未经有效质证的庭前证言笔录采纳为认定案件事实的依据，甚至对证言笔录的前后矛盾和合理疑点置之不理。

六、走向"彻底的事实审"

在前面的分析中，笔者讨论了"事实审的形式化"所带来的消极后果，提出了"彻底的事实审"的基本理念，论证了在第一审程序中构建"彻底的事实审"的必要性，并对1996年以来在加强事实审方面所出现的一些改革努力作出了反思性评论。那么，按照通常的研究惯例，我们似乎还需要回答一个问题——究竟如何实现"彻底的事实审"呢？

其实，在真正发现某一制度的深层问题的前提下，对这一制度作出改革倒不是一个理论上的难题了。在操作层面上，改革的推进往往受制于改革者是否具有改革的勇气和智慧，而改革的效果则取决于"天时、地利、人和"等多个方面的因素。但是，假如没有发现问题，或者所发现的问题不是真正的问题，那么，改革就不仅

[①] 关于案卷移送制度在我国刑事诉讼中的演变过程，可参见陈瑞华：《案卷移送制度的演变与反思》，载《政法论坛》，2012（5）。

无法解决问题，反而会"南辕北辙"，带来一些新的问题。正是在这一意义上，我们才强调理论研究的重要性。通过研究，我们可以发现真正的问题，找到促成问题形成的原因，甚至总结出问题出现的规律。而通过有价值的研究，我们可以发现"病症"之所在，并为"疗救者"找到"药方"创造条件。

在强化第一审认定事实的功能方面，我们需要从两个角度来推动改革：一是继续加强对法庭审判程序的改革；二是逐步解决"事实审的形式化"的问题。过去，无论是立法者还是司法实务界，都更为重视诸如"审判方式改革"和"证据规则完善"的问题，并为此作出了持续不断的改革努力。而对于司法实践中普遍存在的"事实审的形式化"问题，改革者所作的实质性改革并不多见，以至于使这一问题逐步变成了一个"顽症"。而为了实现"彻底的事实审"，我们应当确立一种"平衡的改革观"，既要重视法庭审判程序的继续改革，又应将庭审程序的规避问题作为审判制度改革的对象。

在继续加强法庭审判程序改革方面，我们需要在1996年以来的改革努力的基础上，确保裁判者当庭形成事实裁判结论的能力，使其逐步摆脱对侦查案卷笔录的依赖，确保每一项证据都能经受控辩双方的有效质证，提高裁判者全面获取案件事实信息的能力。当务之急，应当首先确保2012年刑事诉讼法所确立的几项新制度得到有效的实施。因为包括庭前会议制度、统一简易程序、证人出庭作证、延长审判期限、加强律师辩护能力等在内的一系列改革努力，对于发挥庭审功能来说都是非常重要的，也有望产生积极的效果。在此基础上，还可以探索一些新的改革尝试，促使法院真正将庭审作为认定案件事实的唯一场合。尤其是需要考虑从根本上克服那种通过审查侦查案卷来形成事实裁判的传统做法。

而在克服"事实审的形式化"问题上，改革者需要接受一些新的改革思路。从根本上说，事实审的形式化是我国现行司法体制所造成的一种结果。因为包括移送侦查案卷、行政审批、承办人独自办案、判决留有余地、内部移送案件审结报告等在内的诸多做法，既来自于现行的公检法三机关分工负责的体制，也与现行司法管理方式有着密切的关系。过去，我们在加强第一审的事实认定功能方面，曾反复寄希望于"审判方式改革"，但效果并不尽如人意。今后，应当将那些造成事实审的形式化的因素逐一加以消除。比如说，为避免裁判者根据侦查案卷来裁判事实问题，改革者需要考虑将公诉方案卷彻底阻挡在法庭之外，不仅一审法院不再接触此类侦查案卷，而且也不允许此类案卷出现在二审乃至死刑复核程序之中。又比如说，为防止合议制名存实亡，发挥合议庭成员的集体智慧，需要考虑逐步废止"承办人"制度；为废止"疑罪从有"的裁判方式，法院需要为法官独立审判创造基本的制度保障；为真正发挥合议庭的作用，确保裁判说理制度的真正落实，也需要废止"案件审结报告"制度，促使裁判者将真正的裁判理由充分发表在判决书之中；等等。

要切实发挥第一审在事实审查等方面的功能，我们还需要进行司法观念的转变。从根本上说，通过阅卷、庭外调查、内部行政审批等法庭外的活动，是不可能真正形成"彻底的事实审"的。因为这种行政化的事实调查活动，既无法全面地获取案件的事实信息，也无法保障控辩双方的有效参与，其纠错能力和抗击外部干预能力都是很低的。相反，"彻底的事实审"其实就是"彻底的法庭审判"，它需要裁判者在法庭上接触最原始的证据形式，给予控辩双方当庭举证、质证和辩论的机会，并在当庭听取各方意见的基础上，形成对案件事实的内心确信。

第 九 章

刑事附带民事诉讼的三个模式

- 一、引言 ………………………………………………………………… 215
- 二、"先刑后民"模式 …………………………………………………… 216
  - (一)"先刑后民"模式的理论根基 ………………………………… 217
  - (二)"先刑后民"模式面临的危机 ………………………………… 218
  - (三)"先刑后民"模式的理论反思 ………………………………… 221
- 三、"刑民分离"模式 …………………………………………………… 223
  - (一)"刑民分离"的主要理由 ……………………………………… 224
  - (二)若干反思 ………………………………………………………… 226
- 四、"先民后刑"模式 …………………………………………………… 228
  - (一)"先民后刑"模式出现的原因 ………………………………… 229
  - (二)"先民后刑"模式的正当性问题 ……………………………… 232
- 五、结论 ………………………………………………………………… 235

一、引言

作为一个略显边缘化的研究课题，刑事附带民事诉讼问题很少受到主流刑事诉讼理论的关注，有关的研究显得零散而不成体系，所取得的理论突破和创新也有些微不足道。然而，面对这一制度所存在的诸多问题，法学界提出了较为超前的改革方案，而司法实务界则从现实主义的角度出发，自生自发地进行了一系列改革措施。

假如对当下的刑事附带民事诉讼制度进行认真考察的话，我们不难发现这一制度已经深深地陷入困境之中。由于现行法律要求法院在审理公诉案件的同时附带审理民事赔偿问题，因而被害人一般都失去了向法院提起独立的民事诉讼的机会；而被害人的附带民事诉讼请求则很少受到刑事法庭的认真对待，从而使得这一程序变成一种极为粗糙的简易民事程序。与此同时，现行法律将附带民事诉讼的赔偿范围仅仅限定为所谓的"物质损失"，使得被害人既无法获得任何精神损害赔偿，也无法就其所受的间接损失得到赔偿。赔偿范围的过于狭窄导致附带民事诉讼越来越与普通民事侵权诉讼脱节，而背离了民事侵权法的一般归责原则。不仅如此，刑事法庭既没有调查民事被告财产状况的手段，也没有权力及时采取财产保全、先予执行等民事保障措施，更没有足够的动力保证附带民事判决的有效执行，这使得附带民事判决的执行率处于较为低下的局面。[1] 为减少附带民事诉讼的"空判"现象，很多法院都采纳了一种令人难以接受的裁判逻辑：根据民事被告的"赔偿能力"来确定民事赔偿的标准，甚至以此来决定是否作出民事赔偿的裁决。[2]

面对问题重重的附带民事诉讼制度，一些学者和司法官员提出了一种颇为激进的改革思路。按照这种思路，附带民事诉讼是一种特殊的侵权之诉，由于犯罪行为既造成了危害社会的后果，又给被害人造成民事侵权的后果，因而，民事侵权之诉其实是与刑事公诉并行的诉讼形式。现行的附带民事诉讼制度忽视了刑事诉讼与民事诉讼之间存在的巨大差异，将两种性格迥异的程序糅合在一起，造成刑事附带民事诉讼天生具有一种双重的、矛盾的甚至分裂的性格。这种"先刑后民"的制度设计，实质上是重视国家利益而轻视被害人的个人利益，导致被害人获得民事赔偿的利益被淹没在国家惩治犯罪的利益之中。而破解刑事附带民事诉讼难题的出路，就在于正视刑事诉讼与民事诉讼的差异，使民事纠纷的解决回归本原，即"刑事的归刑事、民事的归民事"[3]。还有些司法官员认为，被害人应当拥有对于附带民事诉

---

[1] 参见陈怀友：《关于刑事附带民事诉讼案件审理情况的调查与思考》，载《刑事审判要览》，总第2集，北京，法律出版社，2003。另参见薛剑祥：《关于刑事自诉和附带民事诉讼案件调解情况的调研报告》，载《刑事审判要览》，总第9集，北京，法律出版社，2005。

[2] 参见广东佛山中院课题组：《刑事附带民事诉讼案件审理与执行情况的调查报告》，载《法律适用》，2008（7）。

[3] 陈卫东：《打破"先刑后民"，让司法价值回归》，载《新京报》，2005-01-06。

讼与独立民事诉讼的程序选择权，一旦选择独立的民事诉讼程序，就应由法院的民事法庭完全按照民事诉讼方式进行立案、受理和审判，并在赔偿范围、赔偿标准、诉讼时效、调解、判决、执行等诸多环节上与普通民事诉讼"接轨"[①]。

当然，对于这种激进的改革方案，立法机关并没有给予采纳，也几乎没有任何司法机关据此进行改革试验。司法实务界采取的是一种认真面对问题、提出有效解决方案的现实态度。为摆脱附带民事判决执行难的困境，很多地方的法院、检察院都开始进行一定的改革努力。近年来，无论是检察机关所作的"和解不起诉"改革探索，还是法院对部分被害人采取的"司法救助"措施，在很大程度上都是为了弥补附带民事诉讼制度的不足所采取的"自生自发"的改革。为了将民事赔偿有效地转化为从轻量刑情节，一些地方法院采取了"先民后刑"的改革措施，也就是先进行民事赔偿的调解工作，在民事赔偿"及时足额到位"后，再考虑量刑问题，并将是否赔偿到位作为适用刑罚的重要情节。据称，这种"先民事、后刑事"的处理方式既符合宽严相济的刑事政策，也达到了较好的审判效果，在一定程度上减少了影响社会和谐的因素。[②]

由此看来，在刑事附带民事诉讼理念和制度设计问题上，目前已经形成三种模式并存的局面：一是传统的"先刑后民"模式，也就是将民事侵权诉讼完全视为刑事诉讼的附带程序，先解决被告人的定罪量刑问题，然后再附带解决被害人的民事赔偿问题；二是拟议中的"刑民分离"模式，也就是在赋予被害人程序选择权的前提下，允许被害人选择独立的民事诉讼程序，从而使被害人的民事赔偿问题完全按照普通民事诉讼的模式加以审理；三是实践中盛行的"先民后刑"模式，亦即在确定被告人构成犯罪的前提下，先进行附带民事诉讼的调解，及时有效地解决民事赔偿问题，然后将民事赔偿作为重要的量刑情节，从而确定被告人的最终量刑问题。

本章拟采用社会科学的一般方法，站在观察者和解释者的立场，秉承"价值中立"的原则，对上述三种模式所蕴涵的基本理念和制度安排进行客观的分析，并对各种模式的积极效果及其所存在的问题加以评论。与传统的对策法学研究不同，本章不打算提出带有倾向性的意见，而只对三种不同的附带民事诉讼模式进行深入的分析和讨论。或许，这种研究要比那种主观性较强的对策研究更有助于揭示问题，也更能发现制度、实践和改革方案背后的理论线索。

二、"先刑后民"模式

按照中国现行的刑事附带民事诉讼制度，犯罪行为的被害人可以在刑事诉讼过程中提起附带民事诉讼，从而就其因犯罪行为所受到的损害结果请求民事赔偿。法

---

① 高遥生等：《聚焦刑事附带民事诉讼》，载《法制资讯》，2008-02-29。
② 参见陈伟：《先民后刑，宽严相济：繁峙刑事审判最大限度增加和谐因素》，载《人民法院报》，2008-09-17。

院由同一审判组织,在对公诉案件审理完毕之后,再来处理民事赔偿问题,并就公诉和民事诉讼问题一并作出裁判。当然,为了避免诉讼的过分拖延,法律也允许被害人在法院对公诉案件作出判决之后,再向同一审判组织提起民事诉讼。由于这种附带民事诉讼制度采取了"刑事优先于民事"的裁判原则,因而法院对民事诉讼的裁判在刑事审判结束之后进行,而且民事裁判要以刑事裁判所认定的事实为依据,因此,我们将这种附带民事诉讼视为一种"先刑后民"模式。

(一)"先刑后民"模式的理论根基

刑事附带民事诉讼是一种旨在协调刑事公诉与民事侵权诉讼之关系的制度安排,而"先刑后民"则属于刑事附带民事诉讼的一种具体程序模式,两者本不属于同一层面的概念。大体说来,刑事附带民事诉讼属于大陆法传统的一部分,具有特定的理论根基。但是,"先刑后民"并不是附带民事诉讼的唯一程序选择,被害人除了在刑事诉讼过程中提出民事赔偿请求以外,还可以提起独立的民事诉讼请求。不过,作为附带民事诉讼的典型程序设计,"先刑后民"模式的确与附带民事诉讼制度本身有着密切的联系,也有着相同或相似的理论基础。

一般而言,"先刑后民"模式建立在两个理论根基之上:一是"实体关联性理论";二是"程序便利性理论"。根据"实体关联性理论",由于社会危害后果和私人侵权后果都是由同一犯罪行为所引发的,因而法院只要查明犯罪事实,就既可以确定被告人的刑事责任,也可以对被告人的民事侵权责任作出相应的认定。[1] 当然,公诉的直接起因是犯罪行为,而民事诉讼的直接起因则是犯罪所引起的损害,没有损害后果的发生,民事诉讼就没有提起的基础。正因为如此,立法者在对公诉和民事诉讼进行区分之后,又对两者确立了一种相互依存和不可分割的连带关系。被害人可以向受理公诉案件的法院提起民事诉讼,法院先审理公诉案件,在确定被告人构成犯罪的前提下,再来审理被告人的民事赔偿问题。这样,民事诉讼相对于公诉而言,就处于一种附属的地位,这种附属关系不仅存在于被害人提起附带民事诉讼的程序之中,而且也适用于被害人单独向法院提起民事诉讼的情形。在这一方面,法国学者甚至主张所谓"刑事致民事原状待审"的原则,认为在刑事法庭对公诉作出裁判之前,民事法庭不得对民事诉讼作出裁判。不仅如此,在刑事法庭对公诉作出裁判之后,民事法官仍要受到刑事裁判之"既判事由"的约束,也就是不得与刑事裁判发生矛盾。[2]

而根据"程序便利性理论",附带民事诉讼的制度设计既有着减少被害人讼累、便利被害人诉讼的考虑,也有着避免同一法院就同一案件作出自相矛盾的裁判的意味。在很多大陆法国家,为了避免法院就同一犯罪事实进行重复审理活动,以致带

---

[1] 参见〔德〕Claus Roxin:《德国刑事诉讼法》,646页以下。
[2] 参见〔法〕卡斯东·斯特法尼等:《法国刑事诉讼法精义》(上),罗结珍译,112页以下,北京,中国政法大学出版社,1998。

来双重工作负担,也为了避免同一法院就同一案件作出自相矛盾的裁判,法律允许被害人在刑事诉讼过程中提出民事赔偿请求,并由法院在公诉程序中将其作为附属事项加以裁决。①

在中国,由于公诉与民事诉讼的提起都建立在同一犯罪事实的基础上,因而,被害人在刑事诉讼过程中直接向刑事法庭提出民事赔偿请求,要求同一审判组织在对公诉案件形成裁判意见、犯罪事实得到大体查明的基础上,继续就民事赔偿问题进行审理并形成裁判意见,这可以使本来独立的公诉和民事诉讼经过同一审判组织的审理,在同一诉讼程序中得到权威的裁决。这当然有利于提高效率、降低诉讼成本,避免被害人因为重新提起民事诉讼而可能承受的诉讼负担。不仅如此,由同一审判组织按照"先刑后民"的原则审判民事赔偿案件,还可以保持刑事裁判与民事裁判的一致性,避免法院在对基于同一犯罪事实而提起的两种诉讼案件中作出相互矛盾的裁判结果,从而有利于维护司法裁判的权威性和统一性。

(二)"先刑后民"模式面临的危机

通过一场连续的法庭审理过程,刑事法庭既解决被告人的刑事责任问题,又根据刑事裁判所认定的犯罪事实,对被害人的民事赔偿问题作出快速的裁决,这应当是附带民事诉讼制度的设计者所预想的理想状态。然而,中国刑事附带民事诉讼的实践表明,在绝大多数刑事审判过程中,这一理想都是难以实现的。可以说,在审理程序、赔偿标准以及执行效果方面,刑事附带民事诉讼制度都出现了严重的危机。

在审理程序上,被害人对民事赔偿请求失去了程序选择权,而不得不接受法院强行安排的"附带民事审判程序"。根据现行的司法解释,被害人既可以在刑事审判结束后提起附带民事诉讼,从而获得同一审判组织的民事审理,也可以在刑事判决生效后向法院民庭另行提起民事诉讼。然而,无论是法院刑庭还是民庭,一般都不会受理被害人单独提起的民事诉讼请求。这一方面是因为单独受理民事案件意味着诉讼成本的增加,法官们对这种过于棘手的民事赔偿问题唯恐避之不及;另一方面也意味着附带民事诉讼问题既然在刑事诉讼中都难以解决,允许被害人另行提起民事诉讼也无济于事,附带民事诉讼并没有走出原来的困境。②

而在这种不是出自被害人自由选择的"附带民事诉讼"程序中,法院完全遵循"先刑后民"和"刑事优先于民事"的原则,将被告人的定罪量刑问题视为法庭审理的核心问题。无论是法庭调查还是法庭辩论,几乎完全围绕着被告人的刑事责任问题而展开。对于被害人提出的民事赔偿请求,刑事法庭通常是在刑事部分的审理结束之后,进行快速的法庭审理活动。在这短暂的民事审理过程中,刑事法庭一般只是将被告人视为附带民事诉讼的被告,民事原告则由被害人或者其法定代理人充

---

① 参见[德]Claus Roxin:《德国刑事诉讼法》,646页以下。
② 参见刘青峰:《何以刑事附带民事诉讼判决几乎不能执行》,载《法制资讯》,2008-02-29。

任,而不会按照民事法律的规定变更当事人和追加第三人。很多"依法承担民事赔偿责任"的单位和个人,都难以参与附带民事诉讼的审理过程。不仅如此,主持附带民事诉讼审理的刑事法官,在简单地听取民事原告的赔偿请求和相应证据之后,就安排控辩双方就民事赔偿问题展开辩论。法庭既不对被告人的民事赔偿能力进行事先调查,也不就民事赔偿所依据的事实展开法庭调查,更不会组织双方就民事赔偿请求的合理性、赔偿标准、执行方式等问题进行必要的辩论。在听取双方的意见后,法庭就匆匆忙忙地进行法庭调解,试图在极短的时间内促使双方达成民事赔偿协议。这种简单、粗糙的民事审理程序既难以保证法庭获得必要的民事裁判事实和信息,也无法维持最起码的程序公正,更难以促成民事赔偿协议的达成。①

在赔偿标准问题上,附带民事诉讼制度正面临着前所未有的困境。现行刑事诉讼法将附带民事诉讼的赔偿范围限定在犯罪行为所造成的"物质损失"上。对于这种"物质损失",最高人民法院将其解释为"被害人因犯罪行为已经遭受的实际损失和必然遭受的损失"。根据司法解释,被害人因为犯罪行为所遭受的精神损害,不在附带民事诉讼的赔偿范围之列。② 在司法实践中,即便对于法律所规定的"物质损失",法院也很难作出完整的民事赔偿判决。例如,法院只允许被害人就人身伤害所带来的物质损失提出赔偿请求,对被告人非法占有和处置被害人财产而引发的诉讼请求则不予受理;在人身伤害赔偿标准方面,很多法院拒绝将"死亡赔偿金"、"伤残赔偿金"和"精神损失费"列入赔偿范围,这已经形成了附带民事诉讼中的"三不赔"问题……③尤其值得注意的是,为减少所谓的"空判"现象,避免法院依法所作的附带民事判决无法得到执行,各地法院普遍根据"被告人的赔偿能力"来决定是否作出民事赔偿裁判,并确定民事赔偿的数额和标准。换言之,对于那些没有赔偿能力或者赔偿能力不足的被告人,法院不再对被害人因为犯罪行为所遭受的"物质损失"作出赔偿判决,而要么作出拒绝民事赔偿请求的裁判,要么作出赔偿标准极低的民事裁判。④

对于附带民事诉讼的赔偿范围问题,众多学者和司法官员都提出了尖锐的批评。例如,针对司法解释拒绝将精神损害列为附带民事诉讼的赔偿范围问题,评论者普遍认为这既违背现行民法通则的规定,也背离了民事侵权法的基本归责原则。特别是对那些没有造成明显"物质损失"却令被害人或其近亲属产生极度痛苦的犯罪行为,如强奸、侮辱、诽谤等,这种赔偿范围的规定既无法惩罚造成侵权后果的

---

① 参见张素莲:《附带民事诉讼的程序实务问题研究》,载《刑事审判要览》,总第12集,北京,法律出版社,2006。
② 参见最高人民法院《关于刑事附带民事诉讼范围问题的规定》,2000年12月13日颁布,2000年12月19日施行。
③ 参见刘青峰:《何以刑事附带民事诉讼判决几乎不能执行》,载《法制资讯》,2008-02-29。当然,也有些法院对于"死亡赔偿金"则采取了时赔时不赔的处理方式,而没有适用统一的赔偿标准。参见梁建军等:《刑事附带民事案件:四大"难点"亟待破解》,载《湖南日报》,2007-10-10。
④ 参见王九川:《关于刑事附带民事诉讼问题的几点看法》,载《法制资讯》,2008-02-29。

犯罪人，也难以对遭受身心创伤的被害人进行有效的民事赔偿，更遑论进行必要的精神抚慰了。况且，最高人民法院颁布的民事司法解释对于那些因侵权行为而遭受精神损害的被害人，作出了给予越来越完善、越来越公平的精神损害赔偿的规定，而该法院所颁布的刑事司法解释却要求法院对犯罪所造成的精神损害不作任何赔偿，而且这种精神损害相对于普通侵权行为所造成的损害而言要严重得多。这显然背离了法律面前人人平等的原则，造成法院对同一性质的侵权行为任意适用不同的赔偿标准。又如，对于在普通民事侵权诉讼中越来越得到强调的"死亡赔偿金"、"伤残赔偿金"问题，法院在附带民事诉讼中一律拒绝赔偿，并拒绝将其解释为犯罪所造成的"物质损失"。这显然是存在严重问题的。相对于所谓的"医疗费"、"误工费"、"丧葬费"以及其他所谓的"物质损失"而言，死亡赔偿金属于对被害人生命权的补偿，伤残赔偿金则属于对被害人终生所受身心创伤的补偿，其重要性要远远高于所谓的"物质损失"。然而，法院竟然普遍拒绝将上述两项损失纳入民事赔偿的范围。再如，法院根据所谓的"被告人的赔偿能力"来确定民事赔偿的裁判，这固然有着避免"空判"、防止被害人提出申诉、上访的考虑，却背离了基本的侵权归责原则，等于为了某种功利性因素的考量而公开放弃对民法正义的追求。更何况，根据"赔偿能力"来作出是否赔偿或者赔偿多少的民事裁判，究竟能否达到令被害人息诉服判的效果，这是非常令人怀疑的。

  附带民事判决的执行问题是这一制度目前所面临的最大危机。迄今为止，笔者尚未发现全国法院附带民事诉讼案件"空判"的准确比率。不过，从媒体零星报道的数据来看，这一问题的严重程度已经超出研究者的想象。例如，2007年1月至5月，河南洛阳中级法院对于申请执行的24件附带民事判决，执行成功率为0%。据估计，该法院近年来附带民事诉讼平均执行率不足5%。[①] 又如，广州市两级法院近三年来共受理了1 710件附带民事赔偿执行案件，执行结案数为1 426件，其中被告方自动履行60件，和解结案23件，法院强制执行105件，实际执行完毕的案件比例仅为13%，其余绝大多数案件均以中止或终结的方式结案。据估计，大约有80%以上的附带民事赔偿案件根本无法执行。[②] 再如，从2006年至2007年上半年，湖南醴陵法院刑庭共有25件附带民事案件进入执行程序，最终却没有一件全部执行完毕，部分执行完毕的也仅有数件，刑事附带民事赔偿案件的执行率没有达到5%。[③]

  附带民事判决之所以在如此高比例的案件中"屡成空判"，要么是因为被告人没有经济赔偿能力，要么是因为大量具有赔偿能力的被告人逃避了民事赔偿义务。由于附带民事诉讼通常发生在故意杀人、伤害、抢劫、寻衅滋事、交通肇事等刑事

[①] 参见胡锦武、郭久辉：《刑事附带民事赔偿，为何屡成空判？》，载《新华每日电讯》，2007-08-05。
[②] 参见谈佳隆：《刑事附带民事赔偿执行难，如何解决法学界看法不一》，载《中国经济周刊》，2007-12-03。
[③] 参见梁建军等：《刑事附带民事案件：四大"难点"亟待破解》，载《湖南日报》，2007-10-10。

案件之中，被告人大都属于低收入者或者无业人士，经济赔偿能力不足。但民事原告则往往会提出数额较高的赔偿要求，有的甚至"狮子大开口"，提出了远远超出被告人履行能力的赔偿要求。而在那些被告人具有赔偿能力的案件中，附带民事判决"执行难"问题则是由以下原因造成的：一是刑事法官普遍持有"打了不罚，罚了不打"的传统观念，认为法院已经对被告人判处刑罚并使其遭受了惩罚，如果继续追究其民事赔偿责任就显属双重处罚，并使被告人陷入悲惨的境地，特别是在被告人被判处死刑的案件中，刑事法官更是对充当"杀人又罚钱"的角色普遍踌躇不决，这种观念往往造成法院在判决执行方面处于被动和应付的局面；二是法院尽管在刑事诉讼中可以采取"查封、扣押财产"的保全措施，但在实践中却极少使用，因为在持续时间较长的审判前阶段，公安机关、检察机关既无权采取这种查封、扣押财产的措施，也缺乏保障附带民事诉讼顺利执行的积极性和主动性，结果造成被告人近亲属经常从容地转移或隐匿财产，使得法院在审判阶段即便想采取财产保全措施，也变得无能为力①；三是现行法律缺乏先予执行的保障措施，法院在附带民事诉讼过程中也缺乏保障顺利执行的意识，对于可能转移、隐匿财产的被告人近亲属缺乏必要的先予执行手段，既无法责令被告方提前向那些处境困难的被害人支付必要的经济补偿，也无法对被告方采取必要的财产担保和风险抵押措施，以至于在附带民事判决执行环节陷入极为被动的境地②；四是按照传统的"先刑后民"的理念，法院一般先确定被告人的定罪和量刑问题，然后再来审理附带民事赔偿问题，这往往造成附带民事诉讼的控辩双方既难以达成和解，法官也很难调解成功，因为在被告人几乎肯定受到定罪量刑的情况下，被告方履行民事赔偿义务的动力将明显不足，而传统的附带民事诉讼审理方式则使得民事赔偿与法院量刑没有必然的联系，被告方既不会因为作出赔偿而在量刑方面得到明显的"实惠"，也不会因为拒绝履行而在量刑方面受到惩罚。近期部分基层法院实施的"先民后刑"改革实验，使得民事赔偿直接成为法院的重要量刑情节，这带来了附带民事诉讼调解成功率的大幅上升。③ 这也从一个方面显示出传统的"先刑后民"模式在促成调解和和解方面具有一些先天的劣势。

（三）"先刑后民"模式的理论反思

现行附带民事诉讼制度秉承"刑事优先于民事"的诉讼原则，将民事赔偿问题的处理一律置于公诉程序之后，并将刑事审判中确认的犯罪事实视为民事赔偿的直接根据。这种貌似合理的制度设计导致民事侵权诉讼的独立性受到扼杀。其实，被

---

① 参见张金海：《对附带民事诉讼案件可考虑诉前财产调查》，载《检察日报》，2008-10-06。
② 参见江苏省高级人民法院刑一庭：《关于刑事附带民事诉讼若干问题之研究》，载《刑事审判要览》，总第5集，北京，法律出版社，2004。
③ 参见李飞：《恢复性司法的尝试——无锡两级法院开展刑事和解工作调查》，载《人民法院报》，2008-04-01。另参见李飞：《平息多方矛盾的有效举措——哈尔滨刑事附带民事案件调解工作调查》，载《人民法院报》，2007-09-11。

害人的民事赔偿请求尽管与检察机关的公诉都来源于同一犯罪行为，但两者无论是在性质、目的还是程序构造方面都是存在实质差异的。例如，刑事诉讼奉行的是实体真实发现主义理念，被告人即便作出有罪供述，法院也要对全案证据进行审查核实；而民事诉讼则实行当事人处分主义，被告一旦作出真实的自认，诉讼即可终止，法院就要按照自认的内容作出民事裁判。在中国司法制度下，刑事审判不容许采取缺席审判的方式，而民事法庭则可依法采取缺席审判程序。又如，在控辩双方的诉讼资格问题上，民事诉讼显然要比刑事诉讼复杂得多。在刑事法庭上，公诉人与被告人构成基本的控辩双方，被害人最多是作为公诉方的辅助者参与诉讼活动的；而在民事法庭上，原告不一定是刑事案件中的被害人，而经常是被害人的法定代理人，被告也不一定是刑事被告人，而可能是被告人的法定代理人，那些与案件有着利害关系的个人和单位则可以成为第三人，而这种第三人又根据其是否有独立请求权可以作出进一步的区分。又如，在证明责任问题上，刑事诉讼奉行无罪推定的原则，被告人不承担证明自己无罪的责任，公诉方始终要承担证明被告人有罪的责任，并要将这一点证明到法定的最高标准，这一不可转移的证明责任也为"疑罪从无"原则的确立奠定了基础；而民事诉讼则奉行"谁主张，谁举证"的原则，提出积极诉讼主张的一方要承担证明责任，但这种证明责任是可以转移的，一旦发生转移，对方就要承担证明该主张不能成立的责任，而且根据最高人民法院的相关司法解释，在涉及医疗事故纠纷、产品质量纠纷、环境污染侵权纠纷等特殊案件中，证明责任还会发生有条件的"倒置"的情况。再如，在证明标准问题上，中国近年来的证据立法运动越来越朝着降低证明标准的方向发展，刑事诉讼的证明标准被普遍设定为"排除合理怀疑"，而民事诉讼的证明标准则被确定为"优势证据"或者"高度的可能性"，这两个证明标准明显处于不同位状态。当然，刑事诉讼与民事诉讼在诸如管辖、诉讼时效等方面还存在着其他区别。这些区别充分说明，法院通过一场连续的诉讼过程，既解决被告人的刑事责任问题，又解决被害人的民事赔偿问题，经常会出现难以兼顾的情况。将民事诉讼依附于刑事诉讼之中，往往忽略了民事诉讼的特殊性，扼杀了这种诉讼的独立性，最终牺牲了这种诉讼的完整性和公正性。

民事诉讼与刑事公诉不仅存在上述诸多方面的差异，而且存在着一定的不可同步性。刑事诉讼一旦出现因故中止或者终结的情形，就使得民事诉讼所要"附带"的刑事诉讼不复存在，民事诉讼失去了存在的基础和前提，被害人的民事赔偿请求也就难以实现。例如，犯罪嫌疑人、被告人一旦出现死亡的情况，刑事诉讼应立即终止，对被告人刑事责任的追究也就到此结束，但这并不意味着被害人民事诉权的消灭，被害人仍然可以提出民事赔偿请求，只不过所谓的"附带民事诉讼"已经失去存在的前提了。又如，刑事案件一旦因为被告人未达到法定刑事责任年龄、不具备刑事责任能力、行为情节轻微、案件事实不清等原因，由法院作出了无罪判决，被告人的犯罪行为就无法得到法院的认定，所谓的"附带民事诉讼"也就无从谈起了。再如，在司法实践中经常发生的嫌疑人、被告人潜逃情况，使得刑事诉讼无法进行下去，附带民事诉讼也就没有存在的基础。这些例子显然说明，在刑事诉讼因故无法顺利进行的情形下，现行附带民事诉讼制度往往处于难以运转的局面。

不仅如此，在现行刑事司法体制下，被害人提出的附带民事诉讼请求难以获得有效的司法保障。迄今为止，中国的刑事审判只具有解决被告人刑事责任问题的单一功能，刑事法官的诉讼活动只是局限在审判阶段，而在侦查、审查起诉等刑事审判前程序中，刑事法官则没有参与的机会和空间。在现行刑事诉讼制度下，被害人即便在侦查、审查起诉阶段提出了民事赔偿请求，也不会有任何法官及时采取诸如财产保全、先予执行等措施，也没有法官通过收取保证金的方式来确保未来附带民事诉讼判决的有效执行。于是，在持续时间动辄长达数月以上的审判前程序中，那些本来财产状况良好、具有民事赔偿能力的被告人的近亲属，则可以有充足的时间进行财产转移和隐匿活动。现行法律尽管也允许法院"必要时采取查封、冻结财产"等措施，但这种只能在审判阶段进行的保全措施往往为时已晚，难以阻止被告方转移、隐匿财产的行动，根本不足以发挥财产保全的作用。

那么，公安机关、检察机关就不能采取财产保全、先予执行等措施了吗？事实上，近年来越来越多的司法官员都主张由公安机关、检察机关采取诸如查封、冻结财产等保障措施，并对被告方的财产状况展开及时调查，从而对未来附带民事裁判的执行承担保障责任。[①] 这种观点的初衷是可以理解的，却严重忽略了一些司法体制方面的因素。在中国现行司法体制下，法院既不能对侦查、审查起诉活动的合法性进行司法审查，也无权命令侦查人员、公诉人员采取某一诉讼行为。尤其是对公安机关、检察机关的审判前活动，法官别说进行事前干预，就连在法庭审理中都难以进行必要的事后审查。结果，被害人所提出的诸如调查被告方财产状况、采取财产保全等方面的请求一旦遭到拒绝，根本无法获得法院有效的司法救济。

三、"刑民分离"模式

鉴于传统的"先刑后民"模式已经陷入前所未有的困境之中，一些学者和司法官员提出了"刑民分离"的改革思路，并将此作为改革刑事附带民事诉讼制度的理想方案。根据这一思路，民事侵权赔偿与刑事公诉尽管是由犯罪行为所派生出来的两种诉讼，却具有相对的独立性，前者不应依附于后者，而应在制度设计上与后者产生分离。这一思路走到极端，就是主张采纳"英美刑事诉讼与民事诉讼彻底分离"的做法，将民事侵权诉讼塑造成完全独立于刑事诉讼的诉讼形态。具体而言，不论刑事诉讼是否提起，也不论刑事诉讼进展到哪一诉讼阶段，被害人都有权向法

[①] 参见张金海：《对附带民事诉讼案件可考虑诉前财产调查》，载《检察日报》，2008-10-06。

院民庭提起独立的民事赔偿请求，而不再提起任何形式的附带民事诉讼。①

当然，这种"彻底分离主义"的主张尽管理论上显得完美，却未必具有可行性。目前，绝大多数同意"刑民分离"的人士都坚持一种"相对分离主义"的观点，认为至少应当抛弃那种法院强制被害人接受附带民事诉讼的做法，赋予被害人选择民事诉讼方式的权利，被害人可以自愿选择以下三种诉讼方式：一是认为附带民事诉讼更有利于保障其诉权实现的，可以选择附带民事诉讼程序；二是可以选择在法院对被告人的刑事责任问题作出生效裁决之后，再向民庭提起独立的民事侵权诉讼；三是在法院生效刑事裁判形成之前的任一阶段，向法院民庭提起独立的民事侵权之诉。②

迄今为止，这种主张"刑民分离"的改革思路还没有为立法部门所接受，也几乎没有任何法院按照这一思路进行附带民事诉讼的改革试验。尽管如此，这一思路作为一种改革中国刑事附带民事诉讼制度的理想方案，却具有相当大的影响力。这一改革思路既具有完整的价值目标体系，也有着非常具体的制度安排。有鉴于此，笔者将这种拟议中的"刑事公诉与民事赔偿诉讼相分离"的程序视为一种新的附带民事诉讼模式，也就是"刑民分离"的模式。在以下的讨论中，笔者将对这一模式的理念基础、制度安排以及可预期的实施效果作出反思性的评析。

（一）"刑民分离"的主要理由

传统的"先刑后民"模式不仅带来了附带民事判决"执行难"的问题，而且在赔偿范围、先予执行、财产保全等方面背离了民事侵权法和民事诉讼法的基本准则。这种模式强行将民事侵权之诉作为刑事公诉的附属品，从根本上否定了民事侵权诉讼的独立性，使得被害人无法实现其获得民事赔偿的诉讼请求。这种"刑事附带民事诉讼"的实质，就是"犯罪附带侵权"、"国家附带个人"。这一点既是"先刑后民"模式的根本缺陷，也是"刑民分离"模式兴起的重要理由。

有鉴于此，确立"刑民分离"的程序模式，不仅具有理论上的正当性，而且会带来一系列的积极效果。首先，"刑民分离"的模式意味着刑事公诉与民事侵权之诉具有相对独立的地位，被害人的民事赔偿请求不再完全依附于国家的刑事公诉程序，这既可以确立侵权相对于犯罪的独立地位，也可以最大限度地维护被害人的私权。传统上，社会危害性被视为犯罪的本质属性，犯罪的私人侵权特征则被有意无意地予以忽略了。自从国家追诉制度产生以来，国家成为犯罪行为的主要受害者，那些受到犯罪行为直接侵害的公民则仅仅被视为第二位的受害者，追诉犯罪的权力主要由国家来行使，被害人被剥夺了发动刑事诉讼的机会。作为犯罪行为的附带结果，私人侵权结果的发生被认为是被害人提起民事赔偿之诉的基础。但即便是私人侵权属性本身，也经常在刑事法理论中或多或少地受到忽略。在中国传统的"先刑

---

① 参见庞君淼：《刑事附带民事诉讼制度存在价值质疑》，载《中国刑事法杂志》，2004（5）。
② 参见高遥生等：《聚焦刑事附带民事诉讼》，载《法制资讯》，2008-02-29。

后民"模式中,被害人只能在刑事诉讼过程中提出民事赔偿请求,法院也只能在刑事公诉部分审理结束之后才能处理侵权赔偿问题。这使得私人侵权诉讼只能依附于刑事公诉,而难以有独立的地位,并且在刑事诉讼中经常受到忽视、贬低甚至完全牺牲。可以说,要从根本上改变"重刑事公诉,轻民事诉讼"、"重国家利益,轻私人利益"的局面,只能将民事诉讼从刑事公诉程序中分离出来,承认前者相对于后者的独立地位,赋予被害人自由选择民事诉讼方式的机会,使得民事侵权之诉可以在刑事诉讼之后、之中或者之前提起,甚至在刑事公诉无法提起或者因故终止的情况下,被害人仍然可以向法院提起独立的民事侵权之诉。只有这样,被害人才可以真正拥有通过司法获得侵权救济的机会,其私权也才不至于因为依附于国家公诉而失去获得实现的可能。①

其次,被害人通过选择实现民事诉权的方式,可以按照自己的意愿选择适当的民事诉讼程序,而不必受制于法院的强行安排。在那些事实清楚、民事法律关系简单、被告人具有民事赔偿能力而又愿意承担赔偿责任的案件中,附带民事诉讼方式仍然具有适用上的正当性,而且还有着减少讼累、便利诉讼的积极效果。但是,对于那些被告人可能隐匿财产、逃避民事赔偿义务的案件而言,采取附带民事诉讼方式就会导致法院财产保全、先予执行措施的明显滞后,可能造成附带民事诉讼判决执行的困难;对于那些民事当事人与刑事当事人在主体资格上不相对称的案件,如民事原告的范围大于刑事被害人或者民事被告的范围大于刑事被告人的案件,采取附带民事诉讼的方式就会带来民事诉讼程序过于简单和粗糙的问题;对于那些司法机关因法定事由无法继续追诉嫌疑人、被告人刑事责任的案件而言,刑事诉讼的中止或者终止,必然会造成附带民事诉讼的无法持续进行;而对于那些司法机关最终以不立案、撤销案件、不起诉或者宣告无罪的方式作出无罪宣告的案件而言,被告人刑事责任的消失并不必然导致其民事赔偿责任的消灭,对这些案件采取附带民事诉讼的程序就只能导致民事诉讼程序的终止……在以上诸多情形下,采取向法院提起独立民事诉讼的方式要比提起附带民事诉讼方式更具有可行性,对于维护被害人的诉权也更加有利。② 由此看来,只有采取"刑民分离"的程序模式,被害人才可以真正拥有自主选择民事诉讼程序的机会,从而按照最有利于维护自己权益的方式来选择诉讼模式。这完全符合程序正义的要求,可以使被害人诉权的实现得到最大限度的制度保障。

再次,确立"刑民分离"的程序模式,还可以确保被害人提起的民事诉讼摆脱目前的尴尬和困境,真正按照民事侵权法的基本原则来确立赔偿范围,实现民事侵权之诉的回归。因为只有将民事侵权之诉从刑事公诉程序中独立出来,被害人才可以像民事原告那样,按照民事侵权法的规定提出诉讼请求,诸如精神损害赔偿、死亡赔偿金、伤残赔偿金应否赔偿的问题才可以迎刃而解;被害人直接向民事审判庭提起诉讼

---

① 参见李国民:《杜绝"法律白条","赔钱从轻"不是办法》,载《检察日报》,2007-02-01。
② 参见张虎林:《略论附带民事诉讼中的几个问题》,载《人民法院报》,2003-08-11。

后，可以申请法院对被告方的赔偿能力进行充分的调查，及时地采取先予执行、财产保全措施，从而保障民事判决的有效执行。不仅如此，确立"刑民分离"的程序模式，还可以保证分离后的民事诉讼更加符合民事诉讼的运行原理，而不受刑事公诉程序的束缚和限制，在证据能力、证明责任、证明标准等各种证据规则上遵从民事诉讼的准则。即便在刑事公诉程序无法启动、暂时中止或者完全终止的情况下，被害人仍然可以通过提起民事侵权之诉，来向民事法庭主张自己的民事权利。

(二) 若干反思

近年来，"刑民分离"的改革思路得到了越来越多学者的支持，甚至就连很多刑事法官也认为这是解决附带民事诉讼问题的必由之路。然而，这一命题真的成立吗？附带民事诉讼中的问题真的会随着刑事公诉与民事诉讼的"一分了之"就迎刃而解吗？在笔者看来，问题恐怕没有这么简单。

这种"刑民分离"的改革思路尽管将民事侵权之诉从刑事公诉程序中独立出来，却使法院在促成和解方面失去了一个极为重要的砝码——无法将被告人履行赔偿义务作为从轻量刑的情节。而一旦没有"赔偿折抵刑期"这一现实的激励机制，则被告人要么在履行赔偿义务方面失去足够的动力，要么会采取更加不受节制的隐匿财产、逃避赔偿义务的行动。而中国近年来附带民事诉讼形成高调解结案率的真正奥秘，又恰恰在于那种"以赔偿折抵刑期"的"先民后刑"机制得到了普遍的实行。因此，笔者担心，"刑民分离"的思路一旦变为现实，民事法庭的调解结案率肯定会大幅度地下降，法庭将不可避免地大量适用判决结案的方式。但是，中国法院附带民事判决"执行难"的问题至今没有得到根本解决的迹象，几乎所有法官都认为大多数附带民事判决最终都形成了"空判"，既然如此，法院对这种从刑事公诉中独立出来的民事侵权案件假如继续采取判决结案的方式，就可以避免"执行难"吗？答案显然是否定的。

"刑民分离"的程序模式一旦实施，法官将在适用缓刑、假释、减刑等宽大处罚方面，失去一种有效约束犯罪人并督促其改过自新的激励机制。笔者注意到，即使在英美法国家，法官有时也可以判处一种附条件的缓刑，责令犯罪人在特定期限内接受治疗、接受身体检查或者赔偿被害人的经济损失，并以此作为不再执行监禁刑的前提条件。法官一旦发现被告人在指定期限内没有履行上述义务，包括没有履行民事赔偿义务，就可以撤销原来所作的缓刑判决，将被告人改判为入监狱服刑。[①] 这种裁判方式一方面可以减少监禁刑的适用，使犯罪人受到尽可能短的自由

---

① 2008年10月23日至24日在北京举行的中美量刑改革国际研讨会上，来自美国马萨诸塞州的一位法官演示了一起曾经审判过的刑事案件的量刑听证程序。法官最后判处被告人30个月的监禁刑，并在被告人服刑6个月之后改判缓刑，也就是24个月的减刑，暂缓3年执行。但被告人在缓刑考验期间必须满足以下三个条件：一是接受并完成一期戒酒戒毒治疗；二是接受随机尿检和呼气检测；三是支付受害者医疗费和误工费。如果被告人违反了上述任何一项条件，缓刑考验监督部门有权提请法院对其重新实施监禁刑。

刑处罚，另一方面也可以督促犯罪人采取积极行动来承担民事赔偿义务，尽量减轻被害人所受的身心创伤。而在中国近年兴起的"刑事和解运动"中，被告人不仅可以在庭审之前、庭审之中与被害方达成民事赔偿协议，而且还可以在判决生效后继续就赔偿问题达成协议，法院根据被告人提供民事赔偿的情况，可以对被告人适用减刑、假释等各种宽大处理措施。但是，"刑民分离"的改革思路一旦实施，刑事法官在定罪量刑时不需要考虑民事赔偿的情况，不再将赔偿作为宽大处罚的情节，也无法再将轻缓判刑作为吸引犯罪人积极赔偿的砝码。这样的"刑民分离"，无论是对于民事赔偿的有效履行，还是对于犯罪人的改过自新，都可能会带来负面的效果。

"刑民分离"的程序模式还具有一个难以克服的局限性，那就是在解决民事判决执行难方面可能难以产生积极的效果。刑事附带民事诉讼制度所存在的"执行难"问题，是由多方面的原因造成的。对于这一点，笔者前面已经作过分析。但是，假如"刑民分离"的改革思路并没有使那些导致"执行难"的原因有所改变的话，那么，这种从刑事公诉中独立出来的民事诉讼又怎么会摆脱"执行难"的问题呢？

比如说，附带民事判决执行难的产生，在很大程度上是与法院没有及时采取查封、冻结等财产保全措施有关联的，这通常会导致那些本来具有赔偿能力的被告人的家属采取隐匿、转移财产以及其他逃避赔偿义务的举动。而这一点又与现行的刑事司法体制有着密切的关系。那么，"刑民分离"的程序模式究竟能在多大程度上解决这一问题呢？事实上，被害人无论是选择附带民事诉讼程序，还是选择在刑事诉讼结束后提起独立的民事诉讼，都将面临同样的难题：法院参与民事诉讼的时间过于迟延，以至于失去了调查被告人赔偿能力的最佳时机，难以有效地采取查封、扣押、冻结等财产保全措施，对于那些陷入困境、亟待救助的被害人，也无法采取有效的先予执行措施。不仅如此，面对那些可能隐匿、转移财产，逃避民事赔偿责任的被告人，法院如果仍然像往常那样，采取消极不作为的方式予以应对，而不去实施诸如司法拘留、搜查、扣押等强制性措施，那么，"刑民分离"的程序模式就将与现行的"先刑后民"模式一样，面临严重的判决执行困难的问题。既然执行难同样是拟议中的"刑民分离"模式所要遭遇的厄运，那么，这种改革思路还有多少正当性可言呢？

当然，主张"刑民分离"的人士可以提出彻底的"刑民分离"观点，也就是在刑事案件立案之前，就允许被害人先行向法院提起独立的民事诉讼。按照这一思路，民事法庭可以不去顾及刑事诉讼是否启动以及进展到何种阶段，而完全按照民事诉讼的程序受理被害人的侵权赔偿之诉，并采取各种财产保全、先予执行等保障性措施，对那些隐匿、转移财产的被告也可以采取司法拘留等强制性措施，必要时可以按照拒不执行判决裁定罪来追究刑事责任。从理论上看，这样的制度设计似乎完全可以避免附带民事诉讼制度所带来的"执行难"问题了。

应当承认，被害人在刑事诉讼启动之前就先行提起民事诉讼，这在一定程度上可以解决刑事公诉与民事诉讼的冲突问题，也可以使长期困扰法院的赔偿范围、赔偿标准、财产保全、先予执行等问题得到一定的化解。然而，如果法院在刑事判决尚未形成之前就先行解决民事赔偿问题，那么，这种民事判决所认定的案件事实对于刑事法庭认定犯罪事实问题是否具有约束力？如果具有约束力，那么，刑事法庭经过法庭审理一旦发现民事判决存在事实认定上的错误，难道就要容忍其存在而不加以纠正吗？如果不具有约束力，那么，刑事法院一旦就同一案件事实作出与民事判决完全不一致的裁判结论，这岂不等于在同一案件事实上出现了两种自相矛盾的判决吗？不仅如此，法院经过刑事审判，一旦认定被告人没有实施犯罪行为，或者被告人的犯罪行为属于"冤假错案"的话，那么，法院业已作出的民事判决就只能通过再审方式加以撤销，被害人所获得的民事赔偿也只能通过执行回转的方式恢复原状。这显然会造成民事法律关系处于程度不同的不确定状态。

四、"先民后刑"模式

如果说现实中的"先刑后民"模式已经陷入了空前的危机，法学界提出的"刑民分离"模式则显得过于超前的话，那么，司法实务界则采取了一种现实主义的渐进改革策略，将有效地摆脱困境作为优先考虑的问题。近年来，各地法院为避免附带民事诉讼"空判"现象的发生，都优先选择调解结案的处理方式。而在这种调解结案方式中，一种"先民后刑"的程序模式逐渐被创造出来，成为法院克服传统的"先刑后民"模式之缺陷的一种新的程序选择。①

所谓"先民后刑"模式，并不是对传统的"先刑后民"模式的简单取代。首先，这是一种与调解结案方式有着密切联系的程序模式，法院促成被害方与被告方达成民事赔偿协议，并促使被告方及时履行赔偿义务，这是适用这一模式的前提条件；其次，民事调解在刑事裁判形成之前进行，使得被告方履行民事赔偿义务在先，法院对被告人的刑事责任作出裁判发生在后；再次，作为这一模式的核心环节，法院对于与被害方达成赔偿协议并积极履行赔偿义务的被告人，适当作出从轻量刑的刑事裁决，使得被告人因为积极赔偿而受到某种量刑上的"优惠"，同时也使得那些拒不履行赔偿义务的被告人无法获得从轻量刑的机会，甚至可能受到从重量刑。② 这样，在没有对刑事附带民事诉讼制度作出实质性改革的情况下，中国法院就在司法实践中创造出了一种新的附带民事诉讼模式。在以下的讨论中，笔者首先分析这一程序模式的创立初衷，然后对这一程序模式所面临的理论争议作出评论。

---

① 参见林微：《力促当庭履行——福建长泰法院加强调解工作调查》，载《人民法院报》，2007-12-11。
② 参见陈伟：《先民后刑，宽严相济：繁峙刑事审判最大限度增加和谐因素》，载《人民法院报》，2008-09-17。

(一)"先民后刑"模式出现的原因

"先民后刑"模式的出现,是中国法院秉承实用主义理念来解决附带民事诉讼问题的结果。在这一模式出现以前,法院已经采取过一些功利性较强的应对措施。比如说,法院为避免"空判"现象,普遍根据被告人的赔偿能力来确定是否赔偿以及赔偿的标准。① 仅仅根据被告人是否具有赔偿能力来决定是否支持被害人的民事赔偿请求,或者根据被告人赔偿能力的大小来确定民事赔偿数额的多少,这种过于迁就现实的裁判方式也不一定会减少法院的压力。因为被害人完全可能因为法院无法支持民事赔偿请求而质疑法院的公正性,甚至走上申诉、上访之路。又比如说,为解决附带民事判决"执行难"的问题,一些地方法院近年来还探索实行了"被害人国家司法救助制度"。对于这种带有"国家补偿"性质的司法救助制度,很多人都抱以厚望,将其视为解决中国附带民事诉讼问题的根本出路。但实践证明,这种带有"救急不救穷"性质的司法救助,只能被用来解决极少部分被害人的经济补偿问题,而对于大多数陷入执行难困境的附带民事案件来说,显然是无济于事的。② 况且,只有对那些被告方拒绝执行附带民事判决的案件,法院才提供少量的司法救助;而对于那些因为得不到民事赔偿而走上申诉、上访之路的被害人,则给予优先的救助。这种由法院根据自身需要选择救助对象的救助制度,注定无法保障刑事被害人获得平等的救助机会,违背了基本的形式正义原则。

为解决附带民事判决执行难的问题,中国法院越来越注重附带民事案件的调解结案方式。但是刑事法官要想成功地促使被告方与被害方达成调解协议,却仍然会面临重重困难。在促成调解协议的达成方面,传统的"先刑后民"模式具有明显的劣势。例如,在原有模式下,法院的审判工作侧重在定罪量刑问题上,并在确定被告人的刑事责任之后才来处理附带民事诉讼问题。但是,在诉讼期限十分有限的情况下,刑事法官在大多数案件中并不对被告人进行财产状况和赔偿能力的调查,也很少采取诸如扣押、查封等保全性措施,对附带民事赔偿问题的处理主要集中在法庭审理过程之中。可想而知,在较为短暂的庭审过程中,在没有进行必要准备的情况下,刑事法官要促使双方达成调解协议,势必变得极为困难。又如,在法院完全

---

① 前最高人民法院副院长张军就明确要求"调解不成必须作出判决时,应当充分考虑被告人实际赔偿能力、可供执行的财产状况,尽量避免空判"。薛勇秀:《最高法院:做好刑事附带民事案件赔偿工作》,见中国法院网,2007-07-04。

② 例如,最早建立被害人救助机制的山东淄博市,从2004年至2007年,先后只有8名被害人获得了共计22万元的救助。而该市最初设立的"刑事被害人经济困难救助资金",总共只有30万元的规模。而从2004年至2005年年底,淄博市中级法院尚有703件附带民事判决未能得到执行,被害人实际获得司法救助的比例不足2%。又如,根据广东省高院的统计,广东省近年来无法得到执行的附带民事判决已经达到75%。截止到2006年年底,广东省无法执行的刑事被害人赔偿金额数亿元之巨。据保守估算,如果实行国家赔偿制度,从而对所有未能得到执行的附带民事判决所涉及的被害人实施司法救助的话,仅广东省财政每年就要拨出10亿元。参见谈佳隆:《刑事附带民事赔偿执行难,如何解决法学界看法不一》,载《中国经济周刊》,2007-12-03。

根据犯罪事实来定罪量刑的情况下，被告人失去了履行民事赔偿义务的基本动力。特别是在意识到赔偿与否并不会影响量刑的结果之后，被告人及其近亲属更是会竭力转移、隐匿财产，拒绝接受任何调解方案。再如，被害方通常既渴望寻求刑罚的正义，要求法院作出尽可能重的刑事处罚，又有着获得尽可能高额的民事赔偿的欲望。在法院已经形成刑事裁判的情况下，被害方坚信被告人已经构成犯罪，故一般不愿意对赔偿数额作出太大的妥协，这也使得调解协议的达成变得更为困难。[①]

2000年，最高人民法院首次在司法解释中将民事赔偿与量刑联系起来，允许各级法院将被告人"赔偿被害人物质损失"这一事实，作为"量刑情节"来予以考虑。[②] 与传统的"先刑后民"模式相比，这一司法解释既放弃了那种将定罪量刑与民事赔偿独立看待的立场，也不再坚持那种先解决刑事问题、后解决民事赔偿问题的处理方式。可以说，根据被告人履行民事赔偿义务的情况来确定量刑种类和量刑幅度，这是中国法院近年来为解决附带民事诉讼问题所作的最大改革措施。

要使被告人的民事赔偿转化为从轻量刑的情节，法院就必须在解决了民事赔偿问题之后，再来决定对被告人的刑事裁判问题，否则，这种民事赔偿与从轻量刑之间的实体转换就可能是无法完成的。要达到最佳的调解效果，法院需要建立某种调解前置的程序机制，以便于法院在最终作出定罪量刑的裁决之前，通过各种方式加大调解的力度。这种将调解前置于量刑之前的做法，恰恰也是"先民后刑"模式得以发挥作用的程序保障。从目前各地法院从事附带民事调解的时间来看，"先民后刑"的程序机制其实又可以细分为三种类型：一是在法庭审判之前进行附带民事部分的调解，也就是所谓的"庭前调解"；二是在刑事审判程序进行完毕之后，刑事法庭就附带民事赔偿问题组织双方进行调解，在调解程序结束之后，再来确定对被告人的最终量刑结果；三是对于没有达成赔偿协议、没有履行赔偿义务的被告人，刑事法庭固然不作出从轻量刑的裁决，但仍然给予被告人获得从轻处罚的机会；对于那些在刑罚执行过程中履行赔偿义务的被告人，法院还可以以此为根据，对其作出减刑、假释的裁定。

在没有对现行附带民事诉讼制度作出重大调整的情况下，"先民后刑"模式使被害方、被告方对民事赔偿问题的态度发生了根本的转变，也使得法院在附带民事案件的处理上掌握了主动权。事实上，传统的"先刑后民"模式所导致的"执行难"和"空判"情况，几乎成为所有被害方的"噩梦"，也是他们竭力要避免出现的结果。被害方假如一味地坚持"漫天要价"，或者对民事赔偿标准不作任何妥协，就只能迫使法院就附带民事诉讼问题作出判决，其民事赔偿的实现也会因此变得遥遥无期。相反，如果作出一些适当的妥协，降低本方的赔偿标准，法院就有可能说服被告方与被害方达成赔偿协议，民事赔偿问题也就不难得到解决了。更何况，这

---

① 参见张慧宁等：《弥合对立的鸿沟——青海高院刑事附带民事诉讼调解工作调查》，载《人民法院报》，2008-01-22。
② 参见最高人民法院《关于刑事附带民事诉讼范围问题的规定》。

种民事赔偿协议的达成，往往会促使被告方在刑事判决形成之前落实赔偿，使法院不再受"执行难"的困扰，被害方的赔偿要求也就得到顺利实现了。与此同时，通过接受调解协议，被害方一般会得到较为满意的赔偿结果。相对于法院通过判决所给出的赔偿而言，这种调解结案的赔偿在数额和标准上会有程度不同的提高。当然，法院在调解过程中通常会动员被告人作出认罪悔过，甚至向被害方赔礼道歉和真诚谢罪。这些工作往往会减弱被害方的抵触情绪，促使其成功地接受法院的调解方案，并对法院即将作出的从轻量刑裁决不再持有异议。①

对于被告人来说，"先民后刑"模式为其提供了一种激励机制：如果积极履行民事赔偿义务，就可以获得从轻量刑的机会，这种量刑上的"优惠"带有某种奖励的效果；如果没有对被害方作出足额的经济赔偿，法院就不会从轻量刑，甚至有可能从重科处刑罚，这种量刑上的"从严"其实带有明显的惩罚效果。通常情况下，作为理性人的被告人及其近亲属，会认真权衡利弊得失，对附带民事赔偿问题采取程度不同的积极态度。考虑到中国刑法所确立的量刑幅度一般都较大，"从轻量刑"意味着法院可以在量刑幅度的中间点直至最低刑之间选择一个适当的刑罚，因此，对被告人无疑是有一定吸引力的。除此以外，在以下三种情形下，"从轻量刑"的结果还会使被告人受到实质上的"宽大处理"：一是在可能判处3年有期徒刑以下刑罚的案件中，法院适用缓刑、免刑以及其他非监禁刑；二是在可能判处死刑的案件中，法院改判死刑缓期两年执行甚至无期徒刑；三是在法定最低刑为3年有期徒刑的案件中，法院按照最低刑罚幅度量刑，甚至适用缓刑。以上三种幅度较大的"从轻量刑"，一般会极大地激发被告方的民事赔偿热情，促使他们为寻求最佳的量刑结果而采取各种主动履行赔偿义务的举动。② 在传统的"先刑后民"机制中经常出现的百般推诿、转移财产、抗拒执行的情况不见了，取而代之的是竭尽全力地筹措资金、求亲告友地借贷举债以及不惜一切代价地满足被害方的赔偿要求。有些被告人即便本身确实没有赔偿能力，也会动员其近亲属想方设法地提供赔偿。而本来按照现行民事诉讼法的规定，有些近亲属根本不承担"法定"的民事赔偿义务，不具有民事被告的"主体资格"，但他们为了帮助被告人获得一个相对理想的量刑结果，仍然参与到提供民事赔偿的行列之中。③ 这样，刑事法官在附带民事调解中就占据了主动地位，调解协议的达成也变得相对容易多了。

对于法院而言，通过将民事赔偿与从轻量刑紧密联系在一起，有效破解了被告方与被害方过去相持不下的诉讼僵局，激发了他们达成民事赔偿协议的积极性。法

---

① 参见李飞：《恢复性司法的尝试——无锡两级法院开展刑事和解工作调查》，载《人民法院报》，2008-04-01。另参见李飞：《平息多方矛盾的有效举措——哈尔滨刑事附带民事案件调解工作调查》，载《人民法院报》，2007-09-11。
② 参见潘勤毅：《东莞：符合三条件，民事赔偿可作量刑参考》，载《广州日报》，2007-02-27。
③ 参见刘岚等：《法庭里的春天——一起刑事附带民事赔偿案调查手记》，载《人民法院报》，2004-04-15。

院不必做任何实质性上的制度改革，就可以达到较为理想的诉讼效果，有效规避了原有附带民事诉讼模式所带来的重重风险。① 与判决结案的方式相比，调解结案具有以下几个明显的优势：首先，被害方一旦与被告方达成赔偿协议，一般会心甘情愿地接受这种赔偿标准，而不再质疑赔偿标准的合理性，这可以避开诸如"精神损害赔偿"、"死亡赔偿金"、"伤残赔偿金"等目前无法解决的难题；其次，被告方一旦接受民事赔偿协议，通常会积极履行这一赔偿协议，则对于使得被害人及时获得相对满意的经济赔偿，这在很大程度上避开了法院的判决结案方式，从而使"执行难"问题得以规避；再次，对于法院而言，通过促使双方达成赔偿协议，则对于被告人的赔偿能力问题就不需要进行专门调查了，令人感到困扰的财产保全、先予执行等保障性措施也不再构成制度上的障碍。可以说，通过将民事赔偿转换成"从轻量刑的情节"，法院可以从附带民事诉讼的困境中解脱出来，既保全了司法机关的体面和尊严，也在附带民事诉讼中赢得了较大的主动权。

（二）"先民后刑"模式的正当性问题

按照"先民后刑"模式解决刑事附带民事判决"执行难"的问题，尽管在司法实践中取得了一定的积极效果，却在理论的正当性上引起了争议。在支持者看来，通过采取民事赔偿折抵刑事处罚的做法，使被害人在法院作出刑事判决之前获得了经济赔偿，这可以最大限度地减少被害人的损失，使其不仅在经济上获得相对满意的赔偿数额，还得到了不同程度的精神抚慰，从而减轻了犯罪所造成的社会危害程度。② 同时，被告人存在认罪悔过、赔礼道歉的行为，一般是法院从轻量刑的前提条件，而被告人积极赔偿被害人的经济损失，这本身也属于认罪悔过、弥补犯罪后果的重要表现。不仅如此，法院通过调解，促使被告人在刑事判决宣告之前达成赔偿协议，履行赔偿义务，使那些陷入困境的被害人减轻了身心创伤，避免了矛盾的进一步激化，使得那些为犯罪所破坏的社会关系得到了及时的修复。③ 这些积极效果无论如何都足以构成法院从轻量刑的充足理由。

在一些法官看来，"先民后刑"其实是在司法实践中由"大量附带民事案件被迫中止执行的窘境所激起的变革"。从根本上说，"先民后刑"模式促进了被害方与被告方矛盾的化解和关系的和谐，这显示出被告人的认罪悔过、赔礼道歉、真诚悔罪以及民事赔偿，已经带来了犯罪危害程度的明显降低。对这种承担民事赔偿义务的被告人作出从轻量刑，在理论的正当性上是无可厚非的。④

对于"先民后刑"模式，特别是对于法院将民事赔偿作为从轻量刑的理由的做

---

① 参见李飞：《恢复性司法的尝试——无锡两级法院开展刑事和解工作调查》，载《人民法院报》，2008-04-01。另参见李飞：《平息多方矛盾的有效举措——哈尔滨刑事附带民事案件调解工作调查》，载《人民法院报》，2007-09-11。
② 参见李洪江：《刑事附带民事诉讼若干争议问题研究》，载《法制资讯》，2008-02-29。
③ 参见邵世星：《贯彻宽严相济刑事政策应注意民事责任的承担》，载《检察日报》，2008-05-30。
④ 参见潘勤毅：《东莞：符合三条件，民事赔偿可作量刑参考》，载《广州日报》，2007-02-27。

法，反对者将其讥讽为"赔钱减刑"和"以钱赎刑"，认为这与中国古代的"议罪银"制度有相似的地方。这种裁判方式破坏了"法律面前人人平等"的原则，使得两个可能犯有同样罪行的被告人，仅仅因为经济能力和赔偿效果的不同而受到不适当的差别对待，特别是两个犯有同样严重罪行的被告人，仅仅因为是否赔偿被害人经济损失问题，而分别被判决死刑立即执行和死刑缓期执行，或者受到死刑和非死刑的判决。这无论如何都背离了基本的司法正义准则。[①] 反对者指出，以民事赔偿折抵刑事处罚的做法，使得赔偿金变成"买命钱"，造成大量富有的被告人因为赔偿而受到从轻发落甚至被判处非监禁刑，这会导致犯罪行为受到纵容，甚至助长犯罪者的"嚣张气焰"。反对者还指出，在刑法规定的"可以从轻处罚"的法定情节中，根本没有"赔偿被害人损失"一项。同时，依据刑事诉讼法的相关规定，赔偿被害人因犯罪行为所遭受的经济损失，是被告人应尽的法定义务。既然是"法定义务"，就应当无条件地履行，又怎么能把它当成获得从轻处罚的"筹码"呢？刑事附带民事诉讼的司法准则应当是"刑事的归刑事，民事的归民事"，两者不可混为一谈，更不能把民事赔偿作为刑事量刑的依据。因此，即便是把"赔偿被害人损失"作为法官自由裁量范围内的"从轻处罚情节"，也未免"自由"得过分了。[②]

对"先民后刑"模式持反对观点的人士还认为，法院采取"先民后刑"模式的初衷或许是好的，旨在防止刑事附带民事判决成为"法律白条"，维护被害人利益。但是，为防止刑事附带民事判决沦为"法律白条"，当务之急不是搞什么"赔偿从轻"，而是应加大附带民事判决的"执行力度"。很多案例都显示，如果法院不作出从轻量刑的承诺，被告人及其近亲属大都表示"无钱可赔"甚至"有赔偿能力也不赔偿"。而在法院作出从轻量刑的承诺并存在对其他被告人量刑优惠的做法以后，被告方则会作出同意赔偿的意思表示，并想尽一切办法履行赔偿义务，甚至对被害方提出的高额赔偿要求，也尽可能地予以满足。[③] 这显然说明，法院对附带民事判决的执行是存在问题的，这种执行方式以及诉讼保全方式还是有改进空间的。不仅如此，也有些人士认为，鉴于以民事赔偿来折抵刑事处罚的做法存在太多的问题，这种"先民后刑"的模式作为权宜之计，或许是可以接受的，但从长远来看，解决附带民事赔偿困难的出路，应当是建立国家补偿制度。目前各地司法机关试行的"被害人司法救助制度"就是这种国家补偿制度的一种有益探索。对于被告人无力赔偿或者拒绝承担赔偿义务的案件，法院应当为被害人提供尽可能多的国家赔偿。[④]

面对"先民后刑"模式在理论正当性上所面临的争议，笔者不想简单地作出孰

---

① 参见卫宏战、刘静：《刑事附带民事案件调解对量刑的影响》，载《人民法院报》，2008-09-10。
② 参见李国民：《杜绝"法律白条"，"赔钱从轻"不是办法》，载《检察日报》，2007-02-01。
③ 参见李国民：《杜绝"法律白条"，"赔钱从轻"不是办法》，载《检察日报》，2007-02-01。
④ 参见谈佳隆：《刑事附带民事赔偿执行难，如何解决法学界看法不一》，载《中国经济周刊》，2007-12-03。

是孰非的判断。其实,一种制度、实践或者改革方案的正当性,一般可以从两个角度加以评判:一是内在的正当性,也就是是否符合某种价值理念和法律原则;二是外在的有用性,亦即是否实现了某种积极的社会效果。很显然,在后一方面,"先民后刑"模式确实具有为传统的"先刑后民"模式所不及的优势。无论是被告人的认罪悔过、真诚悔罪,被害方获得的赔偿和抚慰,被害方与被告方矛盾的化解和关系的修复,还是当事人对上诉、申诉和上访方式的放弃,法院办案压力的缓解,司法公信力的提升等,都无一不显示出"先刑后民"模式所带来的"各方利益兼得"的效果。在这种满足各方诉讼利益的积极效果方面,中国司法实践中采取的这种"先民后刑"模式,简直可以与美国的辩诉交易制度相提并论。①

然而,在内在的正当性上,"先民后刑"模式的确面临着一些理论上的争议。迄今为止,民事赔偿为什么具有"折抵"刑事处罚的效力,这一问题是"先民后刑"模式的支持者们所必须回答的。毕竟,刑事附带民事诉讼属于一种复合型的诉讼形态,其发生的逻辑前提是同一个犯罪行为带来了社会危害性和私人侵权性这一双重实体后果,也由此引发了刑事公诉和民事侵权之诉的双重诉讼结果。但是,刑事公诉与民事诉讼毕竟属于相对独立的两种诉讼形态,前者所要解决的是定罪量刑问题,旨在确定被告人的刑事责任,而后者则重在解决被告人的民事赔偿问题。从原本的意义上说,定罪量刑是国家对犯罪之社会危害性后果的一种反应,而民事赔偿则是国家对犯罪之民事侵权后果的一种反应。被告人对其所造成的民事侵权后果的赔偿,并不足以折抵其刑事责任,正如法院对被告人所作的定罪判刑结果,也并不足以折抵被告人的民事赔偿义务一样。从这一角度来看,一些人士所主张的"刑事的归刑事,民事的归民事",确实是有一定道理的。

那么,"先民后刑"模式难道就没有任何内在正当性了吗?答案也是否定的。民事侵权之诉与刑事公诉尽管具有相对的独立性,但两者毕竟是有着密切联系的,它们都来源于同一个犯罪行为,也一般都要通过同一场诉讼过程来确定犯罪和侵权的事实。考虑到被告人的认罪悔过、自首、立功等都可以成为法院从轻量刑的情节,则被告人在附带民事诉讼过程中的积极赔偿行为,作为一种体现被告人认罪悔过、弥补犯罪过失的举动,就很难不被视为一种"从轻量刑情节";又考虑到民事赔偿可以减少被害人的损失,减轻被害人及其近亲属的身心创伤,化解双方的矛盾,促进社会的和谐,因此这又不能不被视为被告人通过赔偿减轻犯罪危害程度的表现,也体现了被告人愿意回归社会、避免重新犯罪的意思表示。不仅如此,在司法实践中,被告人主动退还赃款赃物的行为,则被视为一种无可争议的"酌定从轻情节"。这种退还赃款赃物的行为与赔偿被害人经济损失的行为相比,除了所退还、赔偿的对象有所不同以外,其性质有什么本质区别呢?很显然,被告人履行民事赔偿义务的行为,在很大程度上属于社会危害程度降低、认罪悔过的表现,具有从轻

---

① 对于中国刑事和解与美国辩诉交易的比较分析,可参见陈瑞华:《刑事诉讼的中国模式》,第二章。

处罚的刑法基础。这充分显示出在民事侵权之诉附属于刑事公诉的制度背景下，两种诉讼不可能具有完全的独立性，而势必会发生密切的联系。民事赔偿行为可以转化为法院从轻量刑的理由，也就具有内在的正当性了。

至于"法律面前人人平等"问题，笔者认为只要具备充分的理由，适当的差别对待也是不成问题的。事实上，"犯有同样罪行"的被告人受到差别对待的情况，又何止在民事赔偿问题上发生呢？两个同样的被告人因为贫富不均，而分别委托了水平相差极大的辩护律师，结果造成一个被告人的辩护效果大大超过另一个被告人；一个被告人因为贫穷而无力支付取保候审的保证金，不得不处于未决羁押状态，而另一个涉嫌犯有同样犯罪行为的被告人，则因为家境富裕而支付了保证金，从而获得了取保候审……这种差别对待在几乎所有国家的刑事诉讼中都普遍地存在着，迄今还没有任何一个国家能够彻底消除这种"差别对待"。就民事赔偿问题而言，提供民事赔偿的被告人与没有提供民事赔偿的被告人能否在量刑上受到差别对待，这是不可一概而论的。具体而言，假如一个被告人积极地履行了民事赔偿义务，而另一个具有赔偿能力的被告人却拒绝履行这一义务，我们当然可以认为前者所造成的社会危害程度有所降低，被告人具有悔罪的表现，而后者则不存在这些情节，法院对前者予以从轻量刑，这也是具有正当性的。不仅如此，法院甚至可以对后者采取从重量刑，以示对其拒绝履行赔偿义务的惩罚。但是，假如某一被告人的确没有民事赔偿能力，而且经过求亲告友、多方借贷也无力赔偿被告人的经济损失，而另一被告人则积极地履行了赔偿义务，法院对前者固然不应从重量刑，但为什么不可以对后者从轻量刑呢？因为这种从轻量刑在更大程度上带有奖励赔偿者的意味。

以上对"先民后刑"模式所作的带有辩解意味的评论，并不是要强调这一模式是完美无缺的，而是要指出在这一模式的内在正当性问题上，的确存在着一定的理论争议，而且也可以从不同角度作出评价。而在内在正当性方面存在争议的情况下，我们可以更为关注"先民后刑"模式的社会效果问题。如果这一模式对于解决现行刑事附带民事诉讼制度的主要问题都是有积极成效的，那么，我们不妨权且接受这一模式，并对其运行效果做长期的、深入的观察。将来，如果我们可以找到一种在内在正当性上具有更大优势的新机制，并且能够证明这种新机制对于解决附带民事诉讼问题具有更好的效果，那么，这种基于现实考虑而采取的实用性较强的程序模式也就有寿终正寝的可能了。

五、结论

通过前面的讨论，我们对中国刑事附带民事诉讼的三种程序模式进行了初步的研究，分析了各个模式的理论根基和制度安排，并从理论正当性和实施效果的角度对这三个模式作出了反思性评价。对于这三种模式究竟孰优孰劣，笔者并没有给出自己倾向性的意见。从研究方法上看，本章的分析没有遵循那种以"发现问题"、"分析问题"和"解决问题"为宗旨的对策法学思路，而是站在观察者和评论者的立场，对三种程序模式进行了尽可能客观的理论论证和反思。

"先刑后民"的模式代表了一种传统的附带民事诉讼模式，这一模式不仅为现行刑事诉讼法所确立，而且被绝大多数法院采纳为解决民事赔偿问题的程序。但是，由于法院普遍存在着附带民事诉讼"调解难"和附带民事判决"执行难"的问题，被害人往往会因为无法获得满意的民事赔偿，而走上申诉、上访之路，法院因此面临极大的政治压力和社会压力，所以，这一传统的附带民事诉讼模式越来越受到司法实务界的批评。而这一模式在实体上所存在的赔偿范围过于狭窄、赔偿标准过于低下的问题，也使得附带民事诉讼越来越脱离民事侵权法的一般归责原则，造成普遍的民事非正义问题。

鉴于"先刑后民"模式不仅在理论正当性上面临非议，而且在实施效果上出现了严重的危机，两种旨在替代这一模式的程序设计逐渐浮出水面，这就是作为理想改革方案的"刑民分离"模式与司法实务界探索出来的"先民后刑"模式。前者是法学界和部分司法官员基于理论正当性的考虑所提出的超前性改革措施，后者则是司法机关基于现实主义的立场采取的自生自发的改革措施。拟议中的"刑民分离"模式可以更为充分地保障被害人的民事诉权，体现程序正义的要求，也可以使附带民事赔偿真正贯彻民事侵权法的归责原则，从而贯彻民事实体正义的基本理念。然而，在中国现行司法体制不发生实质性变化的情况下，这一理想模式究竟能否有效地帮助法院走出现行附带民事诉讼制度的困境，却是令人产生困惑的一个问题。从实施效果上看，"先民后刑"模式大大促进了附带民事诉讼调解率的提高，有效规避了判决结案方式所带来的"执行难"问题，取得了令诉讼各方都较为满意的效果。但在理论正当性上，这一模式却面临着一定的挑战。

其实，本章所分析的三种程序模式代表了中国许多法律制度在实施中普遍面临的三种困境：一是如果继续实施现行的制度，那么该制度的实施效果会存在一系列不尽如人意之处，而且在理论的正当性上也会面临越来越多的挑战；二是一些学者和司法官员根据西方国家的法制经验和理性原则，提出了明显超前的改革思路，试图"一揽子"解决中国法律制度中存在的问题，并确立了一种"符合原则和原理"的理想制度；三是司法实务界通过自生自发的改革探索，试图寻找那种实施效果更好、也更有利于解决问题的制度模式，但这种带有实用主义色彩的制度，却容易遭遇理论正当性方面的质疑。

然而，一种能够有效解决问题的改革方案不一定具有理论上的正当性，而那种在理论上显得完美无瑕的改革思路，则未必能够产生积极的法律实施效果。附带民事诉讼制度三种模式并存的现实表明，在推进法律制度的改革方面，我们既要重视那些根据法律理念所推导出来的理想改革方案，也不要忽略司法机关自生自发地创造出来的改革经验。

长期以来，中国法学界总是习惯于从西方国家的法制经验中寻找改革的灵感和资源。人们在研究一些法律问题时也总是将"是否符合原则"、"有无违背原理"等作为思考的出发点。这固然是不错的，却往往导致司法实务界自生自发地发展法律制度的能力被忽略了。近年来，一些基层司法机关面对大量法律制度实施效果不尽如人意的现实，作出了一系列制度改革的尝试。这些改革尝试尽管可能在理论正当性上存在一定的问题，也未必符合刑事法治发展的一般规律，却对探索一条有中国特色的刑事法治之路有着重要的参考价值。例如，一些检察机关推行了"量刑建议制度"改革，一些法院推行了"独立的量刑听证程序"改革，越来越多的法院尝试在少年案件中引入社会调查报告、社会工作者出庭作证等制度……就连本章所分析的"先民后刑"的程序模式，也是这种改革尝试的有机组成部分。对于这些自生自发的改革经验，法学界应当抛弃泛道德主义的态度，站在社会科学的立场上，客观地分析其产生的原因及社会效果，从中发现中国法制的发展规律。这一点或许是研究附带民事诉讼三大模式给我们带来的重要启示。

第十章

法院变更起诉问题之研究

一、问题的提出 …………………………………………………… 239
二、法院变更起诉的个案分析 …………………………………… 241
三、法院变更起诉的成因 ………………………………………… 247
　（一）指控事实与法律评价的分离 …………………………… 248
　（二）反形式理性的裁判观念 ………………………………… 250
　（三）司法被动性的缺失 ……………………………………… 251
四、变更起诉实践的负面效应 …………………………………… 253
五、改革变更起诉制度的可能性 ………………………………… 256
六、结论 …………………………………………………………… 258

一、问题的提出

近年来，随着刑事法治的观念逐渐深入人心，人们对刑事诉讼的性质、功能等在认识上发生了重大的转变。那种将刑事诉讼仅仅视为"打击犯罪"、"揭露犯罪"、"证实犯罪"活动的观点，已经明显地不再占据主流的地位。取而代之的理论认为，刑事诉讼实际为诉讼的一种形态，也就是将国家惩治犯罪行为纳入诉讼轨道的一种法律实施活动；司法裁判不仅是决定被告人命运和案件结局的中心阶段，而且应将审判前的刑事追诉活动纳入其控制的范围。与此相适应，人们对法院功能的看法也有了较为明显的变化。作为司法裁判机构，法院存在的基础就是审查刑事追诉活动的合法性，为那些权利受到公共权力机构侵害的公民提供司法上的救济。如果说追究犯罪、惩治犯罪主要属于警察和检察机关所要追求的诉讼目标的话，那么，法院应将维护司法公正作为自己审判活动的终极目的，从而真正发挥社会正义最后一道堡垒的作用。

尽管如此，围绕着司法权的性质以及刑事追诉与司法裁判之间的关系，仍然还有一系列的理论和实践问题需要解决。例如，作为司法裁判机构，法院在启动诉讼程序方面，是否应保持被动性和应答性？未经起诉，法院能否主动提起一个独立的诉讼请求？又如，在刑事诉讼中，法院能否主动地将其自认为构成犯罪的人或行为纳入审判的范围？对于当事人没有提出上诉、检察机关没有提出抗诉的未生效判决内容，二审法院进行所谓的"全面审查"，是否具有正当性？对于某一已经发生法律效力的裁判，法院以"确有错误"为由，自行提出再审程序，这是否有悖程序正义的基本要求？……

对于这些问题，现有的理论并不能作出令人满意的回答。而大量的司法实践则显示出以一种与法院应有的使命完全相反的逻辑正在大行其道，且没有受到充分的揭示和批判。与上述问题有关，本章所要关注的则是一个略显具体的问题：对于检察机关起诉中记载的"犯罪"事实和指控罪名，法院经审理之后，能否直接将其改变、减少或者增加？换言之，法院能否不经检察机关同意，自行变更起诉的内容？比如说，检察机关起诉被告人犯有 A 罪，法院经过审理发现该罪不成立，它能否直接判决被告人构成 B 罪？检察机关起诉被告人犯有 C 罪，法院能否直接判决其构成 C、D 两罪，或者在认定被告人不构成 C 罪的情况下，直接判定其构成 D、E 等数项新的罪行？如果被告人被指控犯有 E、F、G 三罪，法院能否在认定这些罪名不成立的前提下，直接判决其构成 H 罪？

这种由法院自行追加、减少、合并、改变起诉罪名的实践，并非始自今日。可以说，法院对检察机关起诉的罪名作出变更，这已经属于中国刑事司法的惯例，甚至被视为法院审判权的应有之义。然而，在二十多年来的刑事诉讼法学研究中，法律学者对这一问题虽然进行了一些探索和讨论，但运用比较、价值分析、逻辑实证和经验实证等方法对此作出系统研究的论著,则实为少见。①

有关起诉变更问题的讨论在最近几年突然变得热烈了起来。这与人们对法院、法官以及刑事审判的价值预期有着密切的联系。毕竟,在一个法院逐渐被视为正义守护者的社会里,法院自行变更起诉的罪名,也就意味着将一个未经检察机关起诉、也未受辩护方审查和反驳的罪名,强加给了被告人,这显然导致司法上的非正义。但另一方面,这些讨论也直接起因于一起轰动全国的刑事案件的判决结果。

1999年4月3日,重庆市第一中级人民法院对綦江"虹桥"垮塌一案作出了一审判决。作为被告人之一的赵祥忠被判决犯有工程重大安全事故罪。而此前重庆市人民检察院第一分院提出的起诉书,则指控他犯有玩忽职守罪。法院经审理认定,"检察机关指控赵祥忠的犯罪事实清楚,证据确实、充分,但指控其犯有玩忽职守罪不当",因此将起诉罪名自行作出了变更。② 由于中央电视台对这一案件的审理过程进行了现场直播,众多新闻媒体对案件的审判作出了报道,因而案件的审理过程和判决结果受到社会各界的关注,也引起了法律界的争议。其中,受到较多争论的问题是:法院自行将检察机关起诉的罪名加以变更,在程序上是否属于正当的?

一些学者和律师认为,法院直接变更罪名违背了"人民法院行使审判权必须遵循的不告不理原则"③;"剥夺了被告人的辩护权"④。一些人士指责法院"违背了人民检察院独立行使检察权的原则","侵犯了检察权;否定了"公诉效力"⑤,违背了刑事诉讼法的有关规定。还有学者认为,法院直接改变控方罪名存在诸多弊端,它破坏了现代刑事诉讼中控辩审三方合理的角色、功能定位,与现代民主政治条件下司法决策的民主性和科学性的基本要求相悖,也不利于维护被告人的合法权益。⑥

与此针锋相对的是,有一些法官和学者为法院直接变更罪名问题作出了辩解。法官们的一般观点是,作为最终负责定罪的审判机关,法院只要认定被告人的行为构成犯罪,就可以根据刑法分则的规定,判定其犯有适当的罪名,而这一罪名完全可以与检察机关指控的罪名不相一致。还有的法官认为,对被告人究竟判处什么罪名,也就是通常所说的"定性"问题,属于人民法院审判权的有机组成部分,法院

---

① 较早关注并全面研究变更起诉问题的学者当属王敏远。他在1986年就发表文章讨论这一问题。他在这一问题上的观点,可参见樊崇义主编:《刑事诉讼法学研究综述与评价》,北京,中国政法大学出版社,1991;王敏远:《刑事审判中的变更起诉》,载《刑事司法理论与实践检讨》,122页以下,北京,中国政法大学出版社,1999。当然,王敏远的研究更多的是从分析中国司法实践问题、提出有关改进对策的角度展开的,而有关的比较研究和价值反思则未予以顾及。
② 有关重庆綦江"虹桥"垮塌案的审理情况,读者可参见《赵祥忠工程重大安全事故案——人民法院可否变更起诉罪名定罪处刑》,载《刑事审判参考》,2000(1)。
③ 沈向阳:《未经起诉的犯罪不宜直接定罪量刑》,载《律师》(陕西),1999(2)。
④ 刘英权:《判决可以改变起诉罪名吗?》,载《检察日报》,1999-08-11,3版。
⑤ 江晓阳:《评人民法院变更指控罪名权》,载《人民检察》,1999(6)。
⑥ 参见左卫民等:《指控罪名不能更改之法理分析》,载《四川大学学报》(哲学社会科学版),2000(2)。

经过法庭审理，当然有权对被告人的行为作出与检察机关不同的法律评价。[①] 另外，也有学者认为，作为刑事诉讼的最终定案机关，法院有权对指控罪名不正确的，作出合乎法律规定的变更；法院处在"控、辩、审"结构中的主导地位，控辩双方提出的罪名经常具有片面性，检察机关起诉的罪名只对法院起到参考作用，作为主导地位的法院才是确定罪名的权威机构；法院对检察机关指控不成立的，可以直接否定，也当然可以变更罪名。[②]

1996年，最高人民法院通过司法解释首次确立了法院有权变更起诉罪名的规则。2012年刑事诉讼法修改后，该法院在随后颁行的司法解释中再次确立了这一规则。但迄今为止，有关法院自行变更起诉问题的讨论仍在继续，司法实务界与理论界对此仍然存在一些不同认识。

有鉴于此，本章拟对法院变更起诉罪名问题作一较为系统的研究。笔者将运用逻辑实证、个案分析、比较分析和价值评价等多种研究方法，对法院变更起诉罪名的实践及其背后的理论基础作一反思性检讨，并提出一些改进的对策。当然，笔者向来主张，研究问题固然需要从小处着手，但也应从大处着眼。透过对法院变更罪名问题的分析和评价，笔者将提出一种新的诉讼客体理论。或许，无论是法院变更罪名问题，还是其他类似的问题，都反映出我们的理论之贫乏和无力。在分析一个具体问题的基础上，如果能够得出一些带有普遍性、一般化的理论观点，这就不仅有助于解决其他可能出现的类似问题，而且可以借此推进我们的刑事诉讼法学理论。

二、法院变更起诉的个案分析

中国刑事诉讼法对法院变更起诉问题并没有建立任何法律规则，而最高人民法院的司法解释则通过"自我授权"的方式，准许法院主动变更起诉罪名。那么，法院对起诉罪名的主动变更在司法实践中究竟是如何进行的呢？对于这一问题，笔者将分析四个典型的案例，以显示法院变更起诉问题可能出现的四种不同的模式。

案例一 河北省乐亭县人民检察院于1999年12月22日向乐亭县人民法院提起公诉，以乐检刑诉字（1999）第104号起诉书指控被告人王某等四人构成过失致人死亡罪。起诉书认定被告人王某用拳头击打被害人孙某，致使其右太阳穴处及两只胳膊受伤；共同被告人刘某等也上前拉扯并追赶已经走出火车站的被害人。被害人孙某逃至乐亭县第一幼儿园家属院躲避，因身体遭受钝性打击，加之被追逐长距离奔跑，造成情绪激动，致

---

① 对于法官们的观点，读者可参见《人民司法》，1999（9）。该刊在这一期对法院变更罪名问题作了集中讨论。
② 参见周国均：《关于法院能否变更指控罪名的探讨》，载《诉讼法学新探》，435页以下，北京，中国法制出版社，2000。

使冠心病发作死亡。起诉书认为，被告人王某等"应当预见其打击、追逐老年人的行为可能造成其死亡的后果，但因疏忽大意而没有预见"，造成被害人的死亡，其行为已触犯《刑法》第233条之规定，构成过失致人死亡罪。

在法庭审理过程中，辩护人认为被害人孙某的死亡不是由于被告人疏忽大意的过失行为引起的，而是由于患有严重心脏病这个不能预见的原因引起的，属意外事件。

乐亭县人民法院所作的（1999）乐刑初字第216号刑事附带民事判决书，对案件事实的认定与起诉书指控的事实没有明显的区别。但对案件的法律适用问题却作出了与起诉书不同的判定。法院认为，被告人王某等四人"主观上有伤害被害人孙某的故意，客观上实施了伤害行为，且造成受害人孙某死亡的危害后果，孙某死亡的危害结果与四被告人故意伤害行为有刑法上的因果关系"，被害人死亡结果不是由于被告人的过失行为造成的，而是由于拉扯、击打、追逐等故意伤害行为造成的，因此，检察机关指控被告人犯过失致人死亡罪不能成立。同时，被告人主观上虽无致人死亡的故意，却有伤害的故意，因此辩护人提出的被告人行为属于意外事故的辩解不能成立。法院最后判决四被告人犯有故意伤害罪。

在上述案件中，法院对检察机关指控的事实没有作出明显的改变，却直接变更了罪名，对被告人的行为作出了与起诉书不一致的法律评价，也就是判定被告人的行为不构成起诉书指控的过失致人死亡罪，而改判为故意伤害罪。根据中国刑法的规定，过失致人死亡罪与故意伤害罪在犯罪构成的各个要件上都有着明显的差异，而且从量刑上看，过失致人死亡案件的最高刑罚为7年有期徒刑，而犯有故意伤害罪并致人死亡的被告人，最低量刑就达到10年有期徒刑，并可能被判处无期徒刑甚至死刑。显然，法院不仅主动变更了起诉书指控的罪名，而且还对被告人判处了一个较之起诉书更为严厉的罪名。同时，为论证自己的结论，法院的判决书还从主观和客观方面对被告人行为的故意伤害性质作出了分析。这些分析显然与起诉书中的表述大相径庭了。另外，法院对辩护人提出的被告人不构成过失致人死亡罪，而被害人的死亡纯属意外事故的辩护意见，也不予采纳。可以说，法院不仅将检察机关的法律评价置之不理，而且对辩护方在法庭审理过程中针对过失致人死亡罪的防御活动也弃置不顾，而单方面地作出了新的法律评价。

案例一所显示的法院变更罪名的实践，具有这样几个特征：法院对起诉指控的事实不作变更；法院直接、主动地改变了起诉书指控的罪名；这种变更对被告人而言，可能导致更为严厉的科刑。对于这种变更，我们可以称之为"单纯法律评价的变更"。

案例二 1998年6月16日，广东省中山市人民检察院以中检刑诉（1998）35号起诉书，向中山市中级人民法院提起公诉，指控被告人王某等人犯有民事枉法裁判罪。在起诉书记载的指控事实部分，检察机关认定：1996年9月，被告人王某作为承办广东粤海公司诉南屏公司民事赔偿一案的法官，私自接受原告方的邀请，到香港游玩，并收受了原告方人员送的港币10 000元。王某从香港返回后，"慑于法律的威力"，将这笔现金原数退回给了送款人。被告人王某明知原告方粤海公司提出虚假起诉的真实意图，"但在向合议庭汇报案件时，却隐瞒上述重要情节，违背事实地提出支持粤海公司诉讼请求的意见，指使合议庭形成支持粤海公司诉讼请求的决议"。珠海市中级人民法院审判委员会先后两次讨论该案时，被告人王某作为该案的主审人，向审判委员会汇报案情时，"继续隐瞒事实真相，导致审判委员会形成了同意合议庭意见的错误决议"。被告人王某还起草了（1996）珠法经初字第36号错误的民事判决书。起诉书认为，被告人王某"身为国家司法工作人员，在民事审判活动中，故意违背事实和法律作枉法裁判，收受贿赂，情节严重"，其行为已触犯《刑法》第399条第2款之规定，构成民事枉法裁判罪。

中山市中级人民法院经过开庭审理，于1998年8月5日作出（1998）中中法刑初字第38号刑事判决书。判决书对起诉书记载的指控事实基本上全部给予了确认。但在对王某行为的法律评价部分，判决书认定：被告人王某"身为国家司法工作人员，在办案过程中，利用职务上的便利，非法收受当事人的贿赂，为当事人谋取利益，其行为已构成受贿罪，依法应予判处"。被告人王某在民事审判活动中，"故意违背事实和法律作出裁判，但其行为未造成直接的经济损失和重大的社会影响，不属情节严重，故构不成枉法裁判罪。公诉机关指控被告人所犯罪名不能成立，不予采纳。"被告人王某及其辩护人"辩称其行为不属于情节严重，不构成枉法裁判罪，经查属实，可予采纳。"

对于上述判决，检察机关认为存在重大错误，随即提起抗诉。中山市人民检察院的抗诉书认为：原审以被告人的行为未造成直接的经济损失和重大的社会影响为由，判决其不构成民事枉法裁判罪是错误的；被告人"明知粤海公司涉嫌炒汇、骗税，不驳回，不移送公安机关，违背事实裁判，保护了不法分子"，因此应改判认定构成民事枉法裁判罪。广东省人民检察院的抗诉意见是：粤海公司给了被告人好处而南屏公司未给，故被告人有徇私徇情动机；被告人明知案件事实真相，又明知事实不清、证据不足的民事案件应依法驳回起诉，却决意实施违法裁判，说明有违法主观故意。对被告人王某"不宜以受贿罪定罪处罚，因为《刑法》第399条第4款规定贪赃枉法作枉法裁判又构成受贿罪的，依照处罚较重的规定定罪处罚"，被告人"受贿退赃行为可免除处罚，枉法裁判则无法定减轻情节，故枉法裁判罪重，应定枉法裁判罪"。

对于判决结果，被告人也表示不服，提起了上诉。被告人除表示不构成枉法裁判罪和受贿罪以外，还强调"原审认定受贿罪严重违反刑事诉讼程序，侵犯被告人和辩护人的辩护权，起诉的事实只是枉法裁判，不能离开起诉罪名的事实认定新罪"。

广东省高级人民法院经过开庭审理，在其所作的（1999）粤高法刑经终字第238号刑事判决书中维持了原审判决认定被告人王某犯有受贿罪的结论，但改判免予刑事处罚。针对被告人、辩护人提出的原审改变罪名不当的问题，判决书判定：原审认定王某"收受贿赂的事实清楚，定性准确"，同时，"根据最高人民法院（1998）刑他字第170号批复，人民法院在人民检察院起诉指控的犯罪事实的基础上，可以增定或者改定被告人的罪名。故原审在检察院起诉指控的事实基础上认定王某犯有受贿罪，在诉讼程序上并无不当。"

在这一案件中，第一审法院认定检察机关指控的民事枉法裁判罪不能成立，直接改判被告人犯有受贿罪。与案例一的情况相同，法院在控辩双方以某一罪名是否构成为中心进行起诉、调查、质证、辩论之后，单方面地判定被告人构成另一未经起诉的罪名。并且，法院所判的新罪名在法定刑上要比起诉书指控的罪名更为严厉。但与案例一明显不同的是，案例二中的一审法院尽管在判决书中对指控事实全部予以确认，却没有将起诉书记载的被告人故意徇私枉法的行为作为判决其有罪的事实依据。而作为裁判的事实依据的受贿这一事实情节尽管在起诉书中有明确记载，却只是用来证明其实施枉法裁判行为的起因和动机，而不是用来证明被告人枉法裁判的直接事实依据。显然，一审法院并没有依据"同一事实"对被告人行为作出法律评价，而是在变更事实依据的基础上，变更了起诉指控的罪名。另一方面，对于一审法院变更起诉罪名问题，检察机关和被告人、辩护人都表示出明显的不满，检察机关认为法院的判决属于定性错误，被告人及其辩护人则认为法院的判决侵犯了自己的辩护权，违背了刑事诉讼的程序。就在这种情况下，二审法院仍然认为，在认定事实准确的基础上，法院有权对被告人行为的性质作出独立的法律评价，从而增加或者变更罪名。法院这种坚持认定罪名权属于审判权有机组成部分的思想，在本案中可以说表现到了极致。

对于案例二所显示的罪名变更，我们可称之为"指控事实依据的变更"。

案例三 2000年12月11日，广东省肇庆市人民检察院以肇检刑诉（2000）43号起诉书指控被告人戚某、谭某犯有合同诈骗罪。起诉书指控两被告人"相互勾结，以非法占有为目的，以合同诈骗手段骗取了巨额国有资产，从而导致辽河石油勘探局9 000万元的巨额损失，诈骗数额特别巨大"，其行为触犯《刑法》第224条之规定，均已构成合同诈骗罪。在法庭审理中，两被告人及其辩护人均辩称根本不存在被告人个人诈骗的事实，案件所涉及的实际为民事法律关系上的争议。

2001年2月23日，肇庆市中级人民法院经过开庭审理，作出了（2001）肇刑初字第01号刑事判决书。判决书认定，被告人戚某、谭某"诈骗两台发电机组的行为构成合同诈骗罪的事实清楚，证据确凿，应予支持"。但公诉机关在起诉书中虽认定了被告人戚某、谭某"诈骗四会市人民政府等单位借款的事实，却无法认定此行为构成合同诈骗罪，应予补充认定"。判决书以两被告人诈骗两台发电机组和诈骗四会市人民政府等单位借款这两项行为为根据，判决其构成合同诈骗罪。

在这一案例中，法院对于检察机关指控被告人涉嫌诈骗辽河石油勘探局两台发电机组的事实，明确给予了确认，并认定了与检察机关指控完全相同的合同诈骗罪的罪名。但是，检察机关在起诉书中并没有将被告人诈骗四会市人民政府等单位借款的事实，作为指控被告人犯有合同诈骗罪的事实依据，而是作为指控他们犯有其他罪名的依据。但法院在判决中却将这一事实作为判定被告人犯有合同诈骗罪的直接依据。法院这种"补充认定"被告人犯有合同诈骗罪的判决结果，事实上不仅改变了起诉书所作的法律评价，而且将这种未经检察机关起诉、也未经被告人辩护的事实，自行当做认定被告人有罪的依据。如果说案例二所显示的是法院将起诉书中指控被告人犯罪的事实予以否定，反而以起诉书中记载的作为被告人"犯罪动机和起因"的行为为根据，判定其构成新的未经起诉的犯罪，那么，案例三中的法院却是认可检察机关指控的罪名，并将另一在起诉书中与认定该罪无关的新事实，补充认定为构成这一罪名的事实依据。表面看来，这一做法依然属于法律评价的变更问题，但具体从合同诈骗罪这一单个罪名的构成依据来看，法院实际上将起诉书指控的事实从一项追加为两项。

案例三所显示的法院对起诉罪名的变更，可称之为"指控事实依据的追加"。

案例四 2000年12月11日，广东省肇庆市人民检察院以肇检刑诉（2000）43号起诉书指控被告人戚某、谭某、赵某犯有虚假出资、挪用资金、职务侵占等三项罪行。起诉书认定：被告人戚某、谭某"身为和协公司发起人和主要负责人，虚假出资达1.72亿元，虚假出资数额特别巨大，造成后果特别严重"，其行为触犯《刑法》第159条之规定，均已构成虚假出资罪；被告人戚某、谭某、赵某"利用职务之便，擅自分别挪用资金达7 700万元、1 340万元和30万元，挪用资金数额巨大"，其行为触犯《刑法》第272条之规定，均已构成挪用资金罪；被告人谭某、赵某"利用职务之便，侵占公司资金数额巨大"，其行为触犯《刑法》第271条之规定，均已构成职务侵占罪。在法庭审理中，上述三被告人及其辩护人均辩称，起诉书提及的所有"犯罪行为"均非被告人个人行为，而为单位集体行为，上述三项罪名均不能成立。

肇庆市中级人民法院经过开庭审理，作出了（2001）肇刑初字第01号刑事判决书。在判决书中，法院认定：被告人戚某、谭某、赵某"以非法占有为目的，使用虚假的产权证明作担保，诈骗银行贷款，数额特别巨大，其行为均已构成贷款诈骗罪，情节特别严重"。主要理由是，他们"背着其他股东，利用职权，擅自改变借款用途，将大量借款挪用、侵占和挥霍。即使在贷到大量款项后，也拒不归还上述借款"，这表明被告人根本无履约偿还借款的意愿，诈骗上述单位借款是基于被告人的个人意愿，属于个人行为。至于起诉书指控被告人所犯的三项罪名，"虚假出资属于诈骗的一种手段，挪用资金和职务侵占属于诈骗犯罪后处置赃款的范畴，均属于牵连犯罪，应按照刑法从一重罪的原则处罚，不应另定罪名实行数罪并罚"。另外，公诉机关在起诉书中认定了三被告人诈骗银行贷款的事实，"却无认定此行为构成贷款诈骗罪，属定性不准，应补充认定"。三被告人"客观上实施了诈骗银行贷款的行为"，"主观上具有非法占有的故意"，他们"将同一抵押物重复抵押、变卖，侵犯了国家金融机构的合法利益"；他们"擅自改变贷款用途，将大量贷款挪用、侵占和挥霍"，完全属于个人行为。

与案例三相同，法院在案例四中仍然有自行追加指控事实的行为，因为它将起诉书记载的被告人诈骗银行贷款的行为，直接作为判定被告人构成贷款诈骗罪这一新罪名的事实依据。但与案例三不同的是，法院对起诉书指控的三项罪名——虚假出资、挪用资金和职务侵占，都没有确认其成立，而是在认定起诉书指控事实成立的基础上，另辟蹊径，将它们视为贷款诈骗罪的牵连犯罪。与前面三个案例中所显示的法院变更单个罪名的情况不同，案例四所暴露的则是法院合并、拆分、追加罪名的问题。在中国司法实践中，法院不仅可以将若干个指控罪名合并为一个新的罪名，还可以将某一个指控罪名拆分或者追加为两个甚至三个新的罪名。当然，所有这一切变更起诉罪名的情况都有一个前提：法院对检察机关起诉的事实基本上都予以了确认，但在定罪的罪名上却作出了新的独立的法律评价。案例四的情况可以称之为"指控罪名的合并、拆分和追加"。

可以看出，法院对起诉罪名所作的直接变更，不仅在最高人民法院的司法解释中有明确的授权性解释，而且在刑事诉讼法中也有一定的制度基础。不过，无论是司法解释还是法律，都没有对这种变更罪名的行为作出较为具体的限制性规定。法院只要认定检察机关指控的事实有确实、充分的证据支持，是能够成立的，也就可以作出独立于起诉书的法律评价。当然，这样做的前提必须是检察机关指控的同一事实被法院的判决所确认。法院如果在法庭审理过程中发现了新的"犯罪人"或者新的"犯罪事实"，一般还必须经过一种补充或者变更起诉的程序，而不能直接改判新的罪名。这一点，确实是现行司法解释所明确强调的。

至于司法实践中法院变更罪名的具体做法，笔者通过案例分析，概括出了四种基本的模式："单纯法律评价的变更"、"指控事实依据的变更"、"指控事实依据的追加"以及"指控罪名的合并、拆分和追加"。除第一种模式属于纯粹法律评价的变更，而不涉及指控事实依据的变更以外，其他三种模式都包含着法院对起诉书指控事实依据的直接变更。尽管这种变更并没有导致法院抛开起诉书，另外认定新的犯罪人或者新的犯罪事实，但是就任一单个罪名而言，它们却是直接对起诉书记载的指控事实的修正和变更。

或许，对法院变更罪名的法律基础和实践做法作出上述这种带有经验实证式的分析，会有助于人们真切地了解"司法实践中究竟在发生着什么"。如果想进一步地分析其中的问题和缺陷，或者对法院变更起诉的做法加以价值评价，更或者要建构一种旨在有助于解决同类问题的诉讼理论，那么，上述这种实证式的研究都应成为起点和基础。

三、法院变更起诉的成因

起诉罪名的变更无论采取什么样的模式，其适用过程大体都是相似的：法院经过法庭审理，确认检察机关起诉指控的事实清楚，并有确实、充分的证据加以支持，但对起诉书所作的法律评价则发现"确有错误"，于是在判决书中对刑法适用问题作出了变更。对于这种罪名的改变、追加、拆分、合并，法院往往是在不告知公诉机关、不通知辩护方的情况下，以单方面、秘密、主动的方式进行的。这一情况为什么会发生得如此普遍？在法院自行变更起诉罪名的背后，究竟有哪些因素在发挥着作用？换言之，法院作出这种变更究竟有什么动机和起因？……对于这些问题作出适当的解释，将有助于我们发现这一问题的成因，并为问题的解决提供事实上的基础。

有的学者认为，导致法院变更罪名的原因主要有五个方面：一是最高人民检察院和最高人民法院对刑法分则具体罪名作出了不同的概括，从而导致法院依据后者的解释变更检察机关指控的罪名；二是法官基于其对同一案件事实与公诉人的不同理解而变更罪名；三是由于法官和公诉人所处的诉讼地位不同，从而造成双方关于所定罪名观点不同；四是在刑法分则条文中，规定简明罪状的很少，但规定叙明罪状和引证罪状的较多，而且有的条款本身还属于空白罪状；五是公诉人在确定罪名时，所依据的是公安机关提供或者自行收集的材料，而法官确定罪名，则是在经过法庭调查和听取了控辩双方争辩的基础上作出的，具有兼听则明的优势，因而更加客观、公正。[①]

在有关法院变更罪名问题的研究中，类似这种深入解释其成因的论述并不多见。论者在解释中明显地持有"法院判断优先论"，以为凡是遇有法院与检察机关对案件的法律评价不一致的场合，一律应以法院的判断为准。所谓"法院与检察机关地位不同"、"法院更加客观、公正"之类的说法，都带有明显的价值倾向性，而

---

① 参见周国均：《关于法院能否变更指控罪名的探讨》，载《诉讼法学新探》，437~440页。

非对法院变更罪名问题的客观解释。事实上，我们需要首先回答"造成法院变更起诉罪名的原因究竟有哪些"，然后才谈得上议论"法院变更罪名的正当性"问题。

但也应看到，上述分析有一些值得注意的内容。比如说，最高人民法院与最高人民检察院拥有平等的司法解释权问题，有时确实是造成法院变更起诉罪名的一个重要原因。① 毕竟，法院享有最终的审判权，在其对案件定罪处刑时，最高人民法院的司法解释一般会成为权威的法律文件，而公诉人如果依据最高人民检察院所作的司法解释，对案件定性问题作出与最高人民法院的解释不一致的法律评价，那么，这一法律评价就有可能被法院所抛弃。或许，最高人民法院与最高人民检察院在发布有关刑法罪名的司法解释时，如果能够协商一致，不使各自发布的规范性法律文件产生分歧，那么，法院这种依据司法解释，"合法"变更罪名的做法可能会得到大量减少。更进一步地说，如果最高人民法院与最高人民检察院在司法解释上的权限得到重新分配，使得作为最高司法机关的最高人民法院真正拥有最终的、独享的司法解释权，那么，法院就不会再因为司法解释上的冲突而主动变更起诉罪名。

又如，现行中国刑法尽管确立了"罪刑法定原则"，废除了类推制度，但在分则关于各个犯罪罪状的表述上，确实存在着简明罪名和空白罪状过多的问题。这必然导致法官和公诉人在理解具体案件事实、进行法律评价时发生分歧，从而导致变更罪名情况的大量发生。可以说，这也是造成法院变更罪名的一个重要原因。假如刑法分则就任一犯罪的构成要件都作出明确、具体的载明，法院与检察机关对同一犯罪构成要件的理解不会发生明显的分歧，那么，法院变更起诉罪名的情况自然会减少许多。

当然，法院对起诉罪名的变更，除了有刑法分则在罪状表述方面过于简要，以及最高人民法院与最高人民检察院同时拥有司法解释权这一司法体制原因以外，还有其他方面的原因。其中，最为重要也最容易被人们所忽略的则是三个问题：一是起诉书没有将指控事实与法律评价连为一体，而是使其相互分离；二是法官普遍持有反"形式理性"的观念；三是不告不理原则尚未得到真正的贯彻。

（一）指控事实与法律评价的分离

在中国司法实践中，检察机关的起诉书与法院的判决尽管在诉讼功能上迥然有别，但在格式和内容上却有一些相似之处。起诉书在就指控的"犯罪事实"作出较

---

① 1997年12月，最高人民法院和最高人民检察院分别就修订后的刑法作出了各自的司法解释。根据前者发布的《关于执行〈中华人民共和国刑法〉确定罪名的规定》（以下简称"规定"），刑法分则规定的罪名被解释为413个；而根据后者发布的《关于适用刑法分则规定的犯罪的罪名的意见》（以下简称"意见"），法定罪名则被认为共有414个，比最高人民法院的解释多出一个。不仅如此，在一些罪名的具体概括上，两个司法解释所作的表述也不一致。例如，"规定"将《刑法》第397条概括为"玩忽职守"和"滥用职权"两个罪名；而"意见"则概括为三个罪名，即"玩忽职守"、"滥用职权"和"国家机关工作人员徇私舞弊"。另外，对《刑法》第399条第1款、第2款以及第406条罪名的概括，这两个司法解释也有明显不一致甚至发生冲突的地方。

为详细的记载之后，通常会有这样的表述："上述犯罪事实清楚，证据确实、充分，足以认定"；紧接着，起诉书对指控事实套用刑法分则上某一犯罪的构成要件，从主体、主观方面、客观方面等各个角度作出法律评价，确定被告人行为所触犯的刑法条文。而与此相似，判决书在对控辩双方的意见作出列举之后，通常会将法庭认定的事实作一详细论述，然后通过列举和分析各项证据，确认"以上事实，有确实、充分的证据加以证实，犯罪事实清楚"；同样紧接着，判决书会在"本院认为"部分，运用犯罪构成的知识，对被告人的行为作出法律评价，以证明其行为符合刑法分则某一犯罪的构成要件，从而判定其所犯的罪名。可以说，法院对起诉罪名的主动变更，主要发生在对"犯罪事实"的法律评价部分。实践中经常发生的情况是，法院认定的"犯罪事实"与检察机关指控的事实几乎没有任何实质性的区别，但在法律评价部分，法院却推翻了起诉书的结论，而自行认定新的罪名。

透过这一现象，我们可以感觉到检察机关对指控事实的认定，并没有受到刑法分则规定的某一犯罪构成要件的严格限制，这一指控事实实际上属于脱离了具体犯罪构成要件限制的"犯罪事实"。而起诉书所作的法律评价（包括罪名认定）则是在描述完指控事实之后，将刑法分则规定的某一犯罪构成"套用"到该事实之上，这种"套用"带有极为明显的主观色彩，并容易失之任意。换言之，起诉书所作的法律评价实际是从外部对指控事实所作的主观判断。正因为如此，法院在判决书中完全可能提出另外一个与起诉书不同的法律评价，而这一主观判断同样是在外部对被告人行为的法律性质所下的断言。很明显，在检察机关的起诉书中，指控事实本身并没有体现某一犯罪的构成要件，也没有与某一犯罪构成要件相对应。这一指控事实似乎游离于具体犯罪构成之外，成为一种脱离法律评价的自然事实、社会事实和经验事实。

既然指控事实与法律评价基本上是可以分离的，那么，检察机关对被告人行为的法律评价就与一般的社会评价没有任何实质上的区别。在这里，检察机关似乎忘记了起诉书的基本诉讼功能：界定法院审判的范围，并使被告人的防御有明确、具体的对象。作为一种定罪的请求书和量刑的建议书，起诉书无须将与犯罪有关的所有社会事实都记载其中，否则就将为公诉人证明起诉书的内容设置无数的障碍；起诉书只需将与某一犯罪的构成要件相符的事实加以载明，并围绕着这些事实作出法律评价。换言之，起诉书记载的指控事实本身应当是脱离社会、经验、自然层面的法律事实，它本身应体现出一定的法律评价。正是在这一意义上，我们才可以说，从来没有脱离具体犯罪构成的"指控事实"。更明确地说，判定一个人的行为"构成犯罪"这一说法在法律上是没有任何意义的；要以国家的名义指控一个人"有罪"，就必须说清楚他触犯了刑法分则的哪一条文，符合哪一罪名的构成要件。因此，适当的说法应当是，被告人的行为构成刑法分则所禁止的"某某罪名"。

指控事实与法律评价的分离，导致起诉书对法院判决的制约效力降到极低的程度，也促成了法院对案件事实随意作出异于起诉书的法律评价。结果，应当蕴涵于指控事实之中并构成法院裁判对象的法律评价问题，却丧失了对法院裁判的制约力。人们或许会说，变更或不变更起诉罪名完全由法院自己决定，造成这一问题的原因不应在检察机关，而应在法院。但是，倘若没有这种将指控事实与法律评价完全分离，并使得法律评价问题完全主观化的起诉书制度，法院就不可能如此频繁、如此随意地变更起诉的罪名。

（二）反形式理性的裁判观念

在法律意义上，作出有罪判定是国家对一个人的行为所作的权威的法律评价。因此，"犯罪"这一概念有法律意义和自然意义之分。一个人的行为要被认定为法律意义上的"犯罪"，一般须同时符合三项条件：一是它符合刑法分则明确禁止的某一犯罪的构成要件；二是它的存在有充分的证据加以证明；三是它要由法院经过合法、正当的法律程序作出裁判。不符合上述任何一项法定条件，一个人即使被认为"罪大恶极"，其行为即使具有极大的社会危害性，也不能被认定为法律意义上的"犯罪"。

但是，对于这些体现刑事法治原则的观念，任何一个中国法官接受起来都有些困难。人们似乎坚信，只要被告人的行为符合定罪的条件，也就是所谓的"犯罪事实清楚，证据确实、充分"，那么，无论检察机关指控的罪名是否成立，法院都应当对被告人加以治罪。在重庆綦江"虹桥"垮塌一案中，法院就为自己变更起诉罪名寻找到了理论上的依据。法院的解释是：

> 人民法院在公诉机关指控的犯罪事实没有变化的情况下，有权改变起诉罪名定罪处刑……（因为）人民法院在审查公诉机关指控犯罪嫌疑人的犯罪是否成立时，应当以事实为依据，以法律为准绳，确定犯罪行为是否存在，犯罪事实是否成立。在查清事实、证据的基础上，根据刑法规定的罪刑法定原则和罪刑相适应的原则，确定相应的罪名和刑罚。《刑事诉讼法》（1996年）第162条第（一）项规定：案件事实清楚，证据确实、充分，依据法律认定被告人有罪的，应当作出有罪判决。这里所谓依据法律，也就是依据刑法的有关规定。对被告人的犯罪行为，根据刑法分则规定构成哪一种犯罪，就应当定哪种罪名。公诉机关指控的罪名与人民法院经审理案件后认定的罪名不一致，这在实践中常有发生。对此，只要公诉机关指控的犯罪事实存在，证据确凿，且刑法分则又明确规定该行为构成犯罪，则应当定罪处罚。[1]

根据这一解释，法院只要确定"犯罪行为存在，犯罪事实成立"，就可以不受起诉书的拘束，独立自主地确定被告人所犯的罪名。但问题的关键在于：在不认定

---

[1] 有关法院为变更罪名问题所作的解释，读者可参见《赵祥忠工程重大安全事故案——人民法院可否变更起诉罪名定罪处刑》，载《刑事审判参考》，2000（1）。

检察机关起诉的罪名是否成立的情况下，何来"犯罪行为"和"犯罪事实"的认定呢？难道真的会有脱离具体犯罪构成要件的"犯罪事实"吗？在法院这一论述的背后，实际存在着一种奇怪的理论逻辑：只要被告人的行为"构成犯罪"，而这一行为又不构成检察机关指控的罪名，法院就可以对这一"犯罪行为"另定罪名。按照法官们的思路，这种主动变更罪名的做法并不违背罪刑法定原则和罪刑相适应原则，符合实体正义标准。换言之，对于被告人行为的法律评价，法院只要遵守了刑法的规定，实现了实体正义目标，就可以任意为之，而无须受到检察机关起诉书的约束。可以说，在法院变更起诉罪名问题的背后，实际上存在着"重实体，轻程序"，甚至"重结果，轻过程"这一重大的观念障碍。

另一方面，在很多法官的观念中，罪名的确定被视为法院审判权的有机组成部分。法官们普遍认为，既然定罪权属于法院的专有权力，那么，认定罪名就当然是法院的排他性权力，法院也就当然有权改变检察机关起诉认定的罪名。还有的法官坚持认为，对于检察机关提出的指控，法院经过法庭审理，发现不能成立的，既然可以直接加以推翻，当然也就可以对其指控加以变更。这一观念的实质，是强调法院对被告人行为的法律评价拥有"独断性"的权威，法院的判决可以不受法庭审理过程的任何约束。但事实上，法院所作的判决结论不过是其法庭审理过程的逻辑结果而已。没有经过检察机关的起诉，任何事实和法律评价的认定都可能变成法院自行强加给被告人的结论；没有经过法庭审理和控辩双方的辩论，任何的事实判断和法律评价都可能成为法院单方面作出的结论。

当然，笔者在这里只是分析问题形成的原因，考察法官们究竟是在什么样的观念支配下自行变更起诉罪名的问题。至于这种观念是否具有正当性，以及它对司法实践究竟产生了哪些负面的影响，笔者将在下面的论述中加以专门分析。

（三）司法被动性的缺失

从解释成因的角度来看，法院变更起诉罪名的实践还暴露出不告不理原则并没有真正确立于中国刑事司法制度之中。

自罗马法以来，大凡称得上"诉讼"的国家活动，都普遍具有一个共同的特征：负责裁判的机构或人员不得自行、主动地启动任何一项诉讼程序，而必须在有人或机构提出申请的情况下，才能受理案件和主持听审活动。用诉讼法学上的专门语言表示，就是"不告不理"。作为一项诉讼法上的基本原则，"不告不理"是相对于纠问式诉讼中法官"不告而理"的实践而被提出的，其目的在于防止法官演变成为积极的调查官和变相的追诉者，避免其成为自己作为当事人的案件的裁判者，从而最大限度地确保法官的中立性、超然性和被动性。

一般认为，不告不理原则有这样几项基本诉讼要求：一是未经起诉，法院不得实施任何形式的法庭审理活动；二是法院审判的范围应当局限于检察机关起诉的"人"和"事"之内，而不得审理和判决任何未经起诉的被告人和行为；三是对于一审法院所作的未生效判决，未经控辩双方的上诉申请，上级法院不得主动加以重新审理；四是对于已经发生法律效力的裁判，未经控辩双方依法申请再审，任何法院都不得主动加以撤销，或者针对被告人的同一行为重新启动审判程序。

对于这些要求的前两项，中国主流的法学理论基本上是接受的。而对于后面两项要求，却存在着严重的冲突和分歧。从中国现行刑事诉讼法的规定及其立法精神来看，这种对法院在启动二审和再审程序方面所提出的限制，并没有得到中国主流法学理论的承认。结果，一系列有违不告不理原则的制度设计和实践在中国大行其道。例如，在二审程序中，法院要对一审法院判决中认定事实和法律适用的情况进行"全面审查"，而不受上诉、抗诉范围的限制；对于法院所作的死刑判决，高级人民法院或最高人民法院可以在控辩双方不提出任何异议或申请的情况下，自行、主动地实施"死刑复核程序"；对于已经发生法律效力的判决或裁定，法院可通过各种途径主动提起"审判监督程序"，从而自行发动再审。这些规定和实践，使得法院的审理都不受上诉、抗诉、申诉范围的限制，从而成为事实上的"不告而理"。

为什么会发生这种法院普遍地"不告而理"的情况呢？按照中国主流的司法观念，刑事诉讼的终极目标就在于发现案件事实真相，也就是通常所说的"实事求是"。为达到这一目标，法院与检察机关、公安机关一样，都要"尊重事实真相"，不枉不纵，有错必纠。而任何一项现代意义上的诉讼观念、原则，如果与这一认识论意义上的目标发生矛盾或冲突，那么其存在的价值就会削弱或者丧失。在中国刑事诉讼中，不论是无罪推定这一刑事法治原则，还是沉默权规则、非法证据排除规则、证人特权规则等，之所以无法真正确立下来，至少是因为它们都从不同方面违背认识论原理，并程度不同地妨碍了公检法三机关发现案件的事实真相。至于我们这里所说的"不告不理原则"，由于使法院主动发现事实真相的作用受到限制，并与认识论所倡导的"不枉不纵"、"有错必纠"的理念背道而驰，因而其正当性并没有得到中国主流诉讼理论的全面肯定。

很显然，法院主动变更起诉罪名问题的出现，显示出不告不理原则在认识论的氛围中不得不作出重大的妥协。从不告不理的精神来看，法院的审理和判决不仅不能超越起诉书指控的被告人和行为，而且也应受到检察机关对被告人行为所作的法律评价的限制。也就是说，对于检察机关指控被告人所犯的罪名，法院并没有自行变更、追加的义务，而只要判定其"是否成立"就足够了。如果判定指控罪名成立，法院就应作出有罪判决；相反，法院就应判决被告人无罪。即使在例外情况下，确实需要对罪名作出变更，也不能由法院自行、主动地作出，而应由检察机关通过申请变更起诉书来进行。只有这样，法院在控辩双方之间的中立地位才能得到保持，审判过程中也才不会出现法院主动提出主张、进行自我裁判的局面。

但是，如果将发现事实真相、实现实体正义、防止不枉不纵等作为刑事诉讼活动的最终目标，那么所谓防止自我裁判、确保裁判中立等观念都会显得缺乏合理性和正当性。为了实现实体正义，法院发现检察机关指控的罪名"确有错误"，当然应当加以变更；法院发现检察机关对被告人的行为认定的罪名明显偏少，当然可以直接追加罪名；法院发现起诉书指控的多个罪名皆属不当，也当然可以将其合并或拆分为其他若干个新的罪名。

不难看出，法院主动变更起诉罪名实质上就是"不告而理"，而这种"不告而理"与二审法院全面审查、法院主动发动再审程序一样，都站在实事求是、不枉不纵、有错必纠的立场上，以实体正义的实现作为其正当化的辩解理由。这种较为浓重的程序工具主义观念如果得不到改变的话，那么，与"不告不理原则"得不到承认相伴随，法院主动变更起诉罪名的做法就将永远得不到遏止。

四、变更起诉实践的负面效应

在前面的论述中，笔者分析了法院变更起诉罪名的一些原因，尤其是揭示了法官们在此问题上的普遍观念。那么，这种将主动变更罪名正当化的观念究竟能不能成立呢？换言之，法院直接变更起诉罪名的做法究竟有无正当性和合理性呢？显然，这涉及对法院变更起诉罪名问题的价值评价问题。

为防止以往经常发生的价值评价带有过分主观性和随意性的问题，笔者将主要从法院变更罪名的实际效果入手，考察这一实践对一些基本法律价值所造成的负面影响。然后，笔者还将对那些支持这一实践的观点作进一步的评价。

应当承认，法院在判决中对起诉罪名直接作出各种形式的变更，对于实现刑法上的罪刑法定原则、罪刑相适应原则，以及严格按照刑法分则所确立的具体犯罪构成要件进行定罪，确实有一定的积极作用。毕竟，法官经过法庭审理过程，发现检察机关起诉书指控的罪名"确实不能成立的"，按照刑法的规定，重新对被告人的行为作出法律评价，从而确定新的罪名。这无论从实现实体正义目标来说，还是从维护所谓的"法律尊严"来说，都可以成为法院进行自我辩解的理由。而从司法实践的现状来看，法院在很多案件中对起诉罪名的变更，也确实更加符合刑法的规定，甚至是对检察机关起诉书中的指控作出了"正确"的纠正。这似乎很能体现所谓的"不枉不纵"、"有错必纠"的认识论精神。

如此看来，法院直接变更起诉罪名的实践在维护实体正义方面确实具有一定的正当性。但是，这里始终潜伏着一种危险：谁通过什么途径来对法院这种变更罪名的合法性进行审查呢？换言之，假如法院以实现实体正义为名，将检察机关起诉书中可能"更加正确"的法律评价加以变更的话，这种行为又如何得到及时的纠正呢？更进一步地说，假如检察机关认为自己在起诉书中作出的法律评价是正确的，而法院又坚持认为自己在判决书中对被告人行为所作的新的法律评价也是正确的，那么，究竟有什么样的标准来判定两者孰对孰错呢？很显然，法院主动变更起诉罪名的实践是经不起上述一连串追问的。这一实践的最大问题在于，法院自认为对起诉书指控罪名所作的变更是"正确"的，却又无法令人信服地予以证明，因而会带有极大的武断性、片面性和随意性。

因此，从实现实体正义的角度来看，法院对起诉罪名所作的主动变更，可能是"正确"的，也很可能会发生"错误"，至少并不必然有助于达到更加公正的裁判结论。法院以此为理由对其变更起诉罪名的做法进行辩解，并不能使人心服口服。换句话说，从是否有助于实现实体正义的角度来看，法院变更起诉罪名有无正当性和合理性，至少在相当多的情况下是说不清的。或许，"真理"究竟是掌握在法官还是检察官手里，有时是根本无法鉴别的。

然而，如果从程序正义的角度进行评价的话，那么，法院主动变更起诉罪名的非正当性又是可以说得清的。作为一种"看得见"的正义，程序正义有着相对明确、具体的构成要素和评价标准。按照程序正义的要求，在任何一种旨在形成权威的法律决定的裁判过程中，所有与案件的结局有着直接利害关系，或者其利益会受到裁判结论直接影响的人，都应当充分而有效地参与到裁判的制作过程中来，并能够对裁判结论的形成施加积极的影响。表面看来，法院的裁判结论属于其单方面所作的解决纠纷的方案，但实际上，这一裁判不应是法院自行、随意制作的法律结论，而应直接体现控辩双方的参与过程，体现法庭审理的实际状况。换言之，法院的裁判结论应当形成于法庭审理的过程之中，并以控辩双方当庭提出并经过法庭审查过的证据、意见和辩论为基础。

法院主动变更起诉罪名的实践恰恰违背了上述程序正义的基本要求。根据前面的分析，这种变更起诉的情况通常发生在法庭审理结束之后的评议阶段。也就是说，法院对起诉罪名的变更既没有征得公诉人的同意（甚至经常遭到公诉机关的反对），也没有及时告知被告人和辩护人，更没有将这种变更问题列为法庭调查和法庭辩论的对象，而是在控辩双方皆不知晓的情况下，以单方面和秘密的方式加以进行和完成的。可以说，法院对被告人行为所作的新的法律评价以及所认定的新的罪名，都没有建立在控辩双方当庭调查和辩论的基础上，都没有体现控辩双方的参与过程，也都没有形成于法庭审理过程之中，而是产生于法庭审理程序之外。这种做法违背程序的"自治性"原理，使得与案件结局有着直接利害关系的控辩双方的参与丧失了实际的意义，因而完全流于形式。

法院主动变更起诉罪名的做法还严重剥夺了被告人的辩护机会。这是因为，在检察机关提起公诉之后，法院通常会将起诉书副本送达给被告人及其辩护人。被告人及其辩护人在阅读起诉书内容、了解控诉方主张的基础上，进行充分的防御准备。一般说来，辩护方防御准备活动始终是围绕起诉书指控的罪名来进行的；而法庭审理中的防御活动，则更是以推翻或者削弱起诉书指控的罪名为目标而进行的。考虑到任何一项指控的罪名都有其独立的、固有的犯罪构成要件，因此，辩护方要推翻或者削弱起诉书指控的罪名，就必然会围绕着该罪名的主体、主观方面、行为、行为与结果之间的因果关系等构成要件，来进行反驳和辩护。但是，法院在评议阶段一旦将起诉书指控的罪名弃置不顾，而自行判决被告人的行为构成其他新的罪名，这就意味着被告人及其辩护人原来就起诉书指控的罪名所作的防御活动全都失去了实际意义，并无法对裁判者产生任何有效的、积极的影响。而更加不幸的是，法院在自行变更或追加新的罪名时，并没有给予被告人及其辩护人以任何准备防御的时间，也没有听取辩护方就此罪名的构成要件所作的任何反驳和辩解。这样，法院在没有给予辩护方对新的指控罪名以任何防御机会的情况下，就强加给被告人一项新的未经起诉、也未经辩护的罪名。这种对起诉罪名的单方面变更，事实上剥夺了被告人的辩护权，并使得原来针对起诉书指控的罪名所作的辩护活动全部丧失了存在的意义。

　　法院对起诉罪名的单方面变更，还破坏了裁判者本应具备的中立性和超然性。无论这种变更所导致的新罪名的认定本身"正确与否"，由于变更既没有取得检察机关的同意，更不是在检察机关主动提出相关要求的情况下进行的，因而，这种新罪名属于未经检察机关起诉而认定的罪名。既然检察机关原来指控的罪名并不成立，既然检察机关并不同意对被告人判处新的罪名，那么，新罪名的判定岂不就成为法院自行强加给被告人的罪名了吗？而法院未经起诉而自行对被告人科处新的罪名，这不也就意味着自我控诉和自我裁判了吗？显然，在法院主动变更起诉罪名的背后，存在着法院超越司法裁判权，代行刑事追诉之权的事实。无论如何，这种做法都违背了控审分离、不告不理等基本的诉讼原则，使得法院在裁判活动中的中立性、超然性不复存在，法院在其裁判中不可避免地添加了自己独立的主张和请求。

　　德国学者拉德布鲁赫曾对控诉与裁判的关系总结过一句经典性的警语：如果法官本身就是控告者，那么，只有上帝才能充当辩护人。在法院主动变更起诉这一做法的背后，必然存在着法院诉讼角色的异化，也就是从消极的裁判者演变为积极的调查官和充满先入之见的追诉者。而法官一旦在诉讼中趋于追诉化，那么，被告人及其辩护人的防御权就必然会受到大幅度地削弱甚至丧失。因为，没有作为中立第三方的裁判者，任何审判活动的"诉讼"特征都将不复存在，其行政治罪甚至军事镇压倾向就会随之抬头，而在这时法律意义上的辩护活动将失去存在的空间。

　　可以肯定的是，法院在判决中对起诉罪名的改变，几乎都达到了防止被告人逃脱法网的效果。毕竟，在发现检察机关指控的罪名不能成立的情况下，法院不是直接宣告被告人无罪，而是按照刑法分则规定的另一犯罪构成要件来加以定罪，这可以确保"有罪者"受到"恰如其分"的定罪、科刑。但问题的关键在于：这样做的代价是否太大，也太不值得了。至少，法院主动变更罪名的做法往往会受到控辩双方的同声反对，而这种控辩双方在同一问题上提出完全一致意见的情况，在中国司法实践中还是极为罕见的。法院的判决既不受起诉书指控范围的限制，也剥夺了被告人的辩护权，否定了被告方参与裁判过程的实际意义，还在未经法庭调查和辩论的情况下，擅自对被告人的行为作出了法律评价，以至于丧失了最基本的中立性和利益无涉性。这种为达到"有罪必罚"而违背程序正义的做法，确实是得不偿失的。

　　另一方面，法院主动变更起诉罪名是不是已经到了别无选择的地步？换言之，法院是不是只有通过自行变更起诉罪名这一途径，才能够避免"真正有罪"的被告人逃脱法网？答案显然是否定的。这是因为，法院经过开庭审理，发现检察机关原来指控的罪名确实不能成立的，完全可以要求检察机关撤回原来的起诉，并要求其在变更起诉罪名之后重新提起公诉。在这一过程中，法院只要将变更后的起诉书重新送达给被告人及其辩护人，并给予其充分的防御准备时间，那么，被告人的辩护权也是可以得到相应保证的。假如法院采取这样的做法，笔者上面所说的大部分问题就大体可以得到适当的解决，法院所处的尴尬境地和角色异化问题也都可以避免。但非常不幸的是，对于这些替代性的做法，法院根本不加以考虑，而是偏执于"实事求是"、"不枉不纵"和"有错必纠"等认识论上的理念，而不惜牺牲自己公正裁判者的形象。如果将变更罪名问题放置在一个更大的视野中加以观察的话，那么，法院这种做法与采纳通过刑讯获取的口供加以定案一样，或许在个案中实现了实体正义，并使得有罪者受到了惩治，却在普遍的意义上牺牲了程序正义，使控辩双方都成为消极等待法院裁判、被动承受法院单方作出的裁判结论的诉讼客体，而丧失有效影响法院裁判结论的能力。

五、改革变更起诉制度的可能性

法院对起诉罪名的变更，本质上属于起诉书在多大程度上对法院的裁判具有约束力的问题。根据前面的分析，法院不得超越起诉书载明的被告人和"犯罪事实"的范围，而自行将那些未经起诉和未经审判的人和行为纳入裁判的范围。这是不告不理原则的基本要求，也是对公诉权与裁判权加以划分的基础。由此，法院对起诉书载明的事实和法律评价的变更不应为一般的原则，而应当属于例外，并受到法律的严格限制。

我们必须对起诉书的诉讼功能作出重新认识。作为检察机关提起公诉的依据的起诉书，不仅是法院开始法庭审判活动的基础，而且还应是明确界定法院审判范围和被告人防御范围的法律文书。对于法院而言，起诉书为法院的审判确定了对象，在人和事两个方面划定了范围。原则上，法院通过法庭审判，只能回答起诉书的指控是否成立，也就是被指控的被告人是否实施了起诉书所说的犯罪事实，并且是否构成起诉书所说的罪名。答案如果是肯定的，那么，法院就应判决被告人构成起诉书载明的罪名；否则，法院即应判决被告人无罪。而对于被告人而言，起诉书所记载的事实和法律评价为被告人的防御活动设定了对象，被告人及其辩护人只需针对起诉书指明的事实和罪名实施防御准备和进行法庭上的抗辩，而无须顾及起诉书没有提及的其他事实和法律评价。当然，起诉书还为法院判定自己对案件有无管辖权、案件是否具备开始法庭审判的条件等，提供了可资判断的依据。

但是，要使起诉书充分发挥上述诉讼功能，就必须对其内容进行慎重的设定。英美的起诉书载明了罪状，日本的起诉书则记载有诉因，德国的起诉书则明确了公诉事实。相比之下，中国的起诉书则将指控的"犯罪事实"与法律评价完全割离，使得"犯罪事实"的描述过于详细和具体,以至于在相当程度上脱离了法定犯罪构成要件的限制,体现不出指控罪名与指控事实之间的密切联系。因此,有必要以英美起诉书为模式,对中国的起诉书进行必要的改革。从理论上看,改革的基本要点应当是:起诉书不应模仿法院判决书的体例,应对指控的"犯罪事实"作大规模的简化,以足以体现指控罪名的犯罪构成要件为基本标准;同时,应将起诉书的主文分为两大部分:一是罪名陈述,二是事实摘要。首先明确被告人行为所触犯的刑法分则的条文和罪名,然后简要描述被告人触犯该项罪名的事实依据。通过这样的改革,起诉书所载明的事实和法律评价要素就对法院的审判同时发生制约作用,以防止法院任意地将起诉书指控的事实与法律评价加以割离。

一般情况下,法院经过法庭审判,不得对起诉书指控的罪名自行加以变更、追加。如果发现起诉书指控的罪名不成立,而被告人的行为可能构成其他一项或多项新的罪名,法院必须要求检察机关重新提起公诉。但是,英美法在法定例外情况下允许被告人按照不同于起诉书记载的罪名进行答辩,也允许陪审团判定被告人构成不同于起诉罪名的新罪名,但前提是新罪名与起诉罪名之间具有包容关系,或者新罪行的实施属于起诉罪行实施的必要步骤,而且这种变更必须是有利于被告人的变更。这种立法例是具有相当大的启发作用的。

在笔者看来,法院在法定例外情况下,自行对被告人作出较起诉书的指控更加轻缓的新罪名,是具有一定正当性的。这是因为,如果检察机关不能提出证据证明其指控的罪名,但其掌握的证据足以证明被告人构成某一包容在起诉罪行之内的罪行,如不能证明抢劫罪,却足以证明抢夺罪;不能证明贪污罪或受贿罪,却足以证明巨额财产来源不明罪;不能证明犯罪既遂,却足以证明犯罪未遂,等等,那么,法院可以自行判决被告人构成新的罪名。毕竟,这种包容于起诉罪名之中的新罪名事实上已经随起诉罪名一起受到指控,并已给予被告人以防御的准备和防御的机会,法庭在审理起诉罪名的同时,也就等于对新的罪名进行过审理。既然如此,那么诸如法官的中立性、被告人的防御权等都没有因为法院的变更罪名而受到损害。当然,罪名与罪名之间究竟是否具备包容关系,或者新罪行是否构成起诉罪行的必要步骤,这些都不能完全由法官自由判断,而必须由刑法作出明确规定,或者由最高法院作出明确的司法解释。

根据不告不理原则,法院不得对起诉书指控的"犯罪事实"自行加以变更。但德国法和日本法都允许法院在不违背"公诉事实同一性"的前提下,按照"同一事实不可分割"的原则,对起诉书指控的"犯罪事实"作出变更。但是,什么是"公诉事实的同一性"呢?鉴于德国和日本法律对此所作的规定并不明确,而有关的法院判例目前还尚未建立成体系的规则,因此,原则上应以实体法上的罪名同一性为基准,也就是凡属于连续犯、竞合犯、吸收犯等情况的,只要刑法将不同的行为确定为同一罪名的,一律视为同一公诉事实;否则,则一律视为不同的公诉事实,适用重新起诉程序。换言之,只有对于那些新的事实与起诉事实能够结合成为一项罪名的情况，法院才可以在裁判中变更起诉的事实。相反，如果新发现的事实与原来的指控事实可以分别成立不同的罪名，那么，法院就不能变更起诉事实，而只能要求检察机关对新的"犯罪事实"重新提起公诉。

应当承认，法院无论是对起诉罪名还是对起诉事实所作的变更，都最大限度地考虑了诉讼效率的需求，体现了减少当事人诉累、降低诉讼成本和防止诉讼拖延等方面的价值选择。另一方面，变更起诉制度的建立，还可以防止真正"有罪"的被告人逃脱法网，避免仅仅因为起诉书存有瑕疵而导致那些已经被证明有罪的被告人受到放纵。可以说，整个变更起诉制度的设计都可以视为不告不理原则的例外。尽管如此，法院对起诉书记载的事实要素和法律评价要素的变更，除了要在范围、时间上受到严格的法律限制以外，还必须受到严格的诉讼程序上的约束，以确保被告人的防御权不因法院对起诉的变更而受到损害。

基于这一思想，法院无论是变更起诉的罪名，还是在"公诉事实同一性"的限度内变更起诉的事实，都必须事先向被告人及其辩护人明确加以告知，并给予被告方充分的防御准备时间。尤其是在被告人明确提出请求的情况下，法院应当暂时中断法庭审判，以便被告人进行必要的防御准备工作。

另外，凡属于上述准许变更起诉之外的罪名变更问题，或者新发现的"犯罪事实"与起诉书载明的公诉事实不一致的，应一律适用重新起诉制度。这种重新起诉可以由检察机关主动申请提出，也可以由法院明确建议检察机关提出。但归根结底，最终只能由检察机关向法院重新提起公诉。如果检察机关拒不提起新的起诉的，法院在提出建议和要求无效之后，绝对不能自行提起公诉，或者直接对新的罪名和事实加以审判，更不能在未经起诉和未经法庭审理的情况下，自行裁判被告人构成新的罪名或者实施了新的犯罪行为。另外，重新起诉可采取简易的方式，也就是由检察机关以口头方式，当庭追加起诉的罪名和事实，然后听取控辩双方的意见和辩论。原来业已举行完毕的证据调查活动，如果与新罪名或新事实的认定有直接关联的，法院可以继续适用。

最后，在变更起诉问题上应确立一项最低限度的规则：法院不得自行、主动、直接追加任何一项新的未经起诉和未经审理的罪状。除可允许的法律评价的直接变更和具有同一性的新的事实的追加以外，法院绝对不得擅自添加新的罪名和事实。在遇有是否变更和追加无法判明的情况下，一律推定为不得变更和追加，而改由检察机关重新起诉。

六、结论

法院主动变更起诉罪名甚至起诉事实的做法，在中国目前的司法实践中已经成为十分普遍的现实。而尤其值得注意的是，中国各级法院的法官几乎普遍支持这一实践，并维护其正当性和合理性。笔者认为这一实践具有充分的法律基础，并有一系列诉讼理念上的支持。但无论如何，这种由法院自行变更起诉罪名和事实的做法，都违背了不告不理原则，违背了公诉权与裁判权划分的最低界限。尽管法院自认为这一做法并不违背罪刑法定、罪刑相适应等一系列刑法上的准则，但这并不意味着法院对起诉罪名的变更就一定更加公正。无可置疑的是，法院这种直接变更起诉的做法严重违背了程序正义的基本要求，它使得法院将一项未经起诉、未经法庭调查和辩论的新的罪名强加给被告人，并且导致被告人及其辩护人在整个法庭审理前后所做的防御准备和防御活动，全部丧失了意义，无法有效地影响裁判的结局。而法院在判定被告人构成新的罪名之前，也没有给予被告方任何防御机会，没有给予控辩双方就新罪名的成立进行调查和辩论的机会。法院未经起诉、未经防御也未经法庭上的辩论，就强加给被告人一项新的（可能是更加严厉的）罪名，这无论如何都构成一种司法专横。

在对英美法、德国法和日本法的相关理论和制度进行比较的基础上，笔者提出了在中国建立法院变更起诉制度的设想。这一设想并非完全否定法院变更起诉的正当性，而是承认在遵守不告不理原则的前提下，允许法院在例外的情况下对起诉的事实和法律评价作出变更。为此，首先需要改革中国的起诉书，使其中的事实陈述部分大规模地缩短，并足以体现指控罪名的犯罪构成要件。同时，法院对起诉罪名的变更应严格限制在法定范围内，对起诉事实的变更则应以"公诉事实同一性"为限度。为防止被告人的防御权因法院变更起诉而受到不利的影响，还必须建立变更告知和中断审判制度。而对于那些准许变更之外的新的罪名和新的事实，法院只能在检察机关重新提起公诉的前提下，才可以开始法庭审判活动。

以上制度设计体现了程序正义与实体正义甚至与诉讼效益价值相互妥协的原理。尽管这一理论和制度设计已经体现了现实的需要，但对于中国目前的法院和法官来说，其可接受性仍会面临挑战。因为前面已经说过，在司法裁判活动中充满着追求真相、实事求是、不枉不纵、有错必纠观念的今天，法院被赋予相当多的公正裁判以外的责任，这种责任经常不可避免地走向刑事追诉，从而导致法院承担大量混同于警察、检察官的义务。在这种法院的审判仍然倾向于刑事追诉的司法背景下，变更起诉制度的建立无疑对法院发现事实真相、不遗余力地惩罚犯罪形成了严重妨碍。

不仅如此，即使在没有外界压力的情况下，法院在启动司法裁判程序方面也经常带有主动性，而并不具备作为司法权特质的被动性和应答性。[①] 法院自行变更起诉罪名的情况是如此，二审法院对上诉和抗诉案件进行"全面审查"是如此，法院对其发现的事实认定或法律适用"确有错误"的案件主动提起再审，也是如此。中国法院这种主动发动诉讼、主动提出诉讼主张的情况，已经成为一种司法惯例。要对此加以改变或克服，我们还有很长的路要走。

[①] 有关司法的被动性或应答性，读者可详见陈瑞华：《司法权的性质：以刑事司法为范例的分析》，载《法学研究》，2000（5）。另参见陈瑞华：《看得见的正义》，60页以下。

第十一章

留有余地的裁判方式
—— 对中国冤假错案形成原因的一种解释

一、引言 ··· 261
二、"留有余地"的两个模式 ·· 262
三、法院选择"疑罪从有"的体制原因 ····································· 265
四、"疑罪从有"的成本收益分析 ·· 267
五、结论 ··· 270

一、引言

2010年发生的赵作海案件，使得中国刑事司法改革问题再一次引起社会各界的强烈关注。[①] 作为这一刑事误判案件的附带效应，"两高三部"通过了两个有关刑事证据适用问题的司法解释。[②] 正因为如此，有些人士对赵作海案件的影响与当年的孙志刚案件进行了比较，认为这又是以一个公民遭受错判、身陷囹圄为代价，换来了中国法制的些微进步。

然而，经过认真研究赵作海案件的来龙去脉，我们不难发现，这一误判案件"出炉"的过程和原因，与数年前曾同样引起广泛关注的杜培武案件[③]、佘祥林案件[④]，几乎如出一辙。同样是侦查人员采取刑讯逼供等违法手段，同样是在鉴定、辨认、勘验、检查等诸多侦查环节出现重大失误，同样是法院发现案件事实不清、证据不足，在定罪问题上存在一系列疑点，同样是公检法机关在定罪判刑问题上发生了争议，甚至上级法院屡屡以证据不足为由发回重审，同样是政法委员会进行了协调，同样是对尚不够定罪条件的案件勉强作出了有罪判决，同样是为了避免"错杀"而没有选择判决死刑立即执行……在这些"冤假错案"发生的背后，存在着一种为中国法院长期坚持的司法裁判逻辑，那就是疑罪从轻、"留有余地"的裁判方式。

其实，在这些引起社会各界强烈关注的"冤假错案"中，"留有余地"的裁判方式不过是其中显露出来的部分问题，它既没有引起社会舆论的重视，更没有成为司法改革决策者研究的主要课题。人们似乎更为关心诸如刑讯逼供、政法委员会协调案件等更容易吸引公众眼球的热点问题。但在另外一些曾引发各界激烈争议而又没有酿成"冤假错案"的案件中，这种"留有余地"的裁判方式似乎得到了更加充分的体现，甚至引发了当事人各方乃至社会公众的激烈批评。例如，在河北承德发生的连续两起抢劫杀害出租车司机的恶性案件中，陈国清等四名被告人从1994年第一次被判处死刑立即执行，历经河北省高院连续三次发回重审，最终于2004年由河北省高院以三名被告人被判处死刑缓期执行、一名被告人被判处无期徒刑的结果，"留有余地"地了结了这起刑事案件。[⑤] 在甘肃安西发生的一起被告人涉嫌残忍杀害三人的恶性案件中，法院最终因为案件事实不清、定罪存在一些疑点，判决

[①] 参见邓红阳：《赵作海曝"留有余地"潜规则，监督制约流于形式》，载《法制日报》，2010-05-13。
[②] 2010年6月，最高人民法院、最高人民检察院、公安部、国家安全部、司法部联合发布了《办理死刑案件证据规定》和《非法证据排除规定》。
[③] 参见曾粤兴、王达人：《正义的诉求》，195页，北京，法律出版社，2003。
[④] 参见孙春龙等：《透视湖北杀妻冤案》，载《瞭望东方周刊》，2005-04-14。
[⑤] 参见郭国松：《一个"留有余地"的死刑判决？》，载《南方周末》，2004-04-01；郭国松：《三次死刑，三次刀下留人》，载《南方周末》，2000-08-10；郭国松：《四次死刑，四次刀下留人？》，载《南方周末》，2003-07-31。

被告人构成故意杀人罪，却"留有余地"地选择了死刑缓期两年执行的量刑结果。①

"留有余地"的裁判方式引起了极大的争议。在被害方看来，既然法院已经宣告被告人构成犯罪，而这种犯罪行为又是极其残忍并造成严重社会后果的，那么，不判处死刑立即执行就显然属于"重罪轻判"；在被告方看来，既然法院明确指出案件事实不清、证据不足，在认定被告人构成犯罪问题上存在明显的疑点，根据"疑罪从无"的原则，就应作出无罪判决，法院这种"疑罪从有"的判决显然违反了无罪推定原则。甚至在一些极端案件中，法院选择这种"留有余地"的裁判方式，竟然"两头不讨好"，引发了被害方与被官方同时的申诉、上访行为。②

令人困惑不安的是，众多的刑事法官对这种"留有余地"的裁判方式都持一种默认甚至麻木的态度，认为这是在中国政法体制下法院所能选择的最好的裁判结局。对这种裁判方式的质疑和批评往往会被法官认为是对司法制度的苛求。有些法官甚至极为推崇这种裁判方式，将其视为法院兼顾程序公正与实体公正、兼顾公正与和谐的制度创新。而另一方面，无论是法学界还是律师界，都对这种裁判方式提出了尖锐的批评，认为这是法院不坚持无罪推定的标志，是法院对司法现实予以妥协的结果。有人甚至指出，只有抛弃这种"留有余地"的裁判方式，法院才能真正成为维护社会正义的最后一道堡垒。

本章拟对"留有余地"的裁判方式进行初步的研究。笔者将抛弃那种泛政治主义和泛道德主义的立场，从价值中立的角度，探究"留有余地"的裁判方式的性质及其产生的原因，这种裁判方式所造成的司法后果。笔者深信，对于包括"留有余地"裁判方式在内的各种司法问题，唯有先找到问题的症结和病灶，才能发现有效疗治的药方。

二、"留有余地"的两个模式

在中国近期针对"冤假错案"问题的讨论中，人们普遍将这种"疑罪从轻"的裁判称为"留有余地"的裁判方式。但在一些司法高层人士的文章以及相关司法解释中，还存在着另外一种"留有余地"的裁判方式，那就是定罪的证据确实、充分，但影响量刑的证据存在疑点，尚无法达到法定证明标准的，法院在判处死刑立即执行时应采取极为慎重的态度。我们将前者称为"量刑上的留有余地"，将后者则称为"定罪上的留有余地"。

我们先来分析一下"量刑上的留有余地"。在广州南方医科大学卿三华教授被残杀的案件中，法院因为"本案尚有 4 名同案人未归案，本案的罪责划分可能还存

---

① 参见王健：《"疑罪从无"还是"留有余地"？》，载《民主与法制》，2006（3）。
② 参见王健：《"疑罪从无"还是"留有余地"？》，载《民主与法制》，2006（3）。

在着不确定的因素","未归案的同案人里可能有罪责比已归案的5名被告人更重的情况",所以对5名被告人分别判处死缓、无期徒刑和有期徒刑等刑罚。尽管检察机关以量刑不当为由提起了抗诉,但二审法院最终维持了原审判决。[①] 在司法实践中,法院对于被告人犯罪时究竟是否年满18周岁、被告人是否存在自首、立功等情节存在疑问的,往往都不适用死刑立即执行。

前最高人民法院院长肖扬曾对这种裁判逻辑给出过说明:"必须始终贯穿证据裁判这条线。要做到事实清楚,证据确实、充分。如果定罪的关键证据存在疑问,不能排除合理怀疑的,应当作出证据不足、指控的犯罪不能成立的无罪判决;如果定罪证据达到了确实、充分的裁判标准,但影响量刑的事实、证据存在疑问的,则应当留有余地,尤其是死刑案件,必须做到杀者不疑,疑者不杀。"[②]

强调定罪必须达到事实清楚、证据确实充分的程度,意味着法院定罪必须达到法定的最高证明标准,避免冤假错案,防止出现可能的刑事误判,确保被告人不受到无根据的有罪判决。而在定罪证据达到证明标准,量刑证据存在疑问的情况下,法院根据"宽严相济"、"保留死刑,严格控制死刑"的政策,为贯彻"少杀慎杀"的方针,作出不适用死刑立即执行的量刑选择。正因为如此,对被告人作出有罪判决的案件,必须做到"事实清楚,证据确实、充分"。证据不足,不能认定被告人有罪的,应当作出证据不足、指控的犯罪不能成立的无罪判决;定罪的证据确实,但影响量刑的证据存有疑点,处刑时应当留有余地。

这种"书本上的留有余地",大体包含着三个方面的要素:一是在定罪问题上没有形成"疑案",案件定罪事实清楚,证据确实、充分,达到了法定的证明标准;二是案件在是否应当判处死刑问题上尚未达到法定的证明标准,或者影响量刑的证据存有疑点;三是宣告有罪,但量刑从轻处罚,也就是不判处死刑立即执行,而改判死缓,或者其他更为轻缓的自由刑。

从理论上讲,对于定罪达到证明标准但量刑存在疑问的案件作出宽大的处理,这的确是具有正当性的。但是,在一些司法解释中,最高人民法院通过一些"慎用死刑"的规定,却确立了另外一种形式的"留有余地"裁判。例如,在毒品犯罪案件中,仅有被告人口供与同案被告人供述作为定案证据的,对被告人判处死刑立即执行"特别慎重"[③]。又如,在没有直接证据的死刑案件中,法院仅仅根据间接证据可以认定被告人有罪,但判处死刑时应当"特别慎重"[④]。

假如法院仅凭同案被告人的供述就可以定罪的话,那么,为什么还要在适用死

---

① 参见《南方医大博导遭劫杀案终审维持原判,首犯获死缓》,载《西安晚报》,2008-02-26。
② 田雨:《肖扬:死刑案件必须做到"杀者不疑"、"疑者不杀"》,载《新华每日电讯》,2007-06-08。
③ 最高人民法院2008年12月1日发布的《全国部分法院审理毒品犯罪案件工作座谈会纪要》,第二部分"毒品犯罪的死刑适用问题"。
④ 最高人民法院、最高人民检察院、公安部、国家安全部、司法部发布的《办理死刑案件证据规定》第33条。

刑问题上"特别慎重"呢？这究竟是定罪没有达到法定证明标准，还是在量刑证据上存有疑问呢？又假如法院仅仅依据间接证据就可以定罪的话，那么，为什么还要"慎用死刑"呢？难道根据间接证据定案就属于在量刑上存在疑问吗？很显然，这些"留有余地"的判决并不是典型的书本上的"留有余地"，所适用的"疑案"也不是简单的量刑有疑问的案件，而有着将定罪方面的"疑案"与量刑方面的"疑案"混为一谈的危险。这显示出，所谓"量刑上的留有余地"，在实际适用中存在一些较为模糊的地方。

"量刑上的留有余地"在适用中还存在另一方面的危险。我国迄今为止并没有确立定罪与量刑完全分离的审判程序，即便在最高人民法院所推动的量刑程序改革中，所谓的量刑程序也只是"相对独立"于定罪程序的，该法院所强调的主要是将量刑纳入法庭审理过程。既然在中国刑事审判中并不存在先统一解决定罪问题、然后举行量刑听证的诉讼程序，那么，定罪证据与量刑证据究竟能否完全分开呢？这是一个很值得提出疑问的问题。事实上，在定罪与量刑交错进行的审判过程中，法院对据以定罪的证据与据以量刑的证据是混在一起进行审查判断的，那种先考虑定罪证据是否达到证明标准、然后审查量刑证据是否达到适用死刑的程度的做法，恐怕是没有可操作性的。这就注定了那些将定罪权与量刑权集于一身的合议庭，在定罪时不可能不考虑量刑证据的情况，而在量刑时也不可能不考虑定罪证据的情况。这种将定罪证据与量刑证据交互适用的情况，可能在大多数案件中都是存在的。正因为如此，强调量刑证据存在疑问时可以慎用死刑，势必在实践中走向在定罪证据存在疑问时也可以"留有余地"。所谓"量刑上的留有余地"，很容易直接滑向"定罪上的留有余地"。两者并不存在泾渭分明的界限。

从杜培武案、佘祥林案、赵作海案等一系列刑事误判案件的情况来看，中国司法实践中确实存在着另外一种形式的"留有余地"裁判，那就是在案件犯罪事实不清、证据不足，或者在被告人是否构成犯罪尚存明显疑点的情况下，法院没有依法作出证据不足、指控犯罪不能成立的无罪判决，而是宣告被告人构成犯罪，但不科处死刑立即执行，而是在量刑上"留有余地"，选择死缓或者更为轻缓的自由刑。例如，云南省高院在宣告杜培武构成故意杀人罪，并认定其枪杀两名警察的前提下，判处其死刑缓期两年执行；湖北省某中级法院在认定佘祥林以残忍手段杀害妻子、构成故意杀人罪的前提下，判处其15年有期徒刑；河南省高院在判决赵作海构成故意杀人罪的情况下，判处其死刑缓期两年执行。

"定罪上的留有余地"具有三个鲜明的特征：一是案件在被告人是否构成犯罪问题上形成"疑案"或者"疑罪"；二是"疑罪从有"，也就是对事实不清、证据不足、定罪尚未达到法定证明标准的案件，降低证明标准的要求，违心地作出有罪判决；三是"疑罪从轻"，亦即考虑到案件存在合理的疑点，对被告人定罪多少有些牵强，为避免冤杀无辜，在量刑上不选择最高刑，对于本应判处死刑立即执行的案件，改判死缓、无期徒刑或者其他自由刑。

本来，在定罪证据存在疑问的情况下，法院只能作出证据不足、指控的罪名不能成立的无罪判决。但各地法院却对这些尚未达到法定定罪标准的案件，作出有罪判决。这显示出刑事诉讼法所确立的"疑罪从无"规则并没有得到切实有效的实施。从理论上看，定罪证据不充分从来都不是法院从轻量刑的理由，两者几乎没有任何因果关系。但在司法实践中，这种"只能做、不能说"的潜规则，却使得定罪证据不足与量刑从轻建立起了现实的因果关系。所谓"疑罪从轻"，尽管也属于"疑问时做有利于被告人的解释"，属于宽大量刑的表现，但它是现实中存在的一种裁判方式，是"留有余地"裁判方式的现实形态。这种裁判逻辑既不是高层司法官员所推崇的，也不是最高人民法院司法解释所明确提倡的。但它普遍地存在于中国司法实践之中，盛行于各地法院的刑事审判实践之中。

三、法院选择"疑罪从有"的体制原因

迄今为止，法学界从社会科学的角度，对于"留有余地"的裁判方式进行客观研究的并不多见。[1] 大多数评论者都持有一种泛政治主义或泛道德主义的立场，在没有作出多少客观分析的情况下，就对这种裁判方式进行或批评或赞同的价值评判。有些评论者似乎站在一种道德主义的高地上，以裁判者的身份，对于"留有余地"的裁判方式进行了批评。[2] 而有些评论者则从中国司法现状的角度，对法院采取"留有余地"的裁判方式给予了同情和理解，认为这种裁判是需要相当大的勇气和智慧的，法院维护了司法独立的底线。[3] 这种道德评论固然有其存在的意义，但假如在一起刑事误判发生之后，社会各界普遍持一种道德评判的态度，法学界也不去冷静地反思造成误判的深层原因，那么，我们很难指望刑事司法制度会发生实质性的改革，我们也不可能找到根除冤假错案的制度土壤的有效办法。在以下的讨论中，笔者拟从公安机关面临的压力、被害方的非理性诉求、公检法机关与案件的利益关系等方面，分析造成"疑罪从有"现象的原因。

一般而言，重大的刑事案件（特别是命案）一旦发生，公安机关就会面临强大的破案压力。上级公安机关、地方党政部门动辄提出"命案必破"的要求，甚至强调"限期破案"。公安机关为此承担着强大的政治压力和社会压力。一旦不能如期

---

[1] 当然，也有例外。参见胡常龙、孙延涛：《留有余地判处死缓案件论析》，载《山东审判》，2004（3）。
[2] 例如佘祥林案件发生后，有些评论者认为，湖北省高院连续两次对定罪证据不足、存有明显疑点的佘祥林案件，作出撤销原判、发回重审的裁定，听任下级法院采取"疑罪从有"的处理方式，这违背了无罪推定原则，没有掌握法定的定罪标准。参见邹汉歌：《佘祥林冤案昭雪追问：没被冤杀是经验还是教训》，载《中国青年报》，2005-04-05。
[3] 参见王新清、李征：《论留有余地判处死缓案件——兼论判决结果的相对合理性》，载《中国刑事法杂志》，2006（2）。另参见梅华峰等：《丈夫被错杀妻续：妻子家属曾要求从速执行死刑》，载《湖北日报》，2005-04-01；雷宇等：《湖北高院严把死刑复核关 佘祥林没被错杀成典型》，载《楚天金报》，2005-04-01。

破案，公安机关的负责人就有可能在职业前途方面受到前所未有的负面影响。在此情况下，一旦抓获犯罪嫌疑人，宣告案件侦破，公安机关通常会强烈要求检察机关提起公诉，要求法院作出有罪判决。遇有事实不清、证据不足，或者在定罪方面存有较大疑点的案件，公安机关可以接受补充侦查的要求，但坚决拒绝那种"宣告无罪"的处理方案。为避免法院作出"宣告无罪"的裁决，公安机关甚至不惜动用一切政治和社会资源，为使法院作出有罪裁决施加压力和影响。诸如政法委员会的协调、公检法"三长"会上的博弈等，就都属于这种政治较量和博弈的表现形式。这种由公安机关启动的内部协调公检法立场的做法，在杜培武案、佘祥林案和赵作海案件中都惊人一致地发生过，并成为法院迫于压力选择有罪判决的主要原因。毕竟，按照现行的政法体制，地方各级政法委员会作为党内领导政法工作的专门机构，遇有公检法机关发生分歧的场合，几乎普遍地倾向于公安机关的观点。再加上很多地方的公安局长通常都是政法委员会的书记、副书记甚至当地党委常委，在党内居于领导法院院长、检察院检察长的地位，这就越发使得政法委员会的协调乃至公检法机关的博弈变得对法院越来越不利，公安机关在这类内部决策过程中占据了绝对的话语权。结果，所谓"疑罪从有"，恰恰体现了公安机关主导刑事司法所带来的必然结果，也恰恰体现了法院甚至检察机关对公安机关的妥协。

命案一旦发生，被害人方面基于朴素的复仇、索赔的动机，往往会通过各种方式提出对被告人定罪判刑的要求，给公检法机关造成极大的社会压力。尤其是在公安机关向社会高调宣称案件侦破成功，甚至通过新闻媒体将被告人予以"妖魔化"报道之后，整个社会都产生了"被告人即是犯罪人"的认识，被害方势必对公检法机关"严惩犯罪人"形成极为强烈的心理期待。假如检察机关因为案件证据不足而退回补充侦查，假如法院因为案件没有达到法定证明标准而反复发回重审，被害方都可能产生强烈的反应，指责公检法机关"放纵犯罪"。又假如法院因为案件存在重大疑点而打算宣告被告人无罪，检察机关因为案件不具备起诉条件而有作出不起诉的想法，被害方都可能诉诸新闻媒体，或者直接提出申诉、上访，甚至将案件变成不同规模的群体事件。在佘祥林案件中，法院在反复发回重审过程中所面临的是被害方的申诉、上访甚至数百人的集体签名，所面对的是被害方所提出的对被告人适用死刑的要求。

从杜培武、佘祥林、赵作海案件的审判情况来看，第一审法院的开庭审判几乎是流于形式的，第一审法院根本不可能发挥纠正错误、防止误判的作用。由于公诉方主导了整个第一审程序，法庭普遍奉行案卷笔录中心主义，对于案件事实的调查都采取了宣读、出示案卷笔录的方式，法庭上几乎没有任何证人、鉴定人、被害人出庭作证，也几乎没有侦查人员对其侦查程序的合法性出庭作证。法庭还奉行有罪供述笔录中心主义的理念，对于被告人庭前所做的有罪供述笔录，即便被告人当庭作出了否认、辩解，法庭也通常优先采纳庭前供述笔录。在此情况下，所有当庭翻供都变得毫无意义，所有为无罪辩护所采取的行动都对法官没有任何影响。法庭审判就是一种对侦查过程和侦查结论的审查和确认过程。

如果说一审法院在事实审查方面没有发挥有效的纠错功能的话，那么，由于二审法院实行过于粗糙、轻率的审判方式，大部分案件根本不开庭审理，而在死刑案件的开庭审理过程中，对案件证据和事实的审查也通常流于形式，因而二审的事实复审功能也无法得到实现。不仅如此，从佘祥林、赵作海案可以看出，二审法院对于证据不足的案件很少直接进行改判，而是反复地、无休止地发回原审法院重新审判，并在内部"发回重审提纲"中责令下级法院"解决"各种各样的证据问题。二审法院对发回重审的滥用，势必对下级法院"疑罪从有"的裁判方式产生激励作用，并使得刑事审判的矛盾、责任、风险被大量地转移给下级法院，下级法院无形之中承担了越来越大的压力。本来，从抵御外部行政干预的角度来看，下级法院的独立审判能力是较弱的，上级法院如果有敢于担当的勇气，是足以对下级党政部门的干预进行一定程度的抵制的。但明明有着较强抗干预能力的二审法院，恰恰采取了明哲保身的态度，造成下级法院不得不屈从地方党政部门的压力，不得不迁就公安机关、检察机关乃至被害方无理要求的局面。

从法院刑事审判的内部文化氛围来看，从基层法院、中级法院直到高级法院，普遍对有罪判决网开一面，但对无罪判决的出炉几乎达到严格控制、层层审批的地步，令法官视宣告无罪为畏途。从法院审判管理的角度来看，无罪判决要经受叠床架屋的内部行政审批，承办法官要向院、庭长进行汇报，还要经历审判委员会讨论案件的程序。更有甚者，遇有公检法机关对案件的定罪发生争议的，承办法官还要向上级法院乃至政法委员会进行汇报，经受各式各样的审查程序。

四、"疑罪从有"的成本收益分析

按照现行刑事诉讼法的要求，无论是侦查机关、公诉机关还是审判机关，都不应与案件的当事人及案件结局存在利害关系，否则，即有可能影响案件的公正处理。无论是侦查人员、公诉人还是审判人员，也不应与案件存在特定的利益关系，不能对案件存有先入为主的偏见或预断，否则即应通过回避程序退出案件的诉讼过程。但是，中国刑事司法中普遍存在的潜规则，却使得公检法机关与刑事案件的处理结局存在各种各样的利害关系，使得那些从事侦查、公诉和审判工作的司法人员程度不同地陷入与案件的利益关联之中。对于那些事实不清、证据不足，在定罪方面存有疑点的案件，法院如果作出无罪判决，将会使公诉机关受到极为负面的评价，使公诉人承担严重的负面考核结果；检察机关一旦作出不起诉、不批捕的决定，也会使侦查人员甚至负责侦查监督的检察官承担负面的考核结果。于是，遇有法院打算宣告无罪、检察机关准备不起诉的场合，侦查机关、公诉机关甚至下级法院都会异口同声地提出反对意见，通过各种手段阻挠这种"疑罪从无"结果的发生。

从近期发生的几起冤假错案来看，导致公检法机关与案件结局发生利益关系的因素大致有以下几种：一是公安机关在案件尚未经法院作出有罪宣告之前，即对侦破案件的有功人员进行所谓的"立功嘉奖"，并对此进行公开的媒体报道和舆论宣传。一些地方公安机关举行所谓的"公开逮捕大会"，将犯罪嫌疑人公开予以"妖魔化"，造成既定的"定罪事实"。结果，检察机关、法院即便发现案件存在事实不清、证据不足的情况，也很难再改变公安机关确定的结论。二是公检法机关在案件尚未产生生效的有罪裁判的情况下，即对所追缴的赃款赃物进行实质性的处理，要么上交财政部门，然后通过按比例返还的方式，将赃款赃物转化为本单位的办公经费，要么直接将赃款赃物据为己有或者据为己用。例如，在对那些涉及黑社会性质犯罪的刑事案件的侦查过程中，公安机关通常都会将嫌疑人的"赃款赃物"予以查封、扣押甚至直接进行处分；在那些涉及国家工作人员贪污受贿的案件中，负责侦查的检察机关也会通过追缴赃款赃物，将嫌疑人的涉案财产予以处置……结果，在刑事案件尚未产生裁判结论之前，公检法机关就已经成为对被告人加以定罪的"实际受益者"。三是每年年终举行的绩效考核，以后一机关处理案件的结果来评价前一机关办案人员的成绩。例如，对侦查人员的考核，要以检察机关侦查监督部门的批捕率和批捕数为标准；对侦查人员和批捕人员的考核，要以公诉部门的不起诉率为标准；对侦查人员、批捕人员和公诉人的考核，要以法院的有罪判决率为标准；对下级法院法官的考核，要以上级法院发回重审和改判率为重要标准，等等。四是现行国家赔偿制度确定了所谓的"赔偿义务机关"，使得法院的生效判决成为确定公安机关是否存在"错误拘留"、检察机关是否存在"错误逮捕"甚至下级法院是否"错误定罪"的主要依据。"赔偿义务机关"制度的存在，造成国家赔偿变成事实上的"部门赔偿"，法院一旦作出无罪判决，将会直接带来公安机关、检察机关承担一定的国家赔偿责任，甚至就连负责办案的警察、检察官也会受到"责任倒查"和"错案责任追究"的结果。杜培武、佘祥林和赵作海案件一经被确定为"冤假错案"，那些负责办案的侦查人员、公诉人乃至审判人员所受到的责任追究，就充分证明了宣告无罪对地方公检法机关乃至办案人员如同一场可怕的梦魇。

可以说，在法院的独立审判面临重重困难的环境中，公检法机关都与刑事诉讼的结局存在着程度不同的利害关系，因此，法院基于一种成本、收益和风险的综合权衡，会优先选择这种"疑罪从轻"的裁判方式。

从理论上说，法院面对一个"证据不足"、应当依法宣告无罪的疑难案件，可以有三种可能的结果选择：一是作出无罪判决；二是作出有罪判决，并且作出罪刑相适应的量刑裁决；三是作出有罪裁决，但在量刑上选择宽大处理。尤其是那些可能判处死刑的重大刑事案件，法院所面临的困境是究竟选择无罪判决还是有罪判决，而如果选择有罪判决，那么，究竟是选择死刑裁判，还是非死刑裁决。

作为一个倾向于趋利避害的理性人，刑事法官本能地会放弃无罪判决，而选择有罪判决。这是因为，在整个刑事司法体制都抵触无罪裁判的环境中，对那些疑难案件作出有罪的裁判，无疑会大大降低刑事法官的诉讼成本。法官不必动辄向庭长、主管院长作出汇报，不必启动审判委员会讨论案件的程序，更不会经历诸如"向政法委员会汇报"或者"与公检机关协调"等内部的烦琐程序。相对于无罪判决所要经历的复杂报批过程而言，有罪判决的宣告无疑会大大节省法院的办案时间，减少大量的中间环节。

对疑难案件作出无罪判决之宣告，法院固然能借此体现坚持正义的勇气，但也会将自己置于非常尴尬和危险的境地。无罪判决的宣告，会使法院与侦查机关、公诉机关处于直接对立的境地，观念的冲突、利益的矛盾以及责任的划定，会使法院成为众矢之的，也就是一切矛盾的焦点。无论是前面所说的错案追究、国家赔偿，还是赃款赃物的追缴、公检法内部的业绩考核，各种迫使公检法机关与刑事案件发生利害关系的机制，都使得法院是以"冒天下之大不韪"的代价来维护法律和正义的。因此，法院院长要么特别强势，要么取得了政法委员会负责人的首肯，要么得到了公检机关负责人的谅解，否则，他作为一个理性人，是不会轻易同意作出无罪判决的。

一旦选择了无罪判决，法院还可能面临一系列的政治风险。在现行的政法体制下，法院并不具有较大的权威性和独立性。越是影响较大的案件，法院越被要求"树立政治大局意识"。这类案件即便没有达到法定的"定罪条件"，法院也不会选择无罪判决，否则，就会受到"打击不力"、"不讲政治"等诸如此类的指责，法院院长轻则受到非议和批评，重则连自己的政治前途都会受到消极的影响。在这种由各级党委、政法委员会领导的政法体制下，面对公安机关、检察机关重视惩治犯罪的"高调"，法院并不占据绝对的优势地位，其观点也经常处于"少数派"的境地。因此，即便法院院长在政法委员会会议上敢于坚持自己的见解，也经常由于"曲高和寡"，而难以影响最后的决定。这也就是为什么越是重大复杂的案件，无罪判决越是极度稀缺的重要原因。

当然，作为一个意识清醒的裁判者，对于那些证据不足的疑难案件，刑事法官也不会动辄选择最严厉的刑事处罚，尤其是死刑裁判。而是会在量刑上作出宽大的裁决，也就是用量刑上的从宽处理，来弥补定罪上的条件不足，使得那些本来应被宣告为无罪的被告人受到"量刑上的较大优惠"。杜培武案件、佘祥林案件和赵作海案件，尽管发生的时间前后相距10年以上，但都体现了这种裁判逻辑。为什么会出现这种局面呢？难道这些法院不担心将来会酿成"冤假错案"吗？

其实，按照成本收益的视角来分析的话，法院作出"疑罪从有"的选择，是将司法风险降到最低限度的体现，也是追求其司法利益最大化的标志。这是因为，通过选择有罪判决，法院已经规避了绝大多数政治风险，为自己创造了足够多的生存空间。但是，假如法院遽然选择最重的刑事处罚，尤其是像死刑这样的最严厉处罚，则会面临另一方面的风险。对于中国公安机关的侦查水平之低、检察机关审查批捕、审查公诉标准之宽，刑事法官其实是心知肚明的。法官假如完全迁就于侦查机关、公诉机关的要求，对被告人选择最严厉的刑事处罚，将会面临纵容"冤杀"、"错杀"的极大风险。对中国法院来说，这同样是"冤假错案"，"错误地认定被告人有罪"与"错误地作出死刑判决"还是有着实质区别的。毕竟，死刑是一种不可逆转的极端刑罚，一旦宣告并加以执行，即意味着将成为无法补救的刑事制裁措施。将来一旦发现案件属于错判，法院将会面临最严重的消极政治后果。相反，对于这类疑难案件，法院若在不得不选择有罪判决的同时，放弃最严厉的刑事处罚，尤其是放弃死刑判决之宣告，而作出一种较为轻缓的刑事处罚，那么，一方面达致一种"定罪标准从宽"与"量刑标准从严"的平衡，另一方面也为未来留下了"退路"和"余地"——案件即便最终被证明属于"冤假错案"，也不至于带来最严重的负面后果。毕竟，"留得青山在，不怕没柴烧"。只要不对被告人判决极刑，法院就有为其"平反昭雪"的机会，被告人的"冤假错案"也就有得到纠正的那一天。刑事法官们甚至会认为，他们当初没有依照"某些机关"的意思作出死刑判决，而选择了一种宽大的刑事处罚，这本身就是他们坚持司法独立的体现，也体现了在现行体制下在"夹缝里面求生存"的政治智慧。这也就是为什么在一些冤假错案发生之后，中国的刑事法官们不仅不向社会作出诚挚的道歉，反而认为自己"功大于过"的主要原因。

五、结论

在佘祥林案件被证明属于误判案件之后，湖北省高级法院的新闻发言人曾向社会公开声称：

> 省高院二审期间，承受了来自外界的巨大压力，"死者"的亲属上访并组织220名群众签名上书，要求对杀人犯佘祥林从速处决。省高院不为"民愤"所左右，于1995年1月10日作出（1995）鄂刑一终字第20号刑事裁定，坚决撤销一审判决，将该案发回重审，避免了冤杀无辜，维护了司法审判的独立性和法律的严肃性。[1]

湖北省高院的这一表态一度引发了社会各界的激烈争论。赞同该法院观点的人士认为，该院在面临来自地方党政部门乃至被害方压力的情况下，仍然拒绝对被告人判处死刑立即执行，是难能可贵的，对处境艰难的中国法院不能过于苛求。持不同观点的人士则批评说，该法院明明没有坚持"疑罪从无"的勇气和智慧，滥用了发回重审之裁定，造成下级法院面临难以抗拒的压力，却认为自己维护了司法独立，这是难以令人苟同的。有人甚至批评说，法院这种"留有余地"的裁判方式本身，就是造成诸多"冤假错案"的重要原因。

---

[1] 梅华峰等：《丈夫被错判杀妻续：妻子家属曾要求从速执行死刑》，载《湖北日报》，2005-04-01。

尽管这种"留有余地"的裁判方式往往在"冤假错案"被曝光之后，才会引起社会各界的关注并受到多方面的批评，但是，作为一种司法裁判的逻辑，它在很大程度上将法院置于异常尴尬的境地，并使法院面临着刑事误判的风险。

在"留有余地"的裁判方式背后，法院面临的质疑通常有两个方面：一是明知没有达到定罪的条件，或者判决有罪较为牵强，仍然选择了有罪判决；二是明明知道定罪证据不足与从轻量刑没有因果关系，却仍然人为建立了这种因果关系。

在"疑罪从有"方面，法院没有坚守无罪推定原则，将刑事诉讼法所确立的证明标准置于无足轻重的境地，对于"证据不足、指控的罪名不能成立的案件"，没有遵守刑事诉讼法的规定，作出无罪判决。而在"疑罪从轻"方面，法院所选择的从轻量刑结果，造成形式上的罪刑不相均衡的后果，也带来同样的情况得不到同样处理的问题，给人造成"同案不同判"的印象。

"留有余地"的裁判方式容易使被害方和被告方都产生强烈的不满情绪。被害方会认为，既然公安机关已经对被告人予以逮捕、检察机关已经提起公诉、法院已经认定被告人有罪，那么，量刑就应按照刑法的幅度和罪行的社会危害后果来展开。特别是在那些造成严重人身伤亡后果的恶性刑事案件中，法院认定被告人构成犯罪，却又不判处最高刑罚。这通常会引发被害方对司法的严重不信任，甚至会酿成申诉、上访事件。而对于被告方而言，既然法院明明指出案件事实不清、证据不足，定罪存有显著的疑点，就应宣告案件没有达到定罪的证明标准，果断地宣告被告人无罪。而法院采取的这种司法妥协，明显背离了这一法律理念，造成对被告人无根据的、理由不充分的定罪。

对于地方公安机关、检察机关乃至党政部门而言，尽管法院通过委曲求全的方式满足了这些部门定罪的要求，却因此会承担更为严重的职业风险。无论是杜培武案件、余祥林案件还是赵作海案件，在"冤假错案"得到证实之后，有关部门展开的错案追究和责任倒查活动中，除了将侦查人员、公诉人包含进来以外，负责一审、二审的法官也不能免除责任，同样要承受包括停职、接受调查、纪律处分甚至刑事追诉等一系列的消极法律后果。这不能不令人发出感叹：早知如此，何必当初呢？

第十二章

制度变革中的立法推动主义

一、引言 …………………………………………………………… 273
二、立法机关在推动制度变革方面的局限性 …………………… 273
　（一）成文法的超前性 ………………………………………… 275
　（二）法律文化的冲突 ………………………………………… 277
　（三）改革效果的评估 ………………………………………… 278
　（四）部门利益的协调 ………………………………………… 280
三、制度变革中的司法推动主义 ………………………………… 282
四、制度变革的另一条道路 ……………………………………… 289

一、引言

长期以来，中国法学界和司法界一直存在着一种通过变法修律来推动制度变革的思路。在某一领域缺乏法律规范、存在严重问题或者出现利益冲突的情况下，人们普遍将走出困境的希望寄托在那种自上而下的立法途径上，以为只要立法机关确立了某种新的制度框架，作出了新的制度安排，那么，社会生活中存在的难题、矛盾和冲突也就会得到自动的解决。在2012年以前，无论是法学界还是律师界，都在从事推动立法机关修改刑事诉讼法的工作，以为只要说服立法机关完成了刑事诉讼法的"再修改"工作，那么，诸如律师"会见难"、"阅卷难"和"调查取证难"的问题也就不难得到解决了。立法机关对刑事诉讼法的修订工作，其实就是在这种立法运动的影响下完成的。对于这种试图通过立法修律来达到制度变革的思路，笔者称之为制度变革中的"立法推动主义"。

本章拟对中国制度变革中的"立法推动主义"问题进行初步的研究。笔者在对这一问题作出理论界定的前提下，讨论这一制度变革思路的由来，对其所带来的问题进行深刻的反思。在笔者看来，作为推动制度变革的一种方式，立法机关的变法修律固然可以发挥积极有效的作用，但是，在推动制度变革和制度创新方面，立法机关较之司法机关并不具有明显的优势，那些成功的立法一般都是对既有改革成果加以总结的立法；中国三十年来的立法走的是一条"宜粗不宜细"的路径，几乎所有法律都很难完全依靠立法机关的力量加以实施，而不得不依赖于立法解释、行政法规或者司法解释；中国立法机关通过的法律因为立法技术层面的问题大都不具有可操作性和可实施性。笔者认为，制度变革中的立法推动主义道路已经具有越来越明显的局限和不足。鉴于近期各级司法机关通过改革试点的方式推动了一系列制度变革的进程，并对各种旧制度的废弃和新制度的形成产生了越来越大的影响，笔者认为，未来的制度变革应更多地重视司法机关自生自发的制度变革经验，采取一种"司法机关改革试验先行"、"立法机关将成熟的改革经验上升为法律"的法律发展模式。对于正在发生重大社会转型的中国而言，这显然是一条更有可能取得成功的制度变革道路。

二、立法机关在推动制度变革方面的局限性

立法机关通过立法途径推动某一领域的改革，一旦获得成功，将是一种有效的制度变革道路。这是因为，立法机关以成文法的形式将制度变革的框架结构与具体内容确立下来，这不仅集中体现了制度变革的成果，而且还可以规范化的形式确保新制度的有效实施，使得最初作为改革方案的制度安排转化成为社会控制的有效手段。正因为如此，人们往往将"变法"与"修律"相提并论，以为作为改革标志的

"变法"注定要通过作为立法活动的"修律"方式来最终完成。

通过立法途径来推动法律制度的变革,这在一个社会处于重大转型时期往往是最为人们青睐的,也是当政者为重建社会秩序所不得不采取的一条变革方式。① 然而,立法决策者即便可以通过"修律"来发动起一场"变法"运动,却不一定能够保证"变法"运动的最终成功。立法机关只要痛下决心,就可以推动一部法律的颁布,这并不是一件困难的事情。但是,法律的颁布是一回事,它能否得到切实的贯彻和执行却是另一回事。不仅如此,一项改革的推行是一回事,但相关制度的形成又是另一回事。

例如,20世纪初,清王朝在短短不到八年时间里颁行了大量法律法规,甚至颁行了旨在推进宪政改革的《钦定宪法大纲》。然而,这一行事效率颇高的立法运动,最终仍因清王朝的覆灭而告失败。可以说,"清末改制"属于一个"立法推动主义"获致失败的例子。相反,有一些改革虽然不是由立法机关通过"修律"方式所发动的,却最终取得了成功。中国农村家庭联产承包责任制的建立就是这方面的例子。早在20世纪70年代末,中国一些地方就开始了农村土地家庭联产承包责任制的改革探索。最终,这一自生自发的改革获得了当政者的首肯,获得了政治上的合法性和正当性,并在全国普遍推广开来,联产承包责任制也成为中国现行农村集体经济的基础性制度。但是,作为三十多年来中国经济体制改革成功的典范,农村土地家庭承包责任制度最初并不是由立法机关通过"修律"方式建立起来的,而是由当政者通过总结部分地区农村改革的经验而推行的一项制度。而在长达二十多年的时间里,这一制度主要是通过一些政策性文件来加以推行的。1982年宪法对于这一制度并没有作出任何规定。直到1999年,立法机关通过修改宪法才确立了"联产承包责任制"②。2002年8月29日,第九届全国人大常委会通过《农村土地承包法》,正式将这一实行二十余年的重要制度上升为专门法律规范。

上述两个例子都说明,立法机关通过"修律"方式可以发动一场法律改革运动,却不一定能确保制度变革的真正成功;而一场成功的改革却不一定是立法机关直接推动的,立法机关的修律活动,只不过是将那些经过实践检验证明效果良好的改革措施予以规范化了。这显示出立法机关以"修律"方式推动制度变革具有很大

---

① 例如,20世纪初清王朝为了挽救摇摇欲坠的专制政权,在国际国内压力下进行的"清末改制运动",催生出了一系列近代成文法律。又如,20世纪70年代末和80年代初,当政者在"文化大革命"结束之后立即启动了一场"社会主义法制建设运动",仅在1979年一年就颁布了包括刑法、刑事诉讼法、全国人民代表大会和地方各级人民代表大会选举法、地方各级人民代表大会和地方各级人民政府组织法、法院组织法等在内的七部重要法律。

② 根据1982年《宪法》第8条的规定,"农村人民公社、农业生产合作社和其他生产、供销、信用、消费等各种形式的合作经济,是社会主义劳动群众集体所有制经济"。1993年修改宪法时,第8条第1款被修改为:"农村中的家庭联产承包为主的责任制和生产、供销、信用、消费等各种形式的合作经济,是社会主义劳动群众集体所有制经济。"直到1999年,《宪法》第8条才被修改以以下表述:"农村集体经济组织实行家庭承包经营为基础、统分结合的双层经营体制。"这也是现行宪法的表述。

的局限性。其实，早在1996年，中国立法机关对刑事诉讼法所作的修订就曾经出现过这样的问题。

中国立法机关1996年对刑事诉讼法作出了大规模的修订。通过这次修律活动，立法机关废除了公安机关的收容审查制度，取消了检察机关的免予起诉权，通过引入英美对抗制的若干因素，确立了带有更多抗辩式色彩的审判程序。立法机关甚至还针对司法实践中普遍出现的"疑罪从轻"或"疑罪从挂"现象，明确授权法院对那些证据不足、指控不能成立的案件作出"无罪判决"。但是，立法机关所做的这些"修律"努力，却在司法实践中受到了程度不同的规避，刑事诉讼程序在很大程度上出现了失灵的问题。① 这种例子几乎达到了俯拾即是的程度：立法者降低了逮捕的条件，而司法实践中的逮捕条件仍然居高不下，几乎接近法院定罪的条件，逮捕已经异化为"法院定罪的前奏"和"法院判处有期徒刑以上刑罚的预演"；立法者改革了取保候审制度，建立了财产保证金制度，而取保候审在很大程度上属于"法院判处缓刑及其他非监禁刑的风向标"，甚至越来越多的公安机关都在将保证金变成了一种"罚没款"；立法者确立了"疑罪从无"的规则，但越来越多的法院拒绝对那些没有达到法定证明标准的案件作出无罪判决，而要么准许检察机关采取撤回起诉的程序逆转措施，要么作出疑罪从轻的"留有余地"裁决；立法者对审判程序作出了改革，但法院在审判中却普遍采取"以案卷笔录为中心的裁判方式"，使得整个法庭审理过程流于形式，裁判结论没有形成于法庭上，而是产生于庭外的阅卷活动之中……②

经过2012年刑事诉讼法的再次修改，立法者试图通过赋予辩护律师会见在押嫌疑人、查阅案卷材料、调查取证等项诉讼权利，加速推进刑事辩护制度的改革，确保律师的辩护活动从法庭审理阶段延伸到审判前程序之中。然而，十年来的法制经验表明，"立法推动主义"作为中国辩护制度变革的主要道路，无论是对旧制度的废弃还是对新制度的形成都没有发挥有效的作用，这一道路出现了如此多的问题，以至于它越来越难以保证法律所作的立法承诺得到实现。

应当承认，在中国的司法体制改革没有发生重大突破的情况下，立法机关的"变法修律"活动对于推动相关的制度变革来说，具有很大的外部局限性。本章所要反思的就是立法机关在推动制度变革方面的内在局限性。

（一）成文法的超前性

立法机关在推动制度变革中经常具有一种理想主义的情怀，对于通过"修律"来推动"变法"的理性能力过于自信，大大忽略了法律规范的可行性问题，结果造成一些颇具超前性的制度改革难以得到实施。

应当承认，立法机关的"修律"活动无非是将某些不合时宜的旧制度予以废

---

① 参见陈瑞华：《刑事程序失灵问题的初步研究》，载《中国法学》，2007（6）。
② 有关刑事诉讼中的法律规避现象，可参见陈瑞华：《刑事诉讼的中国模式》，295页以下。

弃，同时将一些体现特定价值和政策的新制度确立起来。这注定会导致新的制度设计与现行制度实践存在相互冲突的可能性。这种制度冲突所带来的"阵痛"和动荡，几乎在所有国家的立法活动中都有可能发生。假如立法机关具有推动新制度实施的强大力量，并对于负责执行法律的国家机构具有足够的权威，又假如新的制度设计不仅能够有效地克服旧制度所带来的主要问题，并为执法机构所大体接受，那么，这种制度冲突最终会演变成旧制度的消亡和新制度的实施，新颁行的法律也会相对顺利地渡过制度的动荡期和阵痛期。相反，一个相对弱势的立法机关一旦持有理想主义的情怀，提出一种相对超前的立法方案，在没有经过任何制度试验和立法协调的前提下，就直接推行新的制度设计，那么，执法机构就可能对新制度的推行采取各种消极的抵制态度，从而导致新的法律制度无法得到实施，甚至最终被架空。

2012年刑事诉讼法对辩护律师"持三证"进行"无障碍会见"的制度设计，就属于这一方面的例证。假如刑事诉讼法所确立的这种"无障碍会见权"真的能付诸实施，假如律师在会见在押嫌疑人过程中，真的能够实现"不被监听"，那么，中国律师的会见权无疑将得到有效的保障。但遗憾的是，无论是"无障碍会见权"还是"不被监听"的权利，都属于立法机关通过修订刑事诉讼法所要达到的理想目标。这些带有理想化的制度设计，与多年来的相关司法实践产生了明显的冲突。

例如，按照过去的律师会见制度，律师要成功地会见在押的嫌疑人，就必须经历两个环节的活动：一是律师提出申请；二是未决羁押机构予以许可。而根据2012年刑事诉讼法的规定，律师会见在押嫌疑人既不需要取得侦查机关的审批，也不必经过看守所的批准，而是持三种证件直接进行这种会见。当然，在包括特别重大的贿赂案件在内的三类法定案件中，律师的会见仍然要经过侦查部门的批准。又如，根据刑事诉讼法的规定，律师会见在押嫌疑人时"不受监听"。这就意味着侦查人员不得参与律师的会见过程，也不能通过各种方式监听律师与委托人的谈话过程。再如，多年来的司法实践表明，侦查人员对于律师与在押嫌疑人会谈的内容，可以实施直接或间接的干预，对于那些涉及"案情"的会谈，侦查人员可以直接予以制止，甚至直接中断律师的会见过程。而根据刑事诉讼法的规定，律师有权在侦查人员不在场的情况下进行会见，其会谈也就当然不受侦查人员的干预了。

2012年刑事诉讼法所确立的会见制度，可能难以在司法实践中得到全面的贯彻。对于这种会见制度，立法部门既没有组织专门的改革试验，也没有对一些地方进行类似试验的效果进行数据统计和经验总结，甚至就连过去经常进行的立法协调工作也都没有去做。要知道，这种"无障碍会见"制度一旦付诸实施，就意味着公安机关的侦查部门失去了对律师会见的约束力，嫌疑人在律师指引或暗示下推翻口供、改变陈述甚至建立攻守同盟的情形肯定会大幅度上升，这无疑会影响公安机关侦查破案的效果。公安机关出于侦查破案的考量和本部门利益的维护，可能会对刑事诉讼法采取各种规避措施。在2012年刑事诉讼法实施以后，一些地方相继出现

▶第十二章 制度变革中的立法推动主义◀

了侦查部门违法阻止律师会见的情况。例如，对于一般贿赂案件，看守所也要求律师征得办案部门的同意，才安排会见；甚至对于法定三类案件以外的其他案件，律师未经办案部门的批准，也无法获得会见。

（二）法律文化的冲突

通过移植和借鉴西方国家的法律制度，立法机关固然可以在短时间内完成"修律"的工作，但这些源自异域的法律制度，由于缺乏必要的保障机制，最终变得难以实施。

三十多年来，法律移植已经成为中国立法机关迅速推进"法制建设"的重要途径。中国立法机关为了解决"无法可依"的问题，在一片法制空白的情况下迅速颁布了一部又一部的法律。为了完成初步建立"社会主义法律体系"的立法目标，立法机关对于社会生活的各个领域都作出了建立法律规范的立法努力。而在短时间内难以总结出较为成熟的法制经验的情况下，立法机关秉承"洋为中用"的宗旨，大规模地移植和引进西方国家的法律制度。尽管立法机关再三强调要借鉴西方国家的"有益经验"，法律移植要"符合本国的国情"，但是，一些带有鲜明西方特色的法律制度还是源源不断地被确立在中国成文法之中。与此同时，法学界对这种法律移植运动也采取了鼓励、支持甚至身体力行的态度，不仅通过法学论著倡导"以西方为师"的立法方式，而且直接以西方法律为蓝本起草出带有超前性的"专家建议稿"，从而对立法机关的"修律"进程施加积极的影响。这一点在近年来的刑事诉讼立法和证据立法活动中体现得尤为明显。[①]

但是，西方法律制度不是凭空产生的，而都有其特定的社会环境，也有一系列特定的制度保障机制。中国立法机关可以在短时间内将某一源自西方的制度引进过来，却很难同时将这一制度所赖以发挥作用的保障机制照搬过来。而法律制度一旦脱离其所赖以维系的环境，往往就变成难以操作的技术规程而已。

在刑事诉讼立法过程中，这种源自法律文化的冲突表现得尤为激烈。一方面，立法者试图在刑事诉讼法典中确立一些源自西方的原则和制度，以便对刑事诉讼制度进行彻底的改造。但另一方面，中国本土所固有的传统、惯例和制度却仍然被确立在法律之中，并对那些"舶来品"的实施构成严峻的挑战。这一点在2012年刑事诉讼法之中得到了一定程度的体现。

例如，这部法律明文确立了"不得强迫任何人证实自己有罪"的原则，并将其贯彻于非法证据排除规则之中。但是，该法仍然保留了嫌疑人对侦查人员的提问"如实回答"的义务，以至于剥夺了嫌疑人保持沉默的权利。从根本上说，上述原则所体现的是"禁止强迫自证其罪"的精神，赋予嫌疑人、被告人自由选择诉讼角

[①] 近年来，有关刑事诉讼立法和证据立法的学者建议稿已经出版了多部，影响较大的有陈光中主编：《中华人民共和国刑事证据法专家拟制稿（条文、释义与论证）》，北京，中国法制出版社，2004；徐静村：《中国刑事诉讼法（第二修正案）学者拟制稿及立法理由》，北京，法律出版社，2005；陈卫东：《模范刑事诉讼法典》，北京，中国人民大学出版社，2005。

色的权利,这是源自西方的传统理念。而我国刑事诉讼法对"如实回答"义务的保留,体现的则是一种中国传统的价值观念,强调嫌疑人的配合和服从义务。令人遗憾的是,中国法院至今仍然将被告人的"认罪态度"视为一项重要的量刑情节。对于被告人拒不认罪、当庭翻供或者保持沉默的行为,法院可以将其视为"认罪态度不好"或者"无理狡辩",并据此作出从重处罚。[①]

又如,刑事诉讼法确立了律师在会见时向在押嫌疑人、被告人"核实有关证据"的制度。这一制度的立法原意是律师会见在押嫌疑人、被告人时,可以携带相关证据材料进入看守所,使得嫌疑人、被告人获得查阅案卷材料的机会。这一制度一旦得到实施,那么,被告人在庭审之前就获得查阅公诉方证据材料的机会,这有助于被告人较为充分地进行防御准备活动,更为有效地行使各项辩护权利。但是,按照中国刑事司法的传统,为有效地进行追诉犯罪的活动,执法人员应保证嫌疑人、被告人"如实"供述自己的罪行,尽量减少嫌疑人、被告人的"翻供"或"串供"行为。刑事诉讼法假如赋予嫌疑人、被告人庭前查阅公诉方案卷的机会,嫌疑人、被告人就有可能全面了解公诉方所掌握的证据情况,尤其是同案犯的供述以及目击证人的证言,这就大大增加了翻供或者串供的可能性。正因为如此,尽管刑事诉讼法部分确立了嫌疑人、被告人的阅卷权,但公安机关、检察机关却对此持强烈抵制的态度,拒绝承认嫌疑人、被告人的"阅卷权"。

再如,刑事诉讼法确立了非法证据排除规则,强调被告人及其辩护人可以申请法院审查侦查行为的合法性,并将侦查人员非法所得的证据排除于法庭之外。但是,这种源自西方的程序性制裁制度却在中国司法实践中遭到了普遍的抵制。侦查人员普遍拒绝出庭作证,拒不承担证明侦查行为合法性的责任。公诉方也对被告方的申请持消极对待的态度,不仅拒绝传召侦查人员出庭作证,拒绝当庭播放全程录像资料,反而以宣读侦查人员的"情况说明"来加以搪塞。而刑事法官对这种旨在宣告无效的制裁方式也难以接受,要么拒绝对被告方的申请加以审查,要么通过简单地宣读侦查人员的情况说明来驳回被告方的申请。相对于通过宣告无效来制裁侦查人员的违法行为而言,中国法官似乎更青睐于通过追究侦查人员的法律责任来治理程序性违法行为。

(三) 改革效果的评估

中国立法机关尽管可以通过"修律"来启动某一领域的制度变革,却很难通过具体的改革试验项目,来科学地评估有关制度变革可能产生的积极效果,也难以预测这种改革可能带来的社会风险,结果,一些凭借良善的意愿而推行的制度变革,在实践中却变得无法操作。

一般说来,中国立法机关主要是通过立法调研的方式来形成法律草案的。立法机关要么通过与法院系统、检察院系统、公安系统、律师界和法学界进行专门的座

---

① 参见陈瑞华:《义务本位主义的刑事诉讼模式》,载《清华法学》,2008 (1)。

谈，要么通过召开由各界人士共同参与的综合性研讨会，来征集需要重新规范的法律事项，形成有关的法律修改方案，并就初步拟定的法律草案进行征求意见。应当说，这种立法方式对于争议不大的立法事项来说，确实是无可厚非的。但是，对于那些涉及多个国家机关权力重新分配、关系公民基本权利保障甚至有可能带来法律制度重大变革的立法问题，这种立法方式就具有明显的局限性。立法机关所提出的法律修改方案没有经过专门的试点，无法考察这些改革措施的社会效果，使得这种立法活动带有不同程度的冒险性和不可预期性。有的时候，立法机关推行的某一改革恰好取得了积极效果。但这种"变法修律"的成功往往带有相当大的偶然性。而在其他立法活动中，这种立法方式就未必有那么大的幸运。立法机关没有办法对相关制度变革进行有针对性的改革试验，使一定数量的法院、检察院和公安机关根据新的制度安排来办理案件，也无法进行跟踪观察和调研，从而收集旨在检验制度变革效果的案例、数据和分析资料。不仅如此，立法机关尽管也征求了社会各界的意见，但那些提供立法咨询意见的人士，要么在认识上存在一定的偏见和局限，要么与立法事项存在一定的利益牵连，因此所发表的意见未必就能切中相关立法问题的要害之处。结果，有关制度改革方案即便全面、客观地吸收了各界人士的立法建议，最终通过的法律也未必会取得理想的实施效果。①

这种通过立法调研形成法律草案并推动法律颁行的做法，既难以发现旧制度的症结之所在，也无法提出一种具有可行性的新制度，更不可能使已经发生法律效力的规则发挥实际的规范作用。新律师法就律师"调查取证权"所作的立法努力，就是一个值得反思的例子。

根据1982年的《律师暂行条例》，律师作为"国家法律工作者"，有权向有关单位和个人调查取证，"有关单位、个人有责任给予支持"。1996年颁布的《律师法》将律师的身份确立为"为社会提供法律服务的执业人员"，并规定律师"经有关单位或者个人同意，可以向他们调查情况"。应当说，律师调查权在法律表述上发生的变化，体现了立法机关对这一权利加以限制的意味。因为律师法和刑事诉讼法一旦要求律师的调查以"取得有关单位和个人同意"为前提，就意味着"有关单位和个人"拥有了配合或不配合律师调查的自由选择权，律师的调查取证不具有任何法律约束力。这一点，被几乎所有研究者视为造成辩护律师"调查难"的制度原因。十多年来，律师界普遍呼吁取消这种调查要"取得被调查单位和个人同意"的法律条款，并将此视为解决律师调查难的关键步骤。在律师界的推动下，立法机关在2007年律师法中最终取消了这一限制性规定，使得律师有权向"有关单位和个人"进行调查，不需要取得他们的同意。然而，这部法律实施的情况表明，律师"调查难"问题依旧存在着，而没有得到根本的解决，律师在向银行、海关、税务、

---

① 有关1996年刑事审判方式改革的背景、方案及其实施效果，可参见陈瑞华：《刑事诉讼的前沿问题》，第七章。另参见陈瑞华：《刑事诉讼的中国模式》，107页以下。

工商管理、保险公司的调查取证方面，经常遇到无理拒绝的情况。由此看来，立法机关的"修律"活动显然没有达到预期的效果。

律师既然不具有"国家法律工作者"的身份，不享有任何国家公权力，当然也就不拥有"强制调查权"。在这一方面，律师的"调查取证"显然与公检法机关的侦查权和调查权是不可同日而语的。事实上，律师的"调查取证"带有"任意调查"的属性，与一般的民间调查、社会调查并无实质的区别。立法机关无论是否规定律师调查要取得"有关单位和个人的同意"，律师都只能对那些愿意配合调查的单位和个人进行调查。对于那些拒绝——甚至"无理拒绝"——接受调查取证的单位和个人，律师并没有采取强制性措施的权利，也当然不能采取诸如威胁、引诱、欺骗、贿买等非法调查手段。中国立法机关没有进行任何形式的改革试点，也没有进行有针对性的立法效果的充分评估，就以为只要取消"经被调查单位和个人的同意"这一限制性规定，律师的"调查取证难"问题也就迎刃而解。这显然是一种一厢情愿的想法，也浪费了一次就辩护制度作出实质性调整的机会。

（四）部门利益的协调

中国立法机关的"修律"活动，过分关注对不同国家机关利益的协调和权衡，对有关机关的利益和诉求过于迁就，却忽略了一些原则和原理问题，导致制度设计因背离基本规律而难以得到实施。

迄今为止，中国立法机关采取了委托立法与单独立法相结合的立法方式。所谓"委托立法"，是指对那些涉及某一专门领域的立法事项，立法机关委托特定的国家机关提出法律草案，然后再加以审查、修改和通过的立法形式。例如，最高人民法院曾被委托提出法院组织法、法官法的草案，最高人民检察院曾被委托提出检察院组织法、检察官法的草案，公安部曾被委托提出人民警察法、治安管理处罚法的草案，司法部则曾被委托提出监狱法、律师法的草案。而"单独立法"则是指对那些涉及面广的重大立法事项，立法机关自行通过调研形成法律草案，并在征求各界意见后予以颁行的立法形式。例如，立法机关对合同法和物权法的制定，对民事诉讼法和刑法的修改，就都采取这种立法方式。

但是，无论是"委托立法"还是"单独立法"，立法机关都更多地关注对不同国家机关利益的协调。特别是对于那些经常涉及公安机关、检察机关、法院和执行机关权力再分配问题的立法事项，立法机关更是将大量精力投入利益权衡过程之中。应当承认，没有妥协就没有立法，对不同国家机关的利益诉求和权力配置进行一定的权衡，在必要时作出适度的妥协，从而换取制度改革的推行，这是高明的立法者不能不掌握的政治策略。这种利益协调也会换来成功的制度改革。中国立法机关 1996 年通过修改刑事诉讼法，成功地将公安机关的"收容审查权"予以废除，将检察机关的"免予起诉权"予以取消，并说服公安部和最高人民检察院同意辩护律师提前"介入"刑事审判前程序，就属于这种利益协调的积极结果。当然，作为回报，也为了消除这两个国家机关的疑虑，立法机关也对律师在审判前的参与作出了诸多方面的限制。诸如律师会见需取得侦查机关的批准，侦查人员可以在场参与律师的会见，律师在审查起诉阶段只能查阅鉴定材料和诉讼文书，律师调查需取得被调查人的同意，调查被害人及其提供的证人，还要征得检察机关的许可，等等。甚至通过1997年对刑法的修改，公安部和最高人民检察院还成功地说服立法机关专门确立了一个以律师为主要"特定犯罪主体"的妨害作证罪，使得辩护律师的调查取证面临重重职业风险。

立法机关基于现实的功利考量，有可能违背基本的制度设计原理，使得相关的制度变革出现扭曲的现象。而在"委托立法"过程中，这一问题显得更加突出。由于那些具有直接利害关系的国家机关在主持法律草案的形成过程，而这一草案一旦被提交给立法机关，后者所能做的至多是技术层面的"修补"工作，而一般不可能将法律草案全部推倒重来，由此，这种"委托立法"中存在的利益权衡问题就显得尤为严重。

新律师法的出台过程就存在这方面的问题。这部由司法部主持提出草案的法律，充满了解决律师"会见难"、"阅卷难"和"调查难"的豪迈之情，体现了司法行政机关推进律师制度改革的立法意图。[①] 但是，这种立法活动的极端功利性决定了法律起草部门以快速通过法律作为其行动的目标，而不可能平心静气地进行相关的立法调研和征求意见工作，更不可能对制度变革所涉及的基本理论问题进行深入细致的研究，对相关的研究成果也缺乏相应的消化吸收过程。因此在新律师法中，法律的草拟者对几个重要的理论问题就没有给出令人信服的解释。

例如，关于会见权的权利归属问题，立法者想当然地以为会见权就等同于"律师会见在押嫌疑人的权利"。但是，一个受到未决羁押的嫌疑人、被告人为什么就不能享有要求会见律师的权利？一个身陷囹圄的嫌疑人既不熟悉法律规定，无法预测自己行为的法律后果，而且被剥夺了人身自由，无法进行诸如阅卷、调查取证等各种防御准备工作。在他最孤立无助、亟须获得法律帮助的时候，为什么就不能应他的请求，为其安排律师进行会见？其实，真正的会见权应当是律师申请会见嫌疑人与嫌疑人申请会见辩护律师的权利的双重组合。立法者假如明白了这一点，就不会按照律师会见在押嫌疑人的单一思路进行制度设计了。立法者完全可以提出另一种立法思路：在拘留、逮捕后24小时之内，保障被羁押者会见律师的权利；建立律师值班制度，为提出请求的嫌疑人指定提供法律援助的律师；嫌疑人提出会见律师的请求遭到无理拒绝的，看守所和侦查机关都构成程序性违法行为，要承担相应的法律责任……

又如，对于阅卷权的制度设计，立法者以为"查阅、摘抄和复制案卷材料"属于辩护律师专属的诉讼权利，无论是嫌疑人还是被告人都无权亲自行使这一权利。但是，辩护活动的实践表明，嫌疑人、被告人假如不能亲自行使阅卷权，就会使其

---

① 参见郭晓宇：《司法部副部长称需修改律师法深化律师体制改革》，载《法制日报》，2005-09-26。

辩护权受到严重的消极影响。这主要表现在：无法查阅案卷材料的被告人难以向辩护律师提出有针对性的证据线索，也无法与辩护律师一起制定有力的辩护策略；无法查阅控方案卷笔录的被告人根本不可能参与法庭上的质证过程，对于控诉方的证据难以提出有力的反驳意见，被告人实质上被排除于法庭调查活动之外；无法查阅控方案卷笔录的被告人对于案件所涉及的专门领域的证据材料，难以富有意义地参与法庭辩论过程，也无法提出有力的辩护理由……假如立法者进行深入的实证研究，就可以发现那种拒绝被告人亲自阅卷的做法是没有任何合理性和正当性的。而将阅卷权只是局限在律师阅卷权的范围内，势必导致作为辩护权重要组成部分的阅卷权难以有较大的改革扩展空间。

再如，对于律师调查取证权的制度安排，立法者对律师的调查取证产生了误解，以为律师拥有"强制调查权"。这导致律师法在立法方向上出现了问题。其实，律师所享有的应当是"任意调查权"：只有被调查人服从和配合律师的调查活动，这种调查权才可以得到实现；但是，被调查人一旦拒绝配合和支持律师的调查，律师无法采取强制调查行为，而只能向司法机关提出调查取证的申请。可见，对被调查人而言，律师行使的是任意调查权；而对负有保障律师实现调查的司法机关而言，律师所享有的只是"申请强制调查权"。律师提出调查取证的申请之后，司法机关究竟是亲自协助律师采取调查行动，还是授权律师实施暂时的强制调查措施，这就是需要进一步考虑的问题了。对于律师"调查权"的这一制度设计原理，立法者显然没有给予准确的理解。立法者一味地满足司法行政机关的立法豪情，只知道顺应律师界所谓"解决律师调查难"的立法呼声，却没有研究律师调查取证问题的规律，结果作出了一种违背经验和常识的制度设计。

三、制度变革中的司法推动主义

根据前面的分析，在推动制度变革方面，立法机关的"变法修律"活动存在着一些难以克服的局限性。那么，在这种问题重重的"立法推动主义"之外，是否还存在其他的制度变革道路呢？

近二十年来，中国在法律改革方面走过的历程足以证明，"立法推动主义"绝不是推动制度变革的唯一道路，中国在制度变革方面正出现一种多元路径并存的局面。例如，在2003年下半年，中共中央成立"司法体制领导小组"，该组织的办公室设置在中共中央政法委员会，成员包括最高人民法院、最高人民检察院、公安部、司法部以及政法委员会的相关官员。与此同时，最高人民法院、最高人民检察院、公安部、司法部分别设立了"司法体制改革办公室"，专门就各自部门的司法体制改革问题进行调研，并提出相应的改革建议。在2003年年底，这些部门各自提交了相关的司法体制改革研究报告。2009年3月，中共中央通过的一份有关司法体制改革的指导意见，就属于这一司法体制改革领导机构工作的结果。这个例子足以显示,中共中央及其下设机构对于司法改革的进程具有极大的影响力和推动作用。在很大程度上,中共中央及其下设机构的战略决策对中国未来的法律改革产生着决定性的作用。又如,2003年年底,国务院通过一部行政法规,将中国长期实行的收容遣送制度予以废除,并将其改造为一种针对流浪乞讨和生活无着的人员实施的救助制度。这一制度变革被认为与当年发生的孙志刚案件有着密切的联系,属于中国加强人权保障的重要标志。再如,最高人民法院在长达10年的时间里一直在推动着中国法院体制的改革,继1999年发布第一个《人民法院五年改革纲要》之后,又于2004年和2009年先后发布了第二个和第三个五年改革纲要,对中国法院的管理体制和诉讼程序作出了改革努力。在很大程度上,最高人民法院已经成为法院管理体制和审判程序改革的领导者。

以上例子可以说明,无论是一般意义上的法律改革,还是司法体制的改革,都存在着多种推进改革的路径。从中共中央政法委员会、国务院一直到最高司法机关,都在推动着中国的制度变革。20年来的法律改革经验表明,立法机关在推动制度变革方面所发挥的作用呈现出逐渐萎缩的发展趋势。一方面,立法机关所颁行的基本法律,往往都是对那些已经富有成效的改革经验的立法确认,甚至就连立法机关对宪法的修改也具有这种确认既有改革成果的性质。另一方面,一些制度变革的推动者本着"摸着石头过河"的理念,在现有法律没有发生修正的情况下,通过在部分司法机关开展试验的方式,对一些制度设计进行具有突破性的改革尝试。这些改革试验尽管在"合法性"上存在着争议,有时被视为"背离了现行法律的框架",却对于中国诸多领域的制度变革起到了积极而有效的推动作用。在这一方面,中国的法院和检察机关在制度变革的推动方面进行了一系列的改革努力,对于中国刑事司法制度的改革作出了持续不断的改革探索,使得一种"司法推动主义"的改革道路得以形成。

近年来,司法机关对于刑事司法改革的探索应当首推最高人民法院收回死刑核准权的改革。2007年1月1日,最高人民法院正式结束长达二十余年的死刑核准权下放的做法,将死刑核准权统一收回,该法院由此获得了对死刑案件的终局裁判权。这一收回死刑核准权的司法改革举措,保证了最高人民法院对死刑适用标准的统一掌握,也有利于减少不必要的死刑判决,提高死刑案件的审判质量。不仅如此,随着最高人民法院、最高人民检察院、公安部、司法部对死刑案件的法律程序发布越来越多的法律解释,一种针对死刑案件的特殊程序和证据规则逐渐浮出水面,死刑核准权收回对于中国的刑事司法改革具有一种"牵一发而动全身"的辐射效应。[①]

在死刑核准权收回的改革之外,最高人民法院、最高人民检察院以及各级地方

---

① 有关死刑复核权收回及其所带来的"牵一发而动全身"的影响,可参见陈瑞华:《刑事诉讼的中国模式》,197页以下。

司法机关还在一系列领域取得了改革的突破，形成了一种蔚为壮观的"刑事司法制度改革集群"现象。早在2000年前后，部分基层法院就开始试行"普通程序简易审"的程序改革，最终推动那种"被告人认罪案件的普通程序"得以确立。2012年刑事诉讼法最终吸收了这一改革成果，确立了统一的简易程序。从2000年以来，一些基层检察机关和基层法院对刑事和解制度进行了积极的改革探索，对于那些被害人与被告人双方就民事赔偿达成和解协议的案件，采取"和解不起诉"或者从轻处罚的处理方式，这一制度逐渐被各地、各级司法机关所采纳。① 2012年刑事诉讼法也确认了刑事和解制度的合法性。早在2005年前后，最高人民法院就在若干个地方法院进行了量刑程序的改革试点。按照改革者的设想，量刑制度改革最终的目标是逐步实行适用于全国各级法院的"量刑指导意见"和"量刑程序"②。不仅如此，在长达25年的时间里，少年司法改革走过了一条基层法院进行探索、最高人民法院吸收成熟经验的改革道路，在诸如圆桌审理、法庭教育、延伸帮教、社会调查报告、合适成年人、量刑答辩等一系列方面取得了制度创新。甚至在较为敏感和复杂的少年罪犯的"前科消灭"方面，一些地方司法机关都在进行改革探索，并取得了初步的经验。③ 2012年刑事诉讼法也将这些少年司法改革的成功经验予以吸收。

那么，这种由司法机关推动的制度变革为什么能够取得较大进展呢？与"立法推动主义"相比，"司法推动主义"究竟具有哪些方面的优势，以至于成为一种不容忽视的制度变革道路呢？对于这一问题，笔者将结合上述几个刑事司法改革的经验，从四个方面作出分析。

"司法推动主义"的优势之一，在于司法机关所推动的改革具有试验性和探索性，在一个或者若干个基层司法机关进行改革尝试，在一定时间周期内观察制度实行的效果，经过反复的试错过程，来逐步发现适合中国国情的法律制度。

在很大程度上，中国究竟应当选择怎样的法律制度，这并没有一个现成的答案。"立法推动主义"的改革道路有一个难以克服的缺陷，那就是误以为立法决策人士凭借其理性能力，可以寻找到各种切合中国实际情况的制度安排。然而，由于这种立法的灵感要么来自于一些基本理念和基本原则，要么来自于其他国家和地区的法制经验，而没有经过一场对中国相关法制经验的总结和提炼，因而，很多制度改革未必能够产生良好的效果。

与立法机关不同，司法机关一般不会贸然推动那种抽象的法律改革，而是通过改革试验和制度试点的方式，探索制度变革之路。无论是最高人民法院还是最高人民检察院，都可以运用自身的资源优势，将一些新的制度设计适用于基层司法机关

---

① 关于刑事和解制度兴起的情况，可参见陈瑞华：《刑事诉讼的中国模式》，1页以下。
② 有关量刑程序的改革，参见陈瑞华：《论量刑程序的独立性》，载《中国法学》，2009 (1)。
③ 有关少年司法改革的情况和问题，可参见陈瑞华：《自生自发：刑事司法改革新经验》，载《上海法治报》，2009-02-11。

的办案活动之中,然后在一定时间内观察新制度试验的效果。通过这种观察和总结,一些富有成效的改革经验得到及时的积累,而那些效果不甚理想的改革试验则被排除于改革决策的根据之外。其实,这种反复进行的试错过程也就是通常所说的"法律发现过程"。通过较长时间的改革实验和制度总结,最高司法机关可以逐渐发现那些适合中国情况的制度设计,并将其上升为普遍适用的法律规范。

量刑程序改革就是这方面的典型例子。本来,中国的刑事审判制度更接近于大陆法的审判制度,似乎不可能采纳那种源于英美法的定罪与量刑程序相分离的制度安排。但是,中国实行的这种定罪与量刑程序一体化的制度设计,在司法实践中产生了越来越多的问题。例如,在量刑过程依附于定罪程序的情况下,整个量刑决策具有不公开、不透明甚至暗箱操作的程序问题,法官既不允许控辩双方充分提出法定和酌定的量刑情节,也不允许各方就量刑情节对量刑的影响进行公开的辩论,从而在量刑裁决方面非常容易滥用自由裁量权。基于对法官滥用自由裁量权问题的担忧,一些地方的检察机关早在20世纪90年代就尝试过"量刑建议制度"的改革,但没有取得各级法院的积极响应。而一些基层法院的少年审判部门也曾经在法庭辩论阶段尝试过"量刑答辩"或者"量刑听证"的改革试验,但由于这种改革仅适用于少年案件,因而没有产生普遍的影响力。直到2005年以后,最高人民法院才开始在部分法院试验建立"相对独立的量刑程序"。从2010年10月开始,这种改革试点逐步向全国法院进行推行。2012年刑事诉讼法已将这种量刑程序相对独立的改革经验予以了吸收。

"司法推动主义"的优势之二,在于司法机关所推行的改革具有自生自发和自下而上的性质,改革往往是由基层司法机关主动实施,然后逐步被最高司法机关接纳为正当的制度变革,因此切合中国司法制度的实际情况,具有可操作性和可实施性。

"被告人认罪案件的普通程序"的形成过程就是一个典型例子。最初,立法机关基于对审判方式改革效果的不可预期,在对普通程序作出加强对抗性的改革之余,还确立了一种仅适用于轻微刑事案件的简易程序。但是,很多地方的基层法院发现,如果对那些可能判处3年有期徒刑以上刑罚的案件全部适用普通程序,法院将变得不堪重负。而即便是在适用普通程序的案件中,仍然有大量被告人当庭作出了有罪供述,而控辩双方对这些案件的事实也并不存在太多的争议,这些案件的审理程序仍然有进一步简化的空间。于是,一种被称作"普通程序简化审"的特殊程序应运而生,并在一些地方的基层法院逐步得到了推行。从这一特殊程序试行的效果来看,在被告人当庭放弃无罪辩护的情况下,法院采用较为简易的程序进行审理,在不同程度上缩短了结案周期,提高了诉讼效率,同时也没有带来明显的负面效果,因为被告人通过作出有罪供述和选择这一特殊程序,可以换取法院的从轻量刑,获得量刑上的实惠,一般也就不再持抵触态度。通过总结这一基层法院的改革经验,最高司法机关最终发现了一条有效简化审判程序、提高诉讼效率的改革道路。① 也正是在这些改革试验的基础上,2012年刑事诉讼法才最终将"简易程序"与"普通程序简化审"予以合并,构建了一种统一的刑事简易程序。

这一例子足以显示,法律制度犹如一株株富有生命力的有机体,只要有合适的"土壤"、"水分"和"环境",就有诞生、成长和发育的可能性。由于基层司法机关对中国法律制度存在的问题有着较为深切的认识,也十分清楚那些书本法律制度的局限性,因而,它们所进行的改革试验往往能够切中问题的要害,所进行的制度安排也通常具有很强的可操作性。这种"自下而上"、"自生自发"的法律改革,具有较为鲜活的生命力,体现着基层司法机关发现新规则、创造新制度的巨大能量。经过最高司法机关的观察和总结,那些具有普遍推广价值的制度创新最终被转化为一系列的法律规范,成为具有法律约束力的制度安排。其实,在前面所说的"普通程序简化审"制度之外,包括量刑程序、刑事和解、少年司法制度在内的一系列制度创新,都是先由基层司法机关进行试验,然后由最高司法机关总结、提炼为普遍适用的法律制度的。

或许,真正有生命力的法律制度,既不是立法机关通过成文法典所创设出来的,也不是最高司法机关凭借一厢情愿的努力所想象出来的,更不是法学研究者凭借"理论教条"、借助逻辑推理所"研究"出来的。"法律的生命在于经验,而不在于逻辑。"霍姆斯大法官的这一论断早就提醒我们,法律制度往往是由司法机关在司法过程中发现和创造出来的,属于对那些行之有效的规则、规范和制度安排的经验总结。"司法推动主义"的道路在我国已被证明是法律制度诞生、成长和发育的必由之路,也是成功的制度变革得到推行的有效路径。

"司法推动主义"的优势之三,在于司法机关推动的改革试点普遍产生了积极的社会效果,可以有效地解决实践中存在的问题,化解原来存在的矛盾。

一项法律制度要得到有效的实施,需要具备两个重要前提:一是符合某种公认的价值理念,具有理论上的正当性;二是取得了积极的社会效果,成功地解决了实践中的问题,具有现实的必要性。前者一般被视为内在的评价视角,后者则属于一种带有功利性和实用性的评价标准。

二十年来,中国法学界所坚持的就是上述第一种立场,秉承道德理想主义的旗帜,将诸如"无罪推定"、"正当程序"、"程序正义"、"保障人权"等奉为刑事司法改革的价值目标,并以这些价值理念为标准,对国外的司法制度加以遴选,对国内的制度设计和制度实践作出评价,对未来的制度变革提出设想和预测。然而,由于受种种因素的制约和牵制,这种以"正当程序"为标志的改革思路经常遭遇挫折,改革之路步履维艰。但另一方面,那些由司法机关所推动的法律改革,尽管在理论正当性方面每每受到诟病,在合法性上也备受争议,却往往能够产生积极的社会效

---

① 参见陈瑞华:《刑事诉讼的中国模式》,第二章。

果，取得社会各界的赞誉。在处于社会转型期的中国，面对刑事司法实践中涌现的层出不穷的问题，那些具有积极社会效果、可以有效解决问题的法律改革，往往会受到各级司法机关的普遍青睐。

刑事和解的改革就属于这方面的例子。本来，根据国家追诉主义的理念，对于犯罪的刑事追诉应当由国家公诉机关依法统一进行，不受被害人意志的约束。被害人可以就民事赔偿问题提起附带民事诉讼，但对于刑事追诉问题并不拥有决定权，而最多可以通过参与诉讼过程而发挥积极的影响作用。但是，在诸如轻伤害、过失犯罪、少年犯罪等案件中，公诉机关即便取得刑事追诉的成功，也最多带来3年以下有期徒刑的刑罚结果，而这往往导致附带民事诉讼赔偿的困难。因此，一些地方的基层检察机关逐渐进行刑事和解的改革尝试，对于被害人与被告人就民事赔偿达成和解协议、被告人及时作出民事赔偿的案件，可以作出"和解不起诉"的决定。不仅如此，一些地方的基层法院也尝试对被告人与被害人达成和解协议、被告人及时履行赔偿义务的案件，作出从轻处罚的裁决。由于这种改革试验很有效地解决了附带民事诉讼赔偿的问题，对于减少被害人的申诉、信访问题也具有明显的积极效果，从而有效化解了被告人与被害人之间的矛盾，减少了双方结为世仇的可能性，有利于维护社会的和谐和稳定，因而，最高司法机关逐渐承认了刑事和解制度的正当性，并说服立法机关将其确立在刑事诉讼法之中。

当然，刑事和解制度的推行，从一开始就面临着理论上的争议和道德层面的非议。人们通常会质疑这一制度的推行会不会带来"同样情况无法受到平等对待"的问题，也就是被告人因为贫富不均难以平等地获得正义的问题。由于司法机关依据被告人承担民事赔偿责任的情况来确定其刑事责任，民事赔偿甚至可以变成折抵刑期的砝码，因而，刑事和解也被批评为"混淆了民事赔偿责任与刑事责任的界限"。不仅如此，司法机关的刑事和解过程具有一定的秘密性和不透明性，这也引起了人们对其自由裁量权滥用的普遍忧虑。[①]

尽管面临前述理论上的争议，刑事和解制度仍然得到了普遍的推行。2012年刑事诉讼法最终确立了刑事和解制度，并明确限定了刑事和解的适用范围、适用条件和适用程序，从而真正实现了刑事和解从改革试验到正式法律制度的转变过程。

"司法推动主义"的优势之四，在于司法机关推动的改革具有很大程度的渐进性，制度的形成不是来自某种抽象的理念，而是来自基层卓有成效的实践经验，并被提升为普遍的制度设计，避免了那种剧烈的制度变革所可能带来的社会震荡。

多年以来，法学研究者对于中国法律制度的变革大都持一种较为激进的观点。这一方面是基于中国法律实施状况难以令人满意的现实，人们普遍有一种"寻求改变"的想法，另一方面也是因为越来越普遍的国际交流和对国外法制状况的了解，使得人们有着促成"另一种法律秩序"的向往。于是，在法学研究者提供的立法蓝

[①] 参见陈瑞华：《刑事附带民事诉讼的三个模式》，载《法学研究》，2009 (1)。

图和制度改革设想之中，各种追求尽可能彻底地抛弃旧制度、尽可能全面地建立新制度的目标的改革思路，跃然纸上，成为"对策法学"研究的基本立场。在很大程度上，法学界的这种激进立法观念对于立法部门的"变法修律"活动构成了某种压力，一个再稳重的立法决策人士，在法学研究者持续不断的说服和倡导之下，也会发生某种程度的改变，在不知不觉中受到一些抽象理念的影响。

然而，这种激进的立法理念可能会带来成文法典的大幅度变化，但对于法律制度的有效实施却未必都是福音。通常情况下，过于激进的"修律变法"所带来的制度变化，会使执法者和公众无所适从，甚至可能因为利益上的损失和执法的不便而产生抵触情绪。中国1996年修订的刑事诉讼法在实施后的最初两年，受到各地公检法机关的质疑，2007年修订的律师法在实施后的一年多时间里，个别条款受到各地公安机关的抵制，就是两个值得反思的例子。

而那种由司法机关自行推动的改革试验，却恰恰可以弥补"立法推动主义"的缺憾和不足。相对于立法机关的"变法修律"而言，"司法推动主义"所带来的制度变化具有明显的渐进性，带有"逐步推行"和"水到渠成"的特征。表面看来，这种制度形成过程有些保守，改革的步子迈得不是很大，但实际上，这种渐进式的制度变革过程恰恰具有明显的优势。主持改革试验的司法官员不仅熟悉司法制度的运作方式，而且对这一制度中存在的诸多问题有着较为深刻的认识。更为难能可贵的是，这些官员对于改革的边界和困难都有清晰的把握，知道哪些改革是不可操作的，哪些改革是可以顺利实施的，而哪些改革通过创造条件又是有可能取得成功的。在宏观层面的司法体制改革难以取得突破的背景下，由司法机关自行推动的制度变革会面临重重的困难和障碍。一些高明的改革者通常善于避开这些障碍，在貌似不可能发生变革的环境中寻找可资改革的资源。就如同山间溪流一样，制度变革也可以在"层峦叠嶂"之间经过迂回曲折的探索，最终找到突破口。在很多情况下，这种渐进式的制度变革方式一旦获得成功，就等于某种新制度"在夹缝之中"获得发现，能够为作为"业内人士"的司法官员所普遍接受和采纳。这种发生在司法机关内部的制度变革方案，是作为"外部人士"的立法官员、法学研究者所难以发现，甚至也是非"业内人士"所想象不出来的。

发端于20世纪80年代的少年司法改革，就经历了这样一个渐进发展的历程。最初，无论是基本法律还是司法解释，都没有对少年案件的司法程序作出明确的成文规定。从1984年开始，一些基层法院开始探索建立"少年法庭"，由相对固定的法官负责审理少年案件，从而逐渐培育出一个相对专业化的少年审判队伍。到1990年前后，本着"教育、感化与挽救相结合"的刑事政策，一种被称为"圆桌审判"的新型审判方式开始出现，并得到了各地少年法庭的普遍接受。作为专门程序的"法庭教育"逐步被引入法庭审理过程之中，"寓教于审"的理念得到了推广。后来，鉴于法院对少年案件适用非监禁刑的比例较高，为了规范法官在量刑方面的自由裁量权，尽量减少非监禁刑适用中的风险，各地少年法庭先后探索"量刑答辩"

或"量刑听证"制度，有些地方甚至出现了"缓刑听证"这样的制度探索。而在量刑过程越来越受到重视的情况下，为了使各种法定和酌定的量刑情节集中地出现在法庭上，各地法院开始尝试建立"社会调查报告"或"人格调查报告"制度，由一些非政府组织或者司法行政部门委任一些"社会调查员"，就少年被告人的家庭、学校、平常表现、前科劣迹、犯罪原因、再犯可能等问题作出专门的调查，并将调查报告提交给少年法庭，使其成为法院科处刑罚的直接依据，也使其成为缓刑考验机构对少年罪犯实施帮教的依据。为了维护部分没有监护人或者监护人监护不力的少年被告人的利益，一些司法机关还引入了源自英国的"合适成年人"制度，将一些社会工作者或司法行政机关的工作人员委任为"合适成年人"，使其有机会参与到少年司法程序之中。

当然，少年司法改革的历程也时常面临困难阻挠。特别是在这一改革进展到一定阶段之后，中国固有的政治、社会、经济、文化等因素就越来越多地成为改革的障碍。例如，社会工作机构和社工组织的不发达，制约了社会调查报告制度的普遍推行，使得少年案件的量刑答辩程序难以持续发展；无论是社会调查报告还是"合适成年人"制度，都通常只针对属于本地"常住居民"的少年被告人适用，而在户籍制度仍然存在、公民尚不享有"迁徙自由"的背景下，那些户籍不在本地的"外地少年"，就无法有效地获得这些程序保障；少年被告人一旦被法院生效判决宣告为犯罪人，就将在政治、道德、社会保障层面以及就业、参军、上大学等方面受到种种歧视待遇，并在这一点上与成年被告人没有实质性的区别，但要改变这一现状，推行所谓的"前科消灭"或"前科封存"制度，法院就不得不面临着诸多方面的制度困难，特别是政审制度的普遍存在、学校的应试教育体制等问题……

犹如中国的经济体制改革一样，少年司法改革目前已经进入"深水区"，面临着"攻坚"的难题。不过，2012年刑事诉讼法正式确立了未成年人诉讼程序，除了将"教育、感化、挽救相结合"的刑事政策加以确立以外，还将社会调查报告制度、附条件不起诉制度以及前科封存制度确立下来。或许，少年司法改革的深入推进，还将面临一系列的困难和挑战。但是，刑事诉讼法对30年来改革成果的确认和吸收，无疑为少年司法改革奠定了坚实的法律基础。

四、制度变革的另一条道路

相对于"立法推动主义"而言，"司法推动主义"的改革道路在形成一些具有操作性和实施性的法律制度方面具有明显的优势。尽管如此，这一道路并不是完美无缺的。事实上，这一制度改革之路经常在合法性问题上面临种种争议。比如说，一些基层法院早在10年前就在少年案件中曾探索过"暂缓判决"制度，这一改革尽管取得了一些积极效果，却因为"面临合法性方面的争议"，而被最高司法机关叫停。这反映出基层司法机关主导的改革一旦走得太远，就有可能触动上级司法机关所设定的边界，被认为挑战了国家法律的权威性。

近二十年来，司法实践中存在的问题堆积如山，而立法进程的缓慢又导致法律无法对这些问题给出及时的回应，这就迫使司法机关难以继续被动地等待立法机关的"变法修律"，而不得不自行探索相关的制度改革。一时间，上至最高人民法院、最高人民检察院，下至基层法院和基层检察院，几乎都达到言必称"改革试验"或"制度创新"的地步。这些本应承担法律实施职能的司法机关，却普遍在充当法律制度创制者的角色。这种"遍地开花"的改革试验活动，在社会转型的关键时期，或许是不可避免的制度形成之路，但从建立法治秩序的角度来说，这种由各地、各级司法机关所主导的"制度创新"活动，可能会出现不尊重国家基本法律，甚至破坏法律秩序的问题。人们不禁会提出疑问：假如司法机关成为制度变革的领导者，那么，究竟谁来负责执行立法机关通过、代表全民意志的法律呢？

不仅如此，这种由司法机关主导的法律改革，经常落入利益重新分配、权力再行配置的陷阱之中，而难以在推进法治、加强人权保障等方面取得实质性的突破。无论是法院、检察机关、公安机关还是司法行政机关，都普遍拥有自己的利益诉求，也都普遍希望通过制度变革来增加自身的权力和权威，更希望在司法权力的"重新洗牌"中争得更多的权力和利益。正因为如此，笔者前述所分析的一些制度变革，往往都是那些仅仅涉及某一司法机关管理体制和工作机制的改革，而不涉及不同司法机关相互间权力的重新分配问题。而这种改革一旦涉及不同国家机关权力再分配的问题，就很难取得成功。例如，法院对民事生效裁判的执行权，检察机关的侦查权，公安机关对看守所的管理权等，就因为直接涉及这些机关权力的重新配置问题，所以，虽然长期受到尖锐的质疑，却仍然没有发生体制上的变化。不仅如此，成功的制度变革也往往都是一些容易给司法机关带来收益的改革，这种收益体现在要么使办案效率大幅度提高（如"普通程序简化审"制度），要么有助于化解矛盾，减少申诉和信访问题（如刑事和解制度），要么有助于上级对下级权力的控制和约束（如量刑程序、最高人民法院收回死刑核准权）。至于在嫌疑人、被告人、被害人基本权利保障方面的改革，司法机关很少主动加以推行，而最多只是在保障前述实用性目标实现的前提下，附带地加以关注和实施。

在辩护律师诉讼权利的保障方面，无论是公安机关、检察机关还是法院，都没有推进制度变革的迹象。由于辩护律师权利的扩大势必会为公安机关的侦查、检察机关的公诉设置更多的程序障碍，也对法院提高法庭审判的效率、缩短结案周期不仅于事无补，反而可能带来更多的麻烦和不便，因而，这些机关所推进的改革试验几乎极少涉及加强辩护律师权利保障的内容。例如，对于辩护律师会见权的保障，公安机关不仅不提供便利，反而会制造各种障碍；对于辩护律师的阅卷权问题，检察机关不仅没有提供有效的程序保障，反而经常推诿证据展示的责任，甚至在法庭审理中实施突然袭击式的公诉活动；对于辩护律师在调查取证和通知证人出庭作证方面面临的困难，法院通常不予受理，更谈不上提供积极有效的司法保障了。

如此看来，与"立法推动主义"一样，"司法推动主义"的改革道路也有其明显的局限性。这种由司法机关所主导的制度变革对于旧制度的废弃和新制度的形成，也未必是一条尽善尽美的路径。那么，面对着现实中存在的两种制度变革之路，我们究竟何去何从呢？

其实，假如对这两条道路加以认真的评估和比较的话，我们会发现，"司法推动主义"与"立法推动主义"在很多方面恰恰可以形成一种相互补充的状态。例如，相对于司法机关而言，立法机关更有可能站在中立、超然和利益无涉的立场上，对相关国家机关的利益进行协调，对这些国家机关的权力进行合理的重新配置。与此同时，立法机关也可以保持国家法律制度的连续性，保证法律规范之间的协调一致，即便是作出重大的制度变革，也会考虑改革的合法性问题，使得所形成的制度不背离宪法和法律的基本框架，同时适度考虑制度设计的内在正当性，而不仅仅着眼于制度安排的便利性和实用性。

又如，相对于立法机关而言，司法机关更擅长通过制度试点和改革试验的方式，在一定时空范围内加以探索性实施，从而观察改革试验的效果，发现那些行之有效的制度安排。经过这种改革试验所最终形成的制度设计往往既能解决司法实践中的固有问题，又不至于引发太大的制度震荡，从而实现新旧制度的稳步过渡。与此同时，较之那种时常受到法学家理想情怀影响的立法机关而言，司法机关在制度选择方面显得更为慎重，也更为脚踏实地，经过各种"深思熟虑"、"顺水推舟"式的制度形成过程，最终可以发现一些为外部人士所难以发现、也无法想象出来的制度安排。

从近二十年来的法制建设历程来看，中国立法机关的"变法修律"与司法机关的改革探索似乎保持着平行发展的态势，而基本上没有形成一种"优势互补"、"相互交错"的局面。应当说，这既与现行的宪法体制有着密切的关系，也大体符合中国当下立法机关和司法机关的权力运作方式。但是，这两种国家机关为什么不能扬长避短，通过相互交错的方式来推动新制度的形成，并保证其具有最大限度的可实施性呢？为什么立法机关不能通过观察、总结和提炼司法机关改革试验中的成熟经验，将其转化成为可操作的法律规范呢？为什么司法机关在启动某一改革试验之前，不能与立法机关进行充分的协商，以便共同参与这种法律制度的发现和创立过程，并尽量摆脱部门利益的过度干扰呢？

其实，只要认真观察近年来的立法活动，我们就不难发现，立法机关在关注法律实施中出现的诸多问题的同时，也越来越重视司法机关通过改革试验所发现和创立的新制度。在1996年修改刑事诉讼法过程中，立法机关就吸收了法院"审判方式改革"的经验，对中国刑事审判方式进行了全方位的改造，促成了现行"抗辩式"或"辩论式"审判程序的形成。尽管这一新的审判方式在实践中出现了诸多问题，但作为一种审判模式的战略选择，这种由传统职权主义向对抗式诉讼的制度转型，确实是很少受到非议的。立法机关1996年颁布的律师法，将律师的身份从

"国家法律工作者"转变为"社会法律工作者",确立了合伙制、合作制并存的律师事务所体制,确立了律师协会的地位和职能,初步形成了司法行政机关与律师协会"两结合"的律师管理体制。这些制度设计都不是立法机关凭空产生的,而是直接来自对十余年来律师管理体制改革经验的总结和提炼。相对于律师管理体制的改革试验而言,律师法无非是对这种改革经验的规范表达而已。而 2002 年颁布的《农村土地承包法》,则更是对二十多年来农村土地承包改革试验结果的立法总结。应当说,没有这种农村经济体制改革的试验和探索,立法机关就不可能制定出这部法律。从时间顺序上看,先有农村土地承包改革试验,后有这部土地承包法;从两者的关系上看,农村土地承包改革试验所产生的并不都是成功的经验,土地承包法不过是将那些较为成熟、行之有效的改革经验给予法律规范化罢了。

通过上述分析,我们似乎发现了另一条推动制度变革的道路,那就是"相关制度改革试验先行"、"立法机关将成熟的改革经验上升为法律规范"的变革之路。这一改革道路吸收了"立法推动主义"的有益经验,那就是强调立法机关的中立性和利益无涉性,强调即便是改革试验也应当在宪法和法律的框架内进行,并保证这些改革试验有效地得到总结和提炼。这一改革道路也吸收了"司法推动主义"的改革思路,那就是强调制度变革的探索性、自下而上性和渐进性,发挥司法机关在发现和创制新制度方面的主观能动性,强调任何制度变革除了要考虑制度本身的内在正当性以外,还要关注制度实施的社会效果,使得那些有助于解决现实问题、能够化解矛盾的制度设计,最终被转化为国家的法律规范。

但是,鉴于现行立法方式具有前面所说的各种不可克服的缺陷,依靠这种立法方式来推进制度的变革,又是不合时宜的。从立法技术层面来看,立法机关应当抛弃那种"宜粗不宜细"的立法观念,不再仅仅满足于法律的颁布和法律体系的完善,而应将法律的可实施性视为立法的生命和灵魂。法律规范要得到有效的实施,不能过分依靠相关细则、行政法规、司法解释甚至地方性法规,否则,立法机关颁布的基本法律就有可能被这些规范性文件所架空,而变成一纸空文。而从立法的指导准则来看,立法机关应当放弃那种动辄"为变法而修律"的想法,真正从"制度变革的推动者"变成"改革经验的总结者"。立法机关应当保持谨慎的立法态度,尽量不在法律中确立那种未经任何试验、也无从考察其实施效果的新制度,从而最大限度地避免法律虚置化和法律失灵的问题,使得立法机关所颁行的法律都是可实施的法律。与此同时,立法机关也应当保持一定的开放性,秉承对法律实施中的问题与改革试验中的经验同时兼顾的原则,及时而有效地将那些成熟的改革经验上升为国家的法律规范,从而促进法律制度的健康发展。

不仅如此,为避免司法机关的改革试验各行其是的局面,一方面,立法机关有必要颁布专门的法律,对这种改革试验活动加以引导和规范,确定这种改革试验的时限、地域范围、改革措施与现行法律的关系以及改革经验的总结方式,为司法机关的改革试验设置"特区",并设定明确的限制性规范。而司法机关在进行特定改革试验之前，也应当向立法机关进行呈报，并遵守相关的授权立法条款。另一方面，在相关改革试验进行到一定阶段之后，司法机关应当对改革的经验作出总结，并呈报立法机关作为立法的依据和参考。而在立法机关将此确立为生效法律规范之前，司法机关向本系统推行相关改革经验的，应当先行报请立法机关批准。这既体现了对改革试验效果的慎重态度，又显示出对立法机关以及对国家现行法律的尊重。

在辩护律师的权利保障方面，立法机关一方面可以针对其中较为突出的问题，研究相应的立法方案，另一方面也可以对司法实践中出现的一些改革动向，作出经验的总结，从而设计出一种既能解决律师辩护难题又具有可操作性的制度。例如，越来越多的地方法院开始在民事诉讼中实施调查令制度，对于律师调查取证遇到困难的，经过律师的申请，发布旨在强制被调查单位或个人接受调查的司法令状。[①]这一改革尽管在合法性上引起了一定的争议[②]，却对于解决刑事诉讼中的律师调查难问题具有相当大的启发性。

又如，一些地方为避免检察机关滥用对辩护律师的刑事追诉权，要求对那些辩护律师涉嫌妨害作证罪的案件，一律要经过省一级检察机关批准，才能对律师采取强制措施。这种改革探索对于有效遏止个别检察机关任意对律师采取刑事追诉行为的现象，维护辩护律师的法律安全，都具有积极的意义。

再如，早在十多年前，一些地方就建立证据展示制度进行了改革试验，确立了一种旨在激励检察机关保障律师阅卷权的互惠机制，也就是在检察机关向律师全面展示案卷材料的前提下，要求律师也要向检察官展示本方掌握的无罪证据材料和线索。这种互惠机制的设置要比那种单纯强调检察机关证据展示义务的制度设计，更有利于调动检察官保障律师阅卷权的积极性。

很显然，中国制度变革成功的经验和失败的教训都表明，"立法推动主义"不可能是中国制度变革的唯一道路，司法机关主导的改革试验虽有其内在的局限和不足，却不失为一条引导法律制度取得健康发展的道路。立法机关应当接受一种"立法改革探索先行"的思路，允许司法机关在一定范围内进行相关领域的制度变革试验，并将其中富有成效的改革经验上升为普遍适用的法律规范。立法机关应当放弃那种动辄从西方法律制度中进行移植和借鉴的立法思路，而更多地关注本土自生自发的改革经验。对于那些经过试验取得良好社会效果的改革经验，立法机关应当在全面研究的基础上，对其进行规范化的改造，经过立法技术的转化使其转变成为新的法律规范。换言之，立法机关应当在制度变革进程中重新调整自己的角色和位置，从改革的推动者转变为改革的关注者、研究者和总结者。

"徒法不足以自行"。经验表明，任何一项改革都不可能通过立法先行的方式加

---

① 参见《北京律师首次拿到调查令，律师具有调查权》，载《北京娱乐信报》，2004－07－29。
② 参见高俊玲：《法院无权向律师签发调查令》，载《检察日报》，2006－07－05。

以推动，而应当首先在司法过程中展开相关的改革试验，通过"摸着石头过河"的探索，对于那些经验表明不具有切实可行性或者实施效果并不理想的改革措施，及时地予以抛弃，而对于那些具有良好社会效果的改革措施加以总结，并将其上升为具有普遍约束力的法律制度。这才是法律制度得以稳步发展的正常道路，也是制度变革取得成功的基本规律。

参考书目

一、中文部分（按作者姓氏拼音字母顺序排列）

[美] 贝勒斯. 程序正义——向个人的分配. 北京：高等教育出版社，2005

[美] 博登海默. 法理学——法哲学及其方法. 中译本. 北京：华夏出版社，1987

[美] 伯曼编. 美国法律讲话. 中译本. 北京：生活·读书·新知三联书店，1988

[英] 波普尔. 无尽的探索. 中译本. 南京：江苏人民出版社，2000

蔡墩铭. 刑事诉讼法论. 台北：五南图书出版公司，1996

蔡墩铭. 两岸比较刑事诉讼法. 台北：五南图书出版公司，1996

陈光中. 刑事诉讼法学五十年. 北京：警官教育出版社，1999

陈光中，严端. 中华人民共和国刑事诉讼法修改建议稿与论证. 北京：中国方正出版社，1995

陈光中. 中华人民共和国刑事诉讼法再修改专家建议稿与论证. 北京：中国法制出版社，2006

陈光中. 中华人民共和国刑事证据法专家拟制稿（条文、释义与论证）. 北京：中国法制出版社，2004

陈瑞华. 论法学研究方法. 北京：北京大学出版社，2010

陈瑞华. 刑事审判原理论. 2版. 北京：北京大学出版社，2004

陈瑞华. 刑事诉讼的前沿问题. 4版. 北京：中国人民大学出版社，2013

陈瑞华. 程序性制裁理论. 2版. 北京：中国法制出版社，2010

陈瑞华. 刑事诉讼的中国模式. 2版. 北京：法律出版社，2010

陈卫东. 模范刑事诉讼法典. 北京：中国人民大学出版社，2005

[法] 勒内·达维德. 当代主要法律体系. 中译本. 上海：上海译文出版社，1983

[美] 艾伦·德肖微茨. 最好的辩护. 中译本. 北京：法律出版社，1994

[法] 迪尔凯姆. 自杀论. 北京：商务印书馆，1996

狄小华，李志刚. 刑事司法前沿问题——恢复性司法研究. 北京：群众出版社，2005

[美] 弗洛伊德·菲尼，[德] 约阿希姆·赫尔曼，岳礼玲. 一个案例、两种制度——美德刑事司法比较. 中译本. 北京：中国法制出版社，2006

[美] 弗洛伊德·菲尼，岳礼玲. 美国刑事诉讼法经典文选与判例. 北京：中国法制出版社，2006

傅郁林. 民事司法制度的功能与结构. 北京：北京大学出版社，2006

[美] 戈尔丁. 法律哲学. 中译本. 北京：生活·读书·新知三联书店，1987

[日] 谷口安平. 程序的正义与诉讼. 中译本. 北京：中国政法大学出版社，1996

顾昂然. 新中国的诉讼、仲裁和国家赔偿制度. 北京：法律出版社，1996

顾昂然. 立法札记——关于我国部分法律制定情况的介绍（1982—2004年）. 北京：法律出版社，2006

[美] 汉密尔顿等. 联邦党人文集. 北京：商务印书馆，1995

胡适. 读书与治学. 北京：生活·读书·新知三联书店, 1999

黄东熊. 刑事诉讼法论. 台北：三民书局股份有限公司, 1985

黄宗智. 经验与理论：中国社会、经济与法律的实践历史研究. 北京：中国人民大学出版社, 2007

江礼华等. 美国刑事诉讼中的辩护. 北京：法律出版社, 2000

[美] 卡尔威因等. 美国宪法释义. 中译本. 北京：华夏出版社, 1989

郎胜. 中华人民共和国刑事诉讼法修改与适用. 北京：新华出版社, 2012

李心鉴. 刑事诉讼构造论. 北京：中国政法大学出版社, 1992

[德] 拉德布鲁赫. 法学导论. 中译本. 北京：中国大百科全书出版社, 1997

[美] 伊恩·罗伯逊. 社会学. 中译本. 上册. 北京：商务印书馆, 1990

[美] 罗伯特. 罗伯特议事规则. 上海：格致出版社、上海人民出版社, 2008

[美] 约翰·罗尔斯. 正义论. 上海：中国社会科学出版社, 1988

[德] 克劳思·罗科信. 刑事诉讼法. 24版. 吴丽琪译. 北京：法律出版社, 2003

林钰雄. 检察官论. 作者发行. 台北：学林文化事业有限公司, 1999

林钰雄. 刑事诉讼法. 台北：学林文化事业有限公司, 2001

林毅夫. 论经济学方法. 北京：北京大学出版社, 2005

刘文元. 律师维权案例选. 长春：吉林人民出版社, 2003

[美] 彼得·G·伦斯特洛姆. 美国法律辞典. 中译本. 北京：中国政法大学出版社, 1998

[英] 麦高伟等. 英国刑事诉讼程序. 北京：法律出版社, 2003

[美] 罗伯特·K·默顿. 社会研究与社会政策. 中译本. 北京：生活·读书·新知三联书店, 2001

王达人, 曾粤兴. 正义的诉求——美国辛普森案与中国杜培武案的比较. 北京：法律出版社, 2003

[德] 托马斯·魏根特. 德国刑事诉讼程序. 中译本. 北京：中国政法大学出版社, 2004

[美] 爱伦·豪切斯泰勒·斯黛丽、南希·弗兰克. 美国刑事法院诉讼程序. 中译本. 北京：中国人民大学出版社, 2002

[法] 卡斯东·斯特法尼等. 法国刑事诉讼法精义（上、下）. 中译本. 北京：中国政法大学出版社, 1998

[日] 松尾浩也. 日本刑事诉讼法. 北京：中国人民大学出版社, 2006

宋冰. 读本：美国与德国的司法制度和司法程序. 北京：中国政法大学出版社, 1998

宋英辉. 刑事诉讼目的论. 北京：中国人民公安大学出版社, 1995

[美] 彼得·斯坦等. 西方社会的法律价值. 中译本. 北京：中国人民公安大学出版社, 1990

唐德刚. 晚清七十年. 长沙：岳麓书社, 1999

[英] 特纳. 肯尼刑法原理. 北京：华夏出版社, 1987

田文昌, 陈瑞华. 刑事辩护的中国经验. 北京：北京大学出版社, 2013

田文昌, 陈瑞华. 中华人民共和国刑事诉讼法再修改律师建议稿. 北京：法律出版社, 2007

[法] 托克维尔. 论美国的民主. 北京：商务印书馆, 1993

［英］威廉·韦德. 行政法. 中译本. 北京：中国大百科全书出版社，1997

徐静村. 中国刑事诉讼法（第二修正案）学者拟制稿及立法理由. 北京：法律出版社，2005

［法］让·文森等. 法国民事诉讼法要义（上）. 中译本. 北京：中国法制出版社，1999

杨秀峰. 明代审判制度. 台北：台湾黎明文化事业公司，1988

［美］虞平，郭志媛编译. 争鸣与思辨：刑事诉讼模式经典论文选择. 北京：北京大学出版社，2012

［英］詹宁斯等. 法与宪法. 北京：生活·读书·新知三联书店，1997

张晋藩. 中国法律的传统与近代转型. 北京：法律出版社，1997

张军，姜伟，田文昌. 刑事诉讼：控辩审三人谈. 北京：法律出版社，2001

曾粤兴，王达人. 正义的诉求. 北京：法律出版社，2003

二、英文部分（按作者姓氏字母顺序排列）

Amar, A. R.. *The Constitution and Criminal Procedure—First Principle*. Yale University Press, 1997

Amsterdam, A. G.. "Speedy Criminal Trial：Rights and Remedies". *Stanford Law Review*, Vol. 27, Feb. 1975

Bayles, Michael D.. *Procedural Justice*. Kluwer Academic Publishers, 1990

Bradley, C. M.. "The Exclusionary Rule in Germany". in 96 *Harvard Law Review* 1032 (1983)

Carlson, R. L.. *Criminal Justice Procedure*. fourth edition. Anderson Publishing Co., 1991

Choo, A. L. T.. *Abuse of Process and Judicial Stays of Criminal Proceedings*. Clarendon Press·Oxford, 1993

Choo, A. L. T.. "Halting Criminal prosecutions：The Abuse of Process Doctrine Revisited". in *Criminal Law Review*. 864 (1995)

Dandu Shigemitsu. *Japanese Criminal Procedure*. translated by B. J. George. Fred B. Rothman & Co, 1965

Esmein. *A History of Continental Criminal Procedure*. D Reidel Publishing Company, 1913

Fenwick, Helen. *Civil Rights：New Labour, Freedom and the Human Rights Act*. Pearson Education Limited, 2000

Hatchard, J. and others. *Comparative Criminal Procedure*. The British Institute of International and Comparative Law, 1996

Griffiths, John. "Ideology in Criminal Procedure". 79 *Yale Law Journal* 359 (1970)

Ingman, Terence. *The English Legal Process*. seventh edition. Blackstone Press Limited, 1998

Israel, J. H. and LaFave, Wayne R.. *Criminal Procedure：Constitutional Limitation*. West Publishing Co., 1993

Klotter, J. C.. *Criminal Evidence*. fifth edition. Anderson Publishing Co., 1992

LaFave, Wayne R. and Israel, Jerold H.. *Criminal Procedure*. second edition. West Publishing Co., 1992

Lucas, J. R.. *On Justice*. Oxford University Press, 1980

Murphy, P.. *Murphy on Evidence*. Blackstone Press Limited, 1995

Packer, Herbert. "Two Models of the Criminal Process". 113 *University of Pennsylvania Law Review* 1 (1964)

Packer, Herbert. *The Limits of the Criminal Sanction*. Stanford University Press, 1968

Roach, Kent. "Criminology: Four Models of the Criminal Process". 89 *Journal of Criminal Law & Criminology* 671

Samaha, J. *Criminal Procedure*. Wadsworth Publishing Company, 1999

Sanders, A. and others. *Criminal Justice*. second edition. Butterworths & Co. (Publishers) Ltd., 2000

Scherer, Klaus R.. *Justice: Interdisciplinary Perspective*. Cambridge University. Press, 1992

Sprack, J.. *Criminal Procedure*. eighth edition. Blackstone Press, 2000

Saltzburg, S. A. and others. *American Criminal Procedure: Cases and Commentary*. sixth edition. West Publishing Co., 2000

Stuart, D.. *Charter Justice in Canadian Criminal Law*. Thomson Canada Limited, 2001

Summers, R. S.. "Evaluating and Improving Legal Process—A Ples for 'Process Values'". in *Cornell Law Review*, Vol. 60, November 1974, No. 1

Uglow, Steve. *Criminal Justice*. Sweet & Maxwell, 1996

Wyngaert, C. V. D. and others. *Criminal Procedure Systems in the European Community*. Butterworths & Co. (Publishers) Ltd., 1993

Zander, M.. *The Police and Criminal Evidence Act 1984*. revised second edition. Sweet & Maxwell, 1990

索 引
(按汉语拼音顺序排列)

A

案卷移送主义　176

B

办公室作业　64，189
不告不理　14，15，88，240，248，251～253，255～259
不利于被告人的再审　21
不枉不纵　116，123，252，253，256，259

C

超职权主义　173，199
彻底的事实审　192，194，197，199～205，207～213
撤销起诉　139，140
撤销原判、发回重审　140，158，167，169，265
承办人制度　39，41，46～48，54，192，196，197
承办法官　40，46，48，49，52～55，57，60～62，64，65，79，84，86，139，195～197，205，267
程序性违法　32，99，142，168～170，174，278，281
程序性制裁　92，153，168，169，278，295
程序性裁判　1，10，15，17，19，27，28，31～34，38，133，140，146，164，168～170

程序正义　30，31，33，34，36，61，63，77，127，132，136，158，159，162～164，199，225，236，239，254～256，259，286，295
程序性辩护　120，122
程序性申请　32，33，164，170
程序性答辩　170
程序性听证　33，170
程序性裁决　32，33，170
程序性争议　31，32
惩办与宽大相结合　102～107，109，130

D

单方面接触　58
当事人主义　181
对抗式诉讼　176，177，291
对抗制　2，33，37，180，181，193，199，275
多数裁决原则　44

F

法律错误　193
非法证据排除规则　117，124，128，207～209，252，277，278
分配正义　127
富勒　6，18

G

格雷　14
公开审判　15，16，79，87，196

299

公平游戏　127，154，174
公正审判　32，74，75，77，82，85，88，127，133，136，138，142，143，147，149～154，158，159，161～163，165，167～171，186
国家赔偿　71，181，229，233，268，269，295

H

和谐社会　107，108
胡适　296

J

监督哲学　60，61，65
检察监督　90，99
检察权　1，2，10，21～23，27～29，31，38，240
禁止强迫自证其罪　116，124，126，128，130，277
警察权　1，10，21～23，27～29，31，38

K

抗辩式审判方式　177，178，185，187，199，206，210
控告原则　14
控审分离　23，27，255
口供自愿法则　124，126，128
宽严相济　105～108，122，130，216，228，232，263

L

拉德布鲁赫　9，15，255，296
立法推动主义　272～275，282，284，288，289，291～293
两审终审　33，34，36，87，89，174，193，203
量刑建议　94，237，285
量刑听证　226，237，264，285，289

流水作业　22，28，38，154
留有余地的裁判方式　192，195，198，199，260

M

免受双重危险　21

N

内部独立　12，13，67，68，87，88

Q

起诉书一本主义　176，177，180～182
全面审查原则　33，153

R

认识论　115，116，123，129，252，253，256
认罪态度　101，102，107，110，111，114，116，118～122，124～126，129，130，278
如实回答义务　101，102，113～117，122，126，130

S

三权分立　3
上诉不加刑　129
社会契约理论　127
身份独立　12，13
审结报告　81，192，195，198，212
审判方式改革　2，33，37，56，63，79，175，177，180，184，187，192，193，199，206，210，212，279，285，291
审判监督程序　35，252
审判委员会制度　41，52，53，60，67，68，70～75，77～80，82，83，85～89
审判长负责制　43，45，48，50，54，

64，65

事实不清、证据不足　179，189，195，198，202，243，261，262，264，266～268，271

实事求是　141，252，253，256，259

实体正义　136，158，161，236，251～254，256，259

实体性裁判　17，27，28，31，32

实质独立　12

实质性无效　168

司法裁判职能　13，43，55，56，58，59，64，196

司法独立　3，11～13，38，40，52，60，87，172，265，270

司法复审　187

司法公正　3，16，24，34，75，87，239

司法令状　293

司法推动主义　272，282～289，291，292

司法行政化　39，54

司法最终裁决　10，23，27

诉权制约　39，60，62，63，65

诉讼构造　123，124，171，176，180，199，296

诉讼经济原则　156，166

诉讼客体　241，256

诉讼形态的回归　163

诉讼行为　17，28，29，32，120，125，127，130，168，174，223

诉讼职能　26

诉讼主体　77，103，116，117，126，128～131

T

坦白从宽、抗拒从严　101～108，114，122～126，129～131

天平倒向弱者　58

庭后移送案卷　175，177，178，182～188，190，210

庭前案卷移送制度　175，177，178，184～186，188，190，206，209

庭前会议　155，209，210，212

庭外裁判主义　192，195

退回补充侦查　95，129，206，266

W

威权主义　128，129

无罪推定　111，113，122，123，198，222，252，262，265，271，286

五年改革纲要　40，43，45，50，53，54，58，60，64，65，283

X

先民后刑　214，216，221，226，228，230～237

先刑后民　214～218，221，223，224，227～231，234，236

行为无效　125，168

形式理性　238，248，250

形式正义　229

刑事和解　94，102，111，112，130，221，227，231，232，234，284，286，287，290

行政决策　39，48，53，56～59，61，62，65

行政审批　39～41，43，45，46，48～50，52～55，57～66，171，189，192，194～196，198，205，212，213，267

行政治罪　124，255

宣告无效　278

Y

疑罪从无　222，261，262，265，267，270，275

义务本位主义　101，103，127，128，130，131，278

冤假错案　121，160，196，198，201，203，207，228，260~263，265，268~271

院、庭长审批案件　41，45，46，48~55，58，60，65，189

Z

詹宁斯　4，5，16，297

侦查中心主义　193

整体独立　12，13，52，147

证明责任　133，152，155，170，222，226

职能独立　12

职权主义　37，173，176，181，193，199，291

自由主义政治哲学　127，128，130

追加起诉　258

罪刑法定　248，250，251，253，259

图书在版编目（CIP）数据

刑事诉讼中的问题与主义/陈瑞华著．—2版．—北京：中国人民大学出版社，2013.11
（21世纪法学研究生参考书系列）
ISBN 978-7-300-18270-4

Ⅰ.①刑… Ⅱ.①陈… Ⅲ.①刑事诉讼-中国-研究生-教学参考资料 Ⅳ.①D925.2

中国版本图书馆 CIP 数据核字（2013）第 249051 号

21世纪法学研究生参考书系列
刑事诉讼中的问题与主义（第二版）
陈瑞华　著
Xingshisusong zhong de Wenti yu Zhuyi

出版发行	中国人民大学出版社		
社　　址	北京中关村大街31号	邮政编码	100080
电　　话	010-62511242（总编室）	010-62511398（质管部）	
	010-82501766（邮购部）	010-62514148（门市部）	
	010-62515195（发行公司）	010-62515275（盗版举报）	
网　　址	http://www.crup.com.cn		
	http://www.ttrnet.com（人大教研网）		
经　　销	新华书店		
印　　刷	北京东君印刷有限公司	版　次	2011年6月第1版
规　　格	170 mm×250 mm　16开本		2013年11月第2版
印　　张	20 插页 3	印　次	2013年11月第1次印刷
字　　数	396 000	定　价	45.00元

版权所有　侵权必究　　印装差错　负责调换